楚石梵琦全集

[元] 梵琦 著　于德隆 点校

九 州 出 版 社 JIUZHOUPRESS｜全国百佳图书出版单位

图书在版编目（CIP）数据

楚石梵琦全集 /（元）梵琦著；于德隆点校 . -- 北
京：九州出版社，2017.1
ISBN 978-7-5108-3518-6

Ⅰ . ①楚… Ⅱ . ①梵… ②于… Ⅲ . ①杂著－中国－
元代－选集 Ⅳ . ① Z429.47

中国版本图书馆 CIP 数据核字（2017）第 032673 号

楚石梵琦全集

作　　者　〔元〕梵琦 著　于德隆 点校
策　　划　云在阁文化　德衍景文化
责任编辑　高美平
装帧设计　赵榕斌
出版发行　九州出版社
地　　址　北京市西城区阜外大街甲 35 号（100037）
发行电话　（010）68992190/3/5/6
网　　址　www.jiuzhoupress.com
电子信箱　jiuzhou@jiuzhoupress.com
印　　刷　三河市东方印刷有限公司
开　　本　720 毫米 ×1020 毫米　16 开
印　　张　46 印张
字　　数　656 千字
印　　数　3000
版　　次　2019 年 7 月第 1 版
印　　次　2019 年 7 月第 1 次印刷
书　　号　ISBN 978-7-5108-3518-6
定　　价　228.00 元

前　言

中国佛教自五代永明延寿大师以后，逐渐形成禅净双修之风。其后如天衣义怀、死心悟新、长芦宗赜、真歇清了、慈受怀深、中峰明本、天如惟则等诸大祖师，虽宏禅宗，而偏赞净土。生活在元末明初的楚石大师，便是这一宗风的继承者和积极倡导者。其后至明末莲池大师、蕅益大师，力倡禅净融合、会禅归净，促成了传统的禅观方法与净土信仰有机结合，使之成为明朝以后中国佛教的主流。楚石大师在这一历史演化进程中，起到了承前启后的重要作用。

梵琦 (1296 ~ 1370)，俗家姓朱，浙江象山人，字楚石，晚号西斋老人。四岁失怙，由祖母抚养，口授以《论语》，辄能成诵。六岁善属对，七岁能书大字，诗书过目不忘，一邑以奇童称之。九岁舍俗，从海盐天宁永祚禅寺讷翁老和尚受业，又依族祖晋洵和尚于湖州崇恩寺。年十六于杭州昭庆寺受具足戒。

年二十，一日阅《首楞严经》，至"缘见因明，暗成无见。不明自发，则诸暗相永不能昏"，恍然有悟。由是历览群书，不假师授，文句自通。然于佛祖向上一著，终有滞碍。年二十七，时称天下老和尚的元叟行端主持径山，望重天下。楚石前往参叩，问云："如何是言发非声，色前不物？"元叟以原话反诘，楚石正想继续问话，被元叟喝退，于是群疑塞胸，如填巨石。次年春，元英宗下诏，组织善书的僧人赴京缮写泥金《大藏经》，楚石因善于书法，在被选之列，遂至大都。一日拂晓，听到崇天门楼上鼓鸣，楚石当时汗下如雨，豁然开悟，因成一偈，中有"拾得红炉一点雪，却是黄河六月冰"之句。其时为元泰定元年（1324），楚石时年二十九岁。是年夏，书经毕，北游至元上都。至秋天，楚石回大都，再坐船回江南。楚石把在元大都、上都和运河沿岸的所见所闻，撰写成三百多首诗篇，集成《北游诗》一册。楚石南归后，重上径山。元叟一见楚石气象充盛，便笑道："西来密意，喜子得之矣！"楚石受法于元叟端公，为大慧宗杲的五传弟子，南岳怀让下的第二十四世。

是年冬，楚石大师奉宣政院之命，出世传法，住持海盐福臻寺。此后，还先后住持过天宁永祚寺、杭州凤山大报国寺，及嘉兴本觉寺、光孝寺和报恩寺等。五十年间，六坐道场。至正七年(1347)，朝廷赐号"佛日普照慧辩禅师"。明洪武年间，两次奉诏参加蒋山荐亡法会。所到之处，缁素归仰，名播海内外。明宋濂在《佛日普照慧辩禅师塔铭》中有云："举明正法，滂沛演迤，有不知其所穷。凡所莅之处，黑白向慕，如水归壑。……由是内而燕、齐、秦、楚，外而日本、高丽，咸咨决心要，奔走座下。得师片言，装潢袭藏，不翅拱璧。"楚石擅长诗偈，常以文字做佛事，偈语不仅流布各地丛林，日本、高丽的学僧也都争相前来，奔走于座下。《楚石禅师语录》中收录有楚石赠予三十多位日本、高丽僧人的诗文偈语。现今日本寺庙和博物馆里仍保存有数十幅楚石大师的墨迹，多为当时到中国求学禅僧带回。其中一些墨迹已经被日本文化厅指定为国宝或重要文化财，成为中日文化交流的历史见证。

据明姚广孝所撰《西斋和尚传》云，楚石自幼即知有西方弥陀教法，晨朝十念，求生净土，未尝一日少懈，终身不缺，至老行之愈力，复立言以转化四众。楚石《西斋净土诗》中亦有"平生不结神仙愿，自小思归极乐宫"之句。几十年的寺庙管理和弘法活动，使楚石大师清楚地认识到佛教的窳败和衰落，乃由宗门中人多逞空慧，事理分张，鄙视念佛，以为小道。到了晚年，楚石大师退隐于天宁永祚寺西斋，专志于净业，"并劝同袍之士，及同社之人，凡有心者，悉令念佛"。楚石大师所作《西斋净土诗》脍炙人口，广为流传，清成时法师称之为"千古绝唱"，"奇才妙悟，字字与不思议之白毫赤珠相当，如兰亭字、少陵诗，人不能学"。蕅益大师有赞云："以兹微妙胜伽陀，令我读诵当参学。一读二读尘念消，三读四读染情薄。读至十百千万遍，此身已向莲花托。"

关于参禅与念佛的关系，楚石在《西斋净土诗序》中云："吾宗念佛，唯我自心。心欲见佛，佛从心现。……若净土缘生，秽土缘灭，则娑婆印坏，坏亦幻也。若秽土行绝，净土行兴，则极乐文成，成亦幻也。然此生灭、净秽，不离自心。心不见心，无相可得。虽终日取舍，未尝取舍；终日想念，未尝想念。在彼不妨幻证，在此不妨幻修。一发心时已成正觉，何碍幻除结习，幻坐道场，幻化有情，幻臻极果。岂不了世出世间之幻法，调御丈夫之事乎！"楚石认为，既不可执事废理，执著于西方极乐世界，否认它是自心的显现；也不可执理废事，只承认唯心净土，而否认西方净土。唯心净土与西方净土，参禅与念佛，相辅相成，殊途同归。

楚石继承发展永明延寿以来的禅净双修传统，极大地影响了后世佛教尤其是晚明佛教。晚明四大师之一的莲池大师云："本朝第一流宗师，无尚于楚石矣"，楚石尚且念佛不辍，"彼自号禅人而浅视净土者，可以深长思矣！"另一大师蕅益大师云"稽首楚石大导师，即是阿弥陀正觉"，并希望追随楚石大师，"还摄无边念佛人，永破事理分张恶"。

楚石大师著述甚多，有《楚石梵琦禅师语录》（亦称《六会语录》）二十卷、《西斋净土诗》三卷、《北游集》一卷，及《凤山集》、《西斋集》、《和天台三圣诗》、《和永明山居诗》等。现存《楚石梵琦禅师语录》、《西斋净土诗》、《北游诗》和《和天台三圣诗》等。他的著作涉及当时佛教界各个方面，可视为了解元末明初禅宗、净土宗及当时思想文化习俗的重要文献。

本书收录了楚石大师现存的全部作品，包括新辑得的轶文几十篇。《楚石梵琦禅师语录》以《嘉兴藏》本（新文丰版第 24 册，经号 139）为底本，参校《卍续藏》本（新文丰版第 71 册，经号 1420）和《乾隆藏》本（经号 1612，第 144-145 册）。《西斋净土诗》早在明洪武年间即屡有刻行，明末莲池大师特命海盐刘祖锡居士搜求原本，校定重刊。由于年代久远，这些刻本已不可见。现存清代海盐天宁寺刻本、《琳琅秘室丛书》本、金陵刻经处本，及蕅益大师所编《净土十要》本。本次点校以清代海盐天宁寺刻本为底本，参校其他诸本，并参考《琳琅秘室丛书》本所附清胡珽《西斋净土诗校讹》。《和天台三圣诗》载于《合订天台三圣二和诗集》（收于蓝吉富主编《大藏经补编》第十四册），及《天台三圣诗集和韵》（收于《嘉兴藏》新文丰版第 33 册，经号 B283）。《北游诗》，现存清古香楼、眠云精舍和振绮堂等数种抄本，及今人吴定中、鲍翔麟的校注本。本次点校折中诸本，标出异文，并作简要注释。

　　整理者希望能够为佛学爱好者提供一个了解楚石大师行持与思想，以及禅宗和净土宗教学特点的优良读本。

目　录

前言

佛日普照慧辩楚石禅师语录

说明..2

佛日普照慧辩楚石禅师六会语录序/〔明〕宋濂.....................4

佛日普照慧辩楚石禅师语录序/〔元〕钱惟善.........................5

佛日普照慧辩楚石禅师语录卷第一

住福臻禅寺语录..6

山门/6　佛殿/6　祖堂/6　据室/6　行宣政院帖/6　除夜小参/8

元宵上堂/8　上堂/8　上堂/9　朝京回上堂/9　浴佛上堂/9

端午上堂/10　上堂/10　上堂/10　上堂/10　上堂/11　上堂/11

上堂/11　上堂/11　经会上堂/11　上堂/12　施主庄佛上堂/12

上堂/12

佛日普照慧辩楚石禅师语录卷第二

住海盐州天宁永祚禅寺语录上..13

山门/13　佛殿/13　据室/13　拈宣政院疏/13　法座/14　上堂/15

上堂/16　净慈雪窗光书记至上堂/16　上堂/16　施主入山上堂/16

上堂/16　上堂/17　施主请上堂/17　上堂/18　上堂/18　上堂/18

圣节上堂/19　上堂/19　佛涅槃上堂/19　进退两序上堂/20

上堂/20　上堂/20　结夏小参/20　灵隐古鼎铭书记至上堂/21

上堂 /21　上堂 /21　上堂 /21　上堂 /22　解夏小参 /22

中秋上堂 /22　灵隐竹泉和尚至上堂 /23　建宝塔上堂 /23

上堂 /23　上堂 /23　上堂 /24　冬夜小参 /24　上堂 /24

上堂 /24　上堂 /25　退两序上堂 /25　上堂 /25　上堂 /25

施主入山上堂 /25　度僧上堂 /26　结夏上堂 /26　中夏上堂 /27

教授俞观光入山上堂 /27　上堂 /27　解夏上堂 /27　上堂 /27

上堂 /28　上堂 /28　上堂 /28　谢众施主上堂 /28　冬至小参 /28

岁旦上堂 /29　上堂 /29　州中谢雨归上堂 /29　经会上堂 /30

佛日普照慧辩楚石禅师语录卷第三

　　住海盐州天宁永祚禅寺语录下 ………………………………………… 31

上堂 /31　上堂 /31　浴佛上堂 /31　解夏小参 /31　上堂 /32

上堂 /32　上堂 /32　荐亡上堂 /32　上堂 /33　上堂 /33　上堂 /33

除夜小参 /33　铸佛上堂 /34　上堂 /34　上堂 /34　上堂 /35

上堂 /35　上堂 /35　结夏小参 /35　上堂 /36　端午上堂 /36

上堂 /36　解夏上堂 /36　上堂 /37　圣旨看藏经上堂 /37　上堂 /38

初祖忌拈香 /38　上堂 /38　施主舍米入山上堂 /39

佛涅槃日上堂 /39　上堂 /39

杨府安人真如、善住二居士入山斋僧上堂 /39　上堂 /39

结夏小参 /40　上堂 /41　上堂 /41　施主设斋上堂 /41

解夏小参 /41　无梦噩书记至上堂 /42　上堂 /42

看《华严经》上堂 /42　慧钝岩预修请升座 /43　铸大悲像上堂 /43

上堂 /44　上堂 /44　冬至小参 /44　上堂 /45　觉首座请小参 /45

上堂 /46　元宵上堂 /46　上堂 /47　上堂 /47　上堂 /47

解夏上堂 /47　道旧至上堂 /47

佛日普照慧辩楚石禅师语录卷第四

　　住杭州路凤山大报国禅寺语录 ………………………………………… 48

山门 /48　佛殿 /48　土地堂、龙王殿 /48　据室 /48

拈宣政院疏 /48　两浙诸山疏 /49　方外交疏 /49　法座 /49

当晚小参 /50　省中把茶回上堂 /50　中秋上堂 /51　上堂 /51

上堂 /51　冬至小参 /52　上堂 /52　上堂 /53　上堂 /53　上堂 /53

上堂 /53　上堂 /54　佛成道上堂 /54　除夜小参 /54　岁旦上堂 /54

进退两班上堂 /55　元宵上堂 /55　诸山讲主至上堂 /55　上堂 /55

佛涅槃上堂 /55　忽都达儿状元入山上堂 /55　上堂 /56　上堂 /56

浴佛上堂 /56　结夏小参 /56　上堂 /57　同参至上堂 /57

上堂 /57　上堂 /57　中夏上堂 /58　上堂 /58

施主看《楞严》上堂 /58　上堂 /58　入新僧堂上堂 /58

因斋罗汉上堂 /59　上堂 /59　上堂 /59　上堂 /59

松林施主妙莲居士项氏舍宝盖入山上堂 /59　上堂 /60

解夏小参 /60　径山送寂照先师入塔回寺上堂 /61

同诸山探院官回上堂 /61　中秋上堂 /61　上堂 /61　岁旦上堂 /62

元宵忏会上堂 /62　上堂 /63　浴佛上堂 /63　上堂 /63　上堂 /64

佛日普照慧辩楚石禅师语录卷第五

住嘉兴路本觉寺语录……………………………………………65

山门 /65　佛殿 /65　祖堂 /65　据室 /65　拈宣政院疏剳 /66

指法座 /66　当晚小参 /67　上堂 /67　中秋上堂 /67　上堂 /68

上堂 /68　上堂 /68　上堂 /68　上堂 /68　上堂 /69　上堂 /69

开炉上堂 /69　上堂 /69　冬至小参 /69　上堂 /70　上堂 /70

了庵和尚赴灵岩进发上堂 /70　上堂 /71　上堂 /71　上堂 /72

病起上堂 /72　除夜小参 /72　岁旦上堂 /73　上堂 /73　上堂 /73

上堂 /73　佛涅槃上堂 /73　浴佛上堂 /74　结夏小参 /74　上堂 /75

上堂 /75　上堂 /75　上堂 /75　上堂 /75　解夏小参 /76

了庵和尚退灵岩回叙谢上堂 /76　上堂 /77　看田回上堂 /77

新赎藏经上堂 /77　建万佛阁上堂 /77

谢首座秉拂、都寺办斋上堂 /78　上堂 /78　岁旦上堂 /78　上堂 /78

结夏小参 /79　上堂 /79　上堂 /80　中夏上堂 /80　上堂 /80

上堂 /80　解夏小参 /80　上堂 /81　上堂 /81

雕千手千眼大悲像上堂 /81　龙翔昙芳和尚遗书至上堂 /82

上堂 /82　上堂 /82　岁旦上堂 /82　上堂 /83　上堂 /83　上堂 /83

兰华严至上堂 /83　上堂 /83　浴佛上堂 /83　结夏上堂 /84

上堂 /84　上堂 /84　上堂 /84　上堂 /84　解夏小参 /85

造万佛上堂 /86　八月旦上堂 /87　上堂 /87　云溪讲主至上堂 /87

重阳上堂 /87　怡云屋造石为佛塔成上堂 /87

佛日普照慧辩楚石禅师语录卷第六

住嘉兴路光孝禅寺语录……………………………………………89

山门 /89　佛殿 /89　祖堂 /89　据室 /89　拈行宣政院疏 /89

拈诸山疏 /90　指法座 /90　当晚小参 /91　中秋上堂 /91　上堂 /91

上堂 /92　上堂 /92　冬至小参 /92　上堂 /93　佛成道上堂 /93

上堂 /93　除夜小参 /94　正旦上堂 /94　元宵上堂 /94　上堂 /94

上堂 /95　《华严经》会升座 /95　结夏小参 /96　上堂 /96

上堂 /97　上堂 /97　上堂 /97　上堂 /97　久雨不晴劄上堂 /97

上堂 /98　上堂 /98　解夏小参 /98　上堂 /99　中秋上堂 /99

探元帅回上堂 /99　上堂 /100　诸山至上堂 /100

初冬回寺上堂 /101

佛日普照慧辩楚石禅师语录卷第七

再住海盐州天宁永祚禅寺语录……………………………………102

佛日普照慧辩楚石禅师语录卷第八

代别………………………………………………………………113

佛日普照慧辩楚石禅师语录卷第九

秉拂小参 ··· 140

径山首座寮结夏秉拂 /140　梁王忏会，观藏主请小参 /141

真如《华严经》会，缪维那请小参 /141

慧明院《华严经》会，椿藏主请小参 /142

圆明院起期，懋藏主请小参 /142　坐期满散，盛监院请小参 /143

荐盛南山师孙义方外请小参 /144

无学长老豫修，徒弟固维那请小参 /144

兴化院《华严经》会，圭监院请小参 /145

延福院忏期满，敬维那请小参 /146　志侍者请普说 /147

海印兰若《华严经》会，华月窗请普说 /148　珠维那请普说 /150

佛日普照慧辩楚石禅师语录卷第十

举古上 ··· 152

佛日普照慧辩楚石禅师语录卷第十一

举古下 ··· 168

佛日普照慧辩楚石禅师语录卷第十二

颂古 ··· 185

佛日普照慧辩楚石禅师语录卷第十三

佛祖偈赞上 ··· 205

栴檀瑞像赞 /205　王振鹏手画栴檀瑞像赞 /206

阿育王所造佛真身舍利塔赞 /206　多宝佛塔赞 /206

释迦文佛赞 /206　无量寿佛赞 /206　弥勒尊佛赞 /207

第一祖摩诃迦叶赞 /207　第二祖阿难尊者赞 /207

第三祖商那和修赞 /207　第四祖优波鞠多赞 /208

第五祖提多迦赞 /208　第六祖弥遮迦赞 /208　第七祖婆须蜜赞 /208

第八祖佛陀难提赞 /208　第九祖伏驮密多赞 /209

第十祖胁尊者赞 /209　第十一祖富那夜奢赞 /209

第十二祖马鸣大士赞 /209　第十三祖迦毗摩罗赞 /210

第十四祖龙树尊者赞 /210　第十五祖迦那提婆赞 /210

第十六祖罗睺罗多赞 /210　第十七祖僧伽难提赞 /211

第十八祖伽耶舍多赞 /211　第十九祖鸠摩罗多赞 /211

第二十祖阇夜多赞 /211　第二十一祖婆修槃头赞 /211

第二十二祖摩拏罗赞 /212　第二十三祖鹤勒那赞 /212

第二十四祖狮子尊者赞 /212　第二十五祖婆舍斯多赞 /212

第二十六祖不如蜜多赞 /213　第二十七祖般若多罗赞 /213

第二十八祖菩提达磨赞 /213　第二十九祖慧可大师赞 /213

第三十祖僧璨大师赞 /213　第三十一祖道信大师赞 /214

第三十二祖弘忍大师赞 /214　第三十三祖慧能大师赞 /214

文殊大士赞 /214　普贤大士赞 /215　观音大士赞 /215

如意宝轮王菩萨赞 /222　地藏王菩萨赞 /222

文殊问维摩疾图赞 /222　文殊大士赞 /222　维摩居士赞 /222

弥勒菩萨赞 /223　辟支佛牙赞 /223

佛日普照慧辩楚石禅师语录卷第十四

佛祖偈赞下 ··224

十六大阿罗汉赞 /224　第九祖伏驮蜜多赞 /227　布袋赞 /228

寒拾赞 /228　智者大师赞 /229　清凉国师赞 /229

达磨大师赞 /229　因陀罗所画十六祖，闻上人请赞 /230

因陀罗所画诸圣，闻上人请赞 /232　赵州和尚赞 /234

云门大师赞 /234　临济大师赞 /234　杨岐祖师赞 /234

五祖和尚赞 /234　圆悟祖师赞 /235　大慧祖师赞 /235

日本渊默庵画二十二祖请赞 /235　径山寂照先师元叟和尚赞 /238

道场晋翁和尚赞 /239　受业先师天宁讷翁和尚赞 /239　自题 /239

古鼎和尚遗像，祥符林长老请赞 /240

绍兴崇报行中和尚寿像，上乘明长老请赞 /240

西白禅师寿像，祇园文长老请赞 /240

佛日普照慧辩楚石禅师语录卷第十五

法语⋯⋯⋯⋯⋯⋯⋯⋯⋯⋯⋯⋯⋯⋯⋯⋯⋯⋯⋯⋯⋯⋯⋯⋯⋯⋯241

示觉首座 /241　示观提点 /241　示辩长老 /241　此宗示弘首座 /242

示观藏主 /242

偈颂一⋯⋯⋯⋯⋯⋯⋯⋯⋯⋯⋯⋯⋯⋯⋯⋯⋯⋯⋯⋯⋯⋯⋯⋯⋯⋯243

送智维那往江西 /243　送默庵渊首座 /243　示善禅人 /243

送中竺月首座游江西 /244　送福州诺禅人再参天童 /244

送朗藏主礼栴檀像、文殊圣师 /244　送圭侍者归天台 /244

送赞禅人游台雁 /244　送显侍者游四明 /245　送升禅人游金陵 /245

送能仁显首座游金陵 /245

用南楚和尚韵送玫书记往天童礼宝陀 /245　送印禅人 /246

送大梅元维那 /246　送祥禅人 /246　送延圣世首座还日本 /246

送净慈妙藏主 /246　送天宁敬藏主 /246　送观藏主还里 /247

送报本禧都寺 /247　送中竺伟藏主 /247　送一禅人 /247

送了禅人 /247　送云禅人回仰山 /248　送喜禅人 /248

送宜禅人 /248　送日本东藏主游台雁 /248　送径山空维那 /248

送欣侍者参松月翁 /249　送月侍者江西礼祖 /249

送义禅人游台雁 /249　送彻侍者礼补陀兼省师觐亲 /249

送哲禅人仗锡省师，并柬仲默和尚 /249　送净慈明侍者回东山 /250

送哲藏主省师 /250　送均禅人礼祖 /250　赠智浴主诵经化柴 /250

送石霜在首座归国 /250　送彭禅人归里 /251　送的藏主归里 /251

送天宁谧藏主回净光 /251　送因维那省亲 /251　送泽禅人 /252

送兴藏主游金陵 /252　送心禅人 /252　送蒋山皎藏主 /252

送源维那 /252　送森藏主 /253　送基禅人 /253　送道场傅维那 /253

送宁禅人礼祖 /253　送性禅人 /253　送清禅人之九江 /254

送吉禅人 /254　送直藏主 /254　送珠藏主回广 /254

送方禅人回仰山 /254　送福禅人回闽 /255　送睹禅人礼五台 /255

送道禅人 /255　送庆禅人 /255　送幸禅人 /255　送密禅人 /255

佛日普照慧辩楚石禅师语录卷第十六

偈颂二 ···257

送全首座回仰山 /257　送宗禅人回雪峰 /257　送普禅人还闽 /257

送一禅人礼补陀 /258　送俊禅人 /258　送可禅人 /258

送理禅人 /258　送巳禅人 /258　送性禅人之江湘 /259

送匡禅人 /259　送证禅人省亲 /259　送净禅人 /259

送化禅人 /259　送中竺恭藏主回东浙 /260

送天童证侍者再参 /260　送应侍者礼补陀 /260

送瑛维那礼补陀 /260　送高丽兰禅人礼补陀 /260

送俊禅人浙东参礼 /260　送径山英首座归鄞 /261

送炬首座游台温 /261　送孚侍者之浙东 /261

送信首座参礼育王宝陀 /261　送宝陀鼎维那 /262

送顺禅人并柬乃师 /262　送万年楚藏主回日本 /262

送汀州文禅人 /262　送昱禅人回三平 /262

送弘藏主还径山兼柬西白首座 /263　送高丽顺禅人归国 /263

送钦首座南还 /263　送参侍者 /263　送宁侍者参方礼祖 /263

送雪窦荣藏主归国 /264　送参侍者参方 /264　送越藏主 /264

送志禅人 /264　送吴中滋禅人 /265　送中竺海维那 /265

送广南慧藏主 /265　送进禅人之浙东 /265　送东侍者之天平 /265

送常上人 /266　送万寿通侍者 /266　送净慈道藏主还景德 /266

送愚叟如西堂 /266　送宗藏主 /266　送圣寿政维那 /267

送净慈寿首座还日本 /267　送延寿梓知客 /267　送蒋山澄知客 /267

送日本易上人 /267　送灵隐福藏主 /268　送亮侍者参方 /268

送观首座 /268　送双林湛侍者 /268　送灵隐聚藏主 /268

送默维那 /269　送隆侍者 /269　送四明瑞岩润藏主 /269

送久藏主游天台雁荡 /269　送玹侍者还里 /269

答道场清远禅师 /270　寄尼孙静山主 /270　送道场浚藏主 /270

送智门斯道 /270　示徒弟心安参方 /270　送日本春侍者 /271

送进侍者 /271　送用首座 /271　送权维那 /271　送志侍者 /271

赠前西隐玉涧血书《华严经》/272　次韵赠西隐白石 /272

佛日普照慧辩楚石禅师语录卷第十七

偈颂三..273

赠五台体法师 /273　送徒弟巘书记参方 /273　送有侍者游天台 /273

送虎丘应藏主 /274　送净慈海藏主 /274　送印侍者游南岳 /274

送心侄参方 /274　送云居玉维那礼补陀 /274　送义藏主 /275

送玄禅人之江西 /275　送成侍者参方 /275

送大藏主归里奔丧 /275　送晟侍者 /275　送　藏主 /276

送净慈颜藏主游庐山 /276　送聪禅人 /276　送大慈让维那 /276

送中天竺吾藏主还日本 /277　送仪侍者游天台雁荡 /277

送伊藏主游四明天台 /277　送诸侍者游天台雁荡 /277

送寿禅人 /278　送吾禅人 /278　送日本建长佐侍者之庐山 /278

送明禅人参径山兼柬古鼎和尚 /278　送日本侍者 /278

送天宁元首座 /279　送中竺宏侍者 /279　送径山一藏主 /279

送中竺岳藏主 /279　赠远侍者 /279　送灵隐文藏主 /280

送慧藏主 /280　送日本丘侍之金陵 /280　送端侍者 /280　月庵 /280

云海 /281　云庵 /281　镜庵 /281　古航 /281　无文 /282

斯道赠万寿由藏主 /282　梅隐 /282　大彻赠中竺龛藏主 /282

松石赠中竺贞书记 /283　无相赠日本讷藏主 /283

龙渊赠骊藏主 /283　无外赠日本严藏主 /283

鳌山赠仙岩金长老 /283　古木赠荣藏主 /284　心源赠悦维那 /284

硕林赠中竺果首座 /284　大机赠日本全藏主 /284

无尽赠登山主 /284　智隐赠愚禅人 /285　无隐赠吾禅人 /285

思远赠日本闻侍者 /285　桂岩赠日本净居月长老 /285

绝照赠用首座 /285　香山赠果长老 /285　中山赠颖首座 /286

大岳赠日本积首座 /286　大心 /286　无方 /286　南隐 /286

实庵 /287　笑云 /287　少林 /287　西源赠远首座 /287　一源 /287

海屋 /288　谷隐 /288　闲闲 /288

佛日普照慧辩楚石禅师语录卷第十八

偈颂四 ……………………………………………………………………289

明真颂二十八首 /289

招提德严法师讲《首楞严经》，说偈一十八首寄之 /296

示诸禅人九首 /299　阅藏诸僧求偈六首 /301　送僧住庵九首 /302

示华严会诸友八首 /304　送僧入蜀四首 /305　送僧之庐山 /306

寄双林东溟 /306　寄圣寿千严 /306　悼焦山道元 /307

悼江心石室 /307　贺径山永首座 /307　示僧四首 /307

答浮慈和尚韵送彝藏主三首 /308

《宗镜录》华严十种无碍，成十偈示僧 /309

澄灵散圣山居偈，如宝藏主求和 /311　寄天童孚中和尚 /311

寄大慈晦谷和尚 /311

佛日普照慧辩楚石禅师语录卷第十九

偈颂五 ……………………………………………………………………312

四料拣 /312　总颂 /312　四宾主 /312　总颂 /313　四喝 /313

三玄三要 /313　首山纲宗偈 /313　汾阳三诀 /313　十智同真 /314

黄龙三关 /315　寄高丽桧岩至无极长老 /315　和梁山十牛颂 /316

十二时颂 /318　送玹上人礼祖 /320　送道场馨维那 /320

送立禅人还七闽 /320　送邃藏主归灵隐 /320　送贤禅人 /320

送英禅人 /320　送玄侍者 /321　送虎丘定藏主 /321

送玉泉昌侍者 /321　送虎丘顺侍者 /321　送问禅行者 /321

送径山志书记 /321　送容禅人 /321　送昌禅人 /322

送兴禅人之天台 /322　谢人送炭 /322　夜坐 /322　送一禅人 /322

送日禅人游南岳 /322　送明禅人游天台 /322　送质禅人游南岳 /323

送宜禅人之姑苏 /323　玩月 /323　送清禅人参方 /323　闻子规 /323

送己禅人 /323　因僧请益五祖演和尚语示之 /323

寄宪使士敬王公 /324　赠南岳山禅人 /324　寄同参 /324　渔者 /324

因雪示众 /324　道童参政见访 /325　寒夜寄友 /325

用韵答国清梦堂和尚 /325　答东山楚材和尚 /325

答妙庵玄首座 /325　答琼西堂 /326　题船子夹山图 /326

洞山云直道本来无一物亦未合得他衣钵，颂云 /326

有僧下九十六转语末后云设使将来他亦不受，颂云 /326

送传禅人 /326　送舜禅人 /326　送琼禅人之天台 /327

送因禅人之江西礼祖 /327　送圆禅人 /327　送敬禅人参方 /327

送初禅人礼五台 /327　送德禅人之南岳 /327　送福知客之江西 /327

送省侍者省母 /328　送安禅人往参天童 /328

送先禅人用蒋山韵 /328　送勤禅人礼白塔栴檀像、五台文殊 /328

送人礼宝陀十首 /328　竺堂 /329　铁壁 /329　友岩 /330　宝山 /330

无住 /330　汝海 /330　太虚 /330　元庵 /330　大经 /331　大愚 /331

无尽 /331　定山 /331　竹所 /331　春泉 /331　梅叟 /331　无旨 /332

蓬隐 /332　道林 /332　无得 /332　道山 /332　竺隐 /332　正宗 /332

大网 /333　翠庭 /333　剑关 /333　大千 /333　灵仲 /333　别峰 /333

象外 /333　无邪 /334　一初 /334　实庵 /334　天然 /334　镜堂 /334

复初 /334

佛日普照慧辩楚石禅师语录卷第二十

杂著 (附水陆升座及行状、塔铭)··················335

入上人血书《华严经》跋 /335　血书《莲经》跋 /335

书《楞严经》/336　题十六罗汉画卷 /337　大悲像记 /337

重修释迦如来真身舍利宝塔颂 /338　韦陀尊天赞 /340

水陆升座 /340　楚石和尚行状 /344

佛日普照慧辩禅师塔铭有序 /346

西斋净土诗

说明··························352

西斋净土诗赞 /〔明〕蕅益智旭··············353

序一 /〔明〕大佑法师··················354

序二 /〔明〕弘道法师··················355

序三 /〔明〕大冏法师··················356

序四 /〔明〕朱元弼···················357

序五 /传印法师····················358

西斋净土诗卷一

怀净土诗一百十首（并自序）···············361

西斋净土诗卷二

列名净土诗一百八首（并自序）··············386

西斋净土诗卷三

十六观赞二十二首····················411

化生赞八首······················416

析善导和尚念佛偈八首··················418

附：善导和尚念佛偈·····················419

怀净土百韵诗·····························419

娑婆苦渔家傲十六首·····················423

西方乐渔家傲十六首·····················426

附：中峰和尚劝念佛诗···················429

跋／〔清〕李维烨·······················430

跋／〔清〕张常惺·······················431

和天台三圣诗

说明···································434

楚石和尚和三圣诗集序／〔元〕清欲·······435

和天台三圣诗序／〔明〕大佑···········436

和三圣诗自序·························436

重刻《和天台三圣诗》序／〔清〕张寂·····436

天台三圣诗集序／〔唐〕闾丘胤·········437

和寒山诗三百七首·····················439

和拾得诗四十九首·····················595

和丰干诗二首·························619

楚石大师北游诗

说明···································622

楚石大师《北游诗》序／〔明〕明秀·······623

楚石大师《北游诗》序／〔明〕卞胜·······624

晓过西湖／625　西津／625　晓过苏台驿／625　扬州／626

泊清口／626　圯桥／626　沛县／626　宿鲁桥／626

任城李太白酒楼二绝／627　荆门／627

行近临清客怀眇然有江南之思三首 / 627　　送僧还吴 / 628

初入经筵呈诸友三首并序 / 628　　赞郭冀州 / 629

八月四日宫车宴驾二首 / 630　　访虞伯生待制 / 630　　应聘 / 630

寄洪司徒 / 630　　罢经筵赠吕日新、家安道 / 631

呈宗师吴真人 / 631　　驾幸白塔寺二首 / 631　　赠西番元帅 / 632

送天使往西域 / 632　　赠圣安长老从云山 / 632　　朱虚 / 632

万宝坊偶成三首 / 633　　寄云山长老 / 633　　游辇下诸刹 / 633

皇帝幸永安寺设斋 / 634　　览麻座上听众国师持论 / 634

五花山寺 / 634　　送家安道还余杭 / 634　　寄吕改之二首 / 634

寄光雪窗书记二首 / 635　　冬暖 / 635　　赠聪提点 / 636　　诸王 / 636

呈诸学士二首 / 636　　皇都春日三首 / 636　　群公子 / 637

赠怯薛 / 637　　过张尚书 / 638　　送僧游高丽 / 638　　赠王使君 / 638

赠丘公佐 / 638　　赠钱塘张克正 / 639　　过千步廊街 / 639

和人秋千 / 639　　相府二首 / 639　　奉答诸学士 / 640　　公主园 / 640

有感二首 / 640　　谢邓善之 / 641　　呈乡士 / 641　　重过京尹宅 / 641

游道院 / 641　　出城访智诠师 / 642　　赠韩执中 / 642　　西山 / 642

闻乐 / 642　　宫使出家 / 642　　送锴师之上都 / 643

上都避暑呈虞伯生待制二首 / 643　　呈诸国师二首 / 643

畏吾御史落发 / 644　　亡金故内 / 644　　轩辕台 / 644　　易水 / 644

秦王城 / 645　　居庸关 / 645　　李陵台 / 645　　琴峡 / 645　　龙门 / 646

枪竿岭 / 646　　独石站西望 / 646　　朔漠 / 646　　北征怀古 / 647

相家夜宴 / 647　　新秋 / 647　　赠西山隐者 / 647　　塞外 / 647

送酒泉太守 / 648　　早行看山 / 648　　贺人及第 / 648　　端午 / 648

席上作 / 649　　赠江南故人二首 / 649　　广殿 / 649　　上都十五首 / 650

开平书事十二首 / 652　　漠北怀古十六首 / 655

八月十五夜玩月 / 658　　出城 / 658　　晓 / 658　　时事 / 658　　细柳 / 658

乌桓 / 659　万里 / 659　黑谷二首 / 659　当山即事二首 / 660

留城南寄北城光雪窗时方诵《宝积经》二首 / 660　早春 / 660

都下春兴 / 661　寄虞伯生学士 / 661　寒食同日新游春园二首 / 661

呈报恩长老芳兰室 / 661　送人守南徐 / 662

余尝梦至一山闻杜鹃且约雪窗南还 / 662　示大云法师二首 / 662

月下闻筝 / 662　席上分题得清凉国送王炼师还桐庐 / 663

天马 / 663　鹦鹉 / 663　孔雀 / 663　戒蓄鹰者二首 / 664　酥灯 / 664

石炭 / 665　赌栗 / 665　狮子 / 665　象 / 666　虎 / 666　骆驼 / 666

园陵并序 / 666　寄日新 / 667　望西山寄天师宫华山隐 / 667

暮春送胡道人游洛阳 / 667　燕京绝句六十七首 / 667

汴州咏史五首 / 675　避暑二绝 / 676　九日 / 676

君子交行赠吕日新 / 676　将军行 / 676　海东青行 / 677

河冰行 / 677　徒步行赠晋冰壑并序 / 677

春日花下听弹琵琶效醉翁体 / 678　群鸟 / 678　咏笋 / 678

本无上人隐逸斋 / 679　牧羊儿 / 679　北邙行 / 679

出京别吕日新 / 680　勉日新早还二首 / 680

离通州未远呈华山隐 / 680　河间之东小船有卖芦笋者 / 680

梁山泊 / 681　宋江分赃台 / 681　过东昌 / 681　泊新州二首 / 681

晓过吕梁洪 / 682　再过坯下怀子房 / 682　大热泊扬州 / 682

渡江呈雪窗二首 / 683　赠山隐二首 / 683

山隐授业无锡州洞虚观因北归舣客遂留数日 / 683　惠山泉 / 684

游虎丘三首 / 684　天平山 / 685　灵岩二首 / 685

过开元访断江禅师 / 685　游洞庭三首 / 686

湖上追忆香山居士 / 686　吴江所出鸡头绝佳 / 686　垂虹待月 / 687

隋河 / 687　越来溪 / 687

断江禅师饷余以古铜瓶因以赠光雪窗为别 / 687

归东湖却寄吕日新 / 688　　送华真人归宗阳宫 / 688

又寄京师诸友 / 688　　登华顶山 / 688　　题盘车图 / 689

逸文

说明 ……………………………………………………………………………… 692

寄虎丘居中上人 / 693

至正丁酉冬督役城虎丘留连月余赋诗八首录呈居中禅师 / 693

题径山 / 694　　娑罗轩记 / 694　　南堂住灵岩、嘉兴诸疏 / 695

开《南堂和尚语录》板 / 696　　题《竺仙和尚语录》/ 696

《梦窗国师语录》跋 / 696　　赠日本无文元选禅师偈 / 697

与日本愚中和尚偈 / 697　　送徒弟巇书记参学 / 697

血书《法华经》赞 / 698　　偶宿虎溪集庆山房诗 / 698

金陵天界觉源慧昙禅师顶相赞 / 699　　因陀罗绘《禅机图》赞六首 / 699

心花室铭 / 700　　与日本椿庭寿藏主送别偈 / 701

与日本石屏介藏主送别语 / 701　　偈语·讹传讹 / 702　　偈语 / 702

偈送日东石屏介藏主之江西 / 702　　饯别偈 / 703　　诗五篇 / 703

《布袋图》赞 / 704　　与禅友偈二首 / 704　　普应国师之记 / 704

偈送源藏主之双径礼虚堂和尚塔 / 705　　题《寒山图》/ 705

赞梅石人物图 / 705　　白玉兰赞 / 706

附：楚石梵琦传记资料

一、楚石和尚行状 / [明]至仁法师撰 ……………………………… 708

二、佛日普照慧辩禅师塔铭（有序）/ [明]宋濂撰 ……………… 708

三、西斋和尚传 / [明]姚广孝撰 …………………………………… 708

四、《补续高僧传·楚石琦禅师传》/ [明]明河撰 ………………… 710

佛日普照慧辩楚石禅师语录

［明］楚石梵琦 著

说明

元至治二年 (1322)，楚石二十七岁，时称天下老和尚的临济宗十六世、妙喜第四世高僧元叟行端主持径山寺，道望重天下。楚石往叩，被元叟喝退，于是群疑塞胸，如填巨石。后于泰定元年 (1324)，楚石在元大都，一夕闻西城楼上鼓声大作，顿时汗下如雨，豁然大悟，抚几笑曰："径山鼻孔，今日入吾手矣！"因成一偈，有"拾得红炉一点雪，却是黄河六月冰"之句。是年秋，楚石东返，再入双径。元叟见楚石气貌充然，谓曰："西来密意，喜子已得之矣！"遽处以第二座，且言妙喜大法尽在此人。有来参叩者，多命楚石辩决之。在《楚石禅师语录》中，载有楚石在径山的"秉拂小参"语录十三则。

是年冬，楚石奉宣政院之命，出世传法，住持海盐福臻寺，留有住福臻寺语录十九则。天历元年 (1328)，升座海盐天宁永祚寺。天宁寺系楚石童年出家之地，住持八年，成绩斐然，留有语录一百零五则。后至元元年 (1335)，住持杭州大报国寺，留有语录五十二则。至正四年 (1344)，住持嘉兴本觉寺，留有语录七十二则。至正七年 (1347)，朝廷赐号"佛日普照慧辩禅师"。至正十七年 (1357)，住持嘉兴报恩寺，留有语录三十一则。

至正十九年 (1359)，楚石六十四岁，退隐于海盐天宁寺"西斋"，自号"西斋老人"，专志于净业。至正二十三年 (1363)，因天宁寺方丈圆寂，在海盐地方父老的恳请下，楚石再次主持天宁寺，留有语录二十五则。明洪武初，楚石两次奉诏到金陵参加蒋山荐亡法会，有"水陆升座"法语二则传世。

楚石著作《佛日普照慧辩禅师语录》(亦称《六会语录》) 二十卷，初版于至正二十七年 (1367)，前有曲江居士钱惟善序。序中说："天宁楚石禅师，实嗣元叟。五十年间，六坐道场，偈语流布丛林。其提唱有《六会录》，脱略近时窠臼，严持古宿风规，电垆霜开，金声玉振。是称妙喜第五世的骨之孙。览者自当有所证入。"明洪武初再版，一代文宗宋濂作序。后被清《龙藏》、明《嘉兴藏》、日本《卍续藏》和《中华藏》收入。

本次点校，以《嘉兴藏》本（新文丰版第24册，经号139）为底本，参校《卍续藏》本（新文丰版第71册，经号1420）和《乾隆藏》本（经号1612，第144-145册），并适当采纳《中华藏》本（第79册，经号1723）校记。

佛日普照慧辩楚石禅师六会语录序

【明】宋濂

　　大慧提唱圆悟之道于径山，神机妙用，广大无碍。入其门者凡情尽丧，得法弟子不翅十余人，各阐化原，而佛照于其中称为善继。佛照之后，而妙峰绍之。妙峰之后，而藏叟承之。如持左券相授，器度吻合，无差爽者。寂照在四传之余，复能克肖前人，诚所谓世济其美。然而诸佛证入虽有不同，其上接西来宗旨，使人离垢氛而发精明者，则一而已矣。寂照之弟子楚石禅师，蚤以颖悟之姿，锐意于道。一时名德若晦机、若虚谷、若云外，争欲令出座下。师皆谢之，惟诣寂照之室，反覆参叩。一闻鼓鸣，群疑冰消，世间万物，总总林林，皆能助发真常之机。自是六坐道场，说法度人，嬉笑怒骂，无非佛事。至于现宝楼阁及种种庄严，导彼末法，因相生悟，其与一实境界未尝违背。声闻之起，水涌山出。迨世缘将尽，颜色不异常时，翛然坐脱，如返故庐。则其俊伟光明，较于恃口给而昧心学者，其果何如也哉！

　　呜呼！大慧之道至矣！自他宗言之，执持正法，作狮子王哮吼者，固往往有人。第近季以来，传者失真，澜倒波随，所趋日下。司法柄之士，复轻加印可，致使鱼目混珍，扬眉瞬目之顷，辄曰彼已悟矣，何其易悟哉！人遂诮之，为瓠子之印。非特此也，五家宗要，历抄而熟记之，曰此为临济，此为曹洞、法眼，此为沩仰、云门。不问传之绝续，设为活机，如此问者，即如此答，多至十余转语，以取办于口，名之曰传公案。若是者，皆见弃于师者也。今观师之《六会语》，小入无内，大入无外，机用真切，无愧先德。惟具金刚眼者，有以知余言之有在也。

　　余耄矣，厄于索文者繁多，力固拒之。此独乐序之而弗置者，悯魔说之害教，表正传以励世也。师讳梵琦，其字楚石，行业之详，则备见《塔铭》中。其来征序者，得法上首，莹中璨公也。无相居士金华宋濂谨序。

佛日普照慧辩楚石禅师语录序

【元】钱惟善

　　自鹫岭拈花、鹤林示寂以来，二千有余岁矣。所谓实相无相，微妙法门，初不增减也。然古人有言：得之于心，伊兰作栴檀之树；失之于旨，甘露乃蒺藜之园。若作得失论量，未免傍观者哂，初机后学凭个什么？菩提达磨观东震旦国有大乘气象，遂逾海越漠而至金陵。奏对梁王，梁王不契。折芦渡江，憩止少林，面壁九年，终不杜口空回，须印证神光始得。神光五传而得曹溪，析为二宗。其一为南岳，得马祖。马祖之下，临济、沩仰宗之。其一为青原，得石头。石头之下，云门、曹洞、法眼宗之。是为五家宗派。临济得兴化，兴化得南院，南院得风穴，风穴得首山，首山得汾阳，汾阳得慈明，慈明得杨岐，杨岐得白云，白云得五祖，五祖得圆悟。至此又析为二宗——妙喜、虎丘，子孙满地。妙喜得育王佛照，佛照得灵隐妙峰，妙峰得径山藏云，藏云得寂照元叟，无非磊磊落落，掀天揭地者。今天宁楚石禅师，实嗣元叟。五十年间，六坐道场，偈语流布丛林。其提唱有《六会录》，脱略近时窠臼，严持古宿风规，电坼霜开，金声玉振。是称妙喜第五世的骨之孙。览者自当有所证入。

　　至正丁未秋，曲江居士钱惟善序。

佛日普照慧辩楚石禅师语录卷第一

住福臻禅寺语录

小师比丘祖光等编

师于泰定元年冬，在径山兴圣万寿禅寺首座寮，受请入寺。

山门

尽大地是解脱门，枉做个佛法会却。泥多佛大，水长船高。

佛殿

城东老母不愿见，调达比丘常怒嗔。信手拈一炷香，也是冬行春令。

祖堂

总是这一队汉，佛法不到今日。不是这一队汉，佛法不到今日。且道是肯他、不肯他？

据室

绳床角头三尺地，是诸人乞命处。放过一著，转见不堪。你也没量罪过，我也没量罪过。

行宣政院帖

孤峰顶上，盘结草庵，有口只堪挂壁。十字街头，解开布袋，入水方见长人。因什么到恁么地？

度帖，云：只将补衮调羹手，拨转如来正法轮。

指法座云：为法来耶？为床座耶？摩霄俊鹘，便合乘时。止洊困鱼，徒劳激浪。

遂升座。拈香，祝圣罢，拈香云：此一瓣香，奉为见住径山元叟端和尚，用酬法乳之恩。

敛衣就座。天宁老和尚白槌云：法筵龙象众，当观第一义。

师云：早是第二义了也。饷间便是第三义。然当炉不避火迸，新长老今日性命在诸人手里，一任横拖倒拽。重赏之下，必有勇夫。有么？有么？

僧问：天垂宝盖，地涌金莲。一句无私，如何祝赞？

师云：吾常于此切。

进云：常将日月为天眼，指出须弥作寿山。

师云：三千年黄河一度清。

进云：我本无心有所希求，今此法王大宝自然而至。且如何是法王大宝？

师云：有眼者见，有耳者闻。

进云：莫只者便是么？

师云：击碎髑髅，拽脱鼻孔。

进云：如何受用？

师云：直待雨淋头。

僧礼拜。师乃云：未离兜率，已降王宫。未出母胎，度人已毕。三世诸佛，历代祖师，天下老和尚，说心说性，举古举今，总是无风匝匝之波，实情好与二十拄杖。新福臻今日不是尽法无民。打头不遇作家，到底翻成骨董。人若相委悉，拈却炙脂帽子，脱却鹘臭布衫。其或未然，明朝后日，大有事在。

复举临济示众云："赤肉团上，有一无位真人，常在汝诸人面门出入。未证据者看看。"时有僧出问云："如何是无位真人？"济下绳床，搊住云："道！道！"僧拟议，济托开云："无位真人是什么干屎橛？"便归方丈。师云：临济若无后语，泊被打破蔡州。虽然，家无白獐之图，必无如是妖怪。

除夜小参

善哉三下板，知识尽来参。既善知时节，吾今不再三。

诸仁者，一举更不再举，今已再举。一闻更不再闻，今已再闻。头头上明，物物上了。如理如事，亘古亘今。不是涅槃心，亦非正法眼。恁么恁么，三世诸佛只言自知。不恁么不恁么，六代祖师无启口处。设使言前荐得，犹为滞壳迷封。假饶句下精通，未免触途狂见。今夜向红炉上拾一点雪，枯木上糁些子花，与你诸人赴个时节。残灯随腊尽，爆竹送春来。

复举盘山云："向上一路，千圣不传。"慈明云："向上一路，千圣不然。"妙喜云："向上一路，热碗鸣声。"师云：三大老尽力道，只发明得向下一路。若是向上一路，驴年梦见么？

元宵上堂

今朝正月半，灯月光撩乱。目前无一物，打鼓普请看。

复云：刺破眼。

上堂

僧问：不愁念起，惟恐觉迟。如何是觉？

师云：牛角马角。

进云：如何是念？

师云：四五二十也不识。

僧礼拜。乃云：心不是佛，智不是道。开口即错，动念即乖。诸圣竞出头来，未免指鹿为马。到者里，说个什么即得？指东指西得么？点胸点肋得么？好晴好雨得么？行棒行喝得么？总是弄粥饭气，佛法未梦见在。平白散去，孤负上来鼓这两片皮，谩大众不少，今作么生归堂？

上堂

岩头道："须是一一从自己胸中流出，与我盖天盖地去。"恁么道，被他掘窖深埋了也。茫茫宇宙人无数，那个男儿是丈夫？男儿、丈夫，相去多少？待你出窖来，却向你道。

朝京回上堂

祝圣罢，僧出问云：奉诏迢迢上玉京，京师早已播师名。天香满袖归来也，恰值黄河一度清。学人上来，请师祝赞。

师云：天无私覆。

进云：金枝永茂千千界，玉叶长数万万春。

师云：且得阇黎证明。

进云：昔日宋太宗皇帝因僧朝见，垂问云："甚处来？"答云："庐山卧云庵。"帝云："朕闻卧云深处不朝天，因甚到这里？"当时无对。还作么生？

师云：这僧岂不作家。

进云：后来雪窦代云："难逃至化。"还契得太宗也无？

师云：直是千里万里。乃云：风不鸣条，雨不破块。民不失所，路不拾遗。正恁么时，好个太平时节。山僧近承使命，远届上京，面对龙颜，亲闻诏旨。风云庆会，千载一时。及此还山，将何报答？也不出这个时节。诸佛出世，祖师西来，天下老和尚直指曲说，总不出这个时节。所以道：欲识佛性义，当观时节因缘。时节若至，其理自彰。且作么生是自彰底理？皇图齐北极，圣寿等南山。

浴佛上堂

"一手指天"，已在言前。"一手指地"，莫教错会。"天上天下"，可知礼也。"惟吾独尊"，口是祸门。正恁么时，如何委悉？

拈拄杖：千古长如白练飞，一条界破青山色。

端午上堂

今朝五月五，不打蘸芸鼓。荒却自家田，昧却家中主。报诸人，休莽卤，赤口白舌尽消除，无位真人汗如雨。

上堂

举僧问南院："从上诸圣，什么处去？"院云："不上天堂，便入地狱。"僧云："和尚作么生？"院云："还知宝应老落处么？"僧拟议，院以拂子蓦口打。复唤僧近前云："令合是汝行。"又打一拂子。雪窦云："令既自行，且拂子不知来处，雪窦道个瞎，且要雪上加霜。"妙喜云："权衡临济三要三玄，须还他南院始得。雪窦为什么却道'拂子不知来处'？妙喜道个瞎，且图两得相见。"

师云：雪窦虽是明眼宗师，要且未知宝应老落处。既未知宝应老落处，因什么却道"拂子不知来处"？只具一只眼。妙喜老汉道个瞎，也是东家人死，西家人助哀。

上堂

"几回生，几回死，生死悠悠无定止。自从顿悟了无生，于诸荣辱何忧喜。"

蓦拈拄杖，云：这个不是无生，永嘉大师什么处去也？

击香台，云：在这里。

掷下，云：急急如律令。

上堂

满耳非声，满眼非色。刹刹观音，尘尘弥勒。当阳有指示，遍界无踪迹。无踪迹，何所得？你还见壁么？

上堂

什么物,恁么来?莫认驴鞍桥,作阿爷下颔。

便下座。

上堂

林间鹊噪,水底鱼行。胡僧两耳带金镮,踏破草鞋赤脚走。若作奇特解会,不直半文钱。若作平实商量,总在我手里。

拈拄杖云:咄!咄!

上堂

"竺土大仙心,东西密相付。"才闻举著打破髑髅,早是被他丈二钉、八尺榍榍了也。更开大口道:"我超佛越祖,坐断古今。"与么不识好恶,切不可向衲僧门下过。何故?杀人可恕,无礼难容。

上堂

一是一,二是二,三是三,四是四,南北东西依位次。子细看来,三家村里土地相似,只是个无转智大王。忽若东弗于逮掇过西瞿耶尼,南赡部洲翻作北郁单越,大洋海底走马,须弥山上行船,你又向什么处摸索?

经会上堂

僧问:"一大藏教是个切脚。未审切个什么字?"

师云:"切个不字。"

进云:"只如不字,又切个什么字。"

师云:"莫错举似人。"

进云:"谢师指示。"

师云:"石羊头子向东看。"

乃云:"诸供养中,法供养最。供养即不无,如何是法?"

"莫道我谩你，南无佛陀，南无达磨，南无僧伽。"

卓拄杖，云："山河大地，草木丛林，尽向这里平等证入。未解脱者令得解脱，未涅槃者令得涅槃。虽在衲僧分上，如经蛊毒之家，水也不得沾他一滴。"

靠拄杖，下座。

上堂

长长短短新笋芽，零零落落旧篱笆。疏疏密密蚕豆荚，红红白白罂粟花。山又青，水又绿。羹又香，饭又熟。吃了东西自在行，谁能受你闲拘束。

拈拄杖，云：还拘束得么？

掷下，云：不可不自在也。

施主庄佛上堂

举昔有秀才问长沙："某甲曾看《千佛经》，百千诸佛，但见其名，未审居何国土？"长沙召秀才，才应诺。沙云："黄鹤楼崔颢题后，秀才还曾题否？"才云："不曾题。"沙云："得闲题取一篇好。"

师颂云：

> 百千诸佛但闻名，　国土从来作么生？
> 黄鹤楼中诗一首，　任教今古竞头争。

上堂

弥勒真弥勒，分身千百亿，时时示时人，时人自不识。

拈拄杖，云：冲开碧落松千丈，截断红尘水一溪。

佛日普照慧辩楚石禅师语录卷第二

住海盐州天宁永祚禅寺语录上

参学比丘文玹等编

师于天历元年，二月初三日入寺。

山门

闹市门头，来千去万。入寺看额，能有几人。

复云：是什么？

便入。

佛殿

是你是我，撒土撒沙。同门出入，生死冤家。

据室

这里无密室传授底法，痛棒热喝，白日青天。傥或踌躇，君往西秦，我之东鲁。

拈宣政院疏

昔日灵山亲付嘱，今朝付嘱与灵山。以何为验？

度疏云：以此为验。

法座

灵山堂已为诸人说法了也。还闻么？若不闻，未免为蛇画足。

遂升座。

拈香云：

此一瓣香，端为祝延今上皇帝圣躬，万岁万岁万万岁。

此一瓣香，奉为宣政院官，嘉兴路官，海盐州官，同增禄算。

此一瓣香，奉为见住径山兴圣万寿禅寺，妙喜第四世天下老和尚，元叟端禅师，以酬法乳。

仍就座。

师云：把定乾坤，不通水泄。放开线道，许你商量。有么？有么？

僧问：山青水绿，李白桃红。南北东西，总是国王水土；四维上下，无非佛祖门庭。正与么时，请师祝赞。

师云：五日风，十日雨。

进云：与么则筑著磕著去也。

师云：间。

进云：春色无高下，花枝自短长。

师云：只恐不是玉。

进云：院堂宰相，公选住持，合郡尊官，同临法席，未审发明什么事？

师云：验在目前。

进云：五祖演和尚道：'山前一片闲田地，叉手丁宁问祖翁。几度卖来还自买，为怜松竹引清风。'且如何是祖翁田地？

师云：看脚下。

进云：卖与阿谁？

师云：听事不真。

进云：不作贵，不作贱，作么生买？

师云：三生六十劫。

进云：争奈被和尚坐断了也。

师云：墙壁有耳。

进云：只如上手契书，是什么人写？

师云：今日东风起。

进云：谢师指示。

师云：三十棒且待别时。乃云：山僧昔在此山得度，是个脱白沙弥。无端被人推出，人天众前，称为长老，泥猪疥狗，还避得么？今日掇向曲彔木床，指东画西，是最初入门第一杓恶水。到这里，事不获已，只得擘破面皮，将些葛藤，东葛西葛。是以释迦老子，于正觉山前，明星出时，忽然大悟。且道悟个什么？山僧今日开堂说法，又说个什么？不免将第二杓恶水，浇泼诸人去也。

拈拄杖卓一下，喝一喝。

复举六祖至广州法性寺，寓止廊庑间。暮夜，风飏刹幡，闻二僧对论。一云幡动，一云风动，往复酬答，曾未契理。祖云："可容俗流辄与高论否？直以非风、幡动，仁者心动耳。"师云：诸禅德，风动、幡动、心动，为你拈了也。向什么处见祖师？

当晚小参。举同安丕和尚，因僧问："如何是和尚家风？"安云："金鸡抱子离霄汉，玉兔怀胎入紫微。"僧云："忽遇客来，将何祇待？"安云："金果早朝猿摘去，玉花晚后凤啣来。"

师云："正偏回互，不犯锋铓。问答纵横，惟明尊贵。同安老人惯得其便。或有人问天宁：'如何是和尚家风？'向道：'钵盂馒子。''忽遇客来，将何祇待？''饭后一杯茶。'且道与古人是同是别？"

上堂

金刀剪不破，彩笔画难成。千里莫持来，万般俱划却。释迦老子道："应如是知，如是见，如是信解，不生法相。"正是推波助澜，未得脱洒在。如何是脱洒一句？

芍药花开菩萨面，棕榈叶散夜叉头。

上堂

米里有虫，麦里有面。厨库僧堂，山门佛殿。盏子扑落地，楪子成七片。

净慈雪窗光书记至上堂

"上大人，丘乙已，化三千，七十士。尔小生，八九子，佳作仁，可知礼也。"

召众云：是什么语话？

孔门弟子无人识，碧眼胡僧笑点头。

上堂

鸦啼古木，犬吠深林。云横不断青山，潮落无边沧海。渔歌出浦，行行宿鹭群飞；日影穿林，处处炊烟竞出。田家麦熟，即便栽禾。邻妇蚕眠，相将剥茧。沽盐买醋，运木搬柴。解缆张帆，垂鞭弹袖。烧香扫地，合掌摇头。文殊、普贤无端起佛见法见，贬向二铁围山了也。还有人救得么？若有，不妨起死回生。如无，且听填沟塞壑。

施主入山上堂

南泉道："尽大地是王老师檀越。"施者作施想、不作施想？受者作受想、不作受想？若施者作施想，入地狱如箭射。若受者作受想，亦须衔铁负鞍。莫教蹉过南泉。

上堂

天上无弥勒，地下无弥勒。白月印千江，清风生八极。

竖拂子云：是什么？

复云：麈尾拂子也不识。

上堂

举僧问夹山："如何是相似句？"山云："荷叶团团团似镜，菱角尖尖尖似锥。"复云："会么？"僧云："不会。"山云："风吹柳絮毛毡走，雨打梨花蛱蝶飞。"

师云：夹山老汉与么答话，恰似夹竹桃花，锦上铺花，只是未曾点著本分事在。若有人问天宁：如何是相似句？向他道：莫将支遁鹤，唤作右军鹅。

施主请上堂

僧问：'混沌未分时何如？''露柱怀胎。'请师指示。

师云：诸方旧话子。

进云：教学人如何趋向？

师云：棒上不成龙。

进云：'分后如何？''如片云点太清里。'谛当不谛当？

师云：一言既出，驷马难追。

进云：'未审太清还受点也无？'当时灵云不对，意在什么处？

师云：无朕迹。

进云：'恁么则含生不来'，也亦不对。且道对即是，不对即是？

师云：半夜放乌鸡。

进云：'直得纯清绝点时如何？''犹是真常流注。'与者僧问处，是同是别？

师云：据款结案。

进云：'如何是真常流注？''似镜常明。'为什么呼他作镜？

师云：可惜许。

进云：'向上更有事也无？'云：'打破镜来，与汝相见。'古人意作么生？

师云：也是徐六担板。

进云：万古碧潭空界月，再三捞漉始应知。

师云：堕坑落堑。

僧礼拜。师乃云：若论生佛未具以前一段大事，只在诸人脚跟下，动便踏著，只是不知起处。你道从甚处起？掀翻四大海，踢倒五须弥，正觅起处不得。

岂不见东山演祖云：'山僧昨日入城，见一棚傀儡，不免近前看，或见端严奇特，或见丑陋不堪。动转行坐，青黄赤白，一一见了。子细看来，元来青布幕里有人。山僧忍俊不禁，乃问：长史高姓？他道：老和尚看便了，问什么姓。'师云：谁家别馆池塘里，一对鸳鸯画不成。

上堂

千人排门，不如一人拔关。若一人拔关，千人万人得到无为安乐之地。山僧与你诸人著力看。

以手招云：归去来，归去来。

上堂

寒食前，清明后，雨打桃花，风吹石臼。近来百物价平，白米三钱一斗。好大哥，参堂去。

上堂

举僧问乾峰："十方薄伽梵，一路涅槃门。未审路头在什么处？"峰以拄杖画一画云："在这里。"师云：白云万里。

僧举前话问云门，门云："扇子𨁝跳，上三十三天，筑著帝释鼻孔，把东海鲤鱼打一棒，雨似盆倾。"师云：白云万里。

忽有人出来问天宁，与么批判，还惬得二大老意么？向他道：白云万里。呵呵呵，啰啰哩，啰啰哩，刹刹尘尘知几几。十字街头石敢当，忽然吸竭沧溟水。你辈茄子、瓠子，那里知得。

拍禅床便起。

圣节上堂

僧问：佛祖因缘即不问，君臣庆会事如何？

师云：瑞草生嘉运，林花结早春。

进云：如何是君？

师云：莫触龙颜。

进云：如何是臣？

师云：量材补职。

进云：如何是臣向君？

师云：赤心片片。

进云：如何是君视臣？

师云：如月入水。

进云：如何是君臣道合？

师云：俱。

乃举无著与外道论义，著云：'天下太平，国王长寿。'外道杜口，不能破。师颂云：义有河沙数，不出这一句。蚊子上铁牛，无你下嘴处。

上堂

眉毛虽长不碍眼，鼻孔虽高不碍面。诸佛虽悟无二心，众生虽迷无二见。见不见，倒骑牛兮入佛殿。

佛涅槃上堂

披胸示众云：要见释迦老子，向这里识取。汝等善观吾紫磨金色之身，今日则有，明日则无。咄！这野狐精缩头去。过去诸佛亦如是，现在诸佛亦如是，未来诸佛亦如是。

卓拄杖云：如是如是。又卓一下云：不是不是。

进退两序上堂

东边的东边去，西边的西边去。去去实不去，生铁秤锤被虫蛀；来来实不来，灯笼沿壁上天台。且道不动尊居何国土？一镞破三关，分明箭后路。

上堂

心本是佛，造作还非。道不用修，染污不得。只此不染污，是诸佛之所护念。与么道，早是染污了也。丝毫系念，三涂业因。瞥尔情生，万劫羁锁。所以经云："若以色见我，以音声求我，是人行邪道，不能见如来。"你道那个是如来？铜头铁额，鸟嘴鱼腮。

上堂

见色便见心。大地山河是心，作么生见？又云：心不见心，无相可得。

拈拄杖云：观世音菩萨变作一条墨漆拄杖子，绕四天下走一遭，回到山僧手里，却是芭蕉和尚"你有拄杖子，我与你拄杖子；你无拄杖子，我夺却你拄杖子。"若作佛法商量，生身陷地狱。

靠拄杖。

结夏小参

僧问："大通智胜佛，十劫坐道场，佛法不现前，不得成佛道。"此意如何？

师云：也无此意，也无如何。

进云：未审何时得成佛道？

师云：也无佛，也无道。

进云：莫落空否？

师云：空亦空。

进云：即今道空的是什么人？

师云：这漆桶。

进云：本来无挂碍，随处任方圆。

师云：玄沙道底。乃云：以大圆觉为我伽蓝，身心安居平等性智。召众云：性智既然平等，说什么圣、说什么凡？说什么迷、说什么悟？古也如是，今也如是。僧也如是，俗也如是。出出入入，何碍安居。往往来来，是真禁足。譬如蟭螟虫，在蚊子眼睫上作窠，向十字街头叫云：土旷人稀，相逢者少。

复有颂云：金毛狮子喋屎狗，雪白象王推磨驴，直下不生颠倒见，九旬无欠亦无余。

灵隐古鼎铭书记至上堂

世尊三昧，迦叶不知。迦叶三昧，阿难不知。阿难三昧，商那和修不知。商那和修三昧，优波鞠多不知。诸祖三昧各各不知且置，唤什么作三昧？

良久云：除却黄龙头角外，其余尽是赤斑蛇。

上堂

拈拂子敲禅床云：观音妙智力，能救世间苦。还闻么？

复敲一下云：我为什么不闻？

召众云：莫道我谩你，你更谩我太煞也。

上堂

兔角不用无，牛角不用有。两两不成双，三三亦非九。夜来空手把锄头，天晓面南看北斗。

上堂

或时语，须辨取；或时默，谁委悉。久参上士不要丁宁，晚学初机卒难话会。只如道："近上人问道则失道，近下人问道则得道。"不上不下，不得不失，道在阿那头？有时乘好月，特地过沧洲。

上堂

若能转物，即同如来。你道物作么生转？僧堂入佛殿里行，佛殿入僧堂里过。须弥山骑牛说话，木人打鼓唱歌。露柱每日擑筝，楔椎拍手笑他。且道笑个什么？呵呵。

便下座。

解夏小参

僧问：如何是学人自己？

师云：你问我觅。乃云：诸仁者！百了千当，名为无事道人。若到诸方，管取明窗下安排。永祚这里，放过即不可。何谓如此？百了千当底，犹在半途。岂不见圆悟和尚道："以世谛法接人去，落在世谛法中。以祖佛机接人去，落在祖佛机中。以向上拈提接人去，落在向上拈提中。以恁么恁么接人去，落在恁么恁么中。以不恁么不恁么接人去，落在不恁么不恁么中。以总不恁么总不恁么接人去，落在总不恁么总不恁么中。"直饶万里无片云，青天也须吃棒。当知此事不从他处得来。我王库内无此刀，此刀不离王库内。末后一句，始到牢关。把断要津，不通凡圣。九十日末后句作么生道？朱夏火云烧碧洞，清秋危露滴金盘。

复举僧问云门："树凋叶落时如何？"门云："体露金风。"师云：这僧若道个谢师答话，云门大师管取有理难伸。山僧即不然。'树凋叶落时如何？'拈起挂杖，才伫思，打下法堂，免致诸方检点。

中秋上堂

贵买朱砂画月，算来枉用工夫。纯将白粉涂成，要且未是真月。文殊道："但一月真，中间自无是月非月。"

竖拂子云：本无偏照处，刚有不明时。

灵隐竹泉和尚至上堂

举广慧琏和尚道："我在先师会中，见举竹篦，问省驴汉云：'唤作竹篦则触，不唤作竹篦则背。作么生？'省近前夺得，抛向地上云：'是什么？'先师云：'瞎。'省从此悟入。我道省驴汉悟则太煞悟，要且未尽先师意旨。"

师云：大小广慧怎么道，先师实有意旨那？将一把火照看，面皮厚多少。下坡不走，快便难逢。若是向上提持，还我竹泉师兄始得。

建宝塔上堂

僧问：昔日南泉和尚，因赵州问云"如何是道"？泉云："平常心是道。"如何是平常心？

师云：敲冰取火，掘地觅天。

进云：大好平常心。

师云：我不如你，你自会得好。乃云：问既不弱，答得又奇。你道契二大老，不契二大老？还有人道得么？试出来道看。如无人道得，自道去也。一分奉释迦牟尼佛，一分奉多宝佛塔。

上堂

汝等诸人，见我开口，便作说法会；见我无言，便作默然会。总向两头觅我，争知不在两头。你道寻常在什么处？莫是"高高峰顶立"，不露顶么？"深深海底行"，不湿脚么？若恁么，早被伊寻著也。还知山僧有隐身诀么？终朝不见长相见，尽日相逢却不逢。有念尽为烦恼锁，无心端是水晶宫。

喝一喝。

上堂

古人真实相为，放下便稳。我却不恁么，撩起便行。一等是踏破草鞋，何故随人脚后跟转。

拈拄杖云：拄杖子骑佛殿，出山门去也。

上堂

大树大皮裹，小树小皮缠。若不同床睡，焉知被底穿。

冬夜小参

僧问：万丈寒潭彻底冰时如何？

师云：阳气发时无硬地。乃云：欲得恁么事，须是恁么人。若是恁么人，何愁恁么事。唤作恁么事，早是无事生事。何况聚头杂话，趁赞过时。今日三，明日四，肚里黑漫漫地，脚下浮逼逼地。拈槌竖拂，他又不见。弹指謦咳，他又不闻。开口动舌，他又不会。如无孔铁槌相似，养得一万个，有什么用处？龙象蹴踏，非驴所堪。鹅王择乳，素非鸭类。只贵直下便领，更不回头转脑。不立毫末，尽无边香水海，刹刹全收；说一句子，满龙宫溢海藏，无法不具。行一步，踏折释迦老子脊梁骨；唾一唾，粉碎百千万亿须弥卢，犹是奴儿婢子边事。衲僧门下，还作么生？五九尽日又逢春，上元定是正月半。

复举僧问投子："大死的人却活时如何？"子云："不许夜行，投明须到。"师云：铁轮天子寰中敇，帝释宫中放赦书。

上堂

一尘才起，大地全收。罗睺阿修罗王，本身长七百由旬，化身长十六万八千由旬，将四种兵，与天帝释斗战。修罗不胜，走入藕丝窍中。

仰面看天，低头看地，呵呵大笑云：到处去来，不如这里。修罗，修罗，今后更敢也无？

上堂

"极小同大，忘绝境界。极大同小，不见边表。"昨夜浓霜似雪，今

朝暖日如春。父母未生已前，何似这个时节。无事晚来江上望，数株寒柏
倚斜阳。

上堂

释迦老子道："若有一人发真归源，十方虚空悉皆消殒。"邓师翁道：
"若有一人发真归源，十方虚空筑著磕著。"圆悟和尚道："若有一人发
真归源，十方虚空锦上铺花。"天宁道：若有一人发真归源，十方虚空针
劄不入。

进退两序上堂

千尺丝纶，意在锦鳞红尾；一声霹雳，要看攫雾拏云。随时有卷有舒，
觌体无新无旧。光扬法社，辅弼宗门，高蹈世表，下视尘窟，总是当人受
用处。还委悉么？龙袖拂开全体现，象王行处绝狐踪。

上堂

驴事未去，马事到来。猫儿上露柱，铁锯舞三台。大唐天子呵呵笑，
移取眉毛眼下栽。

上堂

"目前无法"，毛氄氄地。"意在目前"，风飒飒地。"不是目前法"，
平坦坦地。"非耳目之所到"，黑漆漆地。上是天，下是地，灵利衲僧不
瞥地。既是灵利衲僧，因什么不瞥地？只为分明极，翻令所得迟。

施主入山上堂

僧问：具足凡夫法，凡夫不知时如何？

师云：纯钢打就。

进云：具足圣人法，为什么圣人不会？

师云：生铁铸成。

进云：圣人若会，即是凡夫。且道会个什么？

师云：寸钉入木。

进云：凡夫若知，即是圣人。未审知个什么？

师云：一笔勾下。

进云：只如今日施主入山，请和尚说法。为说凡夫法，为说圣人法？

师云：吹毛宝剑逼人寒。

进云：与么则大众获闻于未闻也。

师云：有什么了期。乃云：十方刹土一毫端，总是诸人眼自瞒。——三千大千界，抛来掷去又何难。竖拂子云：三世诸佛，尽向这拂子头上成等正觉，转大法轮。历代祖师，尽向这拂子头上兴慈运悲，解粘去缚。山僧即今与你诸人，向这拂子头上，一刹那间，入华藏世界海，入毗卢楼阁，入净入秽，入凡入圣，入修罗、地狱、畜生、饿鬼，现种种形，作种种神通变化，承事诸佛，教化众生。还信得及么？你信也好，不信也好。掷拂子云：抛来掷去，有什么过？

度僧上堂

未出家时，父母兄弟障你光明不得。既出家了，师僧道伴障你光明不得。观山玩水处，拈香拨火处，著衣吃饭处，屙屎送尿处，总是你光明发现处。且如父母未生已前，这一段光明在什么处？宝月当空圆圣智，何山松桧不青青。

结夏上堂

今日结也，憍陈如尊者领众归堂。钵盂口向天，露柱脚踏地。一要扫刮床帐，防备蚊虫。二要晒眼蒲团，免教搭湿。三要热时挥扇，困时打眠。切不得将禅道佛法，贴在额尖上。灵龟负图，自取丧身之兆。九十日内作么生？薰风自南来，殿阁生微凉。

复举云盖安和尚问石霜："万户俱闭即不问，万户俱开时如何？"霜云："堂中事作么生？"安云："无人接得渠。"霜云："道也太煞道，只道得八成。"安云："却请和尚道。"霜云："无人识得渠。"

师云："或有人问永祚：'万户俱开时如何？'向他道：'且喜到来。'你道与古人是同是别？"

中夏上堂

前四十五日已过去，后四十五日尚未来。正当四十五日之中，觅现在相不可得。所以道：过去心不可得，现在心不可得，未来心不可得。此不可得亦不可得。平生肝胆向人倾，相识犹如不相识。

教授俞观光入山上堂

举云岩示众："有个人家儿子，问著无有答不得者。"洞山问云："他屋里有多少典籍？"岩云："一字也无。"山云："争得恁么多知？"岩云："日夜不曾眠。"山云："问一段事得否？"岩云："道得即不道。"

师云："道得即不道"作么生会？长恨春归无觅处，不知流入此中来。

上堂

山是山，水是水，僧是僧，俗是俗。恁么会，又争得？山是山，水是水，僧是僧，俗是俗。恁么会，较些子。

解夏上堂

今日解也，南天台，北五台，一任七纵八横。前程忽有人问永祚近日如何，作么生祗对？但道来时不教某甲传语，管取坐断天下人舌头。虽然，这个是永祚的，那个是上座的？

上堂

举祖师道："在胎名身，处世名人。在眼曰见，在耳曰闻。在鼻嗅香，在舌谈论。在手执捉，在足运奔。遍现俱该法界，收摄在一微尘。识者知是佛性，不识唤作精魂。"

师云：书头教娘勤作息，书尾教娘莫磕睡。还识娘面嘴么？玉容寂寞泪阑干，梨花一枝春带雨。

喝一喝。

上堂

若据一大藏教说少一字，若据祖师门下说多一字。不多不少恰好处，道将一句来？

僧拟进语，师便打出。

上堂

众方集，师喝一喝，便下座。

上堂

是什么声？雨滴芭蕉声。又道是打板声。观世音菩萨将钱买胡饼，放下手，元来却是生铁。且道为你说，不为你说？

谢众施主上堂

举黄龙南和尚，因化主归，示众有五种不易：一施主不易，二化者不易，三变生为熟不易，四端坐食者不易。且道第五不易是什么人？良久云："礐。"便下座。时翠岩真为首座，藏主问真："第五不易是谁？"真云："脑后见腮，莫与往来。"

师云：山僧即不然。"第五不易是谁？"莫怪坐来频劝酒，自从别后见君稀。

冬至小参

僧问：晷运推移，日南长至，阿那个是常住法？

师云：冬不寒，腊后看。

进云：教学人如何履践？

师云：独木桥子。乃云：无阴阳地，含受四时。大寂灭场，发生万物。旋岚偃岳而常静，江河竞注而不流。野马飘鼓而不动，日月历天而不周。千言万言，但识取一言，自然言言见谛。千句万句，但识取一句，管取句句朝宗。直下脱根尘，透声色，泯今古，离去来。水潦和尚被马祖一踏踏到，起来呵呵大笑云："百千法门，无量妙义，只向一毫头上识得根源去。"岂不是了事衲僧。赵州道："诸人被十二时辰使，老僧使得十二时辰。"你且思量看，行住坐卧，语默动静，更有什么物为缘为对？尽乾坤大地，何曾有一法系缀于人？若有针锋许，与我拈将来。我与么道，已是不著便。更说什么群阴剥尽，一阳复生，大似蘸苴与虚空安耳穴。虽然如是，岂敢违背于他？且道他是阿谁？咄！缩头去。

复举僧问清平遵和尚："如何是小乘？"平云："钱贯。"僧云："如何是大乘？"平云："井索。"僧问："如何是有漏？"平云："箍篱。"僧云："如何是无漏？"平云："木杓。"僧云："觌面相呈时如何？"平云："分付与典座。"师云：永祚不避诸方检责，也要矢上加尖。打破大唐国，觅一个会佛法的不可得。

岁旦上堂

祖师道："果满菩提圆，花开世界起。"拈拄杖云：一花开也，是桃是李？今日新年头，昨日旧年尾。识得本来人，无忧亦无喜。

卓一下云：处处绿杨堪系马，家家门底透长安。

上堂

万法归真，真归何所？白鹭下田千点雪，黄鹂上树一枝花。

州中谢雨归上堂

正说知见时，知见即是心。当心即知见，知见即如今。娑竭罗龙王出海，绕须弥山三匝，一头直至梵天，口吐黑云，遮却大千世界，然后降雨。于是梵王问云："雨从何来？"龙王答云："从问处来。"又问云："问从何来？"龙王懅懼而退，起一阵猛风，吹散黑云，依旧天晴日头出。

顾视大众云：我适来道个什么？

众无语，师乃呵呵大笑。

经会上堂

僧问："一切诸佛及诸佛阿耨多罗三藐三菩提法，皆从此经出。"如何是此经？

师云：更要注解那。

乃举洞山问讲《维摩诘经》僧云："'不可以智知，不可以识识'，唤作什么语？"僧云："赞法身语。"洞山云："唤作法身，早是赞也。"僧无语。师云：这里下得什么语，塞却洞山口？乃云：千。

佛日普照慧辩楚石禅师语录卷第三

住海盐州天宁永祚禅寺语录下
参学比丘文玹等编

上堂

一道圆光，阿谁无分？猫儿若无分，为什么捉老鼠？若有分，为什么却做猫儿？

千年田，八百主。

上堂

若是得的人，难觅伊去处。大无方所，细绝毫厘。永嘉道："如我身空法亦空，千品万类悉皆同。"云门道："你立不见立，行不见行，四大五蕴不可得，何处见有山河大地来？"我且问你，铜砂锣里满盛油，因什么不遗一滴？

浴佛上堂

"清净法身"，簸土扬尘；"圆满报身"，倚富欺贫；"千百亿化身"，弄假像真。三身中浴那一身？谢三娘称银。

解夏小参

僧问：西天以蜡人为验，未审此间以何为验？

师云：验什么碗？

进云：和尚岂无方便？

师云：鹞子过新罗。乃云：金风扇野，素月流天。远水平铺，纤云尽卷。是处蝉声噪晚，连山木叶惊秋。明月无覆藏，历历绝渗漏。高不在绝顶，富不在福严。乐不在天堂，苦不在地狱。诸仁者！只如生死交谢，寒暑迭迁，结解相寻，光阴似箭。无位真人，毕竟向什么处安著？披蓑倒笠千峰外，引水浇蔬五老前。

复举翠岩夏末示众云："一夏已来，为兄弟说话。看翠岩眉毛在么？"保福云："作贼人心虚。"长庆云："生也。"云门云："关。"师颂云：杰出丛林是翠岩，舌元不动为谁谈。如今且喜眉毛在，铁额铜头总未谙。

上堂

"明还日轮"，为什么不暗？"暗还黑月"，为什么不明？要知明暗何来，待你眼开始得。如何是眼？

复云：瞎。

上堂

举法眼问永明云："隔壁闻钗钏声即名破戒。现见金银合杂，朱紫骈阗，是破戒是不破戒？"明云："好个入路。"

师云：真个入得，锦上铺花。若人不得，眼中著屑。

上堂

"观色即空，成大智故，不堕生死；观空即色，成大悲故，不堕涅槃。"西天此土，一队不唧𠺕汉，寐语住也未？

拈拄杖云：吽！吽！

荐亡上堂

举天衣怀和尚云："百骸俱溃散，一物镇长灵。百骸溃散皆归土，一物长灵甚处安？"南堂静和尚云："一物长灵甚处安，长空云散碧天宽。莲宫佛刹花无数，眨起眉毛子细观。"

师云：观则不无，唤什么作一物？

喝一喝。

上堂

举仰山到东寺，寺问："汝是什么处人？"山云："广南人。"寺云："我闻广南有镇海明珠，是否？"山云："是。"寺云："此珠如何？"山云："白月即隐，黑月即现。"寺云："还将得来么？"山云："将得来。"寺云："何不呈似老僧？"山叉手近前云："昨到沩山，被索此珠，直得无言可对，无理可伸。"寺云："真狮子儿，善狮子吼。"

师云：仰山虽是个狮子儿，争奈把镇海明珠作豌豆卖却，千古之下，遭人点检。山僧今日党理不党亲，便是东寺到来，也须勘过了打。

上堂

头上是天，脚下是地。青山是青山，白云是白云。你会也，有马骑马，无马步行。你若不会，夜行莫踏白，不是水，定是石。

上堂

山门头合掌，佛殿里烧香。且道有指示无指示？剑去久矣，尔方刻舟。

除夜小参

僧问：一年将尽夜，万里未归人。还许归去也无？

师云：十里长亭，五里短亭。

进云：与么则不归也。

师云：直须归去。

进云：作么生是到家一句？

师云：天寒日短，两人共一碗。乃云：作一句商量，狮子吼，野干鸣。

不作一句商量，野干鸣，狮子吼。一时坐断，未许作家。千里持来，堪作何用？尽乾坤大地无不说老婆禅，争知永祚这里不打这鼓笛。云门大师云："诸方老和尚道：'须知声色外一段事。'这个说话，诳諕人家男女，三间法堂里独自妄想，未曾梦见我本师意旨在，作么生消他信施？腊月三十日，又须偿他始得。"当时早有与么说话。如今是什么时节？

师召大众，众才举头，师便喝。

复举药山一日谓云岩云："与我唤沙弥来。"岩云："和尚唤他作什么？"山云："我有个折脚铛子，要伊提上挈下。"岩云："与么则与和尚出只手去也。"师云：见与师齐，减师半德。见过于师，方堪传授。云岩当时也欠一著，待他道"我有个折脚铛子，要伊提上挈下"，抽身便出。雪后始知松柏操，事难方见丈夫心。

铸佛上堂

僧问：如何是金佛不度炉？

师云：填沟塞壑。

进云：如何是木佛不度火？

师云：正是时。

进云：如何是泥佛不度水？

师云：东西南北，十万八千。乃云：泥佛浸了也，木佛烧了也，金佛镕了也，真佛勘破了也，赵州老汉趁出院了也，一去更不再来。咄！

上堂

无手人行拳，无舌人解语。忽若无手人打无舌人，无舌人连忙道个不必。

复云：只个不必，天下衲僧跳不出。

上堂

鼓声昨夜问钟声，今日钟声答鼓声。廊下木鱼开口笑，贱将佛法作人情。

上堂

天高东南，江河淮济注于海，而海不溢。地倾西北，日月星辰系于空，而空不低。人人鼻直眼横，日日昼明夜暗。诸佛不出世，祖师不西来。佛法遍天下，谈玄口不开。会么？释迦老子在西天，文殊大士居东土。

上堂

未曾亲近，早隔大千。驾头已入含元殿，犹向空阶击静鞭。

上堂

对一说，水流湿，火就燥。倒一说，风从龙，云从虎。何故？人心难满，溪壑易盈。

结夏小参

僧问：如来圣制，禁足护生。一蚁子性命，与诸人性命，是同是别？

师云：猴愁揬搜头。

进云：诸人性命，与佛祖性命，是同是别？

师云：狗走抖擞口。

进云：古人道："护生须是杀，杀尽始安居。"未审杀个什么？

师云：更参三十年。

进云：离相离名人不禀，吹毛用了急须磨。

师云：错。

僧便喝。

师拈拄杖，僧礼拜。师乃云：一蚁子性命即是诸人性命，诸人性命即是佛祖性命。丁一卓二，踢七踏八。长者长法身，短者短法身。只如寒暑交迁，阴阳互换，日日日东上，日日日西没。是心是境？是有是无？是个什么道理？今日结却布袋口，有也被布袋罩却，无也被布袋罩却，总未有出头分在。若要布袋口开，定定九十日，一日也减他不得。

复举世尊升座，文殊白槌云："谛观法王法，法王法如是。"世尊便下座。师云：将谓世尊别有长处，也只懑懀便休，致令后代儿孙，个个龙头蛇尾。

上堂

"闭却僧堂门，倩人守院"，未称全提。"尽大地荒却"，正好吃棒。人无远虑，必有近忧。

端午上堂

今朝五月五，艾人骑艾虎，南北东西走一遭，回来说道：大地众生皆受苦，所谓生苦、老苦、病苦、死苦，乃至五阴盛苦。一切诸苦皆可医，惟有禅和子心病最难医，用不得砒霜石蜜、甘草陈皮，作么生医得？我有一只古方，无有医不得者。僧问赵州："学人乍入丛林，乞师方便。"州云："吃粥了也未？"僧云："吃粥了也。"州云："洗钵盂去。"粥了洗钵，不用狐疑。鲸吞海水尽，露出珊瑚枝。

抚掌下座。

上堂

佛佛佛，厮混涽。祖祖祖，太莽卤。禅禅禅，几何般。道道道，直下扫。这琉璃瓶子护惜是个什么？尽是诸人扑碎了也，更来这里觅什么碗？

解夏上堂

僧问：空劫已前，威音那畔，还有结解也无？

师云：莫妄想。

进云：不妄想时如何？

师云：瞌睡汉。

进云：摩竭陀国亲行此令。

师云：西天斩头截臂。

进云：当时得道如恒河沙，未审今日山中几人得道？

师云：蝇子放卵。

进云：与么则灵山一会俨然未散也。

师云：土上更加泥。乃云：尽十方世界是个真实人体。菩提烦恼，生死涅槃，有为无为，前圣后圣，结制解制，长期短期，真实体上，了没交涉。雪峰三到投子，九上洞山，末后鳖山店上打失鼻孔。大隋参六十余员善知识。长庆坐破七个蒲团。兴化于大觉棒头，深明黄檗意旨。掀翻海岳，罢却干戈。如将谷响千斤，换得空花万片。威音那畔，空劫已前，但有言说，都无实义。穿却天下人鼻孔一句作么生道？大鹏展翅盖十洲，篱边燕雀空啾啾。

复举僧问[1]云门"秋初夏末，前程忽有人问，未审对他道什么？"门云："大众退后。"僧云："过在什么处？"门云："还我九十日饭钱来。"师云：放过即不可。"未审道什么？"但对他道："七十二棒翻成一百二十。""过在什么处？"对他道："你但吃棒，我要这话行。"

上堂

个个抱荆山之璧，人人怀沧海之珠。斡旋佛祖枢机，提掇衲僧巴鼻。尽谓顶门眼正，咸言肘后符灵。殊不知灵龟负图，自取丧身之兆。出格一句作么生？朝霞不出市，暮霞行千里。

圣旨看藏经上堂

僧问：一封丹诏九天来，大地山河唱善哉。满藏不知何所说，青莲花向口中开。奉诏旨看藏经，请禅师祝圣寿。

师云：一字是一岁。

进云：堆山积岳知多少，共祝龙楼不尽年。

---

[1]　"僧问"二字，底本无，据《云门匡真禅师广录》卷上、《列祖提纲录》卷第三十七及《卍续藏》本校记补入。

师云：烂葛藤。

进云：依经解义，三世佛冤。离经一字，如同魔说。去此二途，请师甄别。

师云：蚁子不食铁。乃云：百千法门同归方寸，河沙妙德总在心源。大福德人修，大福德人受。是以恒沙刹土莫不禀其威灵，草木昆虫亦皆资其化育。今则法筵洞启，教藏宏开。重重福德门，种种寿量海。如天普覆，如地普擎，如日普照，如风普吹。仲尼云："吾祷久矣。"

复举宋太宗皇帝因入寺，问僧云："看什么经？"僧云："《仁王护国经》。"帝云："既是寡人经，因什么落在卿手里？"僧无对。后来雪窦代云："皇天无亲，惟德是辅。"师云：若问永祚，但以顶戴经云：万岁！万岁！

上堂

举南泉问黄檗："黄金为世界，白银为壁落，是什么人居处？"檗云："是圣人居处。"泉云："更有一人，居何国土？"檗叉手而立。泉云："道不得，何不问王老师？"檗却问："更有一人，居何国土？"泉云："可惜许。"

师云：二大老，一人无事生事，一人将错就错，直是好笑。当时若作黄檗，待他道"更有一人，居何国土"，但道"这野狐精"。设使南泉通身是口，也须饮气吞声。

初祖忌拈香

这汉西来，特地痴呆。不立文字，虚张意气。直指人心，转见病深。见性成佛，翻成窠窟。灵山直是不甘他，牛粪烧香狗尿茶。因甚如此？只为如此报德酬恩，只这是。

上堂

师到法堂前，与大众和南毕，便归方丈。

众随后，师云：更无一个灵利。

众乃散。

施主舍米入山上堂

举雪峰示众云："尽大地撮来如粟米粒大，抛向面前，漆桶不会，打鼓普请看。"师云：你诸人看不出时，僧堂里、长连床上，叠足坐了，子细咬嚼去。

佛涅槃日上堂

二月十五中春节，红花白花相间发。金棺不独示双趺，花里灵禽更饶舌。说个什么？

喝一喝。

上堂

三身四智，非圣人不无。八解六通，非凡夫不有。木人把板云中拍，石女含笙水底吹。是何曲调？破阵子。

杨府安人真如、善住二居士入山斋僧上堂

沙门释子，头戴施主屋，脚踏施主地，口吃施主饭，身著施主衣，将什么报答施主？入道不通理，复身还信施。长者八十一，其树不生耳。若终日吃饭，不曾咬破一粒米；终日著衣，不曾挂著一缕丝；行不见行，立不见立；十二时中，不依倚一物；不见施者，不见受者，亦无施物。怎么见解，正是增上慢人，别造地狱著你在。总不恁么时如何？大众归堂吃茶去。

上堂

举大愚芝和尚，一日问侍者云："你问讯了，一边立地，是什么道理？"答云："不会。"愚云："过这边立。"侍者便过。愚云："无端，无端。"

师云：成人者少，败人者多。

结夏小参

僧问：观山玩水，访道寻师。离此二途，请师指示。

师云：乱走作么？

进云：和尚恐某甲不实。

师云：草贼大败。

进云：汉地不收秦不管，夜来明月上高峰。

师云：引不著。

进云：四月十五日结，为什么人结？

师云：癫马系枯桩。

进云：七月十五日解，又作么生解？

师云：达磨来也。

进云：还有不在里许者么？

师云：漫天网子百千重。

进云：本来无罣碍，随处任方圆。

师云：放过一著。

僧礼拜。师乃云：或有栴檀丛林栴檀围绕，或有荆棘丛林荆棘围绕。或有荆棘丛林栴檀围绕，或有栴檀丛林荆棘围绕。汝等诸人横担拄杖，紧峭芒鞋，这边那边，东去西去，在那个丛林中？若在栴檀丛林，则是金毛狮子，能纵能夺，能杀能活。若在荆棘丛林，则是狐狼野干，不能纵不能夺，不能杀不能活，随群逐队，怖死贪生，椎杀千万个，有什么罪过？且如两种丛林交互围绕时，唤作金毛狮子，又是狐狼野干；唤作狐狼野干，又是金毛狮子。毕竟唤作什么？能纵不能纵？能夺不能夺？能杀不能杀？能活不能活？又如何定当？若定当得出，许你天下横行。若定当不出，九旬无解脱之期，百劫受沉沦之苦。

复举僧问赵州："如何是咬人狮子？"州云："归依佛，归依法，归依僧。莫咬老僧。"师云：这僧也只是个喫屎狗，为什么赵州一见便撒屎撒尿，彩奔甑家。

上堂

"昼升兜率，夜降阎浮，为什么摩尼珠不现？"师云：现也，现也。蓦拈拄杖，卓一下云：百杂碎了也。诸人总来这里觅个什么？

掷拄杖，下座。

上堂

长廊下与你说，后架头与你说，法堂上即不与你说。何也？不说不说。

施主设斋上堂

"供养百千诸佛，不如供养一个无心道人。"百千诸佛有何过？无心道人有何德？若会个中意，牛头尾上安。

解夏小参

僧问：直下便是时如何？

师云：劄。

进云：高高处观之不足，低低处平之有余。

师云：学语之流。

进云：一夏九旬今已满，请师方便指迷津。

师云：口只好吃饭。

进云：前程忽有人问"和尚近日如何为人"，向他道什么即得？

师云：西天令严。

进云：和尚三寸太密。

师云：红霞穿碧落，白日绕须弥。

进云：一句已遍行天下了也。

师云：也是无端。

僧礼拜。师乃云：平地上吃交，郎当不少。脚跟下蹉过，笑杀傍观。即心即佛，非心非佛。此地无金二两，俗人沽酒三升。更有不唧嚼底，风前月下，几度沉吟，海角天涯，一生流浪。西天以蜡人为验，我这里以竹篦为验。唤作竹篦则触，不唤作竹篦则背。速道！速道！拟议不来，劈脊便棒。

复举长庆云："净洁打叠了也，却近前就我觅，我劈脊与你一棒。有一棒到你，你须生惭愧。无一棒到你，你又向什么处会？"雪窦云："雪窦即不然。净洁打叠了也，直须近前，我劈脊与你一棒。有一棒到你，你即受屈。无一棒到你，与你平出。但与么会。"

师云：众中商量道：坐在净洁地上，必须打叠。近前觅的吃棒有分。觅的是病，棒即是药，所以雪窦云"有一棒到你，你即受屈。无一棒到你，与你平出"。杜撰禅和如麻似粟，殊不知二大老一个掘地为坑，一个夷井塞灶，皆欲坐致太平，争奈反招怪笑。毗婆尸佛早留心，直至如今不得妙。

无梦噩书记至上堂

举白云端和尚云："写尽千张纸，徒烦心手劳。人情如太华，争似道情高。"师云：大小白云犹有这个在。永祚承无梦师兄相访，粗茶淡话，兀坐忘怀。若有一个元字脚，彼此不著便。何也？人平不语，水平不流。

上堂

黄檗手中棒，剜肉作疮。大愚肋下拳，吃盐救渴。速则易改，久则难追。选佛若无如是眼，假饶千载亦奚为。

喝一喝。

看《华严经》上堂

东西南北，四维上下，尘尘刹刹，总不离个华藏世界海。有高有下，有阔有狭，有具有不具，有等有不等，有清净有不清净，有短寿有长年，且道毗卢遮那如来即今在阿那个世界中说法？又说什么法？为说三乘法，为说一乘法？为说无上乘法，为无所说？试道看。若道得，许你净佛国土，游戏神通，有情无情同证同入。若道不得，生死海内沉浮。

慧钝岩预修请升座

僧问：如意珍，用无尽，应物遇缘终不吝。如何是如意珍？

师云：多少人用不得。

进云：莫只这便是么？

师云：你试用看。

进云：掬水月在手，弄花香满衣。

师云：话堕也。

进云：今晨施主钝岩提点预修寄库，请和尚升座。回向功德一句作么生举？

师云：弹指圆成八万门，一超直入如来地。乃云：有情之本，依智海以为源；含识之流，总法身而为体。诸仁者！还识此源么？若识此源，则千源万源只是一源。还见此体么？若见此体，则千体万体同为一体。上则为圣，下则为凡。其在圣也，诸佛菩萨，缘觉声闻，一向净用而证解脱。其在凡也，天人修罗及三恶道，一向染用而堕轮回。欲出轮回，全成解脱，如人因地而倒，因地而起。离却瓶盘钗钏，真金不自外来。就乎酥酪醍醐，美味悉从中出。以至乾坤大地，日月星辰，草木昆虫，森罗万象，莫不辉腾今古，迥绝见闻。透一金刚圈，吞一栗棘蓬，则不可说金刚圈、栗棘蓬一时吞得透得，岂不是了事汉！更听一偈：

　　　　一微尘里大宝藏，十方虚空悉充满。
　　　　普放光明照尘刹，蒙光触者烦恼除。
　　　　烦恼除故觉道成，能为群生作佛事。
　　　　福德寿量咸增益，此妙解脱钝岩证。
　　　　不动本际常寂然，极未来时阐斯道。

铸大悲像上堂

有一居士出，问云：大悲菩萨通身是手眼，是否？

师云：是。

进云：弟子还具否？

师云：具。

进云：只如半夜里不见一物时，手眼在什么处？

师云：直是通身手眼。

进云：谢师指示。

师云：嘘！嘘！乃云：据教中道：众生妄见，不离前尘。开眼见明，明不是明。合眼见暗，暗不是暗。在佛殿前过，不见佛殿后事。在佛殿后过，不见佛殿前事。皆属妄见，前尘所遮。若离前尘，无物可见。约永祚见处，大悲菩萨本自无身，亦无手眼。有的便道："我会也！我会也！"打二十九棒趁出，留一棒自吃。莫有人下得手么？如无，今日失利。

举麻谷问临济："大悲千手眼，阿那个是正眼？"济云："大悲千手眼，阿那个是正眼？速道！速道！"谷拽济下禅床，谷却坐。济云："不审。"谷便喝。济拽谷下禅床，济便坐。谷便出去，济归方丈。

师云：二大老主宾互换，纵夺可观，如猛焰烧空、忽雷震地相似。虽然，与他大悲千手眼，有何交涉？只见波涛涌，不见龙王宫。

上堂

有僧作礼，拟伸问次，师便下座。

上堂

"道远乎哉？触事而真。"唤什么作真？"圣远乎哉？体之即神。"唤什么作神？

蓦拈拄杖，划一划，喝一喝，便起。

冬至小参

僧问：群阴剥尽，一阳复生。此性还属消长也无？

师云：定花板上。

进云：如何是此性？

师云：寒时言寒，热时言热。

进云：便与么去时如何？

师云：依稀似佛，莽卤如僧。乃云：诸人在这里经冬过夏，岂为身衣口食、看山水过时？单明自己生死大事。永祚亦不将一法系缀诸人，初无一个佛字到汝分上，污汝心田。若有纤毫，直须吐却，漱口三日。此是生死根本，头出头没，未有了期。从无始劫，被身口意使，总是汝自家担带得来，非天降，非地涌，非人与。如今不了，更待何时？一九、二九、三九、四九，九九八十一了，前头尚有寒在。

复举《文殊菩萨所说般若经》云："清净行者不入涅槃，破戒比丘不入地狱。"师颂云：常拣白日寻花巷，尽把黄金作酒钱。翻著襕衫高拍手，大家齐唱太平年。

上堂

拈却钵盂匙箸，吃饭不得。屏却咽喉唇吻，出气不得。色身安，法身不可不安。法身、色身是一是二？花须连夜发，莫待晓风吹。

觉首座请小参

僧问：世尊拈花，迦叶微笑，此意如何？

师云：一手不独拍。

进云：世尊曰："吾有正法眼藏，涅槃妙心，付嘱摩诃迦叶。"毕竟作么生付嘱？

师云：不知。

进云：今古应无坠，分明在目前。

师云：瞎。

进云：尽大地是一句子，请和尚直下全提。

师云：春日晴，黄莺鸣。

进云：这个犹是半提，作么生是全提时节？

师云：吃得棒也未？

进云：闲挑野菜和根煮，旋斫生柴带叶烧。

师云：杜撰禅和，如麻似粟。乃云：我宗无语句，亦无一法与人。若有一法与人，土也消不得。呵！呵！呵！笑个什么？我笑江西马大师道即心即佛，又说非心非佛，话作两橛。临济道："我在黄檗先师处，三度问佛法的的大意，三度被打六十拄杖，如蒿枝拂相似。如今思得一顿吃，还有人下得手么？"头长三尺，项短二寸，这两个老汉，一向悬羊头卖狗肉，诳諕闾阎。自余固是败将不斩，永祚这里未免作死马医。但是从前事襀记忆，把佛法禅道筑一肚皮，到处逞驴唇马嘴，谩人自谩底，尽情与我飏在垃圾堆头，更不要拈著。只么饥餐渴饮，闲坐困眠，虽是博地凡夫，便与古佛同参。且道参什么人？

复举临济会中，两堂首座齐下喝，僧问："还有宾主也无？"济云："宾主历然。"师喝一喝。

上堂

把禅床拍一拍云：看看大地平沉也，四大海水没至梵天，其中众生受无量苦，叫云："相救！相救！"梵王告曰："汝等众生不敬三宝，杀盗淫妄，饮酒食肉，造种种罪。罪来归身，终不他作自受。若能改恶修善，即生天上，受种种乐。乐尽还堕地狱中，不如一念无生，便成正觉。"

道罢，扣齿云：无端瞎却众生眼。然虽如是，祸不入慎家之门。

元宵上堂

始贺大年朝，又当正月半。看看百草长，急急三春换。世事密如麻，光阴忙似钻。杖头窟磊子 [1]，举动令人羡。村歌社舞斗施呈，直截示人人不荐。

---

[1] 窟磊子：亦作"窟儡子"，即傀儡子，木偶戏。

上堂

有情说法，无情说法。作么生是有情？山河大地，竹头木屑，总是有情。作么生是无情？诸佛菩萨，畜生驴马，总是无情。

召众云：山河大地，竹头木屑，总是无情，因什么却成有情去？诸佛菩萨，畜生驴马，总是有情，因什么却成无情去？分明记取，举似作家。

上堂

芭蕉闻雷而开，葵花见日而转。木人拍手，石女唱歌。笔描菩萨火中行，泥捏金刚水底走。发扬妙旨，指示玄徒，只要诸人识取无面目的。且道无面目的如何识？未明心地印，难透祖师关。

上堂

举镜清问玄沙："学人乍入丛林，乞师指个入路。"沙云："还闻偃溪流水声么？"清云："闻。"沙云："从这里入。"镜清于此得个入处。五祖邓祖翁云："果然得入，一任四方八面。若也未然，辄不得离却这里。"大慧云："若要真个得入，直须离却这里。"

师云：这里是什么所在？离与不离，更问阿谁？忆昔东溪日，花开叶落时，几拟以黄金，铸作钟子期。

解夏上堂

今朝七月十五，行者先来打鼓，长老口里喃喃，恣意抛沙撒土。若是灵利衲僧，直下划除佛祖。且喜法岁周圆，莫道劳而无补。

道旧至上堂

举"飒飒凉风景，同人访寂寥。煮茶山下水，烧鼎洞中樵"。师云：白云老人家贫难办素食，事忙不及草书，只是不合将常住物，入自己用。

佛日普照慧辩楚石禅师语录卷第四

住杭州路凤山大报国禅寺语录

参学比丘昙绍等编

师于至元元年七月二十五日入寺。

山门

东门南门，西门北门，门门有路。路头在什么处？五凤楼前。

佛殿

黄金殿上，释迦老子，不合向这里屙。

展坐具云：且礼拜，盖覆却。

土地堂、龙王殿

赫赫厥声，濯濯厥灵。前朝凤阙，万古龙庭。雨过吴山插汉青。

据室

临济在黄檗吃六十拄杖，如蒿枝拂相似。如今莫有恁么衲僧么？设有，更须勘过始得。

拈宣政院疏

白云出岫，本自无心。赤水求珠，还他罔象。万般存此道，一味信前缘。

两浙诸山疏

真不掩伪，曲不藏直。落霞与孤鹜齐飞，秋水共长天一色。

方外交疏

一句子，无彼此。以我为隐乎？吾无隐乎尔。

法座

这个宝华王座，常在诸人面前，昼夜放光，因什么不见？山僧今日指出，便乃与三世诸佛、六代祖师、天下老和尚同一受用也。

遂升座拈香云：此一瓣香，天上天下，世出世间，并属照临，皆承恩力，爇向炉中，端为祝延今上皇帝圣躬万岁万万岁。陛下恭愿，乃圣乃神，乃武乃文，四海咸歌有道；自西自东，自南自北，八方尽乐无为。

次拈香云：此一瓣香，奉为皇天之下，一人之上，西天佛子，大元帝师大宝法王，资培福慧。

复拈香云：此一瓣香，奉为行省大丞相，行宣政院官，文武寀寮，同增禄算。

敛衣就座。师云：宝印当空妙，重重锦缝开。不费纤毫力，提掇凤山来。放行则万象回春，把住则千峰寒色。且道把住好，放行好？试出来道看。

僧问：虚空为鼓，须弥为槌，请和尚一挥，祝皇王万寿。

师云：天长地久。

进云：可谓日月光天德，山河庄帝居。

师云：多少分明。

进云：钱塘乃江南第一郡，凤山乃钱塘第一峰。和尚以公选住持，如何报答君相？

师云：愈令心似铁。

进云：此山唐时号罗汉院，黄檗下宗彻禅师因僧问："如何是祖师西来意？"答云："骨剉也。"此意如何？

师云：我道你髑髅百杂碎。

进云：又问他南宗北宗，他答云心为宗。宗即不问，未审唤什么作心？

师云：速礼三拜。

进云：横担栂栗不顾人，直入千峰万峰去。

师云：且莫诈明头。

僧礼拜。师乃云：三世诸佛横说竖说，不曾道著一字。六代祖师全提半提，不曾接得一人。虽然不接一人，各各眼横鼻直。虽然不道一字，言言玉转珠回。双放双收，同生同死。全明全暗，有杀有活。德山入门便棒，临济入门便喝。睦州见僧便道"现成公案"，资福道"隔江见刹竿便回去，脚跟下好与三十棒。"八十翁翁入场屋，真诚不是小儿戏。你若对众决择分明，山僧分付钵袋子。

复举白云端和尚示众云："若端的得一回汗出，便向一茎草上现出琼楼玉殿。若未端的得一回汗出，纵有琼楼玉殿，被一茎草盖却。"师云：拈却一茎草，琼楼玉殿在什么处？到江吴地尽，隔岸越山多。

当晚小参

僧问：诸佛不出世，祖师不西来。佛法遍天下，谈玄口不开。既是佛法遍天下，为什么谈玄口不开？

师云：南斗七，北斗八。

进云：未审此理如何？

师云：去去西天路，迢迢十万余。乃云：人天众前激扬此事，也须是本分衲僧始得。若非本分衲僧，未免遭人怪笑。只如适来禅客立个问头，怎么答他，却理会不得。

再举一遍"既是佛法遍天下，为什么谈玄口不开？"檐声未断前宵雨，电影还连后夜雷。

省中把茶回上堂

举风穴在郢州衙内上堂云："祖师心印，状似铁牛之机，去即印住，住即印破。只如不去不住，印即是、不印即是？"时有卢陂长老出问："某甲有铁牛之机，请师不搭印。"风穴云："惯钓鲸鲵澄巨浸，却嗟蛙步辗泥沙。"陂伫思，穴喝云："长老何不进语？"陂拟议，穴打一拂子云："还记得话头么？试举看。"卢陂拟开口，穴又打一拂子。牧主云："将知佛法与王法一般。"穴云："见个什么道理？"牧主云："当断不断，反招其乱。"穴便下座。

师云：击石火，闪电光。构得构不得，未免丧身失命。风穴壁立千仞，坐断卢陂舌头。卢陂若是个人，未到牧主检责，才见他道"祖师心印，状似铁牛之机"，呵呵大笑。若拟议，拍一拍便行。无端请师不搭印，倚他门户傍他墙，刚被时人唤作郎。如今有人与风穴作主，我要问他：心印在什么处？

中秋上堂

凤山说，何似万象说。八月十五夜月最亲切，八月十八日潮更直截。闻不闻，瞥不瞥？嘉州大象吃蒺藜，陕府铁牛流出血。

上堂

佛法两字，不要拈著，拈著则不堪。这里龙蛇混杂，凡圣同居。若起无事心，棒了趁出院。金不博金、水不洗水一句作么生道？

放憨作么？

上堂

千圣顶预上，点著便知；万象森罗前，突出难辨。亘古亘今无缝罅，盖天盖地绝罗笼。挽之不来，推之不去。拥之不聚，拨之不散。直得秋光湛湛，体露金风，夜色澄澄，凉生玉宇。高枝多宿鸟，腐草足流萤。即含灵颠倒之心，见诸佛圆常之性。恁么说话，笑杀衲僧。衲僧毕竟有甚长处？

喝一喝。

冬至小参

僧问："世事悠悠，不如山丘，卧藤萝下，块石枕头。"未审与垂手入廛的，相去多少？

师云：也不较多。

进云：岂无缂素？

师云：一对无孔铁槌，就中一个最重。

进云：与么则天下老和尚总在里许也。

师：因谁置得？

进云：数声清磬是非外，一个闲人天地间。

师云：方才搓弹子，便要捻金刚。

进云：明日书云[1]令节，毕竟书什么云？

师云：那边是什么云？

进云：但愿来年蚕麦熟，罗睺罗儿与一文。

师云：一日便头白。乃云：垂万里钩，驻千里乌骓；布漫天网，打冲浪锦鳞。如大力魔王道："我待一切众生成佛尽，众生界空，无有众生名字，我乃发阿耨多罗三藐三菩提心。"广额屠儿放下屠刀道："我是千佛一数。"早是不唧嗷。更向长连床上坐，长连床上卧，眼眈眈地，杀不死羊相似，万年一念，有什么益？不如泥猪疥狗，却有出离之期。明明向你道，开口不在舌头上。要急相应，来日是书云。

复举龙济道："万法是心光，诸缘唯性晓，本无迷悟人，只要今日了。"师云：既无迷悟，了个什么？从前汗马无人识，只要重论盖代功。

上堂

上是天，下是地。耳里听声，鼻中出气。陕府铁牛吞嘉州大像则且置，拽取瞻波国与新罗国斗额，是第几机？

---

[1] 书云：指冬至。《普应国师幻住庵清规》云：冬至称书云令节。

上堂

拈拄杖，卓一下，召众云：我这里卓拄杖，你那里闻声，为将耳闻，为将心闻？若将耳闻，耳朵两片皮，作么生闻？若将心闻，心如工伎儿，意如和伎者，又作么生闻？终不虚空里闻也。若是虚空里闻，即是常闻，何待这里卓拄杖然后闻。凤山不卓拄杖，为什么不闻去？岂不见文殊道："声无既非灭，声有亦非生。生灭二圆离，是则常真实。"却因后语，为蛇画足。尽情放舍，脱体无依，转向那边更那边，亦未是到家时节。到家一句作么生道？

只知事逐眼前过，不觉老从头上来。

上堂

若有老僧即无阇黎，若有阇黎即无老僧。阇黎自阇黎，老僧自老僧。唤作阇黎也得，唤作老僧也得。

蓦拈拄杖，卓一下，喝一喝。

上堂

茅堂月淡，竹户风凄。冰枯雪槁之时，鼓寂钟沉之夜。心心永寂，石女剪于龟毛；念念攀缘，木人裁于兔角。不是洞山五位，亦非临济三玄。齿牙敲磕处，一字元无；父母未生前，全机独脱。透顶透底，亘古亘今。饭是米做一句作么生道？久立。

上堂

遍界是，通身是，无一处不是，无一念不是。忽然拈起拄杖子问他：这是不是？便见一千个内，九百九十九个口如匾担相似。直须自己偷心死，方信从前都不是。都不是，只这是，吉了[1]舌头三千里。

---

[1] 吉了：禅宗语录中亦作"咭嘹"、"吃嘹"。

喝一喝。

上堂

见拄杖不唤作拄杖，见屋不唤作屋，正是痴狂外边走。见拄杖但唤作拄杖，见屋但唤作屋，又是依样画猫儿。两人同到山中，总与一杯茶吃。要辨缁素，且待别时。

佛成道上堂

三千大千世界，日月星辰，山河淮海，昆虫草木，有情无情。拈拄杖，卓一下云：尽向这里成等正觉。然后凤山不入这保社。何也？石头道底。

除夜小参

僧问：日从东上，月向西没，作么生是不迁义？

师云：柳絮随风，自西自东。

进云：年年是好年，日日是好日。

师云：瞎老婆吹火。乃云：未达境惟心，起种种分别。达境惟心已，分别即不生。不生法中，具足世间出世间法。一立一切立，一破一切破。一放一切放，一收一切收。觌体全该，当阳廓示。方便唤作常住法身，流出无边诸三昧海。文殊、普贤大人境界，德山、临济向上提持。此方他方齐成佛道，有说无说俱转法轮。极三际为一时，统十方为一刹。二十四气，七十二候，三百六十五日，只在刹那。悟之则当念圆明，迷之则永沉生死。

复举保宁永和尚示众云："世尊不说说，迦叶不闻闻。卓拄杖云：水流黄叶来何处，牛带寒鸦过远村。"师云：青州梨，郑州枣，大抵无过出处好。

岁旦上堂

半夜起来，赴省堂焚祝。焚祝了，丞相府诸衙门人事。人事毕，即回殿堂行香，撒沙咒土，绕廊行道。次第诸山报礼，准备接官。若作新年头佛法会，入地狱如箭射。

进退两班上堂

虎豹文章，全归爪牙之力；鲲鹏变化，心藉羽翼之功。法社要在人，丛林自然增气。睦州佐黄檗，杨岐辅慈明，相与建法幢，展衲僧巴鼻。

元宵上堂

一切月以一月为真，一切灯以一灯为体。一即一切，一切即一。一从什么处起？泪合错下注脚。

诸山讲主至上堂

先圣道："诸法不自生，亦不从他生，不共不无因，是故说无生。"尽大地是胡饼，任你横咬竖咬。西天那烂陀寺里，一万来僧，人人得吃。只有摩诃迦罗大神不得吃，把须弥山一捆百杂碎，帝释跨跳上梵天去也。

上堂

即心即佛，祸不入慎家之门；非心非佛，舌是斩身之斧。古人的今人用，今人的古人为。一犬吠虚，千猱哗实。凤山今日不惜性命，与你诸人抽钉拔楔去也。

茶！

佛涅槃上堂

东西南北，空中鸟迹。南北西东，水底鱼踪。瞿昙用尽平生力，直至而今归不得。

忽都达儿状元入山上堂

举玉泉浩布裈，因东坡居士微服相访，浩问云："尊官何姓？"坡云："姓秤，是称天下长老的秤。"浩唾地云："这一唾重多少？"坡休去。

师云：玉泉是作家宗匠，东坡是当世大儒，蓦劄相逢，发挥此道。尽谓东坡休去，秤尾无星。殊不知八两半斤，总在自家手里。虽然如是，也须扶起玉泉。只如他道"这一唾重多少"，多少人道不得。直饶道得，更与一唾。

上堂

景物舒晴，湖山叠翠。相将寒食，共赏芳菲。画船处处笙歌，花市重重锦绣。风流公子全彰古佛家风，红粉佳人廓示祖师巴鼻。便请拗折拄杖，高挂钵囊。不用低头，思量难得。

上堂

这里鸣钟击鼓，拈槌竖拂，说黄道黑，也只为你诸人。那下长街短巷，负儿挟女，嗔拳恶骂，也只为你诸人。地狱未是苦，在此衣线下不明大事却是苦。此时若不究根源，直待当来问弥勒。

浴佛上堂

僧问：护明大士未降王宫，释迦老子在什么处？

师云：眨上眉毛。

进云：谢师答话。

师云：恰值拄杖不在。师乃以拂子打一圆相云：三十二相无此相，八十种好无此好。跛跛挈挈且过时，人来不必重寻讨。

喝一喝。

结夏小参

僧问：尽大地是个佛身，向什么处安居禁足？

师云：锦上铺花又一重。

进云：竹密不妨流水过，山高岂碍白云飞。

师云：随语生解。乃云：摩竭陀国，亲行此令。抵死要知，换却性命。

设使悬崖撒手，自肯承当，绝后再苏，欺君不得，也是棺木里瞠眼。凤山这里无许多事，寻常只是九十日为一夏，黄陈米饭，苦益菜羹。尊胜寺前，叠叠青山不尽；西兴渡口，茫茫白浪无穷。行也任你行，坐也任你坐。出也任你出，入也任你入。卷舒自在，彼此何拘。却不许埋在声色堆头，亦不许离他声色。总不与么，还作么生？锦衣公子贵，林下道人高。

复有颂云：拈却东山水上行，薰风殿阁生微凉。住山不费纤毫力，自有人提折脚铛。

上堂

一句合头语，万劫系驴橛。灵利汉闻得便行，早迟八刻了也。

同参至上堂

举泉大道访慈明，明云："片云横谷口，游人何处来？"泉云："夜来何处火，烧出古人坟。"明云："未在，更道。"泉便作虎声，明便打一坐具。泉推明向禅床上，明却作虎声。泉云："我见八十余员善知识，惟师继得临济宗风。"

师云：错下名言。当时慈明争容得这风颠汉恁么道，更与一坐具，且看他作个什么伎俩？才眼目定动，便连棒趁出，临济法道未致寂寥。

上堂

红尘闹市，公子家风。旷野深山，道人活计。一则穿花度柳，一则啸月眠云，那个得，那个失？云在岭头闲不彻，水流涧底太忙生。

上堂

不落因果，不昧因果，总未脱野狐身。若要脱野狐身，更过五百生始得。
召众云：还肯凤山与么道么？尽大地人不肯，总是野狐种族。
喝一喝。

中夏上堂

和尚子，莫妄想。起心动念是妄想，澄心息念是妄想，成佛作祖是妄想。往往将妄想灭妄想，无有了期。直饶古今言教，一时明得，如珠走盘，敢保此人未出阴、界。碍膺之物，谁与消除？若得消除，名为解脱，其实未得一切解脱。超毗卢，越释迦，大丈夫儿合到如此。点胸点肋，称杨称郑作什么？我未曾向六月里下一阵大雪与你诸人在。

上堂

打钟钟鸣，打鼓鼓响。三世诸佛竞出头来，六代祖师没藏身处。钟中无鼓响，鼓中无钟声。钟鼓不交参，句句无前后。毕竟唤什么作句？

喝一喝。

施主看《楞严》上堂

体理得妙，了了常知。一种平怀，绵绵不漏。著衣吃饭，盖是寻常。见色闻声，犹如聋瞽。但可入佛，不可入魔。透得十种禅关，出得五阴区宇。处处无非佛事，头头总是道场。酒肆淫坊了无罣碍，龙宫虎穴任便经过。亦可入魔，亦可入佛。然后佛魔俱遣，凡圣不存。不取涅槃，不居生死，道我大事了毕。拄杖不在，苕帚柄聊与三十。

上堂

"才有是非，纷然失心。"还识祖师面目么？

入新僧堂上堂

举王常侍一日访临济，同至僧堂前，侍云："这一堂僧还看经么？"济云："不看经。"侍云："还坐禅么？"济云："不坐禅。"侍云："既不看经，又不坐禅，毕竟作个什么？"济云："总教伊成佛作祖去。"侍云："金屑虽贵，落眼成翳。"济云："我将谓你是个俗汉。"

师云：临济吹毛剑，什么处去也？若也拈出，有什么王常侍在。自出洞来无敌手，得饶人处且饶人。

因斋罗汉上堂

风生古殿，月转回廊。香烟合匜，灯烛荧煌。宾头卢尊者应供四天下，无一处不到，还到此间么？此间是什么所在，说到不到？

合掌云：三德六味，施佛及僧。

便下座。

上堂

灵鹫山中量材补职，曹溪路上少实多虚。不论薄地凡夫，便请丹霄独步。快与，快与？有么，有么？比拟张麟，兔亦不遇。

上堂

好诸禅德！桃红李白，水绿山青。烟雨楼台，市廛车马。云舒云卷，露出几个峰峦；船去船来，惊散一行鸥鹭。桥边酒店，柳外人家，子细观瞻，分明画出。画出则不无，如何著笔？无风荷叶动，必定有鱼行。

上堂

婆饼焦，断消息，花底春禽鸣历历。不如归去不如归，自是不归归便得。喝一喝。

松林施主妙莲居士项氏舍宝盖入山上堂

生心受施，净名早诃。有法可说，如来不许。直得无物可施，无法可说，牢笼佛祖，含育圣凡，犹是半珠，未为全宝。到个里，明如杲日，宽若太虚，千圣不携，万机寝削。尘尘尔，刹刹尔，念念尔，法法尔。尽十方微尘国土一时拈来，著在针锋上，却从针锋上流出一切智光明云，于其云中现妙莲花，量等十方微尘国土，合为一盖，内出百千佛，异口同音而说偈言："一念普观无量劫，无去无来亦无住。如是了知三世事，超诸方便成十力。"说是偈已，即入针锋里去也。

上堂

如来涅槃心，祖师正法眼，衲僧奇特事，知识解脱门，总是十字街头破草鞋，抛向钱塘江里著归堂。

解夏小参

僧问：如何是先照后用？

师云：擘开太华连天色，放出黄河到海声。

进云：如何是先用后照？

师云：剑为不平离宝匣，药因救病出金瓶。

进云：如何是照用同时？

师云：定光金地遥招手，智者金陵暗点头。

进云：如何是照用不同时？

师云：三月懒游花下路，一家愁闭雨中门。

僧礼拜。师云：更问一转岂不好？

僧便退。师乃云：临济宗风，直须辨主。若不辨主，有眼如盲。所以道："不容拟议斩全身，始得名为主中主。"灵锋宝剑，常露现前，拟犯锋铓，横尸万里。一等担拄杖行脚，还曾辨得主么？你若辨得主，见他禅床上老汉才开口动舌，背却法堂，著草鞋便行，较有些子衲僧气息。但与么软嫩嫩地无骨头相似，见人说有便著有，说无便著无，十二时中全没主宰，将什么敌他生死、消他信施？埋没自己，屈辱先宗，无过此人。才方结夏，又见解夏，日复一日，岁复一岁，待阎老子征饭钱，迟了。何不及早回头，子细寻思，看是什么道理？髑髅常千世界，鼻孔摩触家风，万里神光顶后相。直下会得，转凡成圣，只在片时。其或未然，换手捶胸去在。

复举外道问世尊："昨日说何法？"尊云："说定法。"外道云："今日说何法？"尊云："说不定法。"外道云："因什么昨日定，今日不定？"

尊云："昨日定，今日不定。"师颂云：行尽江南数十程，晓风残月入华清。朝元阁上西风急，都入长杨作雨声。

径山送寂照先师入塔回寺上堂

凤山夜来梦见阿耨达池龙王请五百罗汉斋，径山末后方至，于是龙王问云："宾头卢尊者一日应供四天下，径山因什么来迟？"径山云："听取我四句：本无生灭，宁有去来？河冰发焰，枯木花开。"道了，便把井底蓬尘一撒，却骑山上鲤鱼，归天台去也。

大众，夜来梦的是，今日举的是？

同诸山探院官回上堂

举石门聪和尚入州看官，路逢延庆长老问云："中路相逢，一句作么生道？"门云："某甲礼拜，和尚有分。"明日到院茶话次，庆云："昨日闻学士说新石门和尚。和尚久在石门，为什么却新去？"门云："脑后合掌。"问云："来时无物去时空，二路都迷，且如何得不迷去？"门云："秤头半斤，秤尾八两。"

师云：石门道"某甲礼拜，和尚有分"，延庆著贼也不知。要识石门么？李靖三兄，久经行阵。虽然如是，未免倚势欺人。

中秋上堂

一月普现一切水，一切水月一月摄。尽大地是水，阿那个是月？尽大地是月，阿那个是水？你若不信，钱塘江里少哩。

上堂

炉韛之所多钝铁，良医之门足病夫。不因柳毅[1]传书信，何缘得到洞

---

[1] 柳毅：《柳毅传》，唐代传奇小说，李朝威撰，描写洞庭龙女远嫁泾川，饱受其夫虐待，幸遇书生柳毅为传家书至洞庭龙宫，得归洞庭。几番波折后，二人终成眷属。

庭湖。

岁旦上堂

举香严云："去年贫，未是贫；今年贫，始是贫。去年贫，有卓锥之地；今年贫，锥也无。"真净云："去年富，未是富；今年富，始是富。去年富，惟有一领黑黪布衫；今年添得一条百衲袈裟，岁朝抖擞呈禅众，实谓风流出当家。"

师云：香严贫，未是贫，奈何犹有个浑身。真净富，未是富，家私未免俱呈露。凤山这里不说富，不说贫，随家丰俭没疏亲。

竖拂子：收来兔角长三尺，放去龟毛重九斤。

元宵忏会上堂

僧问：二祖谒初祖便云："我心未安，乞师安心。"初祖向他道："将心来，与汝安。"且道要有心可安，无心可安？

师云：劄。

进云：二祖云："觅心了不可得。"初祖云："与汝安心竟。"还端的也无？

师云：曾经霜雪苦，杨花落也惊。

进云：及三祖问二祖云："弟子身缠风恙，请师忏罪。"意作么生？

师云：蹉过了也。

进云：二祖云："将罪来，与汝忏。"为复是因风吹火，为复是入草求人？

师云：有甚共语处。

进云：三祖道："觅罪了不可得。"二祖云："与汝忏罪竟。"请和尚分明指示。

师云：朝三千，暮八百。

进云：只如二祖安心，三祖忏罪，是同是别？

师云：雪上加霜。

进云：与么则前无释迦，后无弥勒也。

师云：过这边立。

进云：今晨施主礼忏设斋，特请和尚升堂，未审获什么福报？

师云：速礼三拜。

进云：路逢死蛇莫打杀，无底篮子盛将归。

师云：一状领过。乃云：有一人具大阐提，作无间业，舍戒定慧，行贪嗔痴，栽蒺藜于三有田中，种荆棘于一真地上，乃至谤佛毁法，破和合僧，能可永劫沉沦，不求诸圣解脱，直待一切众生成佛尽，乃发阿耨多罗三藐三菩提心。未审此人如何忏悔？

良久。镬汤炉炭吹教灭，剑树刀山喝使摧。

上堂

问侍者云：三月属什么生？

者答云：属龙。

师拈拄杖云：忽然轰一个霹雳，山河大地百杂碎，菩提涅槃、真如解脱，何处有也？

浴佛上堂

今日如来降诞之日，灌沐金躯之时，为复是有尘灌沐，为复是无尘灌沐？若道有尘灌沐，与如来敌体相违。若道无尘灌沐，早是涂污了也。毕竟如何？可惜一盆汤。

上堂

俱胝竖一个指头，雪峰辊三个木毬。石巩张弓架箭，华亭短棹孤舟。凤山无法可说，不妨坐断杭州，就中却有个好处。好在什么处？四五百条花柳巷，二三千所管弦楼。

上堂

梯虽高，不能达河汉。锹虽利，不能到风轮。通上彻下一句作么生道？良久云：确。

佛日普照慧辩楚石禅师语录卷第五

住嘉兴路本觉寺语录

侍者祖灜等编

师于至正四年八月初八日入寺。

山门

蛰户未开，龙无龙句。打破虚空，全体显露。

复云：步。

佛殿

佛者觉义，觉的是谁？西天移来此土，藕丝牵著须弥。

祖堂

达磨师，不是祖。半夜下阎浮，日轮正卓午。

据室

踞虎头，收虎尾，第一句下明宗旨。直饶明得，已是第二句。若明不得，更参三十年。

拈宣政院疏劄

辊芥投针则易，转凡成圣非难。不假他求，尽在个里。还见么？更听知事宣白。

指法座

阳春白雪，唱高和寡。村歌社舞，到处合得。著新本觉今日相席打令去也。

升座、拈香、祝圣毕，师云：现成公案，不用安排。无孔铁槌，有什么限？稍知触净，便好商量。

僧问：先圣道：帝王长寿，天下太平。此意如何？

师云：帝王长寿，天下太平。

进云：学人与么问，和尚因什么也与么答？

师云：好本天下同。

进云：不是心，不是佛，不是物，是什么？

师云：破草鞋。

进云：还许学人露个消息也无？

师云：苦屈之词，不妨难吐。

进云：冲开碧落松千尺，截断红尘水一溪。

师云：如虫御木。乃云：百尺竿头进一步，海阔天宽。万人丛里夺高标，眼亲手办。空劫已前自己即是日用自己，日用自己即是空劫已前自己。不可说不可说香水海浮幢王刹，都卢在你眉毛眼睫上普光明殿，本是卢舍那与文殊、普贤、观音、弥勒、目连、鹙子、马鸣、龙树，一一为诸人演说心地法门了也。还闻么？若闻去，不妨随处度生。若不闻，寿山[1]入院事繁，未有工夫与你说在。

复举僧问曹山："诸佛未出世时如何？"山云："曹山不如。"僧云：

---

[1] 寿山，楚石禅师自称，因本觉寺位于嘉兴市高照乡万寿山村。该寺始建于唐代，今已废。

"出世后如何？"山云："不如曹山。"

师云：大小曹山口甜心苦。或有人问寿山："诸佛未出世时如何？"向他道："好。""出世后如何？""好。"与他三个好，且听一生参。

当晚小参

僧问：天不能盖、地不能载时如何？

师云：看你分疏不下。

进云：因什么向芥子里出头？

师云：若要好，大做小。

进云：莫是他安身立命处也无？

师云：渠侬得自由。乃云：眼里著沙不得，耳里著水不得。恁么来者，不向一人，眼里著得须弥山，耳里著得大海水。恁么去者，不背一人，无言处演言，无事处成事，无佛处作佛，无生处度生。卷舒立方外乾坤，纵横挂域中日月。得失俱丧，是非杳忘。拨转向上关，戳瞎顶门眼，抛却空王殿，卸下本来衣，犹未是衲僧受用处。还委悉么？家无小使，不成君子。

复举智者铨和尚示众云："要扣玄关，须是有节操，极慷慨，斩得钉，截得铁，硬剥剥地汉始得。若是畏刀避箭之徒，看即有分。"

师云：大小智者用尽自己心，笑破他人口。寿山别无奇特，朝晨热水洗面，黄昏脱袜打睡。大海从鱼跃，长空任鸟飞。

上堂

日里闹浩浩，不妨静悄悄。夜间静悄悄，不妨闹浩浩。静的闹的辊作一团，是业识，是佛性？

喝一喝。

中秋上堂

天上月圆，人间月半。古人道："赫日犹亏半，乌沉始得圆。"且那一半落在什么处？更深夜静，共伊商量。

上堂

举傅大士云："法地若动，一切不安。"师云：寿山从朝至暮，不知走了几遭。若是法地，谁敢动著一茎草？

复云：我不争恁么道，傅大士坐了起不得。

上堂

此事如一只手相似，开也在我，合也在我，伸也在我，缩也在我，只是不许唤作手。若唤作手，头上安头。不唤作手，斩头觅活。毕竟唤作什么？总道不得，寿山通袖去也。

便下座。

上堂

三通鼓罢，一炷香焚。老僧坐定，诸人总立。古人道："目前无阇梨，座上无老僧。"意作么生？莫是一切皆空么？莫是泡幻之质，终归败坏么？莫是有形有相，便是无形无相么？莫是正恁么时，全明向上事么？莫是换人情识么？总不是这个道理。若与么见解，实未得安乐在。行住坐卧，动静去来，子细踌躇看。

上堂

达磨不来东土，二祖不往西天。临济不参黄檗，赵州不见南泉。是处池中有月，谁家灶里无烟。有问分明向伊道：新罗国在海东边。

上堂

"是柱不见柱，非柱不见柱。是非已去了，是非里荐取。"师云：教里少哩。修山主有多少奇特，也只是座主见解，未梦见我祖师意旨在。见露柱但唤作露柱，见灯笼但唤作灯笼，不得动著，动著三十棒。

上堂

祖祢不了，殃及儿孙。寿山无端走入水牯牛队里，牵犁拽耙，与你诸人抵债。还有人相救么？若有，不妨出来道看。如无，钓竿斫尽重栽竹，不计功程得便休。

上堂

言发非声，色前不物。泥像手中拂子，踯跳上三十三天。木鱼口里明珠，吞却山河大地。诸人向什么处安身立命？不得春风花不开。

开炉上堂

寒则普天普地寒，热则普天普地热。百亿世界，百亿日月，总与这里不别。你道西天那烂陀寺里，今日有几人开炉？

上堂

召大众云：若道说的是，争奈诸法寂灭相，不可以言宣。若道默的是，争奈佛法无人说，虽慧莫能了。莫是说时默、默时说么？向下文长，付在来日。

冬至小参

拈拄杖卓一下云：三九二十七，菩提涅槃，真如解脱，什么处去也？古人事不获已，向你诸人道："目前无法，意在目前。不是目前法，非耳目之所到。"便与么会去，早是第八头。更若踌躇，又落第九首。德山到此，入门便棒。临济到此，入门便喝。雪峰到此，便道："南山鳖鼻蛇。"赵州到此，便道："庭前柏树子。"云门到此，便道："手中扇子，踯跳上三十三天，筑著帝释鼻孔，把东海鲤鱼打一棒，雨似盆倾。"法眼到此，便道："《参同契》云'竺土大仙心'，遂云无过此语也。向下中间，也只是应时节说话。至最后'谨白参玄人，光阴莫虚度'，乃云：住！住！

恩大难酬。"

师云：设使粉骨碎身，亦报此恩不得。若报此恩不得，总是虚度光阴。只这"竺土大仙心"，未审诸人明也未？于此明得，冬至一阳生。于此不明，更过恒河沙劫。

又卓一下，复举须菩提尊者因帝释雨花，问云："此花从天得耶？"帝释云："弗也。"尊者云："从人得耶？"帝释云："弗也。"尊者云："从何得耶？"帝释举手。尊者云："如是，如是。"

师云：泽广藏山，狸能伏豹。帝释放过，须菩提尊者寻常将什么说法？也好与一拶。

上堂

黄帝求珠，可贵可贱。卞和泣玉，堪笑堪悲。老聃西出函关，多虚不如少实。孔子南游江汉，远亲不如近邻。潘阆倒骑驴，梵志翻著袜。这一队汉，生前莽卤，死后颠顸。德山令行，并须瓦解。

上堂

举云门大师因肇法师云："诸法不异者，不可续凫截鹤，夷岳盈壑，然后为无异者哉！"门云："长者天然长，短者天然短。"又云"是法住法位，世间相常住"，乃拈起拄杖云："不是常住法。"师云：一家有事百家忙。

喝一喝，下座。

了庵和尚赴灵岩进发上堂

僧问：西天二十八祖也与么，东土六祖也恁么。恁么，恁么，如何指示？

师云：我却不恁么。

进云：如是则超佛越祖，罩古笼今也。

师云：也不消得。

进云：自有一双穷相手，不曾低揖等闲人。

师云：可惜许。

进云：三圣道："我逢人即出，出即不为人。"意旨如何？

师云：头重尾轻。

进云：兴化道："我逢人即不出，出即便为人。"作么生会？

师云：恼乱春风卒未休。

进云：只如新灵岩和尚今日进发，且道与两个老古锥是同是别？

师云：还识灵岩么？

进云：玲珑八面自回合，峭峻一方谁敢窥。

师云：不信道。

进云：昔日和尚来住此山，新灵岩与和尚交代。今日进发，不可空然。

师云：早已龟毛长数丈。

进云：薄批明月高高饤，细切清风满满盘。

师云：谢供养。

僧便喝。师云：礼拜了退。乃云：三圣道："我逢人即出，出即不为人。"兴化道："我逢人即不出，出即便为人。"你看他临济儿孙，如水银落地相似，大底大圆，小底小圆，卒讨他头鼻不著。新灵岩和尚权衡佛祖，镕煅圣凡，为四海禅流扫诸方露布，洞庭湖上竖起金刚幢，智积山中豁开正法眼，毕竟凭个什么？

拈拄杖，卓一下，下座。

上堂

臭肉上苍蝇，坑厕里虫子，还有佛法也无？有则净秽悬殊，无则圣凡隔绝。诸人作么生下得一转语，惬得病僧意。

上堂

"搅长河为酥酪，变大地作黄金"，供养什么人？"尽十方世界是沙门一只眼"，水陆空行，蜎飞蠕动，著在什么处？"诸佛非我道，谁是最道者？父母非我亲，谁是最亲者？"国无定乱之剑，家无白猂之图。"晴是晴，雨是雨"，作么生道？桑树上著箭，谷树上汁出。

上堂

车不横推，理无曲断。北俱卢洲，长粳米饭。

下座。

病起上堂

寿山不会说禅，病起骨露皮穿。判得阎罗老子，一朝催讨饭钱。剑树刀山未免，镬汤炉炭交煎。更入驴胎马腹，不知脱离何年。因什么如此？是他家常茶饭。

除夜小参

僧问：临济大师道："第一句中荐得，与佛祖为师。第二句中荐得，与人天为师。第三句中荐得，自救不了。"如何是第一句？

师云：咄！

进云：如何是第二句？

师云：堕。

进云：如何是第三句？

师云：去。

僧礼拜。乃云：古风大好，初无佛祖禅道，随缘放旷，任性逍遥。当恁么时，不可道你强我弱也。见直言见，不见直言不见。知直言知，不知直言不知。东西南北，阴阳寒暑，高低贵贱，是非人我，那里得许多消息来？才分四圣六凡，便见七差八错，有佛有祖，有禅有道，掀翻海岳，抖乱乾坤，纵使德山棒如雨点，打他不住；临济喝似雷奔，禁他不得。寿山这里只有一口剑，佛之与魔总与一刀两段，贵图天下太平。汝等诸人但管饥来展钵，困来合眼，复有何事？腊月三十日也只是寻常，不起纤毫修学心，无相光中常自在。

喝一喝。复举僧问九峰虔和尚："祖祖相传，传个什么？"峰云："释迦悭，迦叶富。”僧云："毕竟传的事作么生？"峰云："同岁老人分夜灯。"

师颂云：同岁老人分夜灯，这头点著那头明。从来不借他人口，切忌如何作么生。

岁旦上堂

拈拄杖云：山僧一条拄杖，不曾胡乱打人。今日新正，开封去也。释迦老子，达磨大师，放过不可。自余之辈，车载斗量，利剑不斩死汉。忽有人出来道：'长老，瞽。'劈脊便棒。不是与人难共住，大都缁素要分明。

靠拄杖，下座。

上堂

"水中盐味，色里胶清，决定是有，不见其形。"傅大士也是梦中了了，醉里惺惺。要识心王，犹欠悟在。

上堂

头上漫漫，脚下漫漫，烁迦罗眼莫能窥，卢舍那身全体现。便是须弥扑碎，海水沸腾，大地丛林一时火起，也未曾动著一毫毛在。天人参陪无路，魔外入作无门。任从天下乐欣欣，我独不肯。不见道：尘中不染丈夫儿。

喝一喝。

上堂

一树两树桃花，三茎四茎修竹。昔年漫说灵云，今日休谈多福。红的自红，绿的自绿。斜的自斜，曲的自曲。南北东西参学人，画蛇往往重添足。休添足，六六元来三十六。

佛涅槃上堂

末法比丘有三种执。一人云："如来决定在娑罗双树间入般涅槃。"

执此为实，累他释迦老子死了活不得。一人云："常在灵鹫山，及余诸住处。"执此为实，累他释迦老子活了死不得。一人云："一切法不生，一切法不灭，若能如是解，诸佛常现前。活的释迦老子便是死的释迦老子，死的释迦老子便是活的释迦老子。"执此为实，正是大病，世医拱手。总不与么时，什么处与释迦老子相见？

风暖鸟声碎，日高花影重。

浴佛上堂

未有世界，早有此性。世界坏时，此性不坏。出世不出世，成佛不成佛，总是闲言语。净法界身，本无出没。大悲愿力，示现受生。恁么说话，正是俗气不除。且道唤作释迦老子，不唤作释迦老子？一举四十九。

结夏小参

僧问："巍巍堂堂，炜炜煌煌，声前非声，色后非色。"未审是个什么？

师云：无面目汉。

进云：即今在什么处？

师云：眼见如盲，口说如哑。

进云：此人还曾禁足也无？

师云：脚不离地走。

进云：且道此人肯成佛么？

师云：莫谤他好。

进云：既不成佛，却教谁度众生？

师云：有众生即须度，无众生度什么？

进云：如今三界二十五有浩浩地，唤作无众生得么？

师云：痴人面前，不得说梦。乃云：诸禅德！你无外遗世界，内脱身心，心不系身，身如虚空，身不系心，心如法界，如是禁足，无足可禁，如是安居，无居不安，犹未是衲僧行履处。直得文殊、普贤扫床折被，等、妙二觉随驴把马，到与么田地，日消万两黄金，虽然如是，西天有人未肯在。

复举教中道："种种取舍，皆是轮回。未出轮回而辨圆觉，彼圆觉性即同流转，若免轮回，无有是处。"诸禅德！唤什么作圆觉？又如何免得轮回去？东涧水流西涧水，南山云起北山云。

上堂

雨后桥平水满，山前麦熟鸟啼。岸柳毵毵，林花灼灼。溪光湛湛，草色青青。是心耶？境耶？迷耶？悟耶？"我观三千大千世界，乃至无有如芥子许，非是菩萨舍身命处。"你若会得，释迦老子且过一边。

上堂

纵横不碍，华藏海中一微尘；逆顺何拘，刹竿头上翻筋斗。无理外之事，无事外之理。无心外之物，无物外之心。在蚌为珠，在龟为兆。在牛为角，在马为蹄。一一交参，重重摄入。释迦、弥勒虽然卍字当胸，文殊、普贤也只鼻头向下。诸人幸自无事，须要护身符子作么？

喝一喝。

上堂

三乘十二分教，大似屎窖子，你无端刺头入里许作么？来来，我共你葛藤。

拈拄杖云：百千诸佛，天下老和尚，到这里亡锋结舌。你试吐露看？

众皆罔措。师云：赚杀人。

上堂

大事未明，如丧考妣。大事已明，如丧考妣。你道有成褫、无成褫？长因送客处，忆得别家时。

上堂

闻茶板，吃茶去。闻浴板，洗浴去。闻寿山道"你诸人休去歇去"，为什么不肯与么去？忽有人出来道："和尚怪某甲不得。"向他道："未到寿山，与你三十棒了也。"

解夏小参

僧问：铁作脊梁骨、金铸坚实心时如何？

师云：此去钱塘不远。

进云：寿山门下若有此人，未审如何相待？

师云：殷勤送出荒郊外。

进云：谢和尚证明。

师便喝。僧礼拜。师乃云：天地同根，万物一体。在谷满谷，在坑满坑。量过虚空，虚空犹有其名号；明逾日月，日月犹并其光辉。猕猴各佩古菱花，树木皆为狮子吼。尘尘刹刹，密密堂堂。所以道："法王法力超群生，常以法财施一切，久积净业称无量，导众以寂故稽首。"有如是奇特，有如是灵明。但众生背觉合尘，故诸圣应病与药，或立结制，或立解制，或现全身，或现半身，但贵正法流通，不许妄生穿凿。火不待日而热，水不待月而凉。鹄白乌玄，松直棘曲。清风月下守株人，凉兔渐遥春草绿。

复举世尊因自恣日，文殊在三处度夏，迦叶欲白槌摈出。方拈槌，乃见百千万亿文殊，迦叶尽其神力，槌不能举。世尊还问迦叶："汝拟摈那个文殊？"迦叶无对。

师云：迦叶好不丈夫，莫道百千万亿文殊，便是百千万亿世尊，也下一槌摈出。不见道：棒下无生忍，临机不见师。

了庵和尚退灵岩回叙谢上堂

夫为善知识者，驱耕夺食，转凡成圣。其见善知识者，如见青莲花，眼根清净。其闻善知识说法者，如餐香积国饭，毛孔俱香。灵岩禅师之谓也。再归槜李，深惬鄙怀。龙象参陪，幸希珍重。

上堂

天上天下，脚头脚尾，横三竖四，是我寻常用的，你诸人只好旁观。诸方学得来的不要。有时教伊扬眉瞬目，有时不教伊扬眉瞬目。有时教伊扬眉瞬目是，有时教伊扬眉瞬目不是。智者聊闻猛提取，莫待天明失却鸡。

看田回上堂

举沩山问仰山云："何处来？"仰云："田中来。"沩云："田中有多少人？"仰插锹叉手而立。沩云："今日南山大有人刈茅。"仰拽锹而去。雪窦云："诸方咸谓插锹话奇特，大似随邪逐恶。据雪窦见处，仰山被沩山一问，直得草绳自缚，去死十分。"妙喜云："仁者见之谓之仁，智者见之谓之智，百姓日用而不知，故君子之道鲜矣。"

师云：幸是无事，被妙喜老汉念一道真言，直得天左旋，地右转。

新赎藏经上堂

举雪峰一日普请搬柴次，中路逢一僧，乃掷下一段柴云："大藏教只说这个。"后来真如喆云："一大藏教不说这个。"师云：只这个，是什么？说与不说且置[1]，诸人向什么处见二大老？

中岳能竖起拂子云："提起则如是我闻，放下则信受奉行。"师云：若作佛法商量，眉须堕落。

建万佛阁上堂

僧问：逼塞虚空，不是庄严楼阁。分明面目，亦非一万如来。敢问寿山凭何建立？

师云：鲁班绳墨。

进云：物见主，眼卓竖。

---

[1] 置：底本脱，据《宗门拈古汇集》卷第二十九补入。

师云：钩在不疑之地。

进云：若不登楼望，焉知沧海深。

师云：乱走作么？乃云：一拽石，二搬土，发机不用千钧弩。无边楼阁满虚空，旷大劫来谁是主。谁是主，须辨取，最好一梁对一柱。

便下座。

谢首座秉拂、都寺办斋上堂

禅非意想，以意想求之则乖。道绝功勋，以功勋拟之则错。安个是、立个非，舍个迷、就个悟，转急转缓，转亲转疏，不能透过那边，多只住在这里。进则银山万叠，退则铁壁千寻。拶得一路开，挨得一线入，元来自己便是银山铁壁。到与么田地，有什么奇特？三德六味味逾多，一句了然超百亿。

上堂

一切处是自己，馒头、彝子是也不是？语默动静无第二人。东廊下，西廊下，口吧吧地，如瓶泻水相似。蓦剳被人问如何是上座自己，答不得。虽然答不得，要且不曾失。呵呵！

下座。

岁旦上堂

拈拄杖云："新年头，有佛法，拄杖子也未敢相许。新年头，无佛法，拄杖子也未敢相许。离四句，绝百非，总是诸方旧话子，拄杖子也未敢相许。"画一画。"元正启祚，万物咸新。"

上堂

过去诸如来，且居门外。现在诸菩萨，更莫踌躇。未来修学人，快走始得。十方虚空，扑落地上。大洋海底火发，烧著帝释眉毛。东海龙王轰一个霹雳，新罗国里拍手大笑。山门头金刚竖起拳，华光土地道：用尽自己心，笑破他人口。

喝一喝。

结夏小参

僧问：一言道尽时如何？

师云：开口了，合不得。

进云：不假一言时如何？

师云：合口了，开不得。

进云：总不与么时如何？

师云：七棒对十三。乃云：眨上眉毛早蹉过，开得口来已话堕。祖师关棙少人知，遍界茫茫脚踏火。声前展演，赚杀阇梨。句后商量，翻成途辙。一踢踢翻大海水，一拳拳倒须弥山，犹未是性躁汉在。何况起模画样，诈哑佯聋，断妄攀缘，求真解脱，大似认髑髅作水，买朱砂画月，驴年解休歇么？寿山不惜口业，为你诸人点破。竖拂子云：还见么？这个是文殊门。若从文殊门入者，山河大地，墙壁瓦砾，教你背尘合觉。击拂子云：还闻么？这个是观音门。若从观音门入者，松风涧响，鸦鸣鹊噪，教你返本还源。到个里，证不动尊，成无上觉。更须知有顶门一窍，还委悉么？麦秋晨气润，槐夏午阴清。

复举庞居士参马大师："不与万法为侣是什么人？"大师云："待汝一口吸尽西江水，却向汝道。"师颂云：盖天盖地一句子，马师尽力提不起。好笑青原接石头，逢人但问庐陵米。

上堂

古人云："拟为你吞却，只为当门齿碍。"如今不碍也，吞得么？"拟为你吐却，只怕咽喉小。"如今不小也，吐得么？吞得一任吞，吐得一任吐。设你吞得吐得，我更问你，是什么干屎橛？

上堂

是凡是圣，半合半开。非佛非心，全生全杀。直似排空健翮，万里横翔；透网金鳞，一丝不挂，岂不俊快！衲僧有时句到意不到，有时意到句不到。有时意句俱到，有时意句俱不到。若意句俱到，你作么生商量？若意句俱不到，你又向什么处鹘啄？上上人来时如何？点。

中夏上堂

举庞居士云"护生须是杀"，生姜不改辣；"杀尽始安居"，到处得逢渠；"欲识个中意"，烂泥里有刺；"铁船水上浮"，胡子没髭须。有底见他道杀，也便道杀佛杀祖，拣个什么？恁么见解，郑州出曹门，不如休去歇去好。忽然筑著鼻孔，铁船水上浮，是真实语。

上堂

大道只在目前，要且目前难睹。欲识大道真体，不离声色言语。诸仁者！佛殿里香炉东司头筹子为你说了也。憍陈如尊者醉后添杯。来我这里，听的总是注脚。当初只谓茅长短，烧却元来地不平。

上堂

弹指一下云：这里闻去。一根既返源，六处咸休复。眼处作耳处佛事，耳处作鼻处佛事，鼻处作舌处佛事，舌处作身处佛事，身处作意处佛事，意处作一切处佛事。毕竟是一耶？是六耶？才有一便有六，才有六便有一。此是一六之义，不可道是无也。无眼、耳、鼻、舌、身、意，无色、声、香、味、触、法，又不可认有也。这个是教意。那个是祖意？

喝一喝。

解夏小参

僧问：九夏偿劳，如何言荐？

师云：重叠关山路。

进云：便与么去时如何？

师云：江南仅有，江北绝无。乃云：数日已来，可谓极热。晚间得雨，便觉清凉。热既不从外来，凉亦非从内出。不离当处，廓尔现前。则古释迦不先，今弥勒不后。何待精修六度，始至法云；远涉僧祇，方阶佛果？便可于一毫端现宝王刹，坐微尘里转大法轮。有时拈一茎草作丈六金身用，有时拈丈六金身作一茎草用。如斯坐夏，功不浪施。端的蜡人冰，纯成铁弹子。功圆果满一句作么生道？一片月生海，几家人上楼。

复举僧辞归宗，宗云："什么处去？"僧云："诸方学五味禅去。"宗云："我这里有一味禅。"僧云："如何是一味禅？"宗便打。僧云："我会也！我会也！"宗云："道！道！"僧拟开口，宗又打。黄檗曰："马大师出八十四人[1]善知识，问著个个屙漉漉地，只有归宗较些子。"

师云：说什么较些子，直是未在。"我这里有一味禅"，便与掀倒禅床。见之不取，思之千里。

上堂

闻声悟道，塞却你耳根；见色明心，换却你眼睛。蒲团上端坐，针眼里穿线。西风一阵来，落叶两三片。

上堂

东弗于逮普请搬柴，西瞿耶尼和南，不审南赡部洲作什么？

复云：适来犹记得。

雕千手千眼大悲像上堂

僧问：大悲菩萨用许多手眼作什么？

师云：春风不裹头。

---

[1] 人：《黄檗断际禅师宛陵录》作"员"。

乃举南泉唤院主，主应诺，泉云："佛昔九十日在忉利天为母说法，时优填王思佛，请目连运神通三转摄匠人往彼雕佛像，只雕得三十一相。为什么？梵音相雕不得。"院主问云："如何是梵音相？"泉召院主，主应诺，泉云："赚杀人。"

师召众云：若识得梵音相，应以佛身得度者即现佛身而为说法，乃至应以天、龙、夜叉、乾闼婆、阿修罗、迦楼罗、紧那罗、摩睺罗伽、人非人等身得度者，即皆现之而为说法。且道说什么法？

便下座。

龙翔昙芳和尚遗书至上堂

心同虚空界，示等虚空法。证得虚空时，无是无非法。既无是法，又无非法，则诸佛成等正觉、转妙法轮、入般涅槃，如梦相似。昙芳老子佛海禅师，屡董名蓝，亲承眷遇，方辞径坞，即据龙翔。末后光明，全身舍利，八斛四斗，未足为多。试拈一粒，与诸人看。

竖拂子云：海神知贵不知价，留与人间光照夜。

掷拂子。

上堂

函盖乾坤句，随波逐浪句，截断众流句。更有一句，唤作什么？痴人面前莫说，打你头破额裂。

上堂

好雪从什么处来？山河大地白皑皑。毕竟向什么处去？日出后一时吐露。

岁旦上堂

今年年是去年年，年去年来知几年。昨日日是今日日，日出日入非一日。只个无去来、无出入，年年是好年，日日是好日。四溟东海流，般若波罗蜜。

上堂

举《法华》云："止止不须说，我法妙难思，诸增上慢者，闻必不敬信。"师云：说了也，止得么？黄面老人分疏不下。

卓拄杖：有时拈在千峰顶，划断天云不放高。

上堂

竖拂子云：知有底唤这个作拂子，不知有底亦唤这个作拂子，作么生辨？什么难辨？就中知有底把来便用，不知有底用不得。如今在寿山手里，知有不知有，那里得这消息来？

掷拂子，下座。

上堂

白牡丹，红芍药。开是春风开，落是春风落。开落春风总不知，不知蚤已成图度。

摇手云：莫，莫。

兰华严至上堂

善财历一百一十城，参五十三员善知识，末后再见文殊，方了大事。古人道："更有一人，为什么善财不参？"且道是什么人？咄！

上堂

鸦鸣鸦鸦，鹊鸣鹊鹊。郭公鸣郭公，姑恶鸣姑恶。亦何必续凫截鹤，夷岳盈壑。禅子相投，西山月落。

浴佛上堂

未出胞胎以前有一转语，山僧四处住山，不曾说著。今日如来降诞，未免举似诸人。

便下座。

结夏上堂

汝诸人见寿山摇唇鼓舌，便拟聚头鹘啄，向意根下抟量。及乎放出金刚圈，飐下栗棘蓬，十个五双吞跳不得。此无他，从前在髑髅里妄想惯了，又闺阁中暖软物未除，卒遇恶辣钳锤，便生退屈。明明向你道：此事不在言语上。千经万论可是无言语？还使得偷心也无？端的要死偷心，不用九十日内参取。

上堂

鸯崛摩罗道："我从无量劫来未尝杀生。"诸人作么生会？不可作无生话会也。若与么会，生身陷地狱。

上堂

十方世界闹聒聒，山河大地只一撮。是非长短俱不说，何似寿山广长舌。既是广长舌，因什么不说？珊瑚枝枝撑著月。

上堂

一向面壁，道绝人荒；一向贪程，眼瞤耳热。未有长行而不住，未有长住而不行。或时十字街头拈起拄杖，和其光，同其尘，灼然一切处光明灿烂去。或时孤峰顶上放下钵囊，杜其溪，塞其穴，灼然一切处枯淡去。即心是佛也不得，非心非佛也不得，不是心、不是佛、不是物也不得。我见两个泥牛斗入海，直至如今无消息。

喝一喝。

上堂

得之于心，伊兰作栴檀之树；失之于旨，甘露乃蒺藜之园。生佛本同，因什么有得有失？若道"圣凡差别，证修不谛，心旨故殊"，与么唤作三家村里瞎老婆说话，未曾梦见我衲僧脚下一茎毛在。有般汉便道："此事得者本不得，不得者亦不失。"尽是野狐精，魔魅人家男女，未有了日。更撞著禅床上老秃奴，不识好恶，三百五百聚头商量道："我开凿人天眼目。"著甚来由？滴水寸丝也须偿他始得。

解夏小参

僧问：一人因说得悟，一人因参得悟，一人无师自悟。三人同到寿山，未审接那一人？

师云：狮子咬人，韩卢逐块。

进云：与么则普请参堂也。

师云：去，汝不会我语。

进云：总不与么来时如何？

师：却较些子。

进云：寿山门下风吹不入，水洒不著。

师云：罕逢穿耳客，多遇刻舟人。

进云：和尚只有受璧之心，且无割城之意。

师云：莫错怪老僧。

僧礼拜。师乃云：黄面老人于三七日中思惟如是事。作么生是如是事？莫是前后际断是如是事么？莫是度生既毕，入般涅槃，是如是事么？若唤这个作如是事，正是水母以虾为目，无自由分，谤他黄面老人，吃铁棒有日。汝等诸人九十日内毕竟思惟个什么？我道黄面老人与你同一眼见，同一耳闻，同一鼻嗅，同一舌尝，同一身触，同一意知。一切智智清净，无二无二分，无别无断故。云门手中扇子，踽跳上三十三天，筑著帝释鼻孔，把东海鲤鱼打一棒，雨似盆倾，又作么生？昔年枉向途中觅，今日看来火里冰。

复举保宁勇和尚示众："洞山云：'五台山上云蒸饭，佛殿阶前狗尿天。刹竿头上煎馎子，三个胡孙夜簸钱。'石霜云：'风吹石白争哮吼，泥捏金刚空里走。趯翻海月乱波生，惊起土星犯南斗。'道吾云：'三面狸奴脚踏月，两头白牯手拏烟。戴冠碧兔立庭柏，脱壳乌龟飞上天。'此三颂，一与祖佛为师，二验衲僧眼目，三与天下人作榜样。若人定当得出，许具一只眼。"

师云：保宁批判此三颂，易分雪里粉，难辨墨中煤。寿山不惜眉毛，，从头注破。"一与祖佛为师"，分文不直。"二验衲僧眼目"，是甚泥弹丸？"三与天下人作榜样"，且莫错会。直饶会得，万里望乡关。

造万佛上堂

僧问：沩山和尚道："凡圣情尽，体露真常，事理不二，即如如佛。"即今佛在什么处？

师云：南地竹，北地木。

进云：此佛还有形相也无？

师云：胡人饮乳，返怪良医。

进云：和尚为什么特地起模画样？

师云：打草只要蛇惊。

进云：未审有功德无功德？

师云：放待冷来看。

进云：但愿东风齐著力，一时吹入我门来。

师云：又恁么去也。乃云："夜夜抱佛眠"，唤什么作佛？"朝朝还共起"，莫错认定盘星。"起坐镇相随"，毕竟是阿谁？"语默同居止"，非一亦非二，纤毫不相离，如身影相似。知这一段虚空，多少人摸索不著。任是精金百炼，巧计千般，铸也铸不成，雕也雕不就。傅大士才开橐籥，便见精神，直得鉴地辉天，腾今耀古。虽然，也只写得一半。你诸人从朝至暮，升堂入户，开单展钵，本来面目有甚掩处，还见么？如今若不究根源，直待当年问弥勒。

八月旦上堂

山河无隔碍，光明处处透。四天下人即今在中庭里，相争佛法甚闹。忽有个出来道："诸人幸自无事，无端被野狐涎唾嘴边抹了，见人便要争佛争法，争这个，争那个。争到驴年，也未歇在。"弹指云："好没兴。"天帝释闻得，从三十三天下来喝云："你这一队魔子，在这里争什么？各与二十棒，贬向他方去也。"寿山不觉手之舞之，足之蹈之。火云初散后，金气欲凉时。

上堂

雁过长空，影沉寒水。虫吟古砌，响答虚堂。明明生佛已前，真机独露；了了见闻不及，觌体无私。坐断千差，收归一致，作么生道？拄杖拟吞三世佛，灯笼百斛泻明珠。

云溪讲主至上堂

凡夫见色是色，见空是空。圣人见色即空，见空即色。诸人作么生？若见色是色，见空是空，又同凡夫见；若见色即空，见空即色，又同圣人见。才有凡圣二见，此人即堕见执，与彼先尼外道无别。

蓦拈拄杖云：这个决定不是色空，作么生见？令人长忆李将军，万里天边飞一鹗。

重阳上堂

昨日是中秋，今朝又重九。亲我紫萸茶，疏他黄菊酒。紫萸与黄菊，本自无疏亲。相识满天下，知心能几人？

怡云屋造石为佛塔成上堂

举教中道："若人以真金，日施百千两，不如暂入寺，诚心一礼塔。"理上偏枯。"若人静坐一须臾，胜造八万四千塔。宝塔终久化为尘，一念至心成正觉。"事上偏枯。直饶理事双亡，正偏不立，要见多宝、释迦，则未可在。还委悉么？龙袖拂开全体现，象王行处绝狐踪。

佛日普照慧辩楚石禅师语录卷第六

住嘉兴路报恩光孝禅寺语录

参学比丘景瓛等编

师于至正十七年八月初一日入寺

山门

无门之门，不入而入。云垂四野，水满双湖。若要天下横行，亲到一回始得。

佛殿

还识佛么？面如满月目如莲，天上人间咸恭敬。

祖堂

一花五叶，起必有因。且道从什么处起？岸上蹄踏蹄，水中嘴对嘴。

据室

阔一丈，高十尺，是你诸人为什么入作不得？铁壁，铁壁。

拈行宣政院疏

燮理阴阳，旁通造化。光辉佛日，普扇真风。还他大力量人，成此大力量事。

召众云：高著眼。

拈诸山疏

江南北，浙西东，同中有异，异中有同。野色更无山隔断，天光直与水相通。会么？若也不会，看取下面注脚。

指法座

诸法以空为座。空尚不有，说什么诸法？便恁么散去，岂不丈夫。更待如何若何，且听唤五作六。

遂升座。拈香祝圣毕，师云：言迹之兴，异途之所由生。直截根源的，出众相见。

僧问："天得一以清，地得一以宁，圣人得一以治天下。"如何是天得一以清？

师云：有星皆拱北。

进云：如何是地得一以宁？

师云：无水不朝东。

进云：如何是圣人得一以治天下？

师云：一人有庆，兆民赖之。

进云：衲僧得一，又作么生？

师云：斩草蛇头落。

进云：今日和尚开堂演法，文武临筵，一切人天悉皆围绕，未审一耶？一切耶？

师云：普。

进云：一寸笔头三尺剑，尽是安邦定国人。

师云：更不切切。

僧礼拜。师乃云：孤迥迥，峭巍巍，圣贤罔措。活滚滚，明落落，周匝无余。有世界以光明为佛事，有世界以庄严为佛事，有世界以香饭为佛事，有世界以音声为佛事，有世界以寂默为佛事。且道报恩这里以何为佛事？以不可思议为佛事。所谓诸佛出现不可思议，众生业果不可思议，世界成坏不可思议。此不可思议亦不可思议。是故一为无量，无量为一。大中现小，小中现大。于一毫端现宝王刹，坐微尘里转大法轮。毕竟承谁恩力？

喝一喝。

复举南堂静和尚云："君王了了，将帅惺惺。一回得胜，六国平宁。"师云：虽然如是，尧舜之君，犹有化在。大勋不竖赏，一句作么生？秋风吹渭水，落叶满长安。

当晚小参

举临济大师道："有时一喝如金刚王宝剑，有时一喝如踞地狮子，有时一喝如探竿影草，有时一喝不作一喝用。"

师便喝云：且道这一喝，落在什么处？为复是金刚王宝剑？为复是踞地狮子？为复是探竿影草？为复是一喝不作一喝用？试辨看。若辨不出，报恩与你注破。金刚王剑，目前可验，拟议不来，堕坑落堑。踞地狮子，直下便是，打破髑髅，拈却牙齿。探竿影草，好也不好，左手扶起，右手推倒。有时一喝不作一喝用，大小临济只管说梦。便与么会，犹欠一喝在。

喝一喝。

中秋上堂

天地未分时，高低覆载何在？日月不到处，光明照烛无偏。真个是描不成、画不就，昨夜三更白如昼。

上堂

拈拄杖，召大众云：还识拄杖么？回天转地，更是阿谁？打雨敲风，不借他力。若也识得，便能不起灭尽定而现诸威仪，不历僧祇劫而成一切智，不断烦恼而证涅槃。声闻人断烦恼，菩萨了烦恼体空，嗔时无嗔相，喜时无喜相，嗔喜不相关，本来无体相。

掷拄杖，下座。

上堂

通身是眼，为什么觑不见？通身是耳，为什么听不闻？通身是口，为什么说不到？通身是心，为什么鉴不出？报恩有一道聪明神咒，布施诸人去也。

便下座。

上堂

举教中道：耶输提比丘观视于地而心得解脱，婆伽梨比丘观视于刀而心得解脱。

竖拂子云：报恩竖起拂子，诸人得解脱么？若道"我得解脱"，未举拂子时谁缚你？

冬至小参

僧问：去年冬至时，满目是旌旗。今年冬至到，由斯免乱离。毕竟这里无兵甲。

师云：恰好。

进云：千兵易得，一将难求。如何是难求之将？

师云：低声低声。

进云：忽遇军期急速时如何？

师云：自有弹压在。

进云：与么则从前汗马无人识，只要重论盖代功也。

师云：落在什么处？

进云：紫罗袋里盛官诰，金榜题名天下传。

师云：且缓缓。乃云：成就一切不由他，破坏一切无别法。天上人间得自在，十方世界横该抹。便与么会，唤作依通，己眼未开，无自由分。直须识渠面目，死尽偷心，绝后再苏，方堪进步。无量世间法，无量出世间法，无量神通妙用，无量殊胜庄严，一一现前，一一解脱，一一明妙，一一天真。所以道："真性心地藏，无头亦无尾，应缘而化物，方便呼为智。"向上还有事也无？有，今日十五，明日十六。

复举盐官道："虚空为鼓，须弥为槌，甚么人打得？"南泉道："王老师不打这破鼓。"法眼道："王老师不打，自然是个破鼓。"师云：且道什么处是他破处？驴年梦见么？

上堂

举承天嵩和尚示众："第一单枪甲马，第二甲马单枪，第三撒星排阵，第四衣锦还乡。"有僧便问："如何是单枪甲马？"嵩云："不是金牙作，争能射尉迟。"僧云："如何是甲马单枪？"嵩云："金镞马前落，楼烦丧胆魂。"僧云："如何是撒星排阵？"嵩云："阵云横海上，未辨圣明君。"僧云："如何是衣锦还乡？"嵩云："四海无消息，回奉圣明君。"

师云：承天幸是太平时节，何得干戈相待？报恩今日也不用单枪甲马，也不用甲马单枪，也不用撒星排阵，也不用衣锦还乡。寒来向火，热则乘凉。撒手到家人不识，了无一物献尊堂。

佛成道上堂

如来明星现时成道，你道半夜里磕睡的？还见明星么？

上堂

南泉道："我十八上解作活计。"赵州道："我十八上解破家散宅。"诸人向什么处见二大老？若向作活计处见南泉，又不见赵州。若向破家散宅处见赵州，又不见南泉。不如和会一家，免致递相矛盾。却教作活计的破家散宅，净裸裸，赤洒洒，没可把，好快活；破家散宅的作活计，七珍八宝一齐擎，更无欠少，也好快活。然后报恩坐地看扬州，总为战争收拾得，却因歌舞破除休。

除夜小参

"是日已过,命亦随减,如少水鱼,斯有何乐?"陆居者以陆居为乐,水居者以水居为乐。廛居者以廛居为乐,郊居者以郊居为乐。乃至蜎飞蠕动,一切含灵,运用去来,莫不有乐。释尊与么道,意在于何?可来白云里,教你紫芝歌。

复举兴化和尚道:"我闻长廊也喝,后架也喝。诸子莫盲喝乱喝。直饶喝得兴化向半天里住,却扑下来,一点气也无,款款地苏醒起来,向你道未在。何故?我未曾向紫罗帐里撒真珠与你诸人在。"师云:我当时若见,只向他道:何必待这老汉东西顾视,却与一喝。惊群须是英灵汉,胜敌还他狮子儿。

正旦上堂

三百六旬之始,二十四气之初。斗柄回春,风光夺目。或昼短而夜长,或夜短而昼长。或暑往而寒来,或暑来而寒往。花根本艳,虎体元斑。虽然不改旧时人,未免人人添一岁。

召众云:只这一岁,添到尽未来际,那里泊在?

元宵上堂

烈焰炉中捞得月,此月了无圆缺。大洋海底剔金灯,此灯不属晦明。正当正月十五日,天上人间标不出。黑似漆,明如日,自古自今,谁得谁失?皆吾心之常分,非有假于他术。

喝一喝。

上堂

拈拄杖云:报恩未踞曲泉木床已前,与拄杖子同参。四十年来,五处住山,与拄杖子同乐。毕竟作么生参,又有什么乐?教拄杖子开口即易,教报恩开口即难。何也?父母所生口,终不为汝说。且听拄杖子说看。

卓一下云：此是截铁之言。

上堂

深深海底，拨得一星火。高高山顶，钓得一双鱼。燃此火，煮此鱼，唤取木人开钵盂，石人闻得暗嗟吁。莫嗟吁，争之不足，让之有余。

《华严经》会升座

僧问：一尘含法界无边时如何？

师云：三更不闭户。

进云：善财童子为什么往南方？

师云：一步不曾移。

进云：五十三人善知识各谈法要，不可是虚说也。

师云：一家有事百家忙。

进云：如何是普光明殿？

师云：草里辊。

进云：如何是卢舍那身？

师云：上是天，下是地。

进云：竹影扫阶尘不动，月穿波底水无痕。

师云：虾跳不出斗。

进云：今日元帅恭请本山一众阅《华严经》，未审八十一卷中那一句最亲切？

师云：合眼跳黄河。

进云：若将耳听终难会，眼处闻声方得知。

师云：一任钻龟打瓦。乃云：说真说妄，真妄本虚。如理如事，理事常寂。问也言言绝待，答也句句通宗。经中道："华藏世界所有尘，一一尘中现法界。宝光化佛如云集，此是如来刹自在。"刹自在故，即凡身而证佛身。现法界故，处秽土而同净土。闹市里天子，百草头老僧，前三三，后三三，你又作么生会？

喝一喝。

复举僧问上蓝超和尚:"善财既见文殊,为什么却往南方?此意如何?"蓝云:"学凭入室,知乃通方。"僧云:"到苏摩城后,弥勒为什么遣见文殊?"蓝云:"道旷无涯,逢人不尽。"师云:奇特中奇特,玄妙中玄妙。达法源的,须是上蓝始得。祖师门下,直是未在。

结夏小参

僧问:如何是山里禅?

师云:胡孙上树尾连颠。

进云:如何是城里禅?

师云:十字街头一片砖。

进云:如何是村里禅?

师云:扶桑人种陕西田。

进云:谢师答话。

师云:苍天,苍天。乃云:衣食养寿命,一日不可无。粪扫敌寒暑,粗粝疗形枯。昨日三春,今朝九夏。何不趁色身强健时,拨教生死路头明白,要去便去,要住便住,谁障得你?谁碍得你?岂不俊哉!岂不快哉!且道生死路头作么生拨?"空手把锄头,步行骑水牛,人从桥上过,桥流水不流。"若不会,与你下个注脚。"空手把锄头",骤马上高楼;"步行骑水牛",闹处冷湫湫;"人从桥上过",饭箩头受饿;"桥流水不流",拨火觅浮沤。时不待人,参!

复举《圆觉经》云:"居一切时,不起妄念。于诸妄心,亦不息灭。住妄想境,不加了知。于无了知,不辨真实。"师云:若然者,道有也得,道无也得。向上也得,向下也得。得也得,不得也得。"数片白云笼古寺,一条绿水绕青山。"

上堂

群芳已谢,百谷云滋。绿树莺啼,雕梁燕语。大野凉风飒飒,长天细雨蒙蒙。"惟一坚密身，一切尘中现。"还有不现的时节么？

卓拄杖一下。

上堂

鹰化为鸠眼在，鱼化为龙鳞在，凡化为圣心在。阿那个是你心？

喝一喝。

上堂

天不能盖，谁是能盖者？地不能载，谁是能载者？日月不能照，谁是能照者？父母不能生，谁是能生者？这一句子，亦能迷却天下人，亦能悟却天下人。

竖拂子云：开眼也著，合眼也著。

掷拂子云：是什么？

上堂

"知见立知，即无明本。知见无见，斯即涅槃。"无明、涅槃，相去多少？

良久："行到水穷处，坐看云起时。"

上堂

宗门中瓶中鹅喻、井中人喻、窗中山喻，教乘中水中月喻、镜中像喻、库中刀喻、鼎中金喻、瓶中空喻。诸有智者要以譬喻而得开解。三十年后悟去，不得孤负老僧。

久雨不晴剳上堂

太阳溢目，万里不挂片云。古人道："青天也须吃棒。"空将未归意，说与欲行人。

上堂

举手云：开即成掌，五指参差。在临济则三要三玄，在洞山则正偏回互，在云门则三句抬荐，在沩仰则父子唱酬，在法眼则唯心唯识。禅门五派，有卷有舒。

乃握拳云：如今为拳，必无高下。既无高下，坐断古今。拈灯笼向佛殿里，将三门来灯笼上。

上堂

"半夜子，心住无生即生死。"拈拄杖云：这个不是无生。卓一下云：生死向什么处去也？昨夜三更在方丈内，偶然踏著一物，不知是瓦，不知是石，天晓看来，元是一颗烂桃。一疑是瓦也不是，一疑是石也不是，天晓看来是烂桃，只这疑心何处起？亦无神，亦无鬼，子细思量只是你。

昔日玄沙同僧入山见虎，僧云："和尚，虎。"沙云："是你虎。"乃抚掌三下，下座。

解夏小参

僧问：佛佛授手，祖祖相传。未审是授衣耶？传法耶？学人上来，请师指示。

师云：黄河九曲。

进云：昔日大慧和尚居洋屿庵，一夏打发一十三人，毕竟是有传授、无传授？

师云：斫额望扶桑。

进云：报恩一众还有人得道也无？

师云：青天白日。

进云：学人未得入处，请师不吝慈悲。

师云：莫鬼语。

进云：携取诗书归旧隐，野花啼鸟一般春。

师云：取性。乃云：报恩一夏说的，诸人一夏参的，须知说的不道一字，参的不资一法。不道一字，说而无说；不资一法，参而无参。参而无参，真参；说而无说，真说。所以道："十方同聚会，个个学无为，此是选佛场，心空及第归。"大丈夫不可受人处分也。心空及第，压良为贱；成佛作祖，爱圣憎凡。总不与么，无绳自缚。直下如狮子儿哮吼一声，狐狼野干一时屏迹。如涂毒鼓一击，远近闻者皆丧。九旬制满，又作么生？寻常恰似秋风至，无意凉人人自凉。

复举洞山与密师伯参鄂州哲禅师，哲问曰："阇梨近离什么处？"山云："湖南。"哲云："观察使姓什么？"山云："不得他姓。"哲云："名什么？"山云："不委他名。"哲云："还治事否？"山云："自有廊幕在。"哲云："还出入否？"山云："不出入。"哲云："岂不出入？"洞山拂袖便行。明日哲入僧堂云："昨日对二阇梨，一转语不稳。今请二阇梨道。若道得，开粥相待过夏。速道！速道！"山云："太尊贵生。"师云：要会尊贵么？报恩不开这两片皮，诸人向什么处摸索？

上堂

秋风凉，秋夜长，天河无起浪，月桂不闻香。耳到声边声到耳，从教露草泣寒螿。

中秋上堂

举云岩扫地次，道吾云："何得太区区生。"岩云："须知有不区区者。"吾云："与么则第二月也。"岩竖起帚云："这个是第几月？"吾拂袖出去。云门云："奴见婢殷勤。"

师云：云岩竖起帚，道吾便出去，总是第二月。那个是不区区者？此夜一轮满，清光何处无。

探元帅回上堂

兵随印转，纪信登九龙之辇；将逐符行，霍光卖假银之城。然则有符必有将，有印必有兵。兵在这里，印在什么处？

良久云：报恩今日，小出大遇。

上堂

"如我按指，海印发光。汝暂举心，尘劳先起。"师云：我不似黄面老人，打破狼藉，唤什么作海印？将那个为尘劳？觅针锋许了不可得。

诸山至上堂

僧问：如何是在窟狮子？

师云：头顶天。

进云：如何是出窟狮子？

师云：脚踏地。

进云：如何哮吼狮子？

师云：还闻么？

进云：即今闻也，作么生？

师云：伏唯尚享。乃云：一花开，大地春。一叶落，天下秋。动弦别曲贵知音，瞬目扬眉早蹉过。然则不犯之令，把断要津；无味之谈，塞断人口。德山棒，临济喝，俱胝竖指，鲁祖面壁，归宗斩蛇，大隋烧畬，石巩张弓，子湖看狗。或则平田浅草，或则铁壁银山，或则掣电轰雷，或则和泥合水。全提正印，独振宏纲。检点将来，不无渗漏。所以即心即佛，今时未入玄微；非心非佛，犹是指踪之极。向上一路，千圣不传。学者劳形，如猿捉影。还有趣向分也无？平芜尽处是青山，行人更在青山外。

复举僧问黄龙玑和尚云："禅以何为义？"玑云："以谤为义。"师云：若有人问南湖：禅以何为义？向他道：以赞为义。且道谤的是、赞的是？眼见则瞎，耳听则聋，口说则哑，心思则穷。天际雪埋千丈石，洞门冻折数株松。

初冬回寺上堂

僧问：昔日有僧问大隋："劫火洞然，大千俱坏，未审这个坏不坏？"隋云："坏。"僧云："与么则随他去也。"隋云："随他去也。"此意如何？

师云：疑则别参。

进云：后来雪窦颂云："劫火光中立问端，衲僧犹滞两重关。可怜一句随他去，万里区区独往还。"如何是两重关？

师云：十重也有。

进云：这僧因什么有疑？

师云：裂破。

进云：未审大隋意作么生？

师云：前不迭村，后不构店。

进云：白云乍可离青嶂，明月难教下碧天。

师云：你犹醉在。乃云：一毫吞却山河大地则易，山河大地吞却一毫则难。也不难，也不易，铺个破席日里睡。料想上方兜率宫，也无如此日炙背。

复举："青萝夤缘，直上寒松之顶；白云淡泞，出没太虚之中。万法本闲而人自闹。"黄龙云："闹个什么？"师云：莫道无事好。

佛日普照慧辩楚石禅师语录卷第七

再住海盐州天宁永祚禅寺语录

侍者良彦等编

示众

祖师言句，无你咂啖处。如今兄弟行脚，傍人门户，吃他残羹馊饭，好不惺惺，只管横咬竖咬，不肯放，粪堆头蝇子一般，才拂他，反生嗔怪。众生颠倒，以触为净。莫教一场热病到时，求生不得生，求死不得死。却思量从前做的，全未了在。这个说话，不是山僧诳你赚你。你看他从上佛祖，怎生为人？南泉道："不是心，不是佛，不是物。"又僧问洞山："如何是佛？"山云："麻三斤。"许你咂啖么？终不教你意根下卜度。尽是从千圣顶頸上拈出倚天长剑，向你第八识上断一刀，教你放身舍命，死中得活，方好开大口，道我是衲僧。自既解粘去缚，亦能与人解粘去缚。自既作佛，亦令大地众生作佛解好么？

示众

十二时中不依倚一物，尚未是作家。我宗门中，不似三经五论座主，向葛藤里埋却。兄弟开口便道我是禅和，及乎问他如何是禅，便东觑西觑，口如匾担相似。苦哉！屈哉！达磨一宗，看看委地也。吃却佛祖饭了，不去理会本分事，争持文言俗句，高声大语，略无忌惮，全不识羞。有般底不去蒲团上坐，究明父母来生以前本来面目，冷地里学客春，指望求福，忏除业障，与道太远在。不见道：只今休去便休去，欲觅了时无了时。

示众

一朝村院主，万劫出头难。大难大难。若是个汉，佛语祖语不教蕴在胸襟，掉向他方世界，何况世间浅近之学，便诵得四韦陀典，但增妄想，堪作什么？食人涎唾，未有了日，不如无事好。见我道无事，便作无事会，又争得？若要真个无事，须下死工夫，大死一回，死中得活，便能超毗卢、越释迦，百匝千重，七通八达。祖师巴鼻，向上宗乘，尽与扫除，不劳拈出。云门云："我今日共你说葛藤，屎灰尿火，泥猪疥狗，不识好恶，屎坑里作活计。"汝若跳出屎坑，却来山僧手里请棒吃。

示众

看这般时节，有志学道兄弟，那里放包？从上来建立门庭，为什么事？可但为你几个乡亲法眷，图口腹，恣无明，成群作队，造地狱业，佛法禅道推向一边？争知业报来，卒躲避不得，刀山剑树，镬汤炉炭，无人替代渠。如今大方丛林，兵变以来，南北东西，万中无一。因什么如此？盖是恶贯满，业果熟，自作自受，更教谁承当？祖师劝你出家，终不但为衣食名利，抛乡别井也。只为生死事大，无常迅速，寻师访友，切切究明，喷地一发，成佛作祖去，报父母深恩去，度脱天下人去。既不如此，因何出家？冷地思量，古风大好，饥则乞食，寒则补衣，日中一餐，树下一宿，旅泊三界，示一往还，永断无明，方成佛道。岂不见无业国师示众云："古人得意之后，茅茨石室，折脚铛子里煮饭吃，过三二十年，名利不干怀，财宝不为念，大忘人世，隐迹岩丛。君王命而不来，诸侯请而不赴。岂同吾辈贪名爱利，汩没世涂，如短贩人，有少希求而忘大果。"与么指示，可煞分明。作福不如避罪，多虚不如少实。在此衣线下，一道圆光，阿谁无分？莫教失却人身。只要你直下构取，便与佛祖齐肩。若道山僧妄语，甘入拔舌地狱。

示众

因举教中有六念：念佛，念法，念僧，念戒，念天，念施。衲僧门下念个什么？若道念佛，道著佛字，漱口三年，不可是念佛也。若道念法，法尚应舍，何况非法，不可是念法也。清净行者不入涅槃，破戒比丘不入地狱，不可是念僧也。持犯但束身，非身无所束，不可是念戒也。三界无安，犹如火宅，不可是念天也。施者、受者并所施物，三轮空寂，俱不可得，不可是念施也。莫是无念么？才是无念，便是有念，避溺投火，转见病深。直饶独脱无依，要作衲僧奴子亦未可在。欲得会么？千年无影树，今时没底靴。

示众

上来下去，总似衲僧。子细检点将来，只这上来下去，全无衲僧气息。莫是不上来、不下去是衲僧么？不可灯笼露柱便是不思议人也。佛法不是这个道理，终不禁你上来下去。上来下去，没嫌底法，但只怕你肚里有疑。设使禅床上坐，闭眉合目，不免心念纷飞；廊下经行，依旧七颠八倒。祖师见你如此，立个系驴橛。了事衲僧，拽脱便行，上来下去，有什么事？法眼和尚云："昨夜钟鸣时，诸人尽来此。今夜钟鸣时，复来有何事？"有何事，无一事，无事人，佛也不奈他何。洞山和尚云："我这里，寻常方丈内，不似诸方，一个上来，一个下去，啾啾唧唧，私地里说的禅道佛法。尽是向你兄弟面前满口说，满口道，满口拈提，满口栾拣，无你左遮右掩处。"这个说话，是事不获已，一时和底翻出，唤作死马医。约山僧见处，无佛无祖，无生死、无涅槃。只要你直下无事，更问如何？苦哉！佛陀耶！

示众

可中学道，多只认得个昭昭灵灵。殊不知昭昭灵灵，正是生死根本。长沙和尚道："学道之人不识真，只为从前认识神。无量劫来生死本，痴人唤作本来人。"楞严会上，释迦老子为阿难说："一切众生从无始来，种种颠倒，业种自然，如恶叉聚。诸修行人不能得成无上菩提，乃至别成声闻、缘觉，及成外道诸天魔王及魔眷属，皆由不知二种根本，错乱修习，犹如煮沙，欲成嘉馔，纵经尘劫，终不能得。云何二种？阿难！一者无始生死根本，则汝今者与诸众生用攀缘心为自性者。二者无始菩提涅槃元清净体，则汝今者识精元明，能生诸缘，缘所遗者。由诸众生遗此本明，虽终日行而不自觉。"诸仁者！且道生死根本与菩提涅槃，是同不同？若道同，生死自生死，涅槃自涅槃。若道不同，阿难一身便成两佛。何不出来通个消息，莫只背地里逞奴唇婢舌。腊月三十日，阎老子征你草鞋钱，别人替得你么？

示众

诸仁者！圣人全体即是凡夫，而凡夫不知。凡夫全体即是圣人，而圣人不识。不识故念念纯真，不知故头头属妄。诸佛出世，祖师西来，全妄即真，全凡即圣。何人皮下无血，谁家灶里无烟。有时踢出脚尖头，露迥迥地，针劄不入。有时摊开手面上，风飒飒地，水洒不著。无一尘不摄，无一刹不周。无一体不该，无一根不备。能巧能拙，能隐能显。能大能小，能合能开。且道是什么物，恁么奇特？

喝一喝。

示众

从上来无传授的法，亦无承当的人，觅师、弟子了不可得。于中借一句子，如节度使信旗相似，要用便用，不用便休，初无实法。一大藏教，教外别传，石上种瓠苗，特地寻枝叶。三世诸佛梦中说梦，六代祖师梦中说梦，天下老和尚梦中说梦，山僧梦中说梦，诸人梦中说梦。这一场大梦，直到尽未来际，卒未觉在。你要出生死，被生死羁绊。你要断无明，受无明缠缚。有底便道："无明即大智，要断做什么？生死即涅槃，要出做什么？"痴汉！什么人在三界内？什么人在三界外？直下会去，口是祸门。

示众

古释迦不前，今弥勒不后。正当今日，凡圣情尽，体露真常，事理不二，即如如佛。我此一众，人人本具，个个圆成。在圆觉大伽蓝，了衲僧本分事。可与人天作眼，人天窥觑无门；可与佛祖为师，佛祖赞叹有分。饶你八万四千母陀罗臂，高高托至梵天，款款地放下来，何曾动著脚下一茎毛子。因甚如此？为他不立一法，不守一玄，通宗通涂，透顶透底，得大解脱，住不思议。与么安居，方堪持论。

示众

据说，娑婆世界，坑坎堆阜，瓦砾荆棘，土石诸山，高下不平；极乐世界，地平如掌，宫殿楼阁，珍宝庄严，水鸟树林，常宣妙法。虽然有夭有寿，有苦有乐，若论个些子，那边八两，这里半斤，非净非秽，非生非佛。不用厌此忻彼，爱圣憎凡。既无忻厌等心，又无圣凡等见，随缘放旷，任性纵横。变大地作黄金，搅长河为酥酪。改禾茎为粟柄，易短寿作长年。皆吾心之常分，非有假于他术。

拈拄杖云：十方世界，只在目前。

示众

教乘中也大可畏，烂泥里有刺，踏著方知。如《华严》云："有大经卷在微尘中，量等三千大千世界，书写三千大千世界中事无不尽。有一智人破尘出经。"汝若会得，释迦何别。有时拈一茎草作丈六金身用，有时将丈六金身作一茎草用。三千大千世界只在一毫端，一毫端处收摄三千大千世界。用也得，不用也得，何处更有涅槃生死名字？亦不见有诸佛菩萨、三乘次第。总是诸人担带得来，只恐识不破。若识破后，有什么事？饥时吃饭，寒则著衣。

示众

一人得道，地神报虚空神，虚空神报非想非非想天，递相告报云：下界有人得道，有济人之分。若据此说，决定不虚。我辈沙门释子充遍大地，不可无一人也，实不敢欺。兄弟总道："我寻师择友，行脚参禅，远是三千，近是五百，寻得多少师，择得多少友，行得多少脚，参得多少禅。"毕竟得道也未？古人有言："如人饮水，冷暖自知。"又道："隔山见烟，便知是火；隔墙见角，便知是牛。"只怕你不得，那里有不知的。且唤什么作道？试吐露看，是虚是实。有么？有么？如无，衔铁负鞍有日在。

示众

无事，珍重！

大众久不散，师乃云：有什么事，近前决择。如今说个无事，多少人错会，便道无事好。若比粗烦恼，虽难断却轻。耽著无事病，最难治却重。不见道："无为无事人，犹是金锁难。"只如二乘断结，证得阿罗汉，便自谓百了千当，住大解脱，更不前进。正眼观之，如深坑相似。直须回心向大，到十地满足，见性犹隔罗縠在。所以弥勒、阿閦及诸妙喜等世界，尚被他向上人唤作无惭愧懈怠菩萨。此中学道，大难大难。不坐空王殿，不挂本来衣，何须在恁么，切忌未生时。到这田地，方有些些子衲僧气息。

示众

见老和尚升堂，举起拂子，便道指示学人。你在长连床上，开单展钵，吃粥吃饭，这里何不悟去？你妄想起时便有禅，你不起妄想时便无禅。禅不是你妄想得的。山僧寻常道：语默动静，折旋俯仰，一一明妙，一一天真。德山临济，不假棒喝。直下见得，可煞分明。只这些子透不过，谁障碍你？何不即今了却。虽然，了了了时无可了，玄玄玄处直须诃。会么？

示众

如今要见自心，作么生见？且那个是心？若道只这推穷寻逐的是心，又遭佛诃斥。推穷寻逐的，决定不是心，此但妄识。识有生灭，心无生灭。生灭属识不属心。众生从无始劫来不得道者，为妄识所惑，流转生死。诸佛菩萨悟真心者，则不被生死之所流转。真心处垢不垢，处净不净，处生不生，处灭不灭，譬如随色摩尼宝珠。若人得之，无不成佛。

示众

玄沙道："道人行处，如火消冰。箭既离弦，无返回之势。所以牢笼不肯住，呼唤不回头。古圣不安排，至今无处所。"又云："道人不悟，妄自涉尘，处处筑著，头头系绊。更拟凝心敛念，摄事归空，随有念起，旋旋破除，细想才生，即便遏捺。如此见解，即是落空亡的外道，魂不返的死人。冥冥漠漠，无觉无知。塞耳偷铃，徒自欺诳。"近来多有此辈，盛行世间。又有一等驴前马后汉，递相传授，妄认幻梦伴子，能嗔能喜，能见能闻，为出世大事，教他认得明白了，便是一生参学事毕。山僧向他道：不是古圣，唤作识神生死根本？我且问你，这个本来人，无常到时，烧作一堆灰了，且道能嗔能喜，能见能闻的，什么处去也？恁么参的，是药汞银禅。此银非真，一煅便流。又如驴乳，构来纯成屎尿，要做酥酪实难，更讨什么醍醐。因问他："你寻常参谁？"他道："有人教我，只参万法归一、一归何处。又教我如此会。今日方知不是，就和尚请个话头。"我道："古人公案有什么不是者。我眼本正，因师故邪。"累请不已，向他道："去参赵州狗子无佛性话。忽然打破漆桶，却来山僧手里请棒吃。"

示众

"百尺竿头坐的人，虽然得入未为真。百尺竿头须进步，十方世界现全身。"只如百尺竿头，如何进步？你才拟心，早落地上了也。不动一尘，又是钝鸟逆风飞，与他坐的何别？还有人构得么？石火电光，那容眨眼。

快与快与，时不待人。有志参禅，终不得少为足。登山须到顶，入海须到底。登山不到顶，不知宇宙之宽广。入海不到底，不知沧溟之浅深。既到百尺竿头，直须进步始得。我这里无解路教你入，无言句共你商量。一味朴实头，如马前相扑，更不周由者也，倒地便休。不似诸方老宿，密室里说的禅道佛法，有不唻啄处，口递一口，人传一人，将为向上提持，宗门命脉。冷地觑见，镬汤炉炭一般。得便宜是落便宜。若是真正道流，争肯吃他这般茶饭？急须吐却。

示众

一大藏教，只是个卖田乡帐，东西四至，一一分明，亩步短长，亦无增减。买者却须亲到地头。五十年前，有人将鲍郎浦为田，卖与杨总管宅，及乎验实，并是虚文。西天九十六种外道所说，以讹传讹。惟佛一人，是真实语。达磨不立文字，直指人心，见性成佛，只与买田的作个证见而已。诸人曾到地头么？须知尽十方乾坤大地，人畜草芥，高低阔狭，无空缺处，总是自家屋里的。所以道："山前一片闲田地，叉手丁宁问祖翁。几度卖来还自买，为怜松竹引清风。"五祖老人与么道，大似冒姓佃官田，更不纳租税。别无定夺，依例施行。

拈拄杖云：吽！吽！

示众

行脚高人总道："我穿云度水，担囊负钵，为生死事大，参善知识来。"及乎问他那个是你参的善知识？即今在什么处？便道："诸方踞曲彔木床，把拂子柄，谈玄说妙的是。"我道你错会了也。这个是名字善知识。须知真善知识不踞曲彔木床，不把拂子柄，不谈玄，不说妙。你未出家时，怨亲眷属，人我是非，是你真善知识。既出家了，灯笼露柱，香炉椅子，钵囊鞋袋，是你真善知识。以至若闻若见，钟鱼鼓板，水鸟树林，这边那边，静的闹的，总是你真善知识。不消起一念，动一尘，直下悟去，许你出意想知解、五蕴身田，一生参学事毕。何在三条椽下，七尺单前，昼三、夜三，嘴卢都地，方为究竟者哉！

示众

祖师门下客，自有本参事合去理会。只管看他经论，大不相当。经有经师，论有论师。既称禅师，却钻头入故纸堆里作么？佛自说三乘十二分教如空拳诳小儿。是不知，号曰无明。要做没量汉，须真参实悟始得，他时后日不被生死拘绊，去住自由。不然，误你去在。岂不见晏国师道："西天一段事，总被今时人埋没却，觅个出头处不得。更有老宿道：'大唐国内尽是灭胡种贼。人家男女乍入丛林，何曾会得？闻举经举论，便刺头入里许，念言念语，赚他多少人，十生累劫担枷带锁，于自己转疏转远。'且宗门中事，合作么生？不惜口业，向汝诸人道：不假记一字，亦不用一功，亦不用眨眼，亦不用呵气，大坐著绍却去。这里会得，多少省力。"更赚他太絮道，我拈得不分明，自是你根性迟钝，干别人什么事。珍重！

示众

昨日有一座主来问山僧云："禅门何故不许人看经论？"我向他道："你若知得释迦老子舌头落处，千经万论一任看取。只如经云：'一切诸佛及诸佛阿耨多罗三藐三菩提法，皆从此经出。'唤什么作此经？"却又答不得。"论云：'一切诸法从本已来离言说相，离名字相，离心缘相，毕竟平等，无有变异，不可破坏，唯是一心，故名真如。'当恁么时，唤什么作论？"又无语。因举祖师偈云："正说知见时，知见即是心。当心即知见，知见即如今。"乃拈起拄杖云："会么？"主云："不会。"云："何不会取个不会的？"主云："只如不会，作么生会？"我以拄杖向空中点三点云："分明记取，举似作家。"

召众云：昨日那里落节，今日这里拔本。

示众

有人问南泉和尚云："黄梅门下有五百人，为什么卢行者独得衣钵？"

泉云："只为四百九十九人皆解佛法，独有卢行者一人不解，只会其道，所以得他衣钵。"且如道作么生会？向这里乱统得么？

竖拂子云：这个不是色，作么生见？击拂子云：这个不是声，作么生闻？既不可见，又不可闻，毕竟道在什么处？傅大士云："东山水上浮，西山行不住，北斗下阎浮，是真解脱处。"洞山和尚道："向前物物上求通，只为从前不识宗。如今见了浑无事，方知万法本来空。"这两个老汉，于无言中显言，无相中示相，无意中立意，无性中说性。此无性之旨，是得道之宗。所以教中道："念念攀缘一切境，心心永断诸分别。了达众生无有性，而于众生起大悲。"分明说了，尚自不会，更近前就我觅，我与你一棒。还知惭愧么？

示众

举真净和尚一日在室中问僧云："了也未？"僧云："未了。"净云："你吃粥了也未？"僧云："了。"净云："又道未了。"复云："门外是什么声？"僧云："雨滴声。"净云："又道未了。"复云："面前是什么？"僧云："屏风。"净云："又道未了。"复云："还会么？"僧云："不会。"乃云："听取一颂：随缘事事了，日用何欠少。一切但寻常，自然不颠倒。"

师云：要识真净么？家住海门东，扶桑最先照。——超佛越祖，头头盖色骑声。也不属凡，也不属圣。快活中快活，自由中自由。汉地不收秦不管，又骑驴子下扬州。

示众

释迦老子道："当处出生，随处灭尽。"还会么？昨日雨，今日晴，桃花红，李花白。登山者不知涉海之疲劳，涉海者不知登山之辛苦。龙门和尚道："山僧适在寝堂中，法堂上无山僧，寝堂中有山僧。下至法堂，法堂上有山僧，寝堂中无山僧。有则心外有法，无则心法不周。诸上座在衣钵下，闻打鼓便上法堂，法堂上添得上座，衣钵下减却上座。添则成增，减则成灭。灭故落断，增故落常。如何得离有离无，离常离断？生死疑情，大难透脱。此是如来清净心，要直须决择，不可等闲。"

召众云：古人恁么说话，且道与德山、临济相去多少？塞北千人帐，江南万斛船。

佛日普照慧辩楚石禅师语录卷第八

代别

侍者应欣等编

上堂。一不得有，二不得无。有之与无，尖斗量不尽，净洁打叠一句作么生？代云：天晴日出。

又云：天晴日出，自古自今，作么生是随流一句？代云：哪！又云：是什么？又云：钓丝绞水。

或云：孤负诸圣，埋没己灵，且道此人向什么处行履？代云：贼不打贫儿家。

又云：贼不打贫儿家，尚有人不放伊过，誵讹在什么处？代云：一人之力，不如百人。

上堂。昼见日，夜见星，将什么见？代云：问取露柱。又云：平地吃交。

又云：平地吃交，多少人不知？又云：不知且置，作么生扶起？代云：合识些子好恶。

上堂。有一人，朝看《华严》，暮看《般若》，问他教意作么生？起来问讯，叉手而立。谁敢道他不会？代云：更要棒那？又云：利剑不斩死汉。

有时云：利剑不斩死汉，这里莫有独脱无依的么？代云：填沟塞壑。又云：钱塘去国三千里。

上堂。释迦已灭，弥勒未生，正当今日，佛法委任何人？代云：非但今日。

又云：非但今日，前无释迦，后无弥勒，还有参学分也无？代云：官不容针。

又云：官不容针，因什么知而故犯？代云：孟尝门下。

或云：久战沙场，为什么功勋不立？代云：日月易流。又云：日月易流，千年田，八百主。又云：参堂去。

上堂。闹市里天子，百草头老僧。你为什么不领？代云：满眼满耳。

又云：满眼满耳，且莫认奴作郎。代云：松不直，棘不曲。

有时云：毛吞巨海，芥纳须弥。如何是毛吞巨海，芥纳须弥？代云：舌头不出口。

又云：舌头不出口，盖是寻常。为什么天高东南，地倾西北？代云：理长则就。

或云：日轮绕四天下，半夜不照阎浮提，阎浮提人将什么作眼目？代云：东西南北。

又云：东西南北，时人知有。不属明暗，道将一句来。代云：谷谷孤。

上堂。太平只许将军建，不许将军见太平。作么生明得失？代云：好事不如无。

又云：好事不如无，未在更道。代云：教休不肯休，直待雨淋头。

有时云：治生产业，皆与实相不相违背。如何是实相？代云：上是天，下是地。

又云：上是天，下是地，俗气不除。作么生除得？代云：要除什么？

一日云：古圣不安排，至今无处所。为什么北斗在北，南斗在南？代云：一字两头垂。

上堂。空劫中什么人为主？代云：唵齿临，唵部临。

又云：毒蛇不咬人。代云：毒蛇不咬人，看你亲遭一口。又云：祸不入慎家之门。

上堂。泡幻同无碍，如何不了悟。这里还见祖师么？代云：来也，来也。又曰：成人者少，败人者多。又云：成人者少，败人者多，你又刺头入里许作什么？

有时云：巢知风，穴知雨。未有风雨时，凭什么便知？代云：白日无闲人。

又云：白日无闲人，成得个什么边事？代云：梦见。又云：六六元来三十六。

上堂。三世诸佛不知有，狸奴白牯却知有，那个合受人天供养？代云：钵里饭，桶里水。又云：钵里饭，桶里水，识得来处即消得。又云：又怎么去也。

一日拈拄杖云：我不在此住，且道在什么处住？你若道得，我赏你三十。代云：惜取眉毛。又云：停囚长智。

或云：是法平等，无有高下，为什么须弥山不见其顶，大海水不见其底？代云：俱。又云：空尚不可得。

上堂。观方知彼去，去者不至方。阿耨达池分为四河，因什么各不至海？代云：滔滔地。

有时云：打破虚空的人，向什么处藏身？代云：善财拄杖子。

又云：善财拄杖子，拈起则是，放下则是？代云：渠侬得自由。

又云：渠侬得自由，我道此人脚下红丝索未断在。又代云：以己妨人。

上堂。诸方三百五百，说禅浩浩地。我这里烧榾柮火，煮野菜羹，吃却饭了嗵眠去，你道当宗乘不当宗乘？代云：万瓦清霜，一窗红日。

或云：如来有密语，迦叶不覆藏。你为什么在露柱里跭跳？代云：漫别人即得。又代云：驴年。

上堂。事存函盖合，理应箭锋拄。天宁答话也，致将一问来。代云：一言既出，驷马难追。又云：见义不为，何勇之有。

有时云：临济下也怎么道，曹洞下也怎么道，其余固是不问可知。你且道威音王已前，毕竟如何道？代云：狼籍不少。又代云：初三、十一，中九、下七。

或云：去却一，拈得七，是多少？代云：无这闲工夫。又云：蜜怛哩孤，蜜怛哩智。

上堂。各各不相知，各各不相借。是个什么，得与么难会？代云：龙蛇易辨，衲子难谩。

或云：鸡不鹐无功之食。未出常情，不涉两头，作么生道？代云：人贫智短，马瘦毛长。

有时云：青山白云里人，只知青山白云里事。红尘闹市里人，只知红尘闹市里事。作么生得一如去？代云：六耳不同谋。又云：更嫌钵盂无柄那？

有时云：路逢达道人，不将语默对。将什么对？代云：鼻曲面蓝巉。又云：君往西秦，我之东鲁。

上堂。赤肉团上，壁立千仞，还有商量分也无？代作掀倒禅床势。

或云：语不离巢道，焉能出盖缠？古今佛祖言教如恒河沙，什么处是他渗漏处？代云：寰中天子，塞外将军。

一日云：举不顾，即差互。拟思量，何劫悟。莫有人出得此语么？代摇手而已。又云：维那不在。又代云：千日斫柴一日烧。

上堂。扰扰匆匆，晨鸡暮钟。你道那一人在三界内、三界外？代云：不经一事，不长一智。

有时云：说禅说道易，成佛作祖难。代云：近日世界不好。

又云：近日世界不好，云门大师拈了也不要。代云：有什么了期。

或云：日就窗，窗就日？人搬柴，柴搬人？瓮吞蛇，蛇吞瓮？与么说话，一去三十年。不要提著，提著打折你腰。代云：悔不慎当初。又云：彼此。

上堂。应缘而化物，方便呼为智。若不方便，唤作什么？代云：突出难辨。又云：转扫转多。

或云：日用事无别，为什么昨日栽茄子，今日种冬瓜？代云：一担两桶。又云：分付与典座。

上堂。了即业障本来空，如今作么生了？代云：洗脚上船。

有时云：如许多时雨水，无根树子长多少？代云：芽尚未全。又代云：或则穿沙，或则逗石。

或云：无边身菩萨不见如来顶相即且置，你道如来还见无边身菩萨顶相么？代云：事不孤起。

或云：我不见一法在门外，犹是门外句，作么生是门内句？代云：还见侬家么？又代云：此去西天，十万八千。

上堂。在天天中尊，在人人中尊。毕竟是天耶？人耶？代云：噫！

上堂。拄杖横挑日月，钵盂倒覆乾坤。如何是行脚事？代云：此去客亭不远。

一日云：大耳三藏第三度不见国师，国师在什么处？代云：曲不藏直。

或云：心不是佛，智不是道，犹是水母借虾为目。生机一路，热碗鸣声，总不与么，眉须堕落。诸人作么生？代云：恶。又云：贼是小人。又云：消得龙王多少风。

上堂。古人道"二龙争珠，有爪牙者不得"，意在于何？莫是不争者得么？龙在这里，珠在什么处？代云：什么处去来。又云：且莫造次。又云：百杂碎。

一日云：明眼衲僧好与二十拄杖。过在什么处？代云：伏惟尚享。又云：一个闲人天地间。

上堂。说则千句万句，如锦上铺花。不说则尽大地人并皆亡锋结舌，如无孔铁槌相似。说与不说拈了也，作么生？代云：一堵墙，百堵调。又云：某甲不会。

或云：王索仙陀婆，一名四义。王不索时，义在阿那头？代云：风不来，树不动。又云：一笔勾下。

上堂。三世诸佛骨髓，六代祖师眼睛，应是从前肯重底尽情飏却，管取一员无事道人。代云：穿却鼻孔。又云：棒上不成龙。又云：朝三千，暮八百。

或云：杀人刀，活人剑，上古之风规，今时之枢要。用则星飞火迸，不用则浪静风恬。诸人作么生话会？代云：口挂壁上。又云：这野狐精。又云：点。

上堂。江东西，湖南北，到处行脚也，曾听尊宿说话来，且道那一句最亲切？代云：一札十行。又云：两重公案。又云：掩耳便出。

上堂。城东老母不愿见佛，争奈冤家难脱离。如今不要见佛有什么难？以手掩面云：见个什么？代云：转近转疏。又云：青天白日。又云：且喜没交涉。

或云：但莫憎爱，洞然明白。衲僧到这里，便道我只管闲坐困眠，更有什么事。忽然拈山门来佛殿里，将佛殿向灯笼上，你又作么生商量？代云：物见主，眼卓竖。又云：不得春风花不开。又云：舌是斩身之斧。

上堂。若一毫头凡圣情念未尽，不免入驴胎马腹里去，则固是。设使一毫头凡圣情念净尽，因什么亦未免入驴胎马腹里去？代云：劄。又云：有利无利，不离行市。

上堂。万里神光顶后相。你道雪山南面，即今有什么人？代云：镬汤无冷处。又云：夜暗昼明。又云：泊合错下注脚。

有时云：拈一放一，这边那边，胶盆子相似，直须挥剑，若不挥剑，渔父栖巢。如今作么生理会？代云：合取口。又云：月似弯弓。又云：七穿八穴。

上堂。真如凡圣，菩提涅槃，有时舒，有时卷。舒也攒花簇锦，不露锋芒。卷也削迹收声，全无向背。高高处观之不足，低低处平之有余。前三三，后三三，作么生会？代云：一口针，三尺线。又云：入水见长人。又云：莫涂污人好。

或云：三界无法，何处求心？代云：眼不见鼻孔。又云：小鱼吞大鱼。又云：这掠虚汉。

上堂。不用朝参暮请，也只是个仲冬严寒。添一毫不得，减一毫不得。代云：用尽自己心。又云：脑后少一椎在。又云：寐语作么？

或云：离却四大五蕴，阿那个是你主人公？代云：全火祗候。又云：入石三分。又云：两个。

有时云：一毛头狮子，百亿毛头一时现。现即不无，作么生收？代云：藏头露尾。又云：不消一捏。又云：善来，文殊。

上堂。毫厘有差，天地悬隔。毫厘不差，天地悬隔。直饶明得，也是虾蟆窟里出头。代云：脑后见腮。又云：一得一失。又云：少卖弄。

有时云：保福有愿不撒沙，因什么却撒？代云：口甜心苦。又云：看看落在眼上。又云：自屎不觉臭。

或云：尽大地是般若光，光未发时，向什么处摸索？代云：天上星，地上木。又云：这漆桶。又云：冰消瓦解。

上堂。即今休去便休去，欲觅了时无了时。你诸人了得也未？代云：遇饭吃饭，遇茶吃茶。又云：明月照见夜行人。又云：糊饼里觅甚汁？

或云：动若行云，止犹谷神。不动不止，作么生辨？代云：野狐过水。又云：相随来也。又云：一镞破三关。

上堂。"不受是眼，将来的必应是瞎。"你道老胡十万里西来，将得个什么来？既是不将来，此土亦无受者，可谓彼既丈夫我亦尔。与么说话，已是谤祖师，作么生免得此过？代云：谢三娘不识四字。又云：劳而无功。又云：当炉不避火迸。

或云：三界惟心，万法惟识。你寻常见露柱唤作什么？若唤作露柱，又是心识。若唤作心识，又是露柱。毕竟唤作什么？代云：坐断天下舌头。又云：大斧斫不开。又云：筑著鼻孔。

上堂。灵山密旨，迦叶亲闻。少室单传，神光默契。诸人来这里，还知天宁有讳么？代云：也不消得。又云：实谓罕闻。又云：和泥合水。

有时云：太阳溢目，万里不挂片云。拈却青天吃棒，合下得个什么语？代云：矢上加尖。又云：一任踔跳。又云：啰罗哩，罗啰哩。

或云：直下是，直下是。直下是什么？代云：铁蛇横古路。又云：多少人踏不著。又云：与你拈将来看。

上堂。扬眉瞬目，敲床竖拂，向上向下，说心说性，总是依草附木精灵。格外提持，泥里洗土块。还有为人处也无？代云：却较些子。又云：把缆放船。又云：乌龟入水。

或云：兔马有角，牛羊无角，你作么生商量？代云：如理如事。又云：棒打石人头。又云：倒退三千里。

上堂。诸方老宿尽道我接物利生，检点将来，大似漫天网子，十有九个堕在其中。了事衲僧，终不受他笼罩。有么？有么？一僧出礼拜。师云：如今日是什么时节出头来？僧无语。代云：某甲罪过。

或云：日可冷，月可热，众魔不能坏真说。且如何是真说？代云：怕烂却那？又云：痛领一问。又云：山河大地。

上堂。昨日晴，乾鹊鸣。今日雨，鹁鸪语。赵璧本无瑕，相如诳秦主。随时及节一句作么生道？代云：日日是好日。又云：君子可八。又云：东壁挂葫芦。

或云：开眼也著，合眼也著。佛祖出来作什么？代云：明破则不堪。又云：日中逃影。又云：功德天，黑暗女。

上堂。直得无一法可当情，犹未是衲僧行履处。作么生是衲僧行履处？代云：话堕也。又云：验在目前。又云：脚下泥深三尺。

有时云：悟则刹那间，操履须长久。上无攀仰，下绝己躬，唤作道人暂时歧路。光前绝后一句作么生？代云：说梦。又云：皮下还有血么？又云：胡地冬抽笋。

上堂。为无为，益无益，梯航九有，津济四生，未必善因而招恶果。什么处著得此人？代云：当阳挥宝剑。又云：一楖在手。又云：石上栽花。

或云：不与一法作对，便是无证三昧。恁么则门前树子消得人天供养也。代云：且莫错会。又云：舌头无骨。又云：刹竿头上仰莲心。

师室中示众云：开口不在舌头上，作么生问？六只骰子满盆红，作么生赛？顶罩烧钟一万斤，作么生出？知从心起，为什么心不知心？见从眼生，为什么眼不见眼？众生即是诸佛，迷从什么处来？诸佛即是众生，悟从什么处发？一切智通，为什么明前不明后？无边行满，为什么论果不论因？日月行四天下，为什么不周？世界在一尘中，为什么不大？

师一日出城，逢僧缘化。师拈起钵问云："如许大钵盂，盛得多少饭？"僧云："有什么布施，快下将来。"师云："太无厌生。"僧无语。代云："喂驴喂马。"

师一日出门迎接次，僧问："开门待知识，知识不来过。不来过者，是什么知识？"师便不审。僧云："和尚见个什么？"师云："好心不得好报。"僧无语。师云："一状领过。"

师一日因送亡僧，僧问："亡僧迁化，向什么处去？"师云："识得来处，即知去处。"僧云："毕竟从什么处来？"师云："石牛沿江走，一马生三寅。"僧云："与么则无来处也。"师云："你适来问什么？"僧拟议，师便打。

师一日因修佛殿，问掌事僧："这殿是什么年中盖造？"僧捆露柱云："何不祇对和尚。"师云："克由叵耐，倒来这里捋虎须。三十棒一棒也不恕。"僧云："容某甲申说。"便礼拜。师云："且放过一著。"

师一日除草次，僧问："有根草任和尚除，无根草作么生除？"师锄地一下，僧便放身倒。师云："诸方火葬，我这里活埋。"僧起走，师呵呵大笑。

师在凤山，一日入省次，高右丞问："禅分五派，教列三乘。教则不问，如何是禅？"师云："正值岁朝公宴。"高云："达磨西来，不立文字，直指人心，见性成佛。佛在什么处？"师云："管弦杂沓，朱紫荧煌。"高云："莫便是长老见处么？"师云："不敢。"高云："容在别日说话。"师云："诺，诺。"便退。

师在寿山，一日栽松次，僧问："这一片山，拟栽多少松？"师云：

"三十万株。"僧云:"莫太多么?"师云:"一一教他盖天盖地去。"僧云:"昔年临济,今日寿山。"师云:"且得阇梨证明。"僧云:"只如临济以锄头筑地三下,黄檗道'吾宗到汝,大兴于世',为复只记临济一人,为复通嘱后嗣?"师云:"一点墨水,两处成龙。"僧云:"一与山门为境致,二与后人作标榜,和尚作么生?"师竖起锄头。僧云:"与么则超出古人也。"师抛下锄头,便归方丈。

师一日忽闻钟声,起立合掌云:"观世音菩萨!大慈悲菩萨!"僧云:"即今在什么处?"师云:"却归南海去也。"

师一日华严座主相访,师问座主:"华严有几种法界?"主云:"四种法界。"师云:"即今在那个法界中?"主罔措。师云:"理事无碍也不会。"主云:"我会也。"师云:"郑州出曹门。"

师一日与众观雪次,问僧:"好雪么?"僧云:"好在什么处?"师指雪,良久云:"会么?"僧云:"不会。"师云:"无火冻死的,有什么数。"

师一夕在中庭与僧望月次,僧指月问师:"那一半得什么明,这一半得什么暗?"师云:"明者从他明,暗者从他暗。"僧云:"十五夜圆时,暗向什么处去?"师云:"也与三十不较多。"僧云:"恁么则全无明暗也。"师云:"还见真月么?"僧云:"如何是真月?"师云:"不照烛。"僧云:"不照烛时如何?"师云:"多少人捞天摸地。"僧云:"莫只这便是么?"师云:"犹是影在。"僧拟进语,师便喝。

师一日赴施主斋,问僧:"借座灯王,取饭香积,今日供养何似生?"僧云:"难消。"师云:"急须吐却。"僧云:"将什么报答施主?"师拈起钵盂云:"你也随例得饭吃。"僧无语。师云:"苦哉!佛陀耶!"

师一日因座主来参，问云："讲什么经？"主云："《法华经》。"师云："经中道：'是真精进，是名真法供养如来。'是否？"主云："是。"师云："供养即不无，如何是真法？"主云："具在药王菩萨品。"师云："将谓是金毛狮子，元来却是野干眷属。"主云："如何是真法，望和尚慈悲指示。"师云："汝岂不从天台来？"主云："是。"师云："天台山高一万八千丈，顶上著得几人？"主无语。师云："吃茶去。"

师一日受斋，诸山既至，百戏皆集。斋毕，有一长老问云："适来闹浩浩，而今静悄悄。闹浩浩的向什么处去也？"师云："大家在这里。"长老云："本来无一事，变现百千般。"师云："彼此出家儿，放教肚皮大。"长老云："只如雪峰三到投子，九上洞山，还有这个道理也无？"师云："我见灯明佛，本光瑞如此。"长老便喝。师亦喝，复云："因风吹火，用力不多。"便打。长老云："莫盲枷瞎棒。"师云："你但吃棒，我要这话行。"

师一日示众云："老僧泰定元年正月十一日，彩楼在崇天门外，其时五更，楼上箭发，射透二十四面金鼓，自此天下太平。"僧便问："如何是箭？"师云："十字街头折箸茎。"有演福润法师者问云："我闻和尚投机颂云：'崇天门外鼓腾腾，蓦劄虚空就地崩。拾得红炉一点雪，却是黄河六月冰。'六月冰在什么处？"师展两手，法师无语。师云："向下文长，赴在来日。"

师一日因施主送杨梅，僧就盒拈起问师云："一般杨梅，为什么有赤有白？"师以盒子合却云："见个什么？"僧无语。师又揭开盒云："覿！"僧又无语。师云："你只是个无开合汉。"

师一日入经寮，见僧看经，问云："看的是什么经？"僧云："《金刚经》。"师云："我不问你《金刚经》。看的是什么经？"僧无对。师召寮元："来日不得上案。"

师一日与僧观稻次，僧问："'春种一粒谷，秋收万颗子。四海无闲田，农夫犹饿死。'为复根苗有异，为复天泽不齐？"师云："疏田不贮水，难怨碧潭龙。"僧云："与么则时人失望也。"师云："你寻常吃个什么？"僧无语。师云："这孤恩负德汉。"便打。

师因元宵殿堂上灯次，僧问："如何是本来灯？"师云："犹是今日事。"僧云："今日事，本来灯，有什么交涉？"师指灯云："一二三四五。"僧云："谢和尚指示。"师云："剑阁路虽险，夜行人更多。"僧无语。师代云："切忌钻龟打瓦。"

师一日因僧送拄杖，师云："莫从天台得么？"僧云："不从天台得。"师云："莫从南岳得么？"僧云："不从南岳得。"师云："从什么处得？"僧度拄杖。师竖起云："是体是用？"僧云："拈也从体起用，放也摄用归休。"师云："你与么来，只得其体，不得其用。"僧云："和尚与么举，只得其用，不得其体。"师卓一下，靠拄杖云："体用一时收。"

师应诏赴都，书金字藏经。一日入内殿呈卷次，有学士问云："以字不成，八字不是，是什么字？"师举笔云："金滴滴地。"士云："信受奉行去也。"师云："学士也不得草草。"士乃礼谢。

师一日游山，见两头路，问僧："东去西去？"僧云："请和尚鉴。"师便行，至中路，问僧："此去峰顶几里？"僧云："三里。"师云："路逢猛虎时如何？"僧作虎声。师便打云："今日等闲打著一虎。"僧不肯。师云："分明记取，举似作家。"

师一日有数僧来参，师问参头："名什么？"僧云："普通。"师云：

"普即不问，如何是通？"僧侧身叉手而立。师云："你拟鼻孔里祇对我。"僧无语。师云："第二、第三，不劳再勘，同坑无异土。"便打。

师一日入城探官回，僧问："和尚出入不易。"师云："夜来好风。"僧云："夜来好风。"师云："明日定有雨。"僧无语。师云："嘘！嘘！"

师一日入园问园头："瓜熟也未？"头云："熟来久矣。"师云："甜瓜摘一颗来。"头取瓜与师云："大刀三十口。"师云："饱丛林。"

师一日索面次，有僧来参，师引面示之，僧珍重便出。师召僧，僧回首，师云："有口不得面吃者多。"

师一日采罂粟次，问僧："罂里有几粟？"僧剖粟便泻。师云："不得乱泻。"僧云："不乱泻时如何？"师云："驴年会么？"

师一日与数僧观海次，僧问："只是一片水，因什么唤作海？"师云："只是一片海，因什么唤作水？你且道源从何来？"僧云："从一滴来。"师云："一滴又从何来？"僧无语。师云："这个无地头汉，不打更待何时。"连打数棒。别唤一僧近前云："请上座代一转语。"僧拟议，师亦打。又有一僧出云："某甲却道得。"师云："你作么生道？"僧珍重便行，师亦打。

师一日因僧点茶，问云："今日为什么人点茶？"僧云："特为和尚。"师云："恰值老僧不在。"僧便行茶，师却缩手。僧拟议，师扑破盏子，便归方丈。

师一日过邻庵，问僧："庭下是什么花？"僧云："怕痒花。"师云："花为什么怕痒。"僧云："一家有事百家忙。"师别云："鼓角动也。"

师一夜与僧暗坐，童子点灯来，师问："两个相似，一个是影，那一个是什么？"僧无语。师代云：更问阿谁？

无著与文殊茶次，殊拈起玻璃盏云："南方还有这个么？"著云："无。"殊云："寻常将什么吃茶？"著无语。代云：点即不到。

阿育王问宾头卢："承闻尊者亲见佛来，是否？"卢以手拨开眉云："亲见佛来。"王无对。代云：宿生多幸。

汉国有一庵主遇帝出游，人报云："大王来，请起。"主云："非但王来，佛来亦不起。"帝宣问："佛岂不是汝师？"主云："是。"帝云："弟子见师，因什么不起？"主无语。代云：欲观其师，先观弟子。

迦叶踏泥次，有一尊者问云："何得自为？"叶云："我若不为，谁为我为？"者无语。代云：令人疑著。

武帝问达磨："如何是圣谛第一义？"磨云："廓然无圣。"帝云："对朕者谁？"磨云："不识。"代云：大师早晚离西天？

太宗皇帝问僧："什么处来？"僧云："卧云。"帝云："卧云深处不朝天，因甚到此？"僧无对。代云：云开日现。

寂大师进三界图，帝问："朕居何界？"寂无语。代云：陛下天垂海外。

王太傅迎木佛至明招，乃问："忽遇丹霞来时如何？"招提起佛云："也要分付著人。"代云：今日小出大遇。

陆亘大夫问南泉："肇法师也奇怪，解道'天地与我同根，万物与我一体。'"泉指庭前花云:"时人见此一株花,如梦相似。"大夫休去。代云:十方世界,只在目前。

韩侍郎与肇论主茶次,乃问:"闻座主讲得《肇论》,是否?"主云:"不敢。"韩云:"有物不迁义,是否?"主云:"是。"韩乃扑破盏云:"这个是什么义?"主无对。代云:又被风吹别调中。

僧问赵州:"学人乍入丛林,乞师指示。"州云:"吃粥了也未?"僧云:"吃粥了也。"州云:"洗钵盂去。"僧有省。代云:更不忉忉。

裴相国参石霜,霜夺笏问云:"在一人手里为圭,在公手里为笏,在老僧手里唤作甚?"国无对。代云:渠无名字。

陶相公见人犯法当死,问僧云:"杀则违佛戒,不杀又犯王法,未审如何则是?"代云:喜时菩萨,嗔时刹利。

洪州大宁众陈状,请第二座住持。宋令公云:"何不请第一座?"代云:令公爱把不定。

有僧化金镀佛,官人云:"本望佛度弟子,因什么弟子度佛?"代云:物逐人兴。

湖南护国僧抄化次,官人问:"既是护国,唐家三百年社稷何在?"代云:只是旧山河。

韶山访李副使次,李令人传语云:"正与祖师谈话也。"代云:祖师说个什么?

洞山行脚次，见一官人云："我要注三祖《信心铭》，得否？"山云："只如'才有是非，纷然失心'，作么生注？"代云：装香著。

高舍人看镜灯，乃问僧云："十方总是佛身，那个是报身？那个是法身？"代云：报身法身。

陈操尚书斋僧次，乃自行食，僧方展手，书却缩手，僧无对。书云："果然。"代云：久知尚书不吝。

又斋僧次，亦自行食，至首座前云："请施食。"座云："三德六味。"书云："错。"代首座敲钵作声。

十一祖问十二祖云："汝非诸佛。"十二祖云："诸佛亦非。"代云：非吾弟子。

庞居士问马祖："不与万法为侣者，是什么人？"祖云："待汝一口吸尽西江水，即向汝道。"代云：将谓有多少奇特。

耽源礼拜马祖，乃就地画圆相便拜。祖云："汝拟作佛那？"源云："某甲终不捏目。"代云：七棒对十三。

南源云："快人一言，快马一鞭。"僧云："如何是一言？"源云："待我有广长舌相，即向汝道。"代云：是展是缩？

沩山云："老僧百年后，向山下檀越家作一头水牯牛，胁下书沩山僧某甲。当恁么时，唤作沩山僧，又是水牯牛；唤作水牯牛，又是沩山僧。且如何则是？"代云：东西南北，一任纵横。

沩山令侍者唤院主至，沩云："我唤院主，汝来作么？"代云：怪某甲不得。

沩山又令唤第一座至，沩云："我唤第一座，汝来作么？"代云：和尚惯得其便。

僧参沩山，山作起劳[1]。僧云："请莫起。"山云："我未曾坐。"僧云："某未曾拜。"山云："何得无礼。"代云：得便宜是落便宜。

仰山问僧："什么处来？"僧云："幽州。"仰云："我恰要个幽州信。米什么价？"僧云："某甲来时，向彼中过，无端踏折他桥梁。"代云：日势早晚也。

仰山问僧："名什么？"僧云："灵通。"仰云："便请入露柱。"代云：有什么交涉。

仰山执杖行次，僧问："什么处得来？"仰拈向背来。代云：和尚莫谩某甲。

睦州见僧来参，便喝云："上座如何偷常住果子？"僧云："某甲方到，因什么道偷果子？"州云："赃物见在覃。"代云：也是倚势欺人。

雪峰问洞山："入门须得个语，莫道早个入来了也。"山云："某甲无口。"峰云："还我眼来。"代云：何得当面讳却。

雪峰问僧："什么处来？"僧云："覆船。"峰云："生死海未渡，因什么覆却船？"代云：一踏两头空。

---

[1] 《卍续藏》本原注："劳"疑为"势"。

雪峰在洞山搬柴次，乃对山抛下云："重。"山云："重多少？"峰云："尽大地人提不起。"山云："因什么得到此？"代：挑柴便行。

雪峰问德山："从上宗乘中事，学人还有分否？"山打云："道什么？"代云：何必。

雪峰问僧："什么处来？"僧云："疏山。"峰云："我以前到时，是事不足，而今足也未？"僧云："足。"峰云："粥足饭足？"代云：千年常住一朝僧。

雪峰见僧来，峰云："作什么？"僧云："礼拜和尚。"峰云："你向什么处见老僧？"僧便珍重去，峰随后与一踏，僧倒地。峰云："这野狐精，放你三十棒。"僧无语。峰云："苦哉！苦哉！今时例皆如此。"代云：赚我来，赚我来。

兴化因对御骑马，乃扑折脚归院，令院主作两个拐子挂却，乃绕廊行云："说得行不得。要识跛脚师，只老僧便是。"代云：老和尚口不救脚。

云居令侍者送裤与庵主，主云："我自有娘生裤。"者回举似居，居再令去问："娘未生时著什么？"主无对。代：与侍者一踏云：归去举似和尚。

僧问云居："目瞳无影时如何？"代居云：卧龙常怖碧潭清。

僧问古德："'乾坤之内，宇宙之间，中有一宝，秘在形山。'宝即不问，如何是形山？"德展两手，僧罔措。代云：通上孤危，直下峭绝。

僧问宝寿："万境来侵时如何？"寿云："莫管他。"僧便拜。寿云：

"莫动著，动著即打折汝腰。"代云：多少人坐了起不得。

南泉因两堂首座争猫儿，泉拈起猫儿云："道得即救取，道不得即斩为两段。"众无语，乃斩之。代云：负命者上钩来。

僧参南泉，乃叉手而立，泉云："太俗生。"僧合掌，泉云："太僧生。"僧无语。代云：老老大大，见人过在。

南泉见僧洗钵盂，乃夺却，其僧空手而立。泉云："钵盂在我手里，汝口喃喃作什么？"代云：本自不将来。

南泉问良钦："空劫中还有佛否？"钦云："有。"泉云："是阿谁？"钦云："良钦。"泉云："居何国土？"钦无语。代：就地作一圆相，以足抹却。

僧问龙牙："如何是祖师西来意？"牙云："待石龟解语，即向汝道。"僧云："石龟解语也。"牙云："向汝道什么？"僧无对。代云：不说，不说。

钦山问岩头："今生受施主供养，来生作什么去？"头以手点鼻。山云："何不向顶颔上生？"头推出，闭却门。代叩门三下。

黄檗问百丈："从上诸圣以何法示人？"丈踞坐，檗拟进语，丈云："我将谓你是个汉。"便入去。代云：谢和尚重重相为。

赵州见投子教化，乃问："莫是投子否？"投子云："茶盐钱布施将来。"州休去。代云：容到方丈。

僧问洞山："如何是祖师西来意？"山云："待洞水逆流，即向汝道。"

代僧云：那个无舌？

赵州顺世，令僧持[1]拂子与赵王云："此是老僧一生用不尽的。"代王拈起拂子云：灵山付嘱，何似今日。

兴化问云居："权借一问为探竿影草，如何？"居三次叠语，不能对。代居云：上大人，丘乙己。

翠岩云："一夏以来，为兄弟东语西话，且看翠岩眉毛在么？"师云：迟八刻。

玄沙问僧："近离甚处？"僧云："瑞岩。"沙云："近日有何言句？"僧云："常唤主人公，云惺惺著，他后莫受人谩。"沙云："一等弄精魂，就中也奇怪，上座何不且住？"僧云："已迁化。"沙云："只今唤得应么？"僧无对。代云：终不借他人口。

玄沙问镜清："不见一法，是大过患。且道不见个什么法？"清指露柱云："莫是不见这个法么？"沙云："浙中清水白米且从汝吃，佛法未梦见在。"代：策起眉毛云：聻！

玄沙问僧："近离甚处？"僧云："德山。"沙云："近日有何言句？"僧云："一日上堂，众才集，乃掷杖便归，闭却门。"沙云："错举了也。"僧罔措。代云：比来抛砖引玉。

云门问僧："近离甚处？"僧云："江西。"门云："江西一队老宿，寐语住也未？"僧罔措。代云：鸱鹧语鹤。

---

[1] 持：底本作"驰"，现据《禅宗颂古联珠通集》卷第二十改。

德山问龙潭："久向龙潭，及乎到来，潭又不见，龙又不现。"潭云："子亲到龙潭。"代：掀到禅床。

德山问维那："今日几人新到？"那云："八人。"山云："唤来，我与汝一时生按过。"那无对。代云：将头不猛，累及三军。

明招在法云，一时插火，从食堂前过。有僧云："这个是众僧的，盗向什么处去？"招乃转火插云："上座分上有多少？"僧无对。招云："这一队汉，今夜总须冻死。"代云：这贼。

明招问国泰："古人道：'俱胝只念三行咒，便得名超一切人。'作么生与他拈却三行咒，便超得一切人？"泰竖一指。招云："不因今日事，争见得瓜州客。"泰无语。代云：未问以前错。

杨岐在九峰受请，方下座，峰把住云："今日喜得个同参。"岐云："同参事作么生？"峰云："九峰牵犁，杨岐拽耙。"岐云："正恁么时，阿谁在前？"峰拟议，岐托开云："将谓同参，元来不是。"代：拟议处便喝，于托开处云：心不负人，面无惭色。

兴化问克宾："汝不久为唱道之师。"宾云："不入这保社。"化云："子会了不入，不会不入？"宾云："总不恁么。"化便打。来日化白槌云："克宾法战不胜，罚钱作馎饦饭一堂，仍趁出院。"代：于总不恁么处，别云：不敢自谩。代：宾受打处云：苍天，苍天。

石室捣米次，杏山见云："不易。"室云："有什么不易？无心碗子盛将来，没底盘子托将去。"山无对。代云：何得将常住物，入衣钵下用。

丹霞问僧："什么处来？"僧云："山下。"霞云："吃饭也未？"

僧云：“吃了。”霞云：“与汝饭的还具眼否？”僧无对。代云：某甲行脚不逢人。

径山问僧：“什么处来？”僧云：“天台来。”山云：“阿谁问汝天台来？”僧无对。代云：与么则参堂去也。

鼓山点茶，见僧来，乃提起盏云：“道得即与汝茶吃。”僧无对。代云：阿谁无分。

僧问忠国师：“百年后，人问极则事如何？”国师喝云：“幸自可怜生，须要个护身符作么？”代云：贼不打贫儿家。

法眼问修山主：“毫厘有差、天地悬隔时如何？”修云：“毫厘有差，天地悬隔。”眼云：“恁么会，又争得？”修云：“某甲只如是，和尚又如何？”眼云：“毫厘有差，天地悬隔。”代云：面赤不如语直。

南泉问僧：“什么处来？”僧云：“神山打罗来。”泉云：“手打脚打？”僧无对。代云：更筛一和。

洞山同密师伯入饼店，密于地上画圆相云：“将取去。”山云：“拈将来。”密无对。代云：争之不足，让之有余。

僧问疏山：“索然便去时如何？”山云：“塞却虚空，向什么处去？”僧无对。代云：什么处去不得？

漳江云：“天门一合，十方无路。有人道得，摆手出漳江。”师云：犹隔海在。

老宿送官次，乃云：“老僧寻常不曾行此路。”官人云：“寻常行什么路？"宿无对。代云：尊官不问，老僧不答。

施主入山行随年钱，僧云："圣僧前下一分。"主云："圣僧年多少？"僧无语。代云：钵盂无底。

僧问古德："得船便渡时如何？"德云："棹在何人手里？"僧无语。代云：快便难逢。

陆亘大夫问南泉："大悲菩萨何处得许多手眼来？"泉云："如国家用大夫作什么？"别云：随家丰俭。

梁朝藏法师令人传语思大："何不下山教化众生，一向目视云汉作什么？"大云：三世诸佛被我一口吞尽，何处更有众生可度？"代：复传语云：勘破了也。

雪峰领众游天台，至涌泉，临行次，泉把住轿云："这个四人舁，那个几人舁？"峰云："道什么？"泉又问，峰拍轿云："行，行。"别：于几人舁处云"莫钝置我"，于拍轿处别云"客是主人相师"。

僧问雪峰："学人未尽其机，乞师尽。"峰良久，僧礼拜，峰云："若到诸方，作么生举？"僧云："某终不敢错。"峰云："你未出门，早错了也。"别：于僧云某终不敢错处云：车不横推。

雪峰问投子："此间还有人参否？"投子掷出镢。峰云："恁么则当处掘去也。"投云："不快漆桶。"代：拈镢抛向背后。

雪峰问投子："龙眠路甚处去？"投以杖拄峰。峰云："东去西去？"投云："不快漆桶。"别：峰接拄杖便推倒。

投子指石头云："三世诸佛总在里许。"雪峰云："须知有不在里许者。"投云："不快漆桶。"别：峰云：干石头什么事？

南泉、归宗、麻谷礼觐国师，至中路，泉于地画圆相云："道得即去。"宗于圆相内坐，谷作女人拜。泉云："恁么则不去也。"宗云："是何心行？"别：归宗云：贼无种，相鼓笼。

米七师还乡，有老宿问云："月夜断井索，时人唤作蛇。未审七师见佛唤作什么？"米云："若有佛见，即同众生。"宿云："千年桃核。"代老宿云：泪不问过。

大隋问僧："什么处去？"僧云："西山住庵去。"隋云："我向东山唤汝，便来得否？"僧云："不然。"隋云："汝住庵未得在。"代云：和尚有什么事？

晏国师赴鼓山，辞雪峰次，峰云："一只圣箭子，射入九重城里去也。"太原孚云："未在，待某勘过始得。"至中路问云："什么处去？"晏云："九重城里去。"孚云："忽遇三军围闭时如何？"晏云："他家自有通霄路。"孚云："恁么则离宫失殿去也。"晏云："何处不称尊？"孚回见峰云："圣箭子折了也。"峰云："恁么处是箭折处？"孚举前话，峰云："渠有语在。"孚云："这老汉，终是乡情。"代峰云：你要勘破鼓山，已被鼓山勘破。

僧到水潦，乃画圆相，放潦肩上。潦拨三下，却画圆相，指其僧。僧礼拜，潦打云："这掠虚汉。"别后语云：我不与么，你却与么，棒了趁出。

明招问僧："侧飞鹞子，眼落在甚处？"僧展手云："还解变得么？"招云："放子三十棒。"僧云："话在和尚。"招乃集众勘辨，僧无语，招乃打。代：便捆傍僧。

明招参次，乃指座上回头狮子云："这个寻常，为什么要向我恁么道？"僧云："什么劫中向和尚恁么道？"招云："噫！汝犹隔海在。"代云：我不哮吼，和尚拾得口吃饭。

云门问洞山："近离甚处？"山云："查渡。"门云："夏在什么处？"山云："湖南报慈。"门云："几时离彼？"山云："八月二十五。"门云："放你三头棒。"山次日却上问云："昨日蒙和尚赐棒，且过在什么处？"门云："饭袋子！江西、湖南便恁么去。"别后语云：紧峭草鞋。

云门问僧："甚处来？"僧云："径山。"门云："你因什么五戒不持？"僧云："某甲过在什么处？"门云："这里不著沙弥。"别云：未到云门，与你三十棒了也。

云岩顺世，道吾问："离却壳漏子，向什么处相见？"岩云："不生不灭处相见。"别云：三生六十劫。

僧问法灯："'百骸俱溃散，一物镇长灵。'未审百骸、一物，相去多少？"灯云："百骸一物，一物百骸。"别：灯云：直是天地悬隔。

明招在昭庆席坊打席，庆见招失一目，乃问："失几时也？"招起身又手云："某甲不会。"庆云："赖汝不会。"招云："和尚作么生会个不会的？"庆休去。别庆云：饶你顶门上更著一只，也须戳瞎。

雪峰云："世界阔一尺，古镜阔一尺。世界阔一丈，古镜阔一丈。"玄沙指火炉云："这个阔多少？"峰云："如古镜阔。"别峰云：流俗阿师。

刘铁磨到沩山，山云："老牸牛汝来也。"磨云："来日台山有斋，和尚还去否？"山放身作卧势。代山云：好不丈夫。

僧问鲁祖："如何是不言言？"祖云："汝还有口么？"僧云："无。"祖云："寻常将什么吃饭？"僧无对。代云：不曾咬破一粒米。

赵州一日从殿上过，乃唤侍者一声，者应诺，州云："好一殿功德。"者无对。代云：一回拈起一回新。

佛日普照慧辩楚石禅师语录卷第九

秉拂小参

侍者等编

径山首座寮结夏秉拂

师拈拄杖云：这个是径山拄杖子，为什么在琦上座手里？已知来处，何假繁词。脱或未知，不免露个消息。凌霄峰顶，选佛场开。一句当阳，十方坐断。果然坐断去，久参先德不妨禁足护生，后学初机谁敢违条起例。上无攀仰，下绝己躬。人人常光现前，个个壁立万仞。三世诸佛舌头无骨，六代祖师眼上安眉。德山见僧入门便棒，画饼充饥；临济见僧入门便喝，望梅止渴。老妙喜见僧入门便道："唤作竹篦则触，不唤作竹篦则背。不得下语，不得无语。"雕沙无镂玉之谭，结草乖道人之意。既不得下语，又不得无语，拈来拗作两截，看他作得个什么伎俩。广泽龙王忍俊不禁，把须弥山一捆百杂碎，踔跳上梵天去也。

召众云：且道这一期佛事，还有为人处也无？

以拄杖连卓三下。

复举南岳让和尚遣一僧往江西探马大师，候大师上堂，出问云："作么生？"大师云："自从胡乱后，三十年不曾少盐酱。"

师云：马大师道三十年不曾少盐酱，早是费却多少盐酱了也。我若作马大师，才见这僧出来，便下禅床擒住，痛与一顿，教他归去，举似南岳。且显师承有据，自家眼目分明。管取坐断天下人舌头，曹溪一脉，未致寂寥在。

梁王忏会，观藏主请小参

师云：只这个会得，在凡不减，在圣不增。超百千万亿日月光明，遍不可思议虚空分剂。无一理不显，无一事不周，无一物不玄，无一土不妙。无明即是佛性，烦恼即是菩提，生死即是涅槃，尘劳即是解脱。譬如虚空，体非群相，而不拒彼众相发挥。然而青不自青，黄不自黄，赤不自赤，白不自白，但是意识于中抟量，是青是黄，是赤是白。意识不起，根境湛然。水之与波，拳之与掌，卷舒开合，岂有两般；动静去来，曾无二致。搅酥酪醍醐为一味，镕瓶盘钗钏为一金。总阴阳寒暑为一时，混江河淮济为一水。一印一切印，一门一切门。一成一切成，一破一切破。所以道："佛说一切法，为治一切心。我无一切心，何用一切法。"如是则集众者无众可集，说法者无法可说，度生者无生可度，忏罪者无罪可忏。岂不见三祖僧璨大师问二祖云："弟子身缠风恙，请师忏罪。"二祖云："将罪来，与汝忏。"三祖云："觅罪了不可得。"二祖云："与汝忏罪竟。"诸仁者！还委悉么？

若不蓝田射石虎，几乎误杀李将军。

真如《华严经》会，镠维那请小参

师云：看经须具看经眼，见地须得见地句。释迦老子，正觉山前，半夜子时，明星出现，忽然大悟，是第二句。三乘十二分教，权实顿渐，半满偏圆，是第三句。三世诸佛、六代祖师、天下老和尚尽力道，也只道得第三句。华严会上，文殊、普贤及四十二位法身大士、五十三位诸善知识，各各演说无尽法门，何曾道著第一句来？若有一人道得第一句，须弥直须粉碎，海水直须枯干，十方虚空扑落地上。何故如此？难信难解之法，今古罕闻。诸仁者还知么？如今目前，山河大地，万象森罗，草木丛林，墙壁瓦砾，昼夜说，炽然说，无间歇，却是他说得最亲。说者既不开口，听者亦不须耳，明明历历地，没一丝毫覆藏。真经现前，多少省力。何待拈香展卷，方转法轮。便好向华藏海中左出右入，毗卢顶上倒卧横眠。更说什么菩提涅槃，真如解脱。一切名字是什么热碗鸣声，一切语言是什么系驴橛子。所以临济大师道："但有声名文句，皆悉是依变，从脐轮气海中鼓激，牙齿敲磕，成其句义，明知是幻化。外发声语业，内表心所法，以思有念，皆是依通。只么认他著底依为实解，纵经尘劫，只是依通。"我唤作真经，亦是假说了也。毕竟如何？

慈舟不泛沧波上，剑阁徒劳放木鹅。

慧明院《华严经》会，椿藏主请小参

师云：处处真，处处真，尘尘尽是本来人。真实说时声不现，正体堂堂没却身。诸仁者！还见堂堂正体么？乾坤大地，日月星辰，万象森罗，山林河海，人天鬼畜，蠢动含灵，莫不皆有毗卢遮那宴坐其中，成等正觉而为众生转大法轮，然而众生分上，不取一法，不舍一法。所以道："一切诸佛身，即是一法身，一心一智慧，力无畏亦然。"不妨各各自住境界，各各自证解脱，各各自作佛事，各各自现神通。于眼处现神通时，即于耳处作佛事。于耳处现神通时，即于鼻处作佛事。于鼻处现神通时，即于舌处作佛事。于舌处现神通时，即于身处作佛事。于身处现神通时，即于意处作佛事。于意处现神通时，即于一切处作佛事。意处无尽则虚空无尽，虚空无尽则世界无尽，世界无尽则众生无尽，众生无尽则诸佛无尽，诸佛无尽则行愿无尽，行愿无尽则不可说不可说境界、解脱、神通、佛事无尽无尽。虽然，犹在法界量里。量外一句，作么生道？还委悉么？

山花开似锦，涧水湛如蓝。

圆明院起期，懋藏主请小参

师云：永嘉道："行亦禅，坐亦禅，语默动静体安然。假使锋刀常坦坦，直饶毒药也闲闲。"禅则不无，作么生是体？莫是上是天、下是地、僧是僧、俗是俗是体么？莫是巍巍堂堂、炜炜煌煌、声前非声、色后非色是体么？莫是休去歇去、一念万年去、冷湫湫地去、一条白练去、古庙香炉去、寒灰枯木去是体么？莫是恁么中不恁么、不恁么中却恁么是体么？若与么拟量，正是虚空里打铁橛。莫将闲学解，埋没祖师心。只如坐禅，须是了却自己偷心始得。若不了却自己偷心，空坐何益？且阿那个是偷心？但是一切不了，念起念灭，总是偷心。死得偷心，便与佛祖不别。佛祖要人速证无上妙道，长期短期，克期取证，毕竟所证何事？只教你死尽偷心，顿明自性而已。于静坐时，须有方便。六祖大师道："不思善，不思恶，正与么时，作么生是本来面目？"诸仁者！现今目前，露迥迥地，是个什么？自己本来面目，不可就他觅也。就他觅得，不是自己。从生至老，著衣吃饭，屙屎送尿底，唤作臭皮袋。忽然报满，四大分散时，自己本来面目却在什么处？石头和尚道："欲识庵中不死人，岂离而今这皮袋。"参！

坐期满散，盛监院请小参

师云：大道绝言诠，真机无背面。纤尘不尽，突出须弥山。见地未忘，脚下五色索。将知此事本自现成，不用低头，思量难得。所以德山道："毫厘系念，三涂业因。瞥尔情生，万劫羁锁。"岂可坐在这里，直须转向那边更那边。不立佛，不立祖，自己如生冤家，方有些子衲僧气息。若只向千圣背后叉手，堪作什么？倚他门户傍他墙，刚被时人唤作郎。岩头道："是我向前行脚时，见一两处尊宿，只教日夜管带，坐得臀上生胝，口里水漉漉地道：我坐禅守取。与么时，犹有欲在。无依无欲，便是能仁。"诸仁者！如今学道之人，那个无依？那个无欲？有依有欲，生死海里浮沉。这老古锥，当会昌沙汰时，去下鄂湖边作一渡子，两岸各挂一板，有人过渡，敲板一声，问云："阿谁？"人云："我要过那边去。"舞棹迎之。一日有婆子抱一孩儿，问岩头道："且道婆子手中儿子从甚处得来？"岩头便打。婆云："婆生七子，六个不遇知音，只这一个也不消得，乃抛向水中。雪后始知松柏操，事难方见丈夫心。虽然，切不得认驴鞍桥，作阿爷下颔。

喝一喝。

荐盛南山师孙义方外请小参

师云：这一段事，近在口皮边，远在河沙国。不可以有无卜度，不可以难易论量。滞于文字语言，则为文字语言所缚。泥于蒲团禅板，则为蒲团禅板所拘。凡坐禅者，多不脱透，若不著有，即便著无。著有则以无除之，著无怎么生除得？欲与空王为弟子，莫教心病最难医。据实而论，释迦出世，达磨西来，历代传灯，无风起浪。忽然觑破，三界平沉。却来观世间，犹如梦中事。到这个田地，方始好坐禅。坐是何人？禅是何物？勘破了也，说有也得，说无也得，说难也得，说易也得，得也得，不得生得。生从何来？铁锯舞三台。死从何去？牛皮鞔露柱。昔日太原孚上座问鼓山：“父母未生以前鼻孔在什么处？”山云：“即今生也，在什么处？”孚上座不肯，乃云：“你问我，我与你道。”山云：“父母未生以前鼻孔在什么处？”孚但摇扇而已。我当时若作鼓山，与他掀倒禅床。见之不思，思之千里。诸仁者！要识南山鼻孔落处么？

良久。犀因玩月文生角，象被雷惊花入牙。

无学长老豫修，徒弟固维那请小参

师云：佛法本无玄妙解会，向道直下无事，休去歇去，好个脱洒衲僧。若乱踏步向前，则千里万里。若论此事，从与么来，未尝昏昧。声色笼罩不住，生死系缚不得。自由自在，无得无失。一切处解脱，一切处圆满。净裸裸，绝承当。赤洒洒，没可把。穿却天下人鼻孔，全凭个一著子。若无个一著子，老胡又特地西来做什么？且如石头、马祖，百丈、黄檗，临济、德山，沩仰、曹洞，云门、法眼，此等皆是从上宗师，亦不得至今日。所谓垂钩四海，只钓狞龙；格外玄谈，为寻知己。岂不见仰山一日问同参云：“师弟近日见处如何？”对云：“实无一法可当情。”仰云：“汝解犹在境。”问云：“何故？”仰云：“汝岂无能知一法可当情者？”圆悟老祖云：“他直得无一法可当情，尚遭仰山点检。到这里，无能知所知，无一法，无无一法，也须是个人始得。”欲穷千里目，更上一层楼。须知得底人，一语不虚发。如今不用回头转脑，只贵直下承当，可以作奇特因，可以现殊胜相，竭苦海，摧障山，断生死根源，碎无明窠臼。正与么时，因斋庆赞一句作么生道？

域中日月纵横挂，一亘晴空万古春。

兴化院《华严经》会，圭监院请小参

师云："怀州牛吃禾，益州马腹胀。天下觅医人，灸猪左膊上。"毗卢遮那如来呵呵大笑云：二十重华藏世界海，中间所有诸佛菩萨，畜生牛马，被杜顺和尚下这一灸，不妨应时应节，彻骨彻髓了也。

召众云：且道适来四句，是教耶？是禅耶？若道是教，八十一卷《华严经》，那一卷中有这般说话？若道是禅，杜顺和尚自是贤首宗师，为什么却恁地说？还有人定当得出也无？若定当不出，山僧不惜口业，与诸人注解一遍。肇法师道："古镜照精，其精自形。古镜照心，其心自明。"教亦何曾异禅。归宗和尚云："吾今欲说禅，诸子总近前。汝听观音行，善应诸方所。"禅亦何曾异教。教是佛口，禅是佛心。未了之人听一言，只这如今谁动口？便向个里会得，坐断天下人舌头，更分什么禅，拣什么教。立也在我，扫也在我，我为法王，于法自在。若立去，有禅有教。若扫去，禅、教皆除。禅、教既除，二十重华藏世界海在什么处安著？听吾偈曰：

> 如行东方诸佛刹，　　尽取大地及须弥。
> 一一尽抹为微尘，　　一一尘点一一刹。
> 四维上下亦如是，　　乃至充满虚空界。
> 即以如上诸尘数，　　一一化现为衲僧。
> 一一僧示尘数身，　　一一僧具尘数口。
> 一一口中尘数舌，　　一一舌宣尘数义。
> 尽于未来一一劫，　　度脱不可说众生。
> 一一位登卢舍那，　　不可说劫常开演。

如此功德不可说，	世间无能测量者。
譬如幻师聚幻众，	复为幻众说幻法。
闻幻法已了幻心，	既了幻心圆幻行。
坐幻道场成幻佛，	度脱无量幻众生。
展转成佛亦复然，	毕竟不离于幻法。
本来实际常寂灭，	同彼虚空无增减。
若能悟此真法界，	谁是成佛不成佛？
毗卢遮那我同证，	普贤文殊妙法身。
五十三人善知识，	为我印知如是说。

延福院忏期满，敬维那请小参

师云：一念普观无量劫，无去无来亦无住。如是了知三世事，超诸方便成十力。

拈拂子，作一圆相云：尽十方世界有情无情，向这里成等正觉。全心即佛，全佛即心。穷心既无，佛亦不立。所以道："了了见，无一物，亦无人，亦无佛。大千沙界海中沤，一切圣贤如电拂。"与么则处处解脱而不堕在解脱深坑，处处光明而不滞于光明胜相。行住坐卧，不著管带，而常历历惺惺。长短方圆，不假安排，而能绵绵密密。终日说，不动舌头；终日默，不居阴界。终日吃饭，不曾咬一粒米；终日著衣，不曾挂一缕丝。直下似长剑倚天，千日并照。诸天捧花无路，外道窥觑无门。不是强为，法如是故。在菩萨则谓之六度万行，在声闻、缘觉则谓之四谛、十二因缘，在天则天庄严，在人则人富乐，在修罗则修罗灭净，在饿鬼则饿鬼除饥，在地狱则地狱清凉，在旁生则旁生黠慧。福无不集，罪无不消，拔济四生，梯航九有，收因结果一句，作么生道？

烦恼海中为雨露，无名山上作云雷。

志侍者请普说

师云：当人脚根下一段大事，如千日并出，日上无云；万镜临台，镜中无像。初不分真俗好丑，亦不带物我是非。从父母未生已前，至地水火风分散之后，未曾有纤毫相貌，及一丝间隔。盖天盖地，亘古亘今。乃佛乃祖，同证同入。

如石室和尚才见人来，便拈起拄杖云："过去诸佛也恁么，现在诸佛也恁么，未来诸佛也恁么。"如是三十年，驴拣湿处尿。一日长沙岑大虫向他道："和尚放下手中拄杖，别通个消息来。"石室休去。一不成，二不是。

又疏山示众云："老僧咸通年已前，会得法身边事。咸通年已后，会得法身向上事。"两重公案。云门出问云："如何是法身边事？"山云："枯桩。"错。门云："如何是法身向上事？"山云："非枯桩。"了。门云："还许学人说道理也无？"山云："许。"勾贼破家。门云："只如枯桩，岂不是明法身边事？"山云："是。"明破则不堪。门云："非枯桩，岂不是明法身向上事？"山云："是。"落七落八。门云："法身还该一切也无？"山云："法身周遍，岂得不该？"口只好吃饭。门指净瓶云："这个还有法身也无？"山云："阇黎莫向净瓶边会。"鹞子过新罗。二大老一问一答，直是风凛凛地，傍观只眨得眼。你道枯桩与非枯桩，法身边事与法身向上事，作么生辨？若辨得，便知二大老问答分明。若辨不得，对面三千里。

又僧问赵州："未生世界，早有此性。世界坏时，此性不坏。如何是不坏之性？"州云："四大五蕴。"甘草甜。僧云："这个是坏底，如何是不坏之性？"州云："四大五蕴。"黄连苦。还知赵州老汉舌头落处么？尽山河大地是四大五蕴，尽山河大地是不坏之性。若未知赵州老汉舌头落处，则四大五蕴自在一边，不坏之性自在一边，驴年得休歇去。

拈拄杖，画一画云：画断葛藤。虾蟆踔跳上天，蚯蚓抹过东海。

海印兰若《华严经》会，华月窗请普说

师云：震法雷，击法鼓，布慈云兮洒甘露。只如法雷未震，法鼓未击，慈云未布，甘露未洒，还有为人道理也无？若有为人道理，何用强生节目。是故说法者无说无示，闻法者无闻无得。无说无示，真说真示；无闻无得，真闻真得。然则一时佛事既已周圆，汝等诸人如何体悉？依希似曲才堪听，又被风吹别调中。

复云：此是月窗藏主，建《华严经》会底意旨，山僧未免升座举扬。约山僧见处，你诸人即是毗卢遮那，毗卢遮那与你诸人无二无别。念念中有无量诸佛降生、成道、转法轮、入涅槃。念念中文殊、普贤、观音、弥勒出现。念念中善财童子、五十三善知识，同因同果，同学同行。山僧今日都将不可说华藏世界海，拈来著你诸人眉毛眼睫上。却把大本《华严》十三千大千世界微尘数品，一四天下微尘数偈，总作一句，顿在三寸舌头，为你诸人一时吐露。直下信得及去，此会功不浪施，便乃与摩竭提国、须弥山顶、夜摩、兜率、他化自在所说底法门——十信、十住、十行、十回向、十地、等妙二觉，不增一字，不减一字。普请若凡若圣，若幽若显，立地成佛。还省力么？若信不及，又增口业去也。经中道："若人欲了知，三世一切佛，应观法界性，一切惟心造。"

喝一喝云：觅心了不可得，更说什么惟心？心既不可得，毗卢遮那亦不可得，无量诸佛亦不可得，文殊、普贤、观音、弥勒亦不可得，善财童子、五十三善知识亦不可得，十信、十住、十行、十回向、十地、等妙二觉亦不可得，不可得亦不可得。却从不可得中，流出一切言教。所以道：教是佛语，禅是佛意。诵佛语者须识佛意，识佛意者必通佛语。千差万别，七纵八横，辩才无碍底，说禅说教，如珠走盘。你看他华严下尊宿，圭峰和尚，他是真个悟得底，曾著《禅源集》，和会禅讲两家云："诸祖相承，根本是佛。况迦叶乃至鞠多，弘传皆通三藏。提多迦以下，因僧乖净，乃律教别行。罽宾国以来，因遭王难，始经论分化。狮子尊者受二十三祖鹤勒那悬记，先以衣法付嘱婆舍斯多，独留罽宾，酬偿宿债。"经论家便道

狮子遭难，禅宗绝而不传。不知婆舍斯多早传衣法去了。所以圭峰说到这里，又云："中间马鸣、龙树悉是祖师，造论释经，数十万偈，观风化物，无定事仪。未有讲者毁禅，禅者毁讲。今时弟子彼此迷源，修心者以经论为别宗，讲说者以禅门为异法。若谈因果修证，便推属经论之家，而不知修证正是禅门之本事。闻说即心即佛，便推属胸襟之禅，而不知心佛乃是经论之本意。"山僧三十年前出世住院，见天台下讲人，心愤愤，口悱悱，说著禅字，头红面赤。何消得如此？近与独芳和尚几处赴缘，又夜来闻其提唱，多是禅门说话。盖此老本领端正，取之左右逢其源。且如圭峰所诠，自是禅门标表，亦是教乘骨髓，怎么和会，可煞明白。

后来汴梁有个净因成长老，一日与法真、圆悟、慈受三大禅老，并十大法师，在陈太尉府受斋次，徽宗皇帝微服临幸，观其法会。有善华严者，对众问曰："吾佛说教，自小乘至圆顿，扫除空有，独证真常，然后万德庄严，方名为佛。禅师一喝，转凡成圣，与经论似相违背。今一喝若能入五教，是为正说；若不能入，是为邪说。"他置个问头，不是逞人我、争是非，要知禅教分晓。若不通经达论，如何胡乱答他。撞著净因，是个有地头无面目汉，回天轮、转地轴不为难，只怕你不问，不怕我答不得。当时善华严怎么问，正是抓著他痒处。更不著忙，款款地向他道："如法师所问，不足三大禅师之酬。净因小长老，足以解法师之惑。"乃召善，善应诺。成曰："法师所谓小乘教者，乃有义也。大乘始教者，乃空义也。大乘终教者，乃不有不空义也。大乘顿教者，乃即有即空义也。一乘圆教者，乃不空而不有，不有而不空义也。如我一喝，非惟能入五教，至于百工伎艺，诸子百家，悉皆能入。"乃喝一喝，问善曰："还闻么？"善曰："闻。"成曰："汝既闻，则此一喝是有，能入小乘教。"须臾，又谓善曰："还闻么？"善曰："不闻。"成曰："汝既不闻，则此一喝是无，能入始教。"又顾善曰："我初一喝，汝即道有。喝久声消，汝复道无。道无则元初实有，道有则于今实无。不有不无，能入终教。"又曰："我有一喝之时，有非是有，因无故有。我无一喝之时，无非是无，因有故无。即有即无，能入顿教。"又曰："我此一喝不作一喝用，有无不及，情解俱忘。道有之时，纤尘不立。道无之时，横遍虚空。即此一喝入百千万亿喝，百千万亿喝入此一喝，是能入圆教。"善不觉起立，向前作礼。成又曰："非惟一喝为然，乃至语默动静，一切时，一切处，一切物，一切事，契理契机，周遍无余。"于是四众欢喜，龙颜大悦。净因可谓识佛意、通佛语，千差万别，七纵八横，辩才无碍，把这一喝怎么说出来，理上也著，事上也著，禅上也著，教上也著。唤作闹市里飏碌砖，无有不著者。

今日一会，却非偶然。建会华月窗与学般若菩萨，既在禅门，又通教相。欲报佛恩德，无过流通正法。而况独芳和尚久专讲席，特重禅宗。山僧此来，不胜庆幸。因华严大教，发明临济禅。诸供养中，法供养最。

喝一喝云：且道山僧适来一喝，与净因一喝，相去多少？

复喝一喝。

珠维那请普说

师云：妙喜老人道："命根断，家活大，法性宽，波澜阔，乃是禅病科立效散。"你诸人要识命根么？只是第八识。如今禅和子病痛，昏沉掉举，总在第八识中。若要独脱无依，须是把第八识一刀两段，方始快活，教中所谓挣命不死难。僧问投子："大死底人却活时如何？"投子云："不许夜行，投明须到。"这僧问得能切，投子答得又亲，伯牙与子期，不是闲相识。第八识既断，蛇无头，尾不行。正贼斩了，论什么贼党。无始至今，来为先锋，去为殿后，风动尘起，萦绊杀人。但得一念不生，自然前后际断，便见沩山道："灵光洞耀，迥脱根尘，体露真常，不拘文字。心性无染，本自圆成，但离妄缘，即如如佛。"僧也如如佛，俗也如如佛，来也如如佛，去也如如佛，尽十方世界无一人不是如如佛者。嫌个什么？欠少个什么？英灵衲子便好向这里全身担荷，不用回头转脑，特地起疑，疑佛疑祖，疑死疑生。如染一缏丝，一染一切染。如斩一缏丝，一斩一切斩。

先圣苦口相劝，盖为袈裟同肩，己事明白，他事亦明白；己事了办，他事亦了办。岂可如獐独跳，不顾后群。既住佛屋，踏佛地，吃佛饭，著佛衣，须行佛行始得。且如何是佛行？佛赞者是佛行，佛呵者是魔法。说什么尼萨耆、波逸提，才举心动念，早破了也，大难大难。且怖心难发，怖心若发，生死根本必除。须要入门，一著真正。欲行千里，一步为初。昔日南岳让祖因马大师坐禅，一日问他道："大德，坐禅图什么？"师云："图作佛。"祖遂将砖就他庵前石上磨。师见问云："作什么？"祖曰："磨作镜。"师云："磨砖岂得成镜？"祖曰："坐禅岂得成佛？"师云："如何即是？"祖曰："如牛驾车，车若不行，打车即是，打牛即是？"马师休去。祖曰："汝学坐禅，为学坐佛？若学坐禅，禅非坐卧。若学坐佛，佛非定相。于无住相，不应取舍。汝若坐佛，即是杀佛。若执坐相，非达其理。"马师言下大悟，作礼问云："如何用心，即合无相三昧？"让祖曰："汝学心地法门，如下种子。我说法要，譬彼天泽。汝缘合故，当见其道。"师曰："云何能见？"祖曰："心地法眼，能见乎道。无相三昧，亦复然矣。"师又问："有成坏否？"祖曰："若以成坏而见道者，非也。"后来马大师出世，有僧问："如何是修道？"答曰："道不属修，若言修得，修成还坏，即同声闻。若言不修，即同凡夫。"僧云："作何见解，即得修道？"师曰："是性本来具足，但于善恶中事不滞，唤作修道人。取善舍恶，观空入定，即属造作。更若向外驰求，转疏转远。但尽三界心量，一念妄心，即是三界生死根本。"又僧问："和尚为什么说即心即佛？"曰："为止小儿啼。"僧曰："啼止后如何？"曰："非心非佛。"僧曰："除此二种人来时，如何指示？"曰："向伊道不是物。"马大师因让祖一言之下会去，便力荷百二十斤担子，一气走百二十里，更不回头。及乎为人，拈出个即心即佛、非心非佛、不是物，杀人刀，活人剑，能断自己命根，又能断他命根。临济道："沿流不止问如何，真照无边说似他。离相离名人不禀，吹毛用了急须磨。"即今吹毛在什么处？已飏在垃圾堆头了也。

佛日普照慧辩楚石禅师语录卷第十

举古上

侍者明远等编

　　举云门一日拈拄杖云："凡夫实谓之有，二乘析谓之无，缘觉谓之幻有，菩萨当体即空。衲僧见拄杖但唤作拄杖，行但行，坐但坐，总不得动著。"妙喜云："我不似云门老人，将虚空剜窟窿。"蓦拈拄杖云："拄杖子不属有、不属无，不属幻、不属空。"卓一下云："凡夫、二乘，缘觉、菩萨，尽向这里，各随根性，悉得受用。惟于衲僧分上，为害为冤，要行不得行，要坐不得坐。进一步则被拄杖子迷却路头，退一步则被拄杖子穿却鼻孔。只今莫有不甘底么？试出来，与拄杖子相见。如无，来年更有新条在，恼乱春风卒未休。"

　　师云：凡夫不合起有见，二乘不合起无见，缘觉不合起幻有见，菩萨不合起当体即空见。不可放过云门老汉，贪观白浪，失却手桡。累他天下衲僧，总落拄杖圈繢。放过不可，好与一坑埋却。

　　举僧问香严："如何是道？"严云："枯木里龙吟。"僧云："如何是道中人？"严云："髑髅里眼睛。"僧又问石霜："如何是枯木里龙吟？"霜云："犹带喜在。""如何是髑髅里眼睛？"霜云："犹带识在。"又问曹山："如何是枯木里龙吟？"山云："血脉不断。""如何是髑髅里眼睛？"山云："干不尽。"遂有颂云："枯木龙吟真见道，髑髅无识眼初明。喜识尽时消息尽，当人那辨浊中清。"圆悟老人云："一人透语渗漏，一人透情渗漏，一人透见渗漏。"妙喜云："诸人还拣得出么？若拣不出，不惜眉毛，为诸人说破。香严透语渗漏，被语言缚杀。石霜透情渗漏，被情识使杀。曹山透见渗漏，被见闻觉知惑杀。分明说了，具眼者辨取。"

师云：妙喜老人全身坐在三种渗漏里，却不被三种渗漏所拘。虽然，要见古人，直是远在。为什么如此？无事教坏人家男女。

举提婆达多在地狱中，世尊令阿难传问云："汝在地狱中，可忍受否？"云："我虽在地狱中，如三禅天乐。"世尊又令阿难传问："你还求出否？"云："待世尊入地狱，我即出。"阿难云："世尊是三界大师，岂有入地狱分？"云："世尊既无入地狱分，我岂有出地狱分？"妙喜云："既无出分，又无入分，唤什么作释迦老子？唤什么作提婆达多？唤什么作地狱？还委悉么？自携瓶去沽村酒，却著衫来作主人。"

师云：妙喜与么批判，刀刀相似，鱼鲁差殊。不知释迦老子自是释迦老子，提婆达多自是提婆达多，地狱自是地狱，料掉没交涉。一夜落花雨，满城流水香。

举招庆问罗山："有人问岩头：'尘中如何辨主？'头云：'铜沙罗里满盛油。'意作么生？"山召大师，庆应诺，山云："猕猴入道场。"山却问明招："或有人问你，作么生？"招云："箭穿红日影。"妙喜云："还会么？猕猴入道场，箭穿红日影，两个老古锥，担雪共填井。"喝一喝。

师云：我当时若作罗山，待招庆问"铜沙罗里满盛油意作么生"，便喝。山却问明招"或有人问你，作么生"，也与一喝。

召众云：且道天宁两喝，与妙喜一喝，是同是别？

举招庆普请担泥次，中路按拄杖问僧云："上窟泥，下窟泥？"僧云："上窟泥。"庆打一棒。又问一僧："上窟泥，下窟泥？"僧云："下窟

153

泥。”庆亦打一棒。又问明招，招放下泥担，叉手云：“请师鉴。”庆便休。妙喜云：“招庆虽然休去，争奈明招不甘。云门当时若见他放下泥担，云请师鉴，劈脊也与一棒，看他如何折合？”

师云：国清才子贵，家富小儿骄。

举睦州问僧：“近离甚处？”僧云：“河北。”州云：“河北有个赵州和尚，上座曾到彼么？”僧云：“某甲近离彼中。”州云：“赵州有何言句示徒？”僧遂举吃茶话，州乃云：“惭愧。”却问僧：“赵州意作么生？”僧云：“只是一期方便。”州云：“苦哉赵州！被你将一杓屎泼了也。”便打。后来雪窦云：“这僧克由叵耐，将一杓屎泼他二员古佛。”妙喜云：“雪窦只知一杓屎泼他赵、睦二州，殊不知这僧末上被赵州将一杓屎泼了，却到睦州，又遭一杓，只是不知气息。若知气息，甚么处有二员古佛？”

师云：这僧不会吃茶意旨，不知泼屎气息，带累好人，堕屎坑中，合吃多少拄杖？雪窦、妙喜一时放过，也须替他入涅槃堂始得。

举僧问云门：“如何是超佛越祖之谈？”门云：“胡饼。”妙喜云：“云门直是好一枚胡饼，要且无超佛越祖底道理。”

师云：垦。

举洞山云：“须知有佛向上事。”僧问：“如何是佛向上事？”山云：“非佛。”云门云：“名不得，状不得，所以非。”妙喜云：“二尊宿恁么提持，佛向上事且缓缓。这里即不然。‘如何是佛向上事？’拽拄杖劈脊便打，免教伊在佛向上躲根。”

师云：我这里无向上向下，佛是西天老比丘。今朝有酒今朝醉，明日无钱明日求。

举石门聪和尚云：“十五日已前诸佛生，十五日已后诸佛灭。十五日已前诸佛生，你不得离我这里，若离我这里，我有钩钩你。十五日已后诸佛灭，你不得住我这里，若住我这里，我有锥锥你。且道正当十五日，用钩即是，用锥即是？"遂有颂云："正当十五日，钩锥一时息。更拟问如何，回头日又出。"妙喜云："恢张三玄三要，扶竖临济正宗，须是恁么人始得。虽然如是，云门即不然。十五日已前诸佛本不曾生，十五日已后诸佛本不曾灭。十五日已前你若离我这里，我也不用钩钩你，一任横担挂杖，紧峭草鞋。十五日已后你若住我这里，我也不用锥锥你，一任拗折挂杖，高挂钵囊。且道正当十五日，合作么生？"乃云："十五日前后，钩锥徒尔为。今朝是十五，正好用钩锥。且作么生用？路逢死蛇莫打杀，无底篮子盛将归。"

师云：用尽自己心，笑破他人口。

举白云祥和尚问僧："不坏假名而谈实相，作么生？"僧云："这个是椅子。"白云以手拨云："将鞋袋来。"僧无对。白云云："这虚头汉。"云门闻云："须是祥兄始得。"妙喜云："云门扶强不扶弱，争奈怜儿不觉丑。这僧当时若是个汉，待他道'将鞋袋来'，便与掀倒禅床。直饶白云牙如剑树，口似血盆，也分疏不下。"

师拈起挂杖云："这个是假名，那个是实相？这个是实相，那个是假名？一不是，二不成。路远夜长休把火，大家吹杀暗中行。"掷挂杖。

举石头问长髭："甚处来？"髭云："岭南来。"头云："大庾岭头，一铺功德，成就也未？"髭云："成就久矣，只欠点眼在。"头云："莫要点眼么？"髭云："便请。"头垂下一足，髭便礼拜。头云："子见个什么便礼拜？"髭云："如红炉上一点雪。"妙喜云："众中商量甚多，或云无眼功德，有甚点处。或云：莫要点眼么？待他道便请，好劈脊便打。若恁么，未免秽污这功德。云门即不然，待这老汉垂下一足，但道：起动和尚。"

师云：长髭亲从大庾岭来，平白被石头热谩，一上见个什么，便问"一铺功德成就也未"，虚空里钉橛。又有长髭把不定，便道"成就久矣，只欠点眼在"，一盲引众盲。石头垂下一足，还当得点眼也无？一个既不惺惺，两个更是懵懂。"如红炉上一点雪"，果然。诸人切忌接响承虚，脱空妄语。

举王大王向雪峰会里，请晏监寺住鼓山。雪峰与孚上座送出门，回至法堂上，乃曰："一只圣箭，直射入九重城里去也。"孚云："和尚，是伊未在。"峰曰："渠是彻底人。"孚云："若不信，待某甲去勘过。"遂往路中把住云："师兄向甚么处去？"鼓山云："九重城里去。"孚云："忽遇三军围闭时如何？"山云："他家自有通霄路。"孚云："怎么则离宫失殿去也。"山云："何处不称尊。"孚便回，谓雪峰云："好一只圣箭，折却也。"遂举前话。峰云："渠有语在。"孚云："这老冻脓，毕竟有乡情在。"妙喜云："众中商量道：什么处是圣箭折处？云鼓山不合答他话，是圣箭折处。鼓山不合说道理，是圣箭折处。怎么批判，非惟不识鼓山，亦乃不识孚老。殊不知孚上座正是一枚贼汉，于鼓山面前纳一场败阙，懵懂而归，却来雪峰处拔本，大似屋里贩杨州。若非雪峰有大人相，这贼向甚处容身？当时可惜放过，却成个不了底公案。只今莫有为古人出气底么？试出来，我要问你，甚么处是圣箭折处？"

师云：鼓山圣箭子，射入九重城，甚生气概。孚上座等闲拶著，略露锋铓，回至法堂却云箭折，诬人之罪，以罪加之。妙喜老人谓孚上座是一枚贼汉，向鼓山面前纳败阙而归，骑贼马杀贼。大凡事不孤起，当时雪峰只因卖弄这一只圣箭子，勾贼破家。若也咬定牙关，谁敢无风起浪。便是尽大地稻麻竹苇化作衲僧，要勘鼓山，也无启口处。天宁不是贬剥古人，圣箭子是什么厕草茎，抛向垃圾堆头著。更问他折处，且莫豚沸好。

举明招向火次，僧忽问："目前无法，意在目前。不是目前法，非耳目之所到。未审此四句，那句是宾，那句是主？"明招拨开火云："你向这里，与我拈出一茎眉毛看。"僧云："非但某甲，尽大地人丧身失命。"

招云："何故自把髻投衙？"妙喜云："这僧有头无尾，明招有尾无头。若人道得头尾圆全句，云门与你挂杖子。"

师云：不解拈出火里眉毛，未知四句中那一句是宾、那一句是主。妙喜道"这僧有头无尾，明招有尾无头"，直饶妙喜道得头尾圆全句，天宁挂杖子未放伊在。

举南泉坐次，一僧问讯，叉手而立，泉云："太俗生。"僧合掌，泉云："太僧生。"僧无语。妙喜云："合掌太僧生，叉手又俗气，总不恁么时，尊体无顿处，有巴鼻。唵，苏噜苏噜，悉唎悉唎。"喝一喝，云："是甚么？近来王令稍严，不许攧行夺市。"

师云：叉手太俗，合掌太僧。不僧不俗，谁敢安名？检点将来，也是垛生招箭。且道落在这僧分上，落在南泉分上？

举麻谷持锡到章敬，绕禅床三匝，振锡一下，卓然而立。妙喜云："纯钢打就，生铁铸成。"敬云："是，是。"妙喜云："锦上铺花三五重。"谷又持锡到南泉，绕禅床三匝，振锡一下，卓然而立。妙喜云："已纳败阙了也。"泉云："不是，不是。"妙喜云："枷上更著杻。"谷云："章敬道是，和尚为什么道不是？"妙喜云："愁人莫向愁人说。"泉云："章敬则是，是汝不是。此是风力所转，终成败坏。"妙喜云："试把火照看，南泉面皮厚多少。"复召大众云："云门怎么批判，且道肯他不肯他？"

师云：麻谷绕床振锡，参礼常仪，为什么章敬道是，南泉道不是？苦瓠连根苦，甜瓜彻蒂甜。

举让和尚遣僧问马祖云："作么生？"祖云："自从胡乱后，三十年不曾少盐酱。"妙喜云："云门即不然，夜梦不祥，书门大吉。"

师云：且道妙喜与马祖是同是别？如何黑漆屏风上，更写卢仝《月蚀诗》。

举僧问云峰："如何是心地法门？"峰云："不从人得。"僧云："不从人得时如何？"峰云："此去衡阳不远。"妙喜云："云门即不然。'如何是心地法门？''不从人得。''不从人得时如何？''看脚下。'"

师云：或问天宁："如何是心地法门？""不从人得。""不从人得时如何？""早晨有粥，斋时有饭。"

举僧问岩头："三界竞起时如何？"头云："坐却著。"僧云："未审师意如何？"头云："移取庐山来，即向汝道。"妙喜云："岩头古佛，向万仞崖头垂手，镬汤炉炭里横身，盖为慈悲之故，有落草之谈。今日若有人问云门：'三界竞起时如何？'只向他道：'快便难逢。''未审师意如何？''移取云门山来，即向汝道。'"

师云：三界竞起，岩头道"坐却著"，见怪不怪，其怪自坏。妙喜道"快便难逢"，顺水流舟，更加橹棹。天宁道"在什么处"，长安甚闹，我国晏然。"未审师意如何？"待我上山斫棒来，却向汝道。三段不同，收归上科。

举僧问五祖："如何是佛？"祖云："露胸跣足。""如何是法？"云："大赦不放。""如何是僧？"云："钓鱼船上谢三郎。"妙喜云："此三转语，一转具三玄三要、四料拣、四宾主、洞山五位、云门三句，百千法门，无量妙义。若人拣得，许你具一只眼。"

师云："三玄三要，四料拣，四宾主，洞山五位，云门三句，百千法门，无量妙义"，大似头上安头。天宁今日为你诸人抽却钉、拔却楔，做个洒洒落落地丈夫儿岂不好，何故吃他残羹馊饭，随他脚后跟转，被他唤作无地头汉，惭惶杀人。

举僧问云门："如何是道？"门云："透出一字。"妙喜云："透出一字，却不相似。急转头来，张三李四。"

师云："天宁作么生拈拄杖？"击禅床云："泪合停囚长智。"

举教中道："生灭灭已，寂灭现前。"妙喜云："真生无可生，真灭无可灭。寂灭忽见前，虾蟆吞却月。"

师云：寂灭不现前，心心生与灭。龟毛扇子扇，泥牛一点血。

举僧问赵州："百骸俱溃散，一物镇长灵时如何？"州云："今朝又风起。"妙喜云："今朝又风起，闹处莫插嘴。触著阎罗王，带累阴司鬼。"

师云：天宁下个注脚，也要醉后添杯。今朝又风起，不必更疑猜。就地撮将黄叶去，入山推出白云来。

举法眼问觉铁嘴："近离甚处？"觉云："赵州。"眼云："承闻赵州有柏树子话，是否？"觉云："无。"眼云："往来皆谓，僧问'如何是祖师西来意'，州云'庭前柏树子'。上座何得道无？"觉云："先师实无此语，和尚莫谤先师好。"妙喜云："若道有此语，蹉过觉铁嘴。若道无此语，又蹉过法眼。若道两边都不涉，又蹉过赵州。直饶总不恁么，别有透脱一路，入地狱如箭射。毕竟如何？"举起拂子云："还见古人么？"喝一喝。

师云：祖师西来意，庭前柏树子。此话已遍行天下了也，因甚么觉铁嘴却道先师无此语？众中往往商量，赵州只是一期方便，不可作实解，所以道无。与么乱统，谤他古佛不少。妙喜云"若道有此语，蹉过觉铁嘴。若道无此语，又蹉过法眼。若道两边俱不涉，又蹉过赵州。"今日烟波无可钓，不须新月更为钩。

举青原思和尚问六祖："当何所务，即不落阶级？"祖云："汝曾作什么来？"思云："圣谛亦不为。"祖云："落何阶级？"思云："圣谛尚不为，何阶级之有？"祖深器之。妙喜云："莫将闲话为闲话，往往事从闲话生。"

师云：弄泥团汉，有什么限？

举庞居士问灵照女："明明百草头，明明祖师意。作么生会？"照云："这老汉头白齿黄，作这个见解。"居士云："你作么生？"照云："明明百草头，明明祖师意。"妙喜云："庞居士先行不到，灵照女末后太过。直饶齐行齐到，若到云门，一坑埋却。且道过在什么处？明明百草头，明明祖师意。"

师云：明明百草头，明明祖师意。庞公只解抛砖，灵照何曾瞥地。从教千古万古黑漫漫，填沟塞壑没人会。

举云门云："百草头上，道将一句来。"众无语，自代云："俱。"圆悟老人云："剳。"妙喜云："普。"复云："俱剳普，日轮午，李将军，射石虎。虽然透过那边，枉发千钧之弩。"

师云：云门"俱"，少实多虚。圆悟"剳"，了无交涉。妙喜"普"，直须荐取。这三个汉，各立生涯，摇头摆尾，到处逢他。深山藏独虎，浅草露群蛇。

举僧问赵州："四山相逼时如何？"州云："无路是赵州。"妙喜云："无路是赵州，老将足机筹。关南并塞北，当下一时收。"

师云：四山相逼时，无路赵州老。黄叶落纷纷，一任秋风扫。

举裴相国入寺，见壁间画像，问院主云："壁间是甚么？"主云："高僧。"裴云："形仪可观，高僧在甚么处？"主无语。裴云："这里莫有禅僧么？"时黄檗在众，主云："有一希运上座，颇似禅僧。"裴遂召黄檗，举前语似之。檗云："但请问来。"裴云："仪形可观，高僧在甚么处？"檗召相公，公应诺，檗云："在甚么处？"裴于言下领旨。妙喜云："裴公将错就错，脱尽根尘。黄檗信口垂慈，不费心力。似地擎山，不知山之孤峻。如石含玉，不知玉之无瑕。虽然如是，黄檗只有杀人刀，且无活人剑。今日大资相公或问云门：'形仪可观，高僧在甚么处？'云门亦召云相公，相公若应诺，云门即向道：'今日堂中，特谢供养。'"

师云：裴相国道"高僧在甚么处"，分明换却眼睛。黄檗更召相公，刚把钵盂安柄。老妙喜与人错下注脚，便道"似地擎山，不知山之孤峻；如石含玉，不知玉之无瑕"，蹉过了也。天宁即不然，亦召相公，相公应诺，劈脊便棒，免教这汉向死水里淹杀。

举僧问赵州："如何是祖师西来意？"州云："庭前柏树子。"僧云："和尚莫将境示人。"州云："我不将境示人。"僧云："如何是祖师西来意？"州云："庭前柏树子。"妙喜云："庭前柏树子，今日重新举。打破赵州关，特地寻言语。既是打破关，为什么却寻言语？当初将谓茅长短，烧了元来地不平。"

师云：庭前柏树子，天下杜禅和，只管寻枝叶，还曾梦见么？四海幸然清似镜，莫来平地起风波。

举裴相国捧一尊像，胡跪于黄檗前云："请师安名。"檗云："裴休。"裴应诺。檗云："与汝安名竟。"裴作礼云："谢师安名。"妙喜云："裴公、黄檗，可谓如水入水，似金博金。虽然如是，检点将来，不无渗漏。今日蔡中郎或捧一尊像，请云门安名，即向道：'清净法身毗卢遮那佛。'若云：'谢师安名。'即向道：'下坡不走，快便难逢。'"

师云：裴公捧像，黄檗安名。冷地看来，如大家教新妇相似，直是好笑，笑须三十年。妙喜既不能坐断，未免随例颠倒，唤作清净法身毗卢遮那佛。周人以柏，殷人以栗。

举外道问佛："不问有言，不问无言。"世尊良久，外道赞叹云："世尊大慈大悲，开我迷云，令我得入。"外道去后，阿难问佛："外道有何所证而言得入？"世尊云："如世良马，见鞭影而行。"雪窦云："邪正不分，过由鞭影。"妙喜云："邪正两分，正由鞭影。"

师云：欲识邪正不分么？谁是外道？谁是世尊？欲识邪正两分么？世尊自世尊，外道自外道。此是天宁见处，一任诸方贬剥。

举僧问赵州："如何是赵州？"州云："东门，南门，西门，北门。"僧云："不问这个。"州云："你问赵州覰。"妙喜云："这僧问赵州，赵州答赵州。得人一马，还人一牛。人平不语，水平不流。会么？受恩深处宜先退，得意浓时便好休。"

师云：尽这僧神通，跳赵州关不过。大丈夫汉，当众决择，未到弓折箭尽，即便拱手归降。何不著一转语，教他纳款去。且道著得个什么语？

举僧问长沙："南泉迁化，向甚么处去？"沙云："东家作驴，西家作马。"僧云："未审意旨如何？"沙云："要骑便骑，要下便下。"妙喜云："今日或有人问云门：'圆悟老人迁化，向甚么处去？'即向他道：'入阿鼻大地狱去也。''未审意旨如何？''饮洋铜汁，吞热铁圆。'或问：'还救得也无？'云：'救不得。''为什么救不得？''是这老汉家常茶饭。'"

师云：若欲报德酬恩，须是长沙、妙喜忤逆儿孙始得。虽然，珊瑚枕上两行泪，半是思君半恨君。

举百丈凡参次，有一老人常随众听法。众人退，老人亦退。忽一日不退，丈遂问："面前立者复是何人？"老人云："某甲非人也，于过去迦叶佛时曾住此山，因学人问'大修行底人还落因果也无'，对云'不落因果'，五百生堕野狐身。今请和尚代一转语，贵脱野狐身。"老人遂问："大修行底人还落因果也无？"丈云："不昧因果。"老人于言下大悟，便脱野狐身。妙喜云："不落与不昧，半明兼半晦。不昧与不落，两头空索索。五百生前个野狐，而今冷地谩追呼。"喝一喝，云："座中既有江南客，休向樽前唱鹧鸪。"

师云：这个公案，批判者多尽向不落不昧上妄生卜度，未有一个格外提持，带累百丈老人也在野狐队里。天宁不是钉桩摇橹，胶柱调弦。海枯终见底，人死脚皮穿。

举道吾与渐源至一家吊慰，源拊棺云："生耶？死耶？"吾云："生也不道，死也不道。"源云："为什么不道？"吾云："不道不道。"回至中路，源云："和尚快与某甲道，若不道，打和尚去。"吾云："打即任打，道即不道。"妙喜云："生也不道，死也不道，公案两重，一状领到。露刃吹毛，截断纲要。脱却鹘臭衫，拈却炙脂帽，大坐当轩气皓皓。"喝一喝。

师云：生耶死耶？动念即乖。不道不道，何处寻讨。拽脱鼻孔，打破髑髅。腰缠十万贯，骑鹤上扬州。有意气时添意气，不风流处也风流。

举僧问睦州："一言道尽时如何？"州云："老僧在你钵囊里。"又问云门："一言道尽时如何？"门云："裂破。"妙喜云："或有人问山僧：'一言道尽时如何？''这漆桶。'"

师云：有人来问天宁："一言道尽时如何？""隔。"

举僧问云门："达磨九年面壁，意旨如何？"门云："念七。"妙喜云："念七念七，全无消息。背看分明，正观难识。既是正观，为什么难识？可知礼也。"

师云：达磨面壁，云门念七。更问如何，咈唎嘓啤。

举庞居士问马大师："不昧本来身，请师高著眼。"大师直下觑。士云："一种没弦琴，惟师弹得妙。"大师直上[1]觑。居士礼拜。大师归方丈，居士随后至方丈云："适来弄巧成拙。"妙喜云："且道是马大师弄巧成拙、庞居士弄巧成拙？还有缁素得出者么？若缁素不出，癫马系枯桩。直饶缁素得出，也是虾蟆口里一粒椒。"

师云：马大师弹得没弦琴，调高千古。庞居士和得无谱曲，响彻九霄。溪边石女暗嗟吁，海底泥牛乱奔走。虽然如是，也未契本来身在。不见道：

---

[1] 上：底本作"下"，现据《古尊宿语录》卷第一、《大慧禅师语录》卷第八改。

虾蟆口里一粒椒。

举庞居士云："心如境亦如，无实亦无虚。有亦不管，无亦不拘。不是圣贤，了事凡夫。"妙喜云："白的的，清寥寥，水不能濡，火不能烧，是个什么？切不得问著，问著则瞎却你眼。"以拄杖击香台一下。

师云：要作了事凡夫，更须进前三步。

举古德云："佛法也大有，只是舌头短。"妙喜云："向道莫行山下路，果闻猿叫断肠声。"

师云：古德元不知有佛法。一个个舌头遍覆十方世界，特地说无说有，说短说长，好劈口便掌。且道天宁意在什么处？河里失钱河里摝。

举洛浦示众云："孙膑收铺去也，有卜者出来。"时有僧出曰："请和尚一卜。"浦云："汝家爷死。"僧无语。法眼代拊掌三下。妙喜云："这僧没兴死却爷，又被他人拊掌，信知祸不单行，福无双至。然洛浦善卜，法眼善断，若子细思量，爻象吉凶，二老一时漏逗。既占得火风鼎卦，何故断作地火明夷？云门即不然。"蓦拈拄杖云："孙膑门下，死却即罢。"连卓三下，云："会么？内属艮宫，再求外象。"又卓三下，云："千灵万圣，万圣千灵，莫顺人情。"复卓一下云："吉凶上卦。"

师云：洛浦道"汝家爷死"，拄却舌头。妙喜牙上生牙，角上生角，妄谈休咎，强说是非，一时抖乱六十四卦了也。

举岩头参德山，才跨门便问："是凡是圣？"山便喝，头便礼拜。后有僧举似洞山，山云："若不是豁公，也大难承当。"岩头闻云："洞山老汉不识好恶，错下名言。我当时一手抬，一手搦。"妙喜云："猛虎不识阱，阱中身死。蛟龙不怖剑，剑下身亡。岩头虽于虎阱中有透脱一路，向剑刃上有出身之机，若子细检点将来，犹欠悟在。只今还有为岩头作主底么，出来与杲上座相见。"良久，喝一喝，拍一拍，云："洎合停囚长智。"

师云："德山咬猪狗手脚，岩头锻了底精金，蓦剳相逢，更无回互，将他八两，换得半斤。洞山虽是作家，也只傍观有分。妙喜费许多气力作什么？"拈拄杖，画一画，云："一。"

举本仁示众云："寻常不欲向声前句后鼓弄人家男女。何故？且声不是声，色不是色。"时有僧问："如何是声不是声？"仁云："唤作色得么？"僧云："如何是色不是色？"仁云："唤作声得么？"僧礼拜。仁云："且道为你说，答你话，若人辨得，许你有个入处。"妙喜云："本仁将一穿云居子，换却天下人眼睛，却被这僧将一条断贯索，不动干戈，穿却鼻孔。"后来舜老夫拈云："本仁既已入草，这僧又落深村。然则阳春雪曲，时人难和。邨歌社舞，到处与人合得著。"妙喜云："舜老夫是则也是，未免随搂搜。杲上座不惜眉毛，为诸人说破。声不是声，色不是色，马后驴前，神出鬼没。雪曲阳春和不齐，邨歌社舞且溷漣。"以拂子击禅床云："这个决定不是声。"复举起云："这个决定不是色。且毕竟是个甚么？"喝一喝，云："此时若不究根源，直待当来问弥勒。"

师云：本仁也只道得个声不是声、色不是色，别有甚么奇特？白雪阳春虽唱得，争奈时人和不得，誵讹在甚么处？声不是声，色不是色。

举雪峰问僧："近离甚处？"僧云："覆船。"峰云："生死海未渡，为什么覆却船？"僧无语，归举似覆船。船云："何不道渠无生死。"僧再至雪峰，峰再举前话问僧，僧云："渠无生死。"峰云："此不是汝语。"僧云："是覆船恁么道。"峰云："我有二十棒寄与覆船，二十棒老僧自吃，要且不干阇梨事。"妙喜云："作家宗师，天然犹在。虽然如是，也是作贼人心虚。是则不干这僧事，二十棒何须自吃？但更添二十棒，只打覆船便了。且道渠过在甚么处？老老大大，不合与人代语。"

师云：覆船道"渠无生死"，还契得雪峰意么？若契得雪峰意，为什么道"我有二十棒寄打覆船，二十棒老僧自吃"？会么？这里若会，便见妙喜道"作贼人心虚",勘破雪峰了也。"是则不干这僧事,二十棒何须自吃?但更添二十棒,只打覆船便了。"你道妙喜还有过也无?头上著枷,脚下著杻。

举僧问镜清:"新年头还有佛法也无?"清云:"有。"僧云:"如何是新年头佛法?"清云:"元正启祚,万物咸新。"僧云:"谢师答话。"清云:"山僧今日失利。"又僧问明教:"新年头还有佛法也无?"教云:"无。"僧云:"年年是好年,日日是好日,为什么却无?"教云:"张公吃酒李公醉。"僧云:"老老大大,龙头蛇尾。"教云:"山僧今日失利。"妙喜云:"二尊宿,一人向高高峰顶立不露顶,一人向深深海底行不湿脚。是则也是,未免有些诸讹。今夜或有人问杲上座:'新年头还有佛法也无?'只向他道:'今日一队奴仆,在茶堂里邨歌社舞,弄些神鬼,直得点胸尊者恶发,把钵盂峰一掷掷过恒河沙世界之外,惊得憍陈如怕怖惇惶,倒骑露柱,跳入担板禅和鼻孔里,撞倒舒州天柱峰。安乐山神忍俊不禁,出来拦胸搊住云:尊者你既称阿罗汉,出三界二十五有尘劳,超分段生死,因甚么有许多无明?被这一问,不胜慊懹,却回佛殿里,第三位打坐,依旧点胸点胁道:天上天下,惟我独尊。'"自云:"住,住,杲上座,他问新年头佛法,为什么一向虚空里打筋斗,说脱空谩人?"良久云:"杲上座今日失利。"

师云:有佛法、无佛法,尽被镜清、明教二大老当头坐断,不许后人抟量。妙喜以虚空口,掉广长舌,将三千大千世界,过现未来,佛及众生,真如凡圣,阴阳寒暑,乘除加减,束作一句,卷舒无碍,收放自由,管什么新年头、旧年尾佛法。道有也得,道无也得,谁敢正眼觑著。若到天宁门下,更须勘过。少年曾决龙蛇阵,潦倒还听稚子歌。

举僧问睦州:"经头以字不成,八字[1]不是,未审是什么字?"州弹

---

[1] 字:底本脱,据《大慧普觉禅师语录》卷第九补入。

指一下云："会么？"僧云："不会。"州云："上来讲赞，无限胜因，虾蟆跨跳上天，蚯蚓蓦过东海。"妙喜云："这僧只问经头一字，睦州尽将善知众艺差别字轮，以《龙龛手鉴》、《唐韵玉篇》，从头注解，撒在这僧怀里。这僧也不妨奇特，直下便肯承当。且道什么处是他承当处？听取个注脚：以字不成，八字不是，弹指未终，普天匝地。击开四十二般若波罗蜜门，参透华严会中善知众艺。教内教外一时收，世出世间皆周备。无边罪咎，如火消冰。无量胜义，如恒沙聚。更有个末后句，坚牢库藏永收藏，总属山前熊伯庄。"

师云：经头一字是什么字？睦州弹指一下，将黄面老人四十九年说不尽底，一时吐露了也。妙喜矢上加尖道"更有末后一句"，诸人还委悉么？

良久。山断疑休去，峰高又起来。

举龙牙颂云："一切名山到因脚，辛苦年深与袜著。而今年老不能行，手里把个破木杓。"白云端和尚云："龙牙老人可谓熟处难忘。"妙喜云："端和尚怎么道，大似以己方人。呆上座即不然，家贫难办素食，事忙不及草书。"

师云：这一个，那一个，和本三人，一时放过。是非终日有，不听自然无。

举三圣道："我逢人即出，出则不为人。"兴化道："我逢人即不出，出则便为人。"真净和尚云："这两个老古锥，窃得临济些子活计，各自分疆列界，气冲宇宙，使明眼人只得好笑。"妙喜云："真净老人大似欺诬亡没，呆上座即不然，豁开三要三玄路，坐断须弥第一峰。且道在三圣分上耶？在兴化分上耶？具眼者辨取。"

师云：三圣、兴化明眼宗师，因什么活计本同，生涯迥异？但有路可上，更高人也行。

佛日普照慧辩楚石禅师语录卷第十一

举古下

侍者明远等编

　　举百丈再参马祖，侍立次，祖竖起拂子。丈云："即此用，离此用？"祖挂拂子于旧处，良久云："你他后开两片皮，将何为人？"丈取拂子竖起。祖云："即此用，离此用？"丈亦挂拂子于旧处，祖便喝。后黄檗到百丈，一日辞欲礼拜马祖去。丈云："马祖已迁化也。"檗云："未审马祖有何言句？"丈遂举再参因缘云："我当时被马祖一喝，直得三日耳聋。"黄檗闻举，不觉吐舌。百丈云："子已后莫承嗣马祖否？"檗云："不然。今日因师举，得见马祖大机之用。且不识马祖，若嗣马祖，已后丧我儿孙。"妙喜云："百丈被喝，直得三日耳聋。黄檗闻举，不觉吐舌，百丈疑其承嗣马祖。后因临济三度问佛法大意，三度打六十棒，便与三日耳聋出气。临济始觉如蒿枝拂相似。敢问大众，既是师承有据，因什么用处不同？会么？曹溪波浪如相似，无限平人被陆沉。"

　　师云：百丈竖拂，马祖一喝。黄檗闻举，不觉吐舌。临济宗兴，正法眼灭。父子不传，神仙秘诀。奈何后代儿孙，尽唤乌龟作鳖。

　　乃喝一喝。

　　举昔有一婆子施财，请赵州和尚转大藏经。赵州下禅床绕一匝云："转藏已毕。"人回，举似婆子。婆云："比来请转一藏，如何和尚只转半藏？"妙喜云："众中商量道：如何是那半藏？或云再绕一匝，或弹指一下，或咳嗽一声，或喝一喝，或拍一拍。恁么见解，只是不识羞。若是那半藏，莫道赵州更绕一匝，直饶百千万亿匝，于婆子分上只得半藏。设使更绕须弥山百千万亿匝，于婆子分上亦只得半藏。假饶天下老和尚亦如是绕百千万亿匝，于婆子分上也只得半藏。设使山河大地森罗万象，若草若木，各具广长舌相，异口同音，从今日转到尽未来际，于婆子分上亦只得半藏。诸人要识婆子么？"良久云："鸳鸯绣出从君看，不把金针度与人。"

师云：这婆子谓赵州只转半藏，弄假像真。当时只消道：何不向未绕禅床时会取？

举世尊将诸圣众往第六天说《大集经》，敕他方此土人间天上一切狞恶鬼神悉皆集会，受佛付嘱，拥护正法。脱有不赴者，四天门王飞热铁轮追之令集。既集会已，无有不顺佛敕者，各发弘誓，拥护正法。唯有一魔王，谓世尊云："瞿昙！我待一切众生成佛尽，众生界空，无有众生名字，我乃发菩提心。"荐福怀云："临危不变，真大丈夫。诸仁者！作么生著得一转语，与黄面老子出气。寻常神通妙用、智慧辩才，到此总用不著。尽阎浮大地人无不爱佛，到者里何者是佛？何者是魔？还有辨得出么？"良久云："欲得识魔么？开眼见明。欲得识佛么？合眼见暗。魔之与佛，以拄杖一时穿却鼻孔。"妙喜云："天衣老汉怎么批判，直是奇特。虽然如是，未免话作两橛。若向何者是佛、何者是魔处便休去，不妨令人疑著。却云'欲识魔么？开眼见明。欲识佛么？合眼见暗'，郎当不少。又云'魔之与佛，以拄杖一时穿却鼻孔'，雪上加霜。妙喜却与释迦老子代一转语。待这魔王道'众生界空，无有众生名字，我乃发菩提心'，只向伊道：'几乎错唤你作魔王。'此语有两负门，若人检点得出，许伊具衲僧眼。"

师云：泽广藏山，狸能伏豹。二大老何用多言，只消对魔王道："魔王，魔王，你认那个作菩提心？还识得也未？设使一切众生成佛尽，众生界空，无有众生名字，你要发心，也未许你在。"管取拱手归降。

举障蔽魔王领诸眷属，一千年随金刚齐菩萨，觅起处不得。忽因一日得见，乃问云："汝当依何住？我一千年觅汝起处不得。"菩萨云："我不依有住而住，我不[1]依无住而住，如是而住。"妙喜云："既觅起处不得，一千年随从底是什么？金刚齐云'我不依有住而住，不依无住而住，如是而住'，互相热谩。法眼道：'障蔽魔王不见金刚齐则且置，只如金刚齐还见障蔽魔王么？'恁么批判，也是看孔著楔。即今莫有知妙喜起处底么？"喝云："寐语作么？"

师云：金刚齐道"我不依有住而住，不依无住而住，如是而住"，一时被障蔽魔王捉败了也。虽然，也须扶起金刚齐始得。

举二十四祖狮子尊者，因罽宾国王秉剑于前云："师得蕴空否？"祖云："已得蕴空。"王云："既得蕴空，离生死否？"祖云："已离生死。"王云："既离生死，就师乞头得否？"祖云："身非我有，岂况于头？"王便斩之，白乳涌高数尺，王臂自堕。妙喜云："孟八郎汉，又与么去。"

师云：似则也似，是则未是。

举二十五祖波舍斯多，因与外道论义。外道云："请师默论，不假言说。"祖云："不假言说，孰知胜负？"外道云："但取其义。"祖云："汝以何为义？"外道云："无心为义。"祖云："汝既无心，安得义乎？"外道云："我说无心，当名非义。"祖云："汝说无心，当名非义。我说非心，当义非名。"外道云："当义非名，谁能辨义？"祖云："汝名非义，此名何名？"外道云："为辨非义，是名无名。"祖云："名既非名，义亦非义，辨者是谁？当辨何物？"如是往反五十九番，外道杜口信伏。妙喜云："婆舍斯多何用切怛，当时若见他道'请师默论，不假言说'，便云'义堕了也'。即今莫有与妙喜默论者么？或有个衲僧出来道'义堕了也'，我也知你向鬼窟里作活计。"

---

[1] 不：底本脱，据大慧禅师《正法眼藏》卷第二补入。

师云：我若作二十五祖，才见外道入门，便连棒打出，岂不丈夫。更待他道请师默论，至于往反五十九番，远之远矣。

举六祖能大师因僧问："黄梅意旨，什么人得？"祖云："会佛法人得。"僧云："和尚还得否？"祖云："我不得。"僧云："和尚为什么不得？"祖云："我不会佛法。"妙喜云："还见祖师么？若也不见，径山与你指出。芭蕉芭蕉，有叶无了[1]。忽然一阵狂风起，恰似东京大相国寺里，三十六院，东廊下，壁角头，王和尚破袈裟。毕竟如何？归堂吃茶。"

师云：棒打石人头，嚗嚗论实事。

举牛头下安国玄挺禅师，因僧问五祖云："真性缘起，其义云何？"祖默然。时师侍次，乃谓："大德正兴一念问时，是真性中缘起。"其僧言下大悟。妙喜云："未兴一念问时，不可无缘起也。"时有僧云："未兴一念问时，唤什么作缘起？"妙喜云："我也只要你怎么道。"

师云：昆仑奴，著铁裤，打一棒，行一步。

举杭州径山国一钦禅师，因马祖遣人送书到，书中作一圆相，师发缄见，遂于圆相中著一点，却封回。后忠国师闻，乃云："钦师犹被马师惑。"雪窦云："径山被惑且置。若将呈似国师，别作个什么伎俩，免被惑去？有老宿云：'当时坐却便休。'亦有道：'但与画破。'若与么，只是不识羞。敢谓天下老师，各具金刚眼睛，广作神通变化，还免得么？雪窦见处也要诸人共知。只这马师当时画出，早自惑了也。"妙喜云："马师仲冬严寒，国一孟夏渐热。虽然寒热不同，彼此不失时节。忠国师因甚却道'钦师犹被马师惑'？还委悉么？无风荷叶动，决定有鱼行。"

师云：圆相中著点墨，日月无光，天地黯黑。初未惑钦师，马师先自

[1] 了：《嘉泰普灯录卷》第十五作"子"，《禅宗颂古联珠通集》卷第七作"丫"。

惑。累及老南阳，也一场狼籍。

良久：平生肝胆向人倾，相识如同不相识。

举鸟窠禅师因侍者会通一日作辞，师乃问："汝今何往？"通云："某甲为法出家，和尚不垂慈诲，今往诸方学佛法去。"师云："若是佛法，吾此间亦有少许。"通云："如何是和尚此间佛法？"师于身上拈起布毛吹之，侍者因而有省。大沩秀云："可惜这僧，认他口头声色以当平生，殊不知自己光明盖天盖地。"妙喜云："沩山与么批判，也未梦见鸟窠在。"

师云：会通于拈起布毛处便喝，免致诸方检点。我恁么道，也是为他闲事长无明。

举无著和尚送供往台山，文殊相迎次，问："大德从何方而来？"著云："南方。"文殊云："南方佛法如何住持？"著云："末法比丘少奉戒律。"文殊云："多少众？"著云："或三百，或五百。"著却问文殊："此间如何住持？"文殊云："凡圣同居，龙蛇混杂。"著云："多少众？"文殊云："前三三，后三三。"妙喜云："当时若见，只向他道：和尚如是住持，直是不易。"

师云：毕竟前三三、后三三是多少？有底道：前三三，后三三。我不如你，你自会得好。

举南泉示众云："江西马祖说即心即佛，王老师不恁么，不是心，不是佛，不是物。恁么还有过么？"时赵州出，礼拜了去。有僧问赵州云："上座礼拜了去，意作么生？"州云："汝却问取和尚。"僧遂问泉："适来谂上座意作么生？"泉云："他却领得老僧意旨。"妙喜云："两个老汉虽然靴里动指，殊不知傍观者哂[1]。"

师云：南泉、赵州，总被这僧一状领过。

---

[1] 哂：《大慧禅师语录》卷第一作"丑"。

举南泉一日问座主："讲得什么经？"主云："《弥勒下生经》。"泉云："弥勒什么时下生？"主云："现在天宫未来。"泉云："天上无弥勒，地下无弥勒。"洞山价举问云居，居云："天上无弥勒，地下无弥勒，未审谁与安名？"洞山被问，直得禅床震动，乃云："吾在云岩，曾问老人，直得火炉震动。今日被子问，直得通身汗流。"大阳玄云："如今老僧举起也，有解问者，致将一问来。乃云：地动也。"妙喜云："禅床动、火炉动、地动即不无，这三个老汉要见南泉，直待弥勒下生始得。忽有个汉出来道：'天上无弥勒，地下无弥勒，却教什么人下生？'又作么生对？但向他道：'老僧罪过。'"

师云：啼得血流无用处，不如缄口过残春。

举南泉因陆亘大夫云："肇法师也甚奇怪，解道'天地同根，万物一体'。"泉指庭前牡丹云："大夫，时人见此一株花，如梦相似。"妙喜云："若向理上看，非但南泉谩他陆亘大夫一点不得，亦未摸著他脚跟下一茎毛在。若向事上看，非但陆亘大夫谩他南泉一点不得，亦未梦见他汗臭气在。或有出来道：'大小径山，说理说事。'只向他道：'但向理事上会取。'"

师云：大众还会么？你若向天地同根、万物一体上会，落在肇法师圈襕里；若向理事上会，又落在妙喜葛藤中，总无自由分。只如南泉指牡丹向陆亘道"大夫，时人见此一株花，如梦相似"，你毕竟如何会？天宁不惜眉毛，为你诸人下个注脚。平芜尽处是青山，行人更在青山外。

举鹅湖问诸硕德："行住坐卧，毕竟以何为道？"对云："知者是。"湖云："不可以智知，不可以识识。何谓知者是？"有对云："无分别是。"湖云："善能分别诸法相，于第一义而不动。安得无分别？"有对云："四禅八定是。"湖云："佛身无为，不堕诸数。安得四禅八定耶？"举众杜口。妙喜云："相骂饶你接嘴，相唾饶你泼水。"

师云：僧投寺里宿，贼打不防家。

举百灵一日路次见庞居士，乃问："昔日南岳得力句，曾举向人么？"士云："曾举来。"灵云："举向甚人？"士以手自指云："庞公。"灵云："真是妙德、空生，也赞之不及。"士却问灵："得力句是谁得知？"灵便戴笠子而去。士云："善为道路。"灵一去更不回首。妙喜云："这个话端，若不是庞公，几乎错举似人。虽然如是，百灵输他庞老一著。何故？当时不得个破笠头遮却髑髅，有甚面目见他庞公。"

师云：百灵戴笠便去，得力句分明举似来，因甚么妙喜老人道"百灵有甚面目见他庞公"？也是扶强不扶弱。有人与妙喜作主，要问作么生是得力句，速道速道。拟议不来，劈脊便棒。

举庞居士问马祖："不昧本来人，请师高著眼。"祖直下觑。士云："一种没弦琴，唯师弹得妙。"祖直上觑，士乃作礼。祖归方丈，士随后入云："弄巧成拙。"妙喜云："马大师觑上觑下不无，争奈昧却本来人。居士虽礼拜，也是浑仑吞个枣。马师归方丈，士随后乃云'弄巧成拙'，救得一半。"

师云：说甚么救得一半，三十年后换手椎胸去在。

举赵州因僧问："学人乍入丛林，乞师指示。"州云："吃粥了也未？"僧云："吃粥了也。"州云："洗钵盂去。"其僧因此契悟。云门云："且道有指示无指示？若言有，赵州向伊道个什么？若言无，这僧为甚悟去。"妙喜云："云门大似阿修罗王，搅动三有大城诸烦恼海。"复喝云："寐语作么？"

师云：诸仁者！要见云门则易，要见妙喜则难。誵讹在什么处？剑去久矣，你方刻舟。

举赵州因僧辞，州问："什么处去？"僧云："诸方学佛法去。"州竖起拂子云："有佛处不得住，无佛处急走过。三千里外，逢人不得错举。"

僧云："与么则不去也。"州云："摘杨花，摘杨花。"妙喜云："'有佛处不得住'，生铁秤锤被虫蛀。'无佛处急走过'，撞著嵩山破灶堕。'三千里外逢人不得错举'，两个石人斗耳语。'恁么则不去也'，此话已遍行天下。'摘杨花，摘杨花'，唵摩尼达里吽癹吒。"灵隐岳举妙喜语了云："妙喜老人尽力道，只道得到这里。还知香山落处么？铁山崩倒压银山，盘走珠兮珠走盘。密密鸳鸯闲绣出，金针终不与人看。"

师云：妙喜老祖唱之于前，天宁远孙和之于后。门前种荁萱，荁萱生火箸，火箸开莲花，莲花结木瓜。木瓜忽然擿落地，撒出无数无数脂麻。何也？且要入拍。

举赵州与文远论义，斗劣不斗胜，胜者输胡饼。远云："请和尚立义。"州云："我是一头驴。"远云："某甲是驴胃。"州云："我是驴粪。"远云："我是粪中虫。"州云："汝在彼中作什么？"远云："我在彼中过夏。"州云："把将胡饼来。"妙喜云："文远在驴粪中过夏，面赤不如语直。赵州贪他少利，赢得个胡饼，检点将来，也是普州人送贼。毕竟如何？鹅王择乳，素非鸭类。"

师云：当时文远待赵州老汉道"我是一头驴"，便道"输却胡饼了也"，老汉取胡饼，就手夺却便行。

举长沙一夕玩月次，仰山云："人人尽有这个事，只是用不得。"沙云："恰是倩汝用去。"山云："你作么生用？"沙乃与一踏踏倒。山起来云："尔直下似个大虫。"妙喜云："皎洁一轮，寒光万里。灵利者叶落知秋，阔茸者忠言逆耳。休不休，已不已。小释迦有陷虎之机，老大虫却无牙齿。当时一踏岂造次，蓦然倒地非偶尔。众中还有缁素得二老出者么？"良久云："设有，也是掉棒打月。"

师云：小释迦云"你作么生用"，岑大虫便与一踏，尽谓高超物外，独步寰中。天宁忍俊不禁，也拟冷处著把火。二大老如斯吐露，于建化门头足可观光。若是这个事，料掉无交涉。

举甘贽行者入南泉设斋，黄檗为首座，行者请施财。檗云："财法二施，等无差别。"行者舁[1]钱出去。须臾复云："请施财。"檗云："财法二施，等无差别。"行者乃行賵。妙喜云："一等是随邪逐恶，云居罗汉却较些子。"

师云：恁么恁么，扶起甘贽，推倒黄檗。不恁么不恁么，扶起黄檗，推倒甘贽。只如恁么中不恁么，不恁么中却恁么，又作么生？狮子咬人，韩卢逐块。

举沩山同百丈入山作务，丈云："将得火来么？"沩云："有。"丈云："在甚处？"沩把一枝柴吹两吹，度与。丈云："如虫御木。"妙喜云："百丈若无后语，泊被典座谩。"

师云：百丈却因后语被人觑破，带累典座随邪逐恶。天宁幸是无事，汝等诸人来这里觅个什么？一盲引众盲，相牵入火坑。以拄杖一时赶散。

举黄檗示众云："汝等诸人尽是噇酒糟汉，与么行脚，何处有今日？还知大唐国里无禅师么？"时有僧云："只如诸方匡徒领众，又作么生？"檗云："不道无禅，只是无师。"妙喜云："且道是醍醐句？毒药句？"

师云：杀人刀，活人剑，具眼者辨取。

举黄檗一日因南泉问："定慧等学，明会佛性，此理如何？"檗云："十二时中不依倚一物始得。"泉云："莫便是长老见处么？"檗云："不敢。"泉云："浆钱且置，草鞋钱教谁还？"檗休去。妙喜云："路逢剑客须呈剑，不是诗人不献诗。"

师云：又是逢便宜，又是落便宜。

---

[1] 舁：底本作"羿"，现据《宗门拈古汇集》卷第十八改。

举仰山因僧问："法身还解说法也无？"山云："我说不得，别有一人说得。"僧云："说得底人在甚么处？"山乃推出枕子。沩山闻，乃云："寂子用剑刃上事。"妙喜云："沩山正是怜儿不觉丑。仰山推出枕子，已是漏逗，更著名字，唤作剑刃上事，误他学语之流，便怎么承虚接响，流通将去。妙喜虽则借水献花，要且理无曲断。即今莫有傍不肯底出来，我要问你，推出枕子还当法身说法也无？"

师云：这僧问法身说法，蹉过也不知。仰山推出枕子，又何曾见？大小沩山将错就错，配作剑刃上事。缚作一束，秤上称来，八两半斤，如无轻重。若也当时才见这僧道法身还解说法也无，便骤步归方丈，岂不是出格宗师，免得天下衲僧贬剥。

举仰山因问香严："师弟近日有悟道颂，试举看。"遂举击竹颂。山云："此是闲时构置。"又举一偈云："去年贫，未是贫。今年贫，始是贫。去年贫，尚有卓锥之地。今年贫，锥也无。"山云："你只得如来禅，不得祖师禅。"又呈一偈云："吾有一机，瞬目视伊。若人不会，别唤沙弥。"山云："且喜师弟会祖师禅。"妙喜云："沩山晚年好则剧，教得一棚肉傀儡，直是可爱。且作么生是可爱处？面面相看手脚动，争知语话是他人。"

师云：师兄师弟，去年今年，论什么道，说什么禅？总是掉棒打月，何异掘地讨天。禅，禅，也无妙，也无玄，莫把封皮作信传。

举香严示众云："如人在千丈悬崖，口衔树枝，手无所攀，脚无所踏。忽有人问西来意，不对则违他所问，若对则丧身失命。当怎么时，作么生即是？"时有虎头上座云："上树即不问，未上树请和尚道。"严呵呵大笑。妙喜云："吞得栗棘蓬，透得金刚圈。看这般说话，也是泗洲人见大圣。"

师云：香严老人曲说方便，虎头上座未辨端倪，若论激扬此事，三生六十劫。

举灵云见桃花悟道,有颂:"三十年来寻剑客,几回落叶又抽枝。自从一见桃花后,直至于今更不疑。"举似沩山,山云:"从缘得入,永不退失。汝善护持。"次举似玄沙,沙云:"谛当甚谛当,敢保老兄未彻在。"妙喜云:"一家有事百家忙。"

师云:人无远虑,必有近忧。直饶百炼精金,不免入炉再煅。

举睦州见僧来云:"见成公案,放你三十棒。"僧云:"某甲如是。"州云:"门前金刚为什么竖拳?"僧云:"金刚尚乃如是。"州便打。妙喜云:"虽然无孔笛,撞著毡拍板,直是五音调畅,六律和谐。子细检点将来,未免傍观者哂。且道谁是傍观者?"良久云:"不得动著,动著打折驴腰。"

师云:睦州与这僧,二俱作家,二俱不作家。还有人辨得出么?

举临济侍德山次,山云:"今日困。"济云:"这老汉寐语作么?"山便打,济掀倒禅床。云峰悦云:"奇怪!诸禅德!此二员作家,一拶一捺,略露风规,大似把手上高山。虽然如是,未免傍观者哂。且道谁是傍观者?"喝一喝,下座。妙喜云:"云峰与么批判,大似普州人。径山若见,缚作一束,送在河里。不见道:蚌鹬相持,俱落渔人之手。"

师云:众中道:德山、临济,好手手中呈好手,红心心里中红心。殊不知用尽自己心,笑破他人口。

举临济垂问:"有一人论劫在途中,不离家舍。有一人离家舍,不在途中。阿那个合受人天供养?"妙喜云:"贼身已露。"

师云:天共白云晓,水和明月流。

举保寿问胡钉铰云:"莫是胡钉铰么?"胡云:"不敢。"寿云:"还钉得虚空否？"胡云："请和尚打^[1]破来。"寿便打。胡云："莫错打某甲。"寿云："汝向后遇多口阿师与汝点破在。"胡后到赵州，举前话问："不知某甲过在甚处？"州云："只这一缝，尚不奈何。"钉铰于此有省。妙喜云："直饶钉得这一缝，检点将来，亦非好手。可怜两个老禅翁，却对俗人说家丑。"

师云：胡钉铰元不知这一缝。当时赵州若不与贼过梯，便是踏破百二十緉草鞋，也未瞥地在。虽然钉铰明得，也较保寿三千里。

举三圣问雪峰："透网金鳞，以何为食？"峰云："待汝出网来，却向汝道。"圣云："一千五百人善知识，话头也不识。"峰云："老僧住持事繁。"妙喜云："一人粗似丘山，一人细如米末。虽然粗细不同，称来轻重恰好。径山今日真实告报诸人，切忌钻龟打瓦。"

师云："透网金鳞，以何为食？""待汝出网来，却向汝道。"冲开碧落松千尺，截断红尘水一溪。

举南院因僧问："赤肉团上壁立千仞，岂不是和尚怎么道？"院云："是。"僧便掀倒禅床。院云："你看这瞎汉乱做。"僧拟议，院打出。妙喜云："吾今为汝保任此事，终不虚也。"

师云：这僧敢在毒蛇头上揩痒，苍龙颔下批鳞，谁不赏他大胆，只是末上少了一著。自出洞来无敌手，得饶人处且饶人。

举兴化一日云："克宾维那，尔不久为唱导之师。"宾云："我不入这保社。"化云："会了不入，不会不入？"宾云："总不与么。"化便打，乃云："克宾维那法战不胜，罚钱五贯，设馎饭一堂。"至明日，兴化自白槌云："克宾维那法战不胜，不得吃饭，即便趁出。"云居舜云："大冶精金，应无变色。其奈兴化令行太严，不是克宾维那，也大难承当。

---

[1] 打：底本作"钉"，现据《古尊宿语录》卷十四改。

若是如今泛泛之徒，翻转面皮多少时也。”妙喜云：“云居拗曲作直。妙喜道：要作临济炟赫儿孙，直须翻转面皮始得。”

师云：克宾法战不胜，兴化据令而行。称提临济宗风，揭示正法眼藏。棒头出孝子，佛法无人情。当时将谓茅长短，烧却元来地不平。

举石头因药山问：“三乘十二分教，某甲粗知。尝闻南方直指人心，见性成佛，实未明了。伏望和尚慈悲指示。”头云：“与么也不得，不与么也不得，与么不与么总不得。汝作么生？”山伫思。头云：“汝因缘不在此。江西有马大师，子往彼去，应为汝说。”山至彼，准前请问。马师云：“我有时教伊扬眉瞬目，有时不教伊扬眉瞬目。有时教伊扬眉瞬目是，有时教伊扬眉瞬目不是。”山于是有省，便作礼。马师云：“子见个什么道理？”山云：“某甲在石头时，如蚊子上铁牛。”马师云：“汝既如是，宜善护持。”妙喜云：“好个话端，阿谁会举？举得十分，未敢相许。”

师云：药山只知蚊子上铁牛，不知铁牛叮蚊子。露柱亲遭一口，灯笼无地藏身，吓得马大师，变作老妙喜。我且问你：话端从甚么处说起？相骂饶你插嘴，相唾饶你泼水。

举洞山示众云：“秋初夏末，东去西去，直须向万里无寸草处去始得。只如万里无寸草处，作么生去？”后有举似石霜，霜云：“出门便是草。”山闻乃云：“大唐国内，能有几人？”妙喜云：“狮子一滴乳，迸散十斛驴乳。”

师云：贼是小人，智过君子。

举夹山示众云：“百草头荐取老僧，闹市里识取天子。”云门云：“虾蟆钻你鼻孔，毒蛇穿你眼睛。且向葛藤里会取。”妙喜云：“夹山埃生招箭，云门认贼为子。虽然如是，知恩者少，负恩者多。”

师云：百草头荐阿谁？闹市里识什么？

举九峰在石霜为侍者，因普会迁化，众举首座住持。峰云："须明得先师意始可住。"遂问："先师道：如古庙里香炉去，冷湫湫地去，如一条白练去，口边生醭去。首座作么生会？"座云："明一色边事。"峰云："未会先师意在，不得住。"座云："装香来，我若不会先师意，香烟起时脱去不得。"及至香烟才起，首座脱去。峰乃于背上抚云："坐脱立亡即不无，首座先师意未梦见在。"妙喜云："两个无孔铁锤，就中一个最重。"

师云：首座坐脱立亡，侍者说黄道黑。先师意在钩头，须信曲中有直。若在临济门下，三十棒教谁吃？才说是非者，便是是非人。

举曹山示众云："诸方尽把格则，何不与他一转语，教他不疑去？"云门便问："密密处为甚不知有？"山云："只为密密，所以不知有。"门云："此人如何亲近？"山云："莫向密密处亲近。"门云："不向密密处亲近时如何？"山云："始解亲近。"门应诺诺。妙喜云："浊油更点湿灯心。"

师云：雪山南面三千里。

举乾峰示众云："举一不得举二。放过一著，落在第二。"云门出众云："昨日有人从天台来，却往径山去。"峰云："明日不得普请。"便下座。妙喜云："乾峰洗面摸著鼻，云门吃饭咬著沙。二人暮地相逢著，元来却是旧冤家。虽然如是，只许老胡知，不许老胡会。"又云："彼此扬家丑，赖遇无傍观者。"

师云：两个驼子相逢著，世上如今无直人。

举雪峰因僧问："古涧寒泉时如何？"峰云："瞪目不见底。"僧云："饮者如何？"峰云："不从口入。"赵州闻僧举，乃云："终不从鼻孔里入。"僧却问："古涧寒泉时如何？"州云："苦。"僧云："饮者如何？"州云："死。"峰闻得，乃云："赵州古佛。"遂遥望作礼，从此不答话。妙喜云：“雪峰不答话，疑杀天下人。赵州道苦，面赤不如语直。若是妙喜则不然。'古涧寒泉时如何？''到江扶橹棹，出岳济民田。''饮者如何？''清凉肺腑。'此语有两负门，若人辨得，许你有参学眼。”

师云：妙喜老人可谓人平不语，水平不流。

举高亭初往参德山，隔江见德山在江岸坐，乃隔江问讯。山以手招之。亭忽开悟，便回，更不渡江，遂返高亭住持。妙喜云：“高亭横趋而去，许伊是个灵利师僧。若要法嗣德山则未可。何故？犹与德山隔岸在。”

师云：如今众中商量道：高亭见德山，不与他说话便去，所以妙喜道：犹与德山隔岸在。还曾梦见高亭么？

拈起拄杖云：便好唤回与一顿。且道是赏伊、是罚伊？

举玄沙示众云：“诸方尽道接物利生。忽遇三种病人来，且作么生接？患盲者，拈槌竖拂他又不见。患聋者，语言三昧他又不闻。患哑者，教伊说又说不得。且作么生接？若接不得，佛法无灵验。”当时地藏出云：“某甲有眼耳，和尚作么生接？”沙云：“惭愧。”便归方丈。云门因僧请益，云：“汝礼拜著。”僧拜起，门以拄杖挃之，僧乃退后。门云：“汝不是患盲。”复唤近前来，僧才近前，门云：“汝不是患聋。”门云：“还会么？”僧云：“不会。”门云：“汝不是患哑。”其僧于是有省。妙喜云：“这僧虽然悟去，只悟得云门禅。若是玄沙禅，更著草鞋行脚。”

师云：玄沙、云门，气急杀人。彼自无疮，勿伤之也。

举玄沙与天龙入山见虎，龙云：“前面是虎。”沙云：“是汝阿虎。”龙归院乃问：“适来山中未审和尚尊意如何？”沙云：“娑婆世界有四种重障，若人透得，许出阴界。”妙喜云：“也知和尚为人切。”

师云：毕竟见个什么，随例道虎？虾跳不出斗。

举云门问直岁：“什么处去来？”岁云：“刈茅来。”门云：“刈得几个祖师？"岁云："三百个。"门云："朝打三千，暮打八百。东家杓柄长，西家杓柄短，又作么生？"岁无语，门便打。妙喜云："直岁无语，自有三百个祖师证明。云门令虽行，要且棒头无眼。"

师云：大小云门却被直岁勘破。

举云门示众云："闻声悟道，见色明心。作么生是闻声悟道、见色明心？"乃云："观世音菩萨将钱来买胡饼，放下手，元来却是馒头。"妙喜拈拄杖云："这个是色。"卓拄杖云："这个是声。诸人总见总闻，那个是明底心？那个是悟底道？"喝一喝云："贪他一粒粟，失却半年粮。"复卓一下。

师云：汝等诸人不是不闻声，因什么不悟道？不是不见色，因什么不明心？云门溜么提撕，妙喜溜么判断。一曲两曲无人会，雨过夜塘秋水深。

举保福因僧问："家贫遭劫时如何？"福云："不能尽底去。"僧云："为什么不尽底去？"福云："贼是家亲。"僧云："既是家亲，为什么翻成家贼？"福云："内既无应，外不能为。"僧云："忽然捉败，功归何处？"福云："赏亦不曾闻。"僧云："恁么则劳而无功。"福云："功即不无，成而不取。"僧云："既是成功，为什么不取？"福云："不见。太平本是将军致，不许将军见太平。"妙喜云："丝来线去弄精魂。"

师云：家无白泽之图，必无如是妖怪。

举法眼问修山主："毫厘有差，天地悬隔。兄作么生会？"主云："毫厘有差，天地悬隔。"眼云："与么又争得？"主云："某甲只与么，未审和尚作么生？"眼云："毫厘有差，天地悬隔。"主便拜。妙喜云："法眼与修山主，丝来线去，绵绵密密，扶起地藏门风，可谓满目光生。若是径山门下，更买草鞋行脚始得。何故？毫厘有差，天地悬隔。甚么处得这消息来？"

师云：二老汉不会转身句。如今忽问天宁："毫厘有差，天地悬隔时如何？”向他道：“昨日有人问，三十棒趁出院去也。”

举法眼有时指凳子云：“识得凳子，周匝有余。”后来云门道：“识得凳子，天地悬隔。”妙喜云：“识得凳子，好剃头洗脚。虽然如是，错会者多。”

师云：莫将闲话当闲话，往往事从闲话生。

举修山主示众云：“具足凡夫法，凡夫不知。具足圣人法，圣人不会。圣人若会即是凡夫，凡夫若会即是圣人。此语具一理二义。若人辨得，不妨于佛法中有个入处。若辨不得，莫道不疑。”妙喜云：“点铁化为金玉易，劝人除却是非难。”

师云：修山主熟处难忘，也是胡地冬抽笋。

举法云因《百法》座主云：“禅家流多爱脱空。”云造前问：“承闻座主讲得《百法论》，是否？”主云：“不敢。”云云：“昨日晴，今日雨，是甚么法中收？”主无对。云云：“莫道禅家流多爱脱空好。”主抗声云：“和尚且道：昨日晴，今日雨，是什么法中收？”云云：“四十二时分不相应法中收。”主乃屈服，作礼而谢。妙喜云：“昨日雨，今日晴。时分不相应，三日后看取。”

师云：云自帝乡去，水归江汉流。

佛日普照慧辩楚石禅师语录卷第十二

颂古

侍者胤丘等编

举德山小参示众云："老僧今夜不答话，问话者三十棒。"时有僧出礼拜，德山便打。僧云："某甲话也未问，为什么打某甲？"山云："你是甚处人？"僧云："新罗人。"山云："未跨船舷，好与三十棒。"法眼云："大小德山，话作两橛。"圆明云："大小德山，龙头蛇尾。"雪窦云："德山握闻外之威权，有当断不断、不招其乱底剑。要识新罗僧，只是撞著露柱底瞎汉。"

涂毒鼓未击，早是鸭闻雷。漫天网未收，跃鳞冲浪来。德山老，德山老，正令当行非草草。法眼重加矢上尖，圆明更向声前扫。千古流芳雪窦师，长剑在手亲提持。

举德山挟复子到沩山，上法堂，从东过西，从西过东。沩山默坐不顾。德山云："无，无。"便下去。复云："也不得草草。"遂具威仪，见沩山，提起坐具云："和尚。"沩山拟取拂子，德山便喝，当时背法堂，著草鞋便去。沩山至晚问首座："适来新到，在什么处？"首座云："当时背法堂，著草鞋便去。"沩山云："还识此子么？已后向孤峰顶上蟠结草庵，呵佛骂祖去在。"

作家相见，无背无面。眼似流星，机如闪电。提起坐具，略露锋铓。

拟取拂子，聊乘快便。已后孤峰结草庵，牛头向北马头南。

举南泉参百丈涅槃和尚。丈问："从上诸圣还有不为人说底法么？"泉云："有。"丈云："作么生是不为人说底法？"泉云："不是心，不是佛，不是物。"丈云："说了也。"泉云："普愿只恁么，未审和尚如何？"丈云："我又不是善知识，争知有说不说？"泉云："普愿不会。"丈云："我太煞为你说了也。"

为人不为人，水上捉麒麟。说法不说法，证龟却成鳖。百丈南泉，阵势既圆。只抛瓦子相击，错教千古流传。

举百丈再参马祖，祖举拂子，丈云："即此用，离此用？"祖挂拂子于旧处。侍立少顷，祖云："你已后鼓两片皮，如何为人？"丈取拂子举起。祖云："即此用，离此用？"丈挂拂子，祖便喝，丈大悟，后谓黄檗云："我当时被马师一喝，直得三日耳聋。"

大丈夫，须剿绝。才涉商量，便成涂辙。画饼不可充饥，吃盐那能止渴。马驹踏杀天下人，未是当时这一喝。

举道吾至一家吊慰，渐源抚棺问："生耶？死耶？"吾云："生也不道，死也不道。"源云："为什么不道？"吾云："不道不道。"后于石霜再举，始知落处。一日将锹子于法堂上从东过西，从西过东。霜云："作什么？"源云："觅先师灵骨。"霜云："洪波浩渺，白浪滔天，觅什么灵骨？"源云："正好著力。"太原孚云："先师灵骨犹在。"

生也不道，死也不道，满口含霜，全身入草。先师灵骨，廓尔现前，不用铁锹劚地，从教白浪滔天。大可怜，不是颠，海枯终见底，人死脚皮穿。

举灵山会上有一女子于佛前入定，佛敕文殊出之。文殊绕女子三遭，鸣指一下，女子入定俨然。文殊遂运神力，托至梵天抃下，女子亦复俨然。佛云："非但汝一人出此女子定不得，设使千百万亿文殊亦出不得。下界有罔明菩萨，能出此定。"佛语未竟，罔明从地涌出，佛敕令出定。罔明绕女子三匝，鸣指一下，女子遂出定。老宿征云："文殊是七佛之师，为什么出女子定不得？罔明为什么却出得？"

一切处是定，出入有何拘？瞿昙推倒女子，罔明扶起文殊。咄咄咄，嘘嘘嘘，觌面相逢不识渠。

举青原谓石头云："人人尽道曹溪有消息。"头云："有人不道曹溪有消息。"原云："大藏小藏从何得？"头云："尽从这里去，诸事总不阙。"

有消息，无消息，谁辨的？无消息，有消息，也奇特。大藏小藏从何得？生铁蒺藜当面掷。

举僧问云门："佛法如水中月，是否？"门云："清波无透路。"僧云："和尚从何得？"门云："再问复何来。"僧云："便与么去时如何？"门云："重叠关山路。"

水中本无月，捏目自生花。到处觅相似，苦哉佛陀耶。问前三十棒，问后趁出院。大小大云门，与人通一线。

举僧问龙牙："二鼠侵藤时如何？"牙云："须知有隐身处始得。"僧云："如何是隐身处？"牙云："还见侬家么？"

藤枝迥秀，二鼠难侵。不如不异，非古非今。侬家面目只这是，旷劫何人住生死。

举《圆觉经》云："以大圆觉为我伽蓝，身心安居平等性智。"

虚空包不尽，大地载不起。任是老瞿昙，于斯难下嘴。黄金妆白牯，五彩画狸奴。脚不离门限，长年走长途。

举僧问雪峰："古涧寒泉时如何？"峰云："瞪目不见底。"僧云：

"饮者如何？"峰云："不从口入。"后有僧举似赵州，州云："不可从鼻孔里入去也。"僧却问："古涧寒泉时如何？"州云："苦。"僧云："饮者如何？"州云："死。"雪峰闻之，云"赵州古佛"，从此不答话。

来问不离窠，应机非逸格。雪峰与赵州，一窖俱埋却。要知古涧寒泉，初非湛湛涓涓。无限盲驴拽磨，大鹏背负青天。

举外道问佛："不问有言、不问无言时如何？"世尊良久，外道云："世尊大慈大悲，开我迷云，令我得入。"外道既去，阿难问云："外道有何所证？"世尊云："如世良马见鞭影而行。"

有言无言俱不问，追风骏马犹为钝。忽然自肯点头时，岂待重将鞭影施，谁又何疑。巍巍堂堂，三界大师。

举僧问六祖："黄梅意旨，是甚么人得？"祖云："会佛法人得。"僧云："和尚还得也无？"祖云："我不得。"僧云："为甚么不得？"祖云："我不会佛法。"

黄梅有甚意旨，六祖元是樵夫。道我不会佛法，茫茫接响承虚。若非一笔勾下，转见滋蔓难图。六六元来三十六，长江风紧浪花粗。

举太原孚上座问鼓山："父母未生时，鼻孔在什么处？"山云："即今生也，鼻孔在什么处？"孚不肯，乃云："你问，我与你答。"山云："父母未生前鼻孔在什么处？"孚乃摇扇而已。

父母未生，鼻孔峥嵘。及乎生也，大头向下。鼓山放过太原，太原勘破鼓山。拈起手中扇子，是非都不相关。

举乾峰示众云："举一不得举二。放过一著，落在第二。"云门出云："昨日有一僧从天台来，却往径山去。"峰云："典座今日不得普请。"

赤乌飞，白兔走，山茶花，水酒柳。两两不成双，三三亦非九。夜来海底剜金灯，天晓面南看北斗。

举云岩问道吾："大悲菩萨用许多手眼作么？"吾云："如人夜间背手摸枕子相似。"岩云："我会也。"吾云："你作么生会？"岩云："遍身是手眼。"吾云："太煞道，只道得八成。"岩云："你又作么生？"吾云："通身是手眼。"

通身遍身，是手是眼。一物元无，十虚充满。云岩尽力道，只道得八成。不是僧繇手，徒说会丹青。

举洞山夏末示众云："秋初夏末，东去西去，直须向万里无寸草处去。"众无语。僧举似石霜，霜云："何不道出门便是草。"

静悄悄，闹浩浩。闹浩浩，静悄悄。新丰万里无寸草，浏阳出门便是草。如今要见二大老，鹘眼龙睛何处讨。

举定山、夹山同行，定山云："生死中无佛，则无生死。"夹山云："生死中有佛，则不迷生死。"二人各谓己语亲切，往大梅，举而质之。梅云："一亲一疏。"二人下去。次日夹山往问："阿那个亲？"梅云："亲者不问，问者不亲。"夹山住院，后举此谓众云："我当时失却一只眼。"雪窦云："夹山毕竟不知，当时换得一只眼。"

论佛论生死，有无俱未是。大梅老冻脓，失却拄杖子。当时各与三十，遍界无锥可立。特地分别亲疏，受他当面涂糊。戳瞎摩醯顶门眼，开发人天有何限。

举赵州云："老僧答话去，也有解问底，致将一问来。"时有僧出礼拜。州云："比来抛砖引玉，却引得个墼子下座。"后法眼举问觉铁嘴："此意如何？"觉云："与和尚举个喻，如国家拜将相似，问云：'谁人去得？'有一人云：'某去得。'答云：'汝去不得。'"法眼云："我会也。"

照雪横戈，撒星排阵，索战无功，一场气闷。老僧答话也，岂是教你问？

抛砖引玉大垂慈，脱颖囊锥徒逞俊。觉铁嘴，觉铁嘴，看看平地波涛起。

举马祖、百丈、西堂、南泉玩月次，祖指月问西堂："正当怎么时如何？"西堂对云："正好供养。"问百丈，丈对云："正好修行。"问南泉，泉拂袖便去。祖云："经入藏，禅归海。惟有普愿，独超物外。"

描也描不成，画也画不就。大地与山河，光明处处透。百丈西堂，供养修行。金春玉应，虎步龙骧。独有南泉较些子，星流不问三千里。

举金牛行食次，问庞居士云："生心受食，净名已诃。去此二途，居士还甘否？"士云："当时善现岂不作家？"牛云："岂干他事？"士云："食到口边，被人夺却。"牛便行食。士云："不消一句子。"

金牛勾贼破家，庞公据款结案。往来古路翛然，翻忆净名善现。一句子，没疏亲，锦上铺花色转新。

举师祖问南泉："'摩尼珠，人不识，如来藏里亲收得'。如何是藏？"泉云："王老师与你往来者是藏。"雪窦云："草里汉。"祖云："直得不往来时如何？"泉云："亦是藏。"雪窦云："雪上更加霜。"祖云："如何是珠？"泉云："师祖。"祖云："诺。"雪窦云："百丈竿头作伎俩未是险，若向个里著得一只眼，宾主互换，便能深入虎穴。或不怎么，直饶师祖悟去，也是龙头蛇尾汉。"

声前抛不出，句后觅无踪。今古强描邈，堕他光影中。摩尼珠，作么会，提起金锤百杂碎。

举僧问药山："如何是道中至宝？"山云："莫谄曲。"僧云："不谄曲时如何？"山云："倾国不换。"

道中至宝，倾国不换。舍己从人，药山老汉。分明莫谄曲，万古归一贯。白璧与黄金，从教泥土贱。

举僧问云门："学人不起一念，还有过也无？"门云："须弥山。"

须弥山，见何难。日昼月夜，地阔天宽。君不见，神光断臂立深雪，觅不得心心自安。

举僧问投子："一大藏教，还有奇特事也无？"子云："演出一大藏。"

投子一言，旋乾转坤。指不自触，舌何可扪？量外提持兮尽同魔说，目前包裹兮三世佛冤。也无妙，也无玄，可怜寻剑客，空认刻舟痕。

举智门问五祖戒和尚："暑往寒来则不问，林下相逢事若何？"戒云："五凤楼前听玉漏。"门云："争奈主山高、案山低。"戒云："须弥顶上击金钟。"

耳卓朔，头鬖松，斩钉截铁，逸格超宗。五凤楼前听玉漏，须弥顶上击金钟。

举本仁示众云："寻常不欲向声前句后鼓弄人家男女。何故？且声不是声，色不是色。"僧问："如何是声不是声？"仁云："唤作色得么？"僧云："如何是色不是色？"仁云："唤作声得么？"僧无语。仁云："且道为汝说，答汝话。若人辨得，许你有个入处。"

沙里寻油，炉边听水。非色非声，满眼满耳。不施本分钳锤，空费自家唇齿。问到甚时休，答从何处止。比他临济德山，直是白云万里。

举云门问僧云："古佛与露柱相交，是第几机？"僧无语。门云："你问，我与你道。"僧遂问，门云："一条缕，三十文。"僧云："如何是一条缕三十文？"门云："打与。"代前语云："南山起云，北山下雨。"

云门跛脚师，只有一张口，嚼碎太虚空，须弥颠倒走。南山起云，北山下雨，知音何在频频举。

举教中道：未离兜率，已降王宫。未出母胎，度人已毕。

一二三四五六七，七六五四三二一。一言勘破维摩诘，鼻孔眼睛俱打失。黑如漆，明如日，四溟东海流，般若波罗蜜。

举僧问云门："生死到来，如何回避？"门云："在什么处？"

花落花开，月圆月缺。寒则普天普地寒，热则普天普地热。踏著秤锤硬似铁，瓮里何曾失却鳖。

举丹霞初见马祖，以两手托幞头。祖云："吾非汝师。南岳石头处去。"霞遂至石头，如前托幞头。头云："著糟厂去。"霞依童行次，一日，石头为众云："今日斋后，普请划佛殿前草。"众竟具锄锹，霞独洗头，捧剃刀，于石头前胡跪。头云："作什么？"霞云："请师划草。"石头笑为剃发，呼为授戒，霞掩耳而去，却回江西马祖院，骑圣僧项。众惊报马祖。祖亲来见，乃云："我子天然。"霞遂作礼云："谢师安名。"祖问："甚处来？"霞云："石头来。"祖云："石头路滑，子莫曾趺倒么？"霞云："若趺倒则不来也。"

剔起便行，太迟钝生。石头划草，马祖安名。黄河水清，丹山凤鸣，见斯人兮驾驭峥嵘。

举云门示众云："乾坤之内，宇宙之间，中有一宝，秘在形山。著灯笼向佛殿里，拈三门安灯笼上。"

有句无句，是住非住。形山在这里，宝在甚么处？陵宇宙，铄乾坤，灯笼佛殿及三门，从来没一丝头许，北地黄河彻底浑。

举雪峰示众云："尽大地撮来如粟米粒大，抛向面前，漆桶不会，打鼓普请看。"

鳌山店上成道，象骨峰前入草。三个木毬辊来，一粒粟米全该。直饶打鼓普请看，只在目前人不见。

举僧问马祖："如何是佛？"祖云："即心即佛。"

即心即佛，亘古亘今。虚空扑落，大地平沉。昨夜三更日卓午，大虫咬杀南山虎。

举僧问马祖："如何是佛？"祖云："非心非佛。"

非心非佛，将错就错。不入丹青，如何描邈。桃花雪白李花红，日出西方夜落东。

举马祖与百丈同游山，见野鸭子飞过，祖云："是什么？"丈云："野鸭子。"祖云："向什么处去也？"丈云："飞过去也。"祖将百丈鼻孔扭，丈作忍痛声。祖云："何曾飞去？"丈于此有省。

野鸭子，飞过去，有来由，无觅处。扭鼻从教痛彻天，师资切忌寻言路。言路绝，千里万里一条铁。

举僧问镜清："新年头还有佛法也无？"清云："有。"僧云："如何是新年头佛法？"清云："元正启祚，万物咸新。"僧云："谢师答话。"清云："镜清今日失利。"又僧问明教："新年头还有佛法也无？"教云："无。"僧云："年年是好年，日日是好日，为什么却无？"教云："张公吃酒李公醉。"僧云："老老大大，龙头蛇尾。"教云："明教今日失利。"

新年头佛法，一有还一无。明教与镜清，同归固殊途。张公吃酒李公醉，赢得清风动天地。

举僧问琅玡："清净本然，云何忽生山河大地？"玡云："清净本然，云何忽生山河大地？"其僧有省。

同不同，别非别，机夺机，楔出楔。山河大地红炉雪，莫问如今谁动舌。

举僧问长沙："本来身还成佛否？"沙云："你道大唐天子还刈茆割

稻否？"僧云："成佛又是何人？"沙云："是你成佛，知不知？"

成佛不成佛，有言殊未亲。大唐天子贵，不是刈茅人。无端拈出本来身，已是重添镜上尘。

举僧问百丈："如何是奇特事？"丈云："独坐大雄峰。"僧礼拜，丈便打。

仰面不见天，低头不见地。独坐大雄峰，全明奇特事。龙吟雾起，虎啸风生，大家携手向峥嵘。

举僧问香林："如何是室内一盏灯？"林云："三人证龟成鳖。"

拨动竿头线，来挑室内灯。本无恁么事，今古竞头争。自从香林扑灭，谁敢证龟成鳖。君不见，德山棒，临济喝，但有纤毫带影来，金刚宝剑当头截。

举麻谷持锡见章敬，绕禅床三匝，振锡一下，卓然而立。敬云："如是，如是。"后到南泉，亦绕禅床三匝，振锡一下，卓然而立。泉云："不是，不是。"谷云："章敬道是，和尚为什么却道不是？"泉云："章敬则是，是汝不是。此是风力所转，终归败坏。"

如是如是，猛虎插翼。不是不是，青天霹雳。绕床振锡归风力，一句了然超百亿。

举僧问药山："平田浅草，麈鹿成群。如何射得麈中麈？"山云："看箭。"僧便放身倒。山云："侍者拖出这死汉。"僧便起走。山云："弄泥团汉，有什么数？"

麈中麈，谁解举。射不著，有甚数。千千万万弄泥团，到此方知发箭难。试与诸人发箭看。

乃云：中也。又云：过也。

举云门示众云："药病相治，尽大地是药，那个是自己？"

拈却药病，不立自己，一切时中，迥无依倚。了事衲僧，坐在这里。国有宪章，三千条罪。

举乾峰示众云："法身有三种病，二种光，须是一一透得，始解稳坐。虽然如是，更须知有照用同时，向上一窍始得。"云门出众问云："只如庵内人为什么不见庵外事？"峰呵呵大笑。门云："犹是学人疑处在。"峰云："子是什么心行？"门云："也要和尚相委悉。"峰云："直须恁么，始解稳坐。"

十字街头问路，三千里外知音。乾峰呵呵大笑，云门不是好心。子期端可铸黄金，山未高兮水未深。

举灵云见桃花悟道，有颂："三十年来寻剑客，几回落叶又抽枝。自从一见桃花后，直至如今更不疑。"玄沙云："谛当甚谛当，敢保老兄未彻在。"

车不横推，理无曲断。两个五百，元是一贯。春至桃花满树红，为谁开口笑东风。玄沙有语无人识，只要重论汗马功。

举云门问洞山："近离甚处？"山云："查渡。"门云："夏在甚处？"山云："湖南报慈。"门云："几时离彼中？"山云："今年八月。"门云："放你三顿棒。"次日洞山往问："昨蒙和尚放某三顿棒，未审过在什么处？"门云："饭袋子，江西、湖南便恁么去？"洞山大悟。

近离查渡，夏在报慈，一一通来历，一一绝思惟。放汝三顿棒，天下人标榜，照雪吹毛光晃晃。

举三圣问雪峰："透网金鳞，以何为食？"峰云："待你出网来向你道。"圣云："一千五百人善知识，话头也不识。"峰云："老僧住持事烦。"

透网金鳞，以何为食。待汝出网来，话头也不识。放行把住，把住放行。不知白雪阳春曲，更有何人和得成。

举僧问赵州："见说和尚亲见南泉，是否？"州云："镇州出大萝卜。"

赵州亲见南泉，鼻孔元无半边。镇州出大萝卜，天下衲僧取则。打破漆桶，坐断舌头。芦花明月夜，随意泊渔舟。

举陆亘大夫谓南泉云："肇法师也甚奇怪，解道'天地与我同根，万物与我一体。'"泉云："大夫。"陆应诺。泉指花云："时人见此一株花，如梦相似。"

天地同根，万物一体。金不博金，水不洗水。此一株花，如梦相似。陆亘大夫，南泉老子。

举云门示众云："十五日已前则不问汝，十五日已后，道将一句来。"众无对。自代云："日日是好日。"

暑往寒来，东涌西没。韶阳老人，舌头无骨。一句绝商量，日日是好日。咄！肯与时人作窠窟。

举僧问洞山："如何是佛？"山云："麻三斤。"

物见主，眼卓竖。水中月，作么取？提起麻三斤，休教地主嗔。输纳官租了，天地一闲人。

举雪峰示众云："三世诸佛在火焰里转大法轮。"玄沙云："火焰为三世诸佛说法，三世诸佛立地听。"

三世诸佛，一堆红焰。若说若听，无剩无欠。雪峰与玄沙，父子真冤家。麻上生绳犹自可，那堪绳上更生蛇。

举东寺问仰山："甚处人？"山云："广州。"寺云："我闻广州有镇海明珠，是否？"山云："是。"寺云："作何颜色？"山云："黑月则现，白月则隐。"寺云："子还带得来么？"山云："带得来。"寺云："何不呈示老僧？"山云："诺。慧寂昨到沩山，亦被索此珠，直得无言可对，无理可伸。"寺云："真狮子儿，大狮子吼。"

举世无伦匹，当机有舒卷。须弥山不高，沧浪水犹浅。觌面相呈镇海珠，黑月白月空名模。真狮子儿，大狮子吼。头上著枷，脚下著杻。仰山幸自可怜生，奈何东寺扬家丑。

举赵州示众云："'至道无难，唯嫌拣择。但莫憎爱，洞然明白。'才有言语，是拣择、是明白？老僧不在明白里。汝等还护惜也无？"僧问："既不在明白里，未审护惜个什么？"州云："我亦不知。"僧云："和尚既不知，为什么不在明白里？"州云："问事即得，礼拜了退。"

本无亏，曾不隔。谁拣择，是明白。心愦愦，口喃喃。几度浮云生碧落，依然明月照寒潭。

举石头示众云："言语动用没交涉。"药山云："非言语动用亦没交涉。"头云："我这里针劄不入。"山云："我这里如石上栽花。"

辊芥投针，买铁得金。把毡拍板，弹没弦琴。承虚接响人无数，到底难传太古音。

举雪峰示众云："望州亭与诸人相见了也，乌石岭与诸人相见了也，僧堂前与诸人相见了也。"后保福举问鹅湖："僧堂前则且置，什么处是望州亭、乌石岭相见？"鹅湖骤步归方丈，保福便入僧堂。

现前碧绿间青黄，万象森罗不覆藏。揭示雪峰相见眼，望州乌石与僧堂。古人恁么道，只道得一半。那一半，君自看。

举代宗皇帝问忠国师："和尚百年后，所须何物？"国师云："要个无缝塔子。"帝云："请师塔样。"国师云："会么？"帝云："不会。"

国师云："吾有付法弟子耽源，却谙此事，请诏问之。"国师迁化后，帝召耽源，问此意如何？耽源呈颂云："湘之南，潭之北，中有黄金充一国。无影树下合同船，琉璃殿上无知识。"

只这个，无缝塔，上下四维，十方周匝。长天月落兮影绝光沉，大海波生兮声传响答。峭巍巍，风飒飒，与他知识何交涉。

举石头见药山坐次问："你在此作什么？"山云："一物不为。"头云："恁么则闲坐也。"山云："闲坐则为也。"头云："汝道不为，不为个什么？"山云："千圣亦不识。"石头以颂赞之："从来共住不知名，任运相将只么行。自古上贤犹不识，造次凡流岂可明。"

一物不为，合水和泥。千圣不识，随声逐色。无绳自缚数如麻，客至烧香饭后茶。

举云门示众云："人人尽有光明在，看时不见暗昏昏。作么生是光明？"众无对。自代云："僧堂，佛殿，厨库，山门。"

青山青，白云白。玉转珠回，龙腾凤跃。佛殿与山门，到此俱拈却，眼里瞳人吹尺八。

举世尊生下，周行七步，目顾四方，一手指天，一手指地，自云："天上天下，惟我独尊。"

九龙吐水自空来，衬足金莲遍地开。天上人间藏不得，这回未免出胞胎。独称尊，向谁说。错承当，第二月。且如何是第一月？咄！

举雪峰住庵，有二僧到，峰见，以手托庵门，放身出云："是什么？"僧亦云："是什么？"峰低首归庵。其僧后至岩头，头问云："雪老有何言句？"僧举前话。头云："雪峰道什么？"僧云："雪峰无语。"头云："噫！我悔不当初向伊道有个末后句。我若向伊道，已后天下人不奈雪老何。"僧至夏末，举此话请益。头云："汝何不早问？"僧云："不敢造次。"头云："我虽与雪峰同条生，不与雪峰同条死。要识末后句，只这是。"

岩头末后句，对面三千里。虽与雪峰同条生，不与雪峰同条死。只这是，是何物？为君打破精灵窟。

举天平从漪和尚行脚在西院，常云："今时莫道会佛法，只觅个举话底人也难得。"一日从西院法堂下过，西院高声唤："从漪。"平[1]举首。院云："错。"行三两步，院又云："错。"院云："适来两错，是老僧错，是上座错？"平云："是从漪错。"院云："错，错。"少顷，院云："上堂，且在此度夏，待与你商量这两错。"平[2]当时便去。后住天平，示众云："老僧当年行脚，被业风吹到汝州西院。有个思明长老勘我两错，便待留我过夏，待共我商量。我不道怎么时错，我未行脚发足，南方行脚时，早知道错了也。"

应病与药，且下两错。从公处断，直须出院。天平老，天平老，休懊恼，客行何似归家好。却把住，道道道。

举疏山在香严，严一日上堂，有僧问："不慕诸圣、不重己灵时如何？"严云："万机休罢，千圣不携。"疏山作呕吐势。严云："师叔不肯那？"山云："不得无过。"严云："过在甚处？"山云："万机休罢，犹有物在。千圣不携，亦从人得。"严云："师叔莫道得么？"山云："还我法座，与你道。"于是严令升座，如前问之。山云："何不道'肯诺不得全'？"严云："肯又肯个什么？诺又诺个什么？"山云："肯则肯他诸圣，诺则诺于己灵。"严云："师叔怎么道，也须倒屙三十年始得。"后住疏山，常病返胃。一日举此问镜清："病僧'肯诺不得全'，道者作么生会？"清云："全归肯诺。"山云："不得全又作么生？"清云："个中无肯路。"

---

[1] 平：底本作"频"，现据《碧岩录》卷十改。

[2] 平：底本作"定"，现据《碧岩录》卷十改。

山云："始惬病僧意。"

良工列规矩，古鉴辨妍媸。掉臂过关者，难藏毫发私。石火钝，电光迟。不留肯诺，切忌针锥。闲把一枝无孔笛，逆风吹了顺风吹。

举赵州问南泉："如何是道？"泉云："平常心是道。"州云："还许趣向也无？"泉云："拟向即乖。"州云："不拟争知是道？"泉云："道不属知，不属不知。知是妄觉，不知是无记。若真达不疑之道，廓同太虚，岂可强是非耶？"州于言下大悟。

南人不相耳，北人不相鼻。眉毛在眼上，鼻孔里出气。巍巍堂堂，炜炜煌煌。剑号巨阙，珠称夜光。莫动著，动著三十棒。

举百丈每至升座，常有一老人听法。一日众去，老人独留。丈云："汝是何人？"老人云："某非人，然某缘五百生前迦叶佛时，曾住此山，错答学人一转语，所以五百世堕野狐身。今欲举此话，请和尚为答。"丈云："汝试举看。"老人云："'大修行底人，还落因果也无？'某对云：'不落因果。'"丈云："汝问我，与汝道。"老人遂问："大修行底人，还落因果也无？"丈云："不昧因果。"老人遂悟，得脱野狐身化去。

百丈野狐，苏卢苏卢。不落不昧，悉哩悉哩。三三两两过辽西，一双红杏换消梨。

举风穴在郢州衙内升座，示众云："祖师心印，状似铁牛之机，去即印住，住即印破。只如不去不住，且道印即是，不印即是？"时有卢陂长老出问："某甲有铁牛之机，请师不搭印。"穴云："惯钓鲸鲵澄巨浸，却嗟蛙步辗泥沙。"陂伫思，穴便喝云："长老何不进语？"陂拟议，穴便打一拂子云："长老还记得话头么？试举看。"陂拟开口，穴又打一拂子。牧主云："将知佛法与王法一般。"穴云："见个什么道理？"主云："当断不断，返招其乱。"穴便下座。

铁牛机，不搭印，堪笑卢陂冲雪刃。兴化端然坐受降，纤尘不犯碧油幢。李将军有嘉声在，赫赫神威临四海。

举僧问洞山："寒暑到来，如何回避？"山云："何不向无寒暑处回避？"僧云："如何是无寒暑处？"山云："寒时寒杀阇梨，热时热杀阇梨。"

闭门造车，出门合辙。换斗移星，拈日作月。寒时寒，热时热，木马走如烟，泥牛流出血。

举金牛每至食时，自携饭至僧堂前，抚掌呵呵大笑云："菩萨子，吃饭来。菩萨子，吃饭来。"后僧问长庆："菩萨子，吃饭来，意旨如何？"庆云："大似因斋庆赞。"又僧问大光："长庆道因斋庆赞，意旨如何？"光作舞，僧便礼拜。光云："作么生会？"僧亦作舞。光云："这野狐精。"

金牛一盘饭，特地糁椒姜。不中饱人吃，徒劳舞袖长。这僧若是英灵汉，毛孔犹须七日香。

举疏山示众云："病僧咸通年已前会法身边事，咸通年已后会法身向上事。"云门出问云："如何是法身边事？"山云："枯桩。"门云："如何是法身向上事？"山云："非枯桩。"门云："还许学人说道理也无？"山云："许。"门云："只如枯桩，岂不是明法身边事？"山云："是。"门云："非枯桩，岂不是明法身向上事？"山云："是。"门云："未审法身还该一切也无？"山云："法身周遍，争得不该？"门指净瓶云："还有法身也无？"山云："莫向净瓶边觅。"门云："诺，诺。"

猛虎口中夺鹿，饥鹰爪下分兔。疏山撞著云门，可见寰区独步。咸通已后咸通前，法身向上法身边。一条红线两人牵，只是当时话未圆。

举台山路上有一婆子，僧问："台山路向甚处去？"婆云："蓦直去。"僧才行，婆云："好个阿师，便恁么去。"前后僧问皆如此。后有僧举似赵州，州云："待我为你勘破这老婆。"遂往问："台山路向甚处去？"

婆云："蓦直去。"州才行，婆云："好个阿师，又怎么去。"州归，举似大众云："我为你勘破这婆了了也。"老宿拈云："什么处是勘破处？"

先行不到，末后太过。赵州屋里坐，勘破台山婆。狮子咬人，韩獹逐块。七百甲子老儿，今日和赃捉败。

举云门示众云："闻声悟道，见色明心。作么生是闻声悟道，见色明心？"举手云："观世音菩萨将钱买胡饼。"放下手："元来却是馒头。"

韶阳老人，口头声色，稻麻竹苇。衲僧几个，解知端的。元来胡饼是馒头，大丈夫儿合自由。

举镜清问僧："门外什么声？"僧云："雨滴声。"清云："众生颠倒，迷己逐物。"僧云："和尚作么生？"清云："洎不迷己。"僧云："意旨如何？"清云："出身犹可易，脱体道应难。"

雨滴声，若为听。不迷己，谁侧耳。为复声来耳畔，为复耳往声边，两岸俱玄一不全。

举南泉示众云："昨夜文殊、普贤起佛见法见，每人与二十棒，贬向二铁围山了也。"赵州出众云："和尚棒教谁吃？"泉云："王老师有什么过？"州礼拜，泉下座，归方丈。

二铁围山，佛见法见。南泉赵州，惯得其便。穷则变，变则通，风从虎兮云从龙。

举雪峰问僧："近离甚处？"僧云："覆船。"峰云："生死海未度，为什么覆却船？"僧无语。覆船代云："渠无生死。"雪窦代云："久向雪峰。"

生死海无边，不知谁解度。覆船一句子，截断两条路。雪窦老，徒唠唠，我王库内，无如是刀。

举僧问云门："如何是一代时教？"门云："对一说。"

讹郎当，对一说。胶柱调弦，掉棒打月。出头天外是何人，鼻孔依前搭上唇。

举僧问云门："不是目前机，亦非目前事时如何？"门云："倒一说。"

谁当机，倒一说。七纵八横，千差万别。石田唤起土牛耕，无种灵苗遍界生。

举沩山问仰山云："天寒、人寒？"仰云："大家在这里。"沩云："何不直说？"仰云："适来也不曲。和尚如何？"沩云："且须随流。"

沩山仰山，天寒人寒。随流一句，万种千般。盘走珠，珠走盘，凭君子细好生观。不增不减金刚体，无圣无凡赤肉团。

举世尊于一处九旬安居，至自恣日，文殊倏来。迦叶问："今夏在何处安居？"文殊云："在三处安居。"迦叶于是白众，欲摈文殊出。才举犍槌，乃见无量佛刹一一佛所有一一文殊，一一迦叶举槌欲摈之。世尊于是告迦叶云："汝今欲摈出那个文殊？"

唯一文殊，无二文殊，百千万亿，遍满尘区。可惜饮光尊者，当时蹉过了也，既然举起槌来，何不便挥一下。见之不取，千载难忘，总是丧车后药囊。

举岩头示众云："《涅槃经》道：吾教意如涂毒鼓，击著远近闻者皆丧。"僧问："如何是涂毒鼓？"头亚身云："韩信临朝底。"

涂毒鼓，闻者丧，多少死人平地上。死中得活是非常，堪与丛林作榜样。韩信临朝知不知，突出当阳举话时。

举文殊问庵提遮女："生以何为义？"女云："生以不生生为生义。"殊云："如何是生以不生生为生义？"女云："若能明知地水火风四缘未曾自得有所和合，而能随其所宜，以为生义。"殊云："死以何为义？"
女云："死以不死死为死义。"殊云："如何是死以不死死为死义？"女
云："若能明知地水火风四缘未曾自得有所离散，而能随其所宜，以为死
义。"

生以不生生为生，冬瓜挂在胡芦棚。死以不死死为死，蟭螟眼中放夜
市。和合离散，各随所宜，毕竟他是阿谁？

举归宗示众云："吾今欲说禅，诸子总近前。"大众进前，宗云："汝
听观音行，善应诸方所。"僧问："如何是观音行？"宗弹指云："诸人
闻么？"僧云："闻。"宗云："一队汉，向这里觅个什么？"以拄杖打
趁，呵呵大笑归方丈。

归宗一弹指，刹刹尘尘从定起。眼里著得百千万亿须弥山，耳里著得
不可思议大海水。观音行，何可拟，少林谩说分皮髓。

佛日普照慧辩楚石禅师语录卷第十三

佛祖偈赞上

侍者文晟、正隆等编

栴檀瑞像赞

至治三年，岁在癸亥，六月，被诏至京师。八月，诣白塔寺，观优填王所刻栴檀瑞像，百拜稽首而为之赞。

不取一法如微尘，	不舍一法如秋毫。
我常如是见于佛，	而亦无见不见者。
善哉优填亦如是，	不取不舍于释迦。
目连神足亦复然，	三十二匠无不尔。
所以成此栴檀像，	八十种好皆具足。
惟于世间无取舍，	乃能取舍于世间。
众生心欲种种殊，	佛之所化亦差别。
众生不孝化以孝，	是故为母升忉利。
众生不慈化以慈，	是故复从忉利下。
世间尊邪而背正，	是故去霸而就王。
欲令闭恶开大道，	示现如斯来去相。
咨尔十方瞻礼众，	作是观者名正观。

205

我今稽首释迦文，　　刹刹尘尘为垂证。

王振鹏手画栴檀瑞像赞

佛在天宫度母亲，　　优填刻像最称真。
永传瑞相三千界，　　精选良工四八人。
只有梵音雕不得，　　若非宿福睹何因。
区区色见声求者，　　蹉过如来妙相身。

阿育王所造佛真身舍利塔赞

无忧王铸小浮图，　　八万四千同一炉。
每塔中藏真舍利，　　众生共礼佛形躯。
梵天影现紫金刹，　　绝顶光标明月珠。
我等有缘能供养，　　尽尘沙界证毗卢。

多宝佛塔赞

无量劫来多宝尊，　　全身在塔至今存。
五千栏楯绕龛室，　　万亿金铃垂宝幡。
此日听经从地涌，　　满空奏乐雨花繁。
须知两佛跏跌坐，　　度尽众生始掩门。

释迦文佛赞

三世如来共一心，　　一心不隔去来今。
燃灯授记缘无得，　　般若谭空叹甚深。
穷子摄归安养土，　　道场唱出涅槃音。
云门最是知恩者，　　解向禅流痛处针。

无量寿佛赞

浊恶众生信可悲，　　不投慈父更投谁。

一家教摄三乘众，　　九品莲开七宝池。
得佛来从无量劫，　　临终念在刹那时。
愿门六八容人入，　　入者皆成出世师。

弥勒尊佛赞

弥勒何时不降生，　　人间天上但称名。
伽蓝始向晨朝入，　　正觉俄闻暮景成。
三会度人虽有限，　　一心作佛本无程。
从初念念修慈忍，　　大地山河似掌平。

第一祖摩诃迦叶赞

昔者如来灭度时，　　叮咛衣法好传持。
头陀行满无双士，　　优钵花开第二枝。
鸡足山中待弥勒，　　龙华会上付伽梨。
古今一念超三际，　　佛祖相传信在斯。

第二祖阿难尊者赞

轮王伯仲法王资，　　第一多闻只我师。
毕钵岩前诸漏尽，　　修多藏里几生持。
来从旷劫无传授，　　唱出三乘任设施。
堪笑诵苔忘帚者，　　也言芥子纳须弥。

第三祖商那和修赞

九枝秀草自然衣，　　未出胎来早已披。
昔日世尊曾记我，　　百年罗汉更由谁。
火龙始信慈悲大，　　神力还因懒慢施。
毕竟无心又无法，　　何妨弟子去求师。

第四祖优波鞠多赞

性十七耶年十七，　　时人到此尽沉吟。
眼前固是难开口，　　发白由来不属心。
丈室盈筹多士至，　　三尸脱顶众魔钦。
吾徒往往如亡剑，　　但向船舷刻处寻。

第五祖提多迦赞

不为身心自出家，　　绍隆佛种竟谁耶？
分明指示声前路，　　切忌添栽眼里花。
梦见日轮高出屋，　　行随仙众尽除邪。
最初一念须真正，　　只恐中间报分差。

第六祖弥遮迦赞

无心无法又无师，　　悟了还同未悟时。
不见此门成解脱，　　都忘前劫遇阿私。
在今幸得空诸漏，　　临灭何妨露一奇。
截断死生身便是，　　八千仙侣莫狐疑。

第七祖婆须蜜赞

金色祥云雉堞间，　　道逢六祖便承颜。
手持酒器长吟啸，　　身在城隍任往还。
却话檀因无量劫，　　须知佛果不相关。
临终示现慈三昧，　　化火焚躯只等闲。

第八祖佛陀难提赞

迦摩提国小瞿昙，　　肉髻如珠出翠岚。
义论休夸风凛凛，　　心明不在口喃喃。

无言吃棒知多少，　　有语投机落二三。
后代儿孙徒费力，　　森罗万象却能谭。

第九祖伏驮密多赞

毗舍罗家起白光，　　便知此有圣人藏。
年过五秩暗无语，　　意恐双亲爱未忘。
诸佛尚言非我道，　　后昆何处见空王。
随机化物来中印，　　所至青山是道场。

第十祖胁尊者赞

六十年中处母胎，　　待他白象送珠来。
中天竺有难生号，　　优钵花从此地开。
不夜祥光流日月，　　无眠宝席委尘埃。
重茵更著高高枕，　　后世禅流可叹哉！

第十一祖富那夜奢赞

地性无常可变金，　　众生但向外头寻。
去来不定心非佛，　　问答纵横佛是心。
语妙须教真性显，　　情消岂受妄缘侵。
前贤后圣清规在，　　花叶重重覆祖林。

第十二祖马鸣大士赞

不识方为识佛身，　　前身了了是蚕身。
大心自足收龙藏，　　深愿何妨度马人。
毗舍离王名不朽，　　波罗奈国化方新。
有无作者功殊胜，　　到处随机转法轮。

第十三祖迦毗摩罗赞

初现神通亦异哉， 转魔成佛始心开。

三千眷属归依后， 五百神僧羯磨来。

巨海包含真性海， 仙才变化岂庸才。

众生不必论凡圣， 只一毫端摄九垓。

第十四祖龙树尊者赞

深山孤寂断人踪， 大树潜藏五百龙。

常愿求师殊未遇， 有缘闻法幸相逢。

人间但爱生天福， 座上俄瞻满月容。

到此不明无相理， 迷云犹锁一重重。

第十五祖迦那提婆赞

佛性犹如满月轮， 堂堂无相实为真。

从师听法开心地， 钵[1]水投针显智人。

福业翻成调御业， 邪因转作涅槃因。

巴连弗邑长幡下， 盖色骑声一句亲。

第十六祖罗睺罗多赞

无情说法有来由， 木菌前身是比丘。

父子同餐今未已， 因缘报复后当休。

释尊已记千年事， 教主宜为众圣俦。

指点梵宫金钵饭， 师资赢得饱䏣䏣。

---

[1] 钵：底本作"彻"，现据清《龙藏》本改。

第十七祖僧伽难提赞

过去娑罗树王佛，　　还生尘世度群迷。

俄因半夜天光照，　　直至高岩石窟栖。

金在井中元不动，　　饭来天上为谁携。

我无我故成于汝，　　此事分明觌面提。

第十八祖伽耶舍多赞

紫云如盖出峰头，　　童子方持宝鉴游。

正是善机年百岁，　　兼将道德继前修。

风铃但为心鸣起，　　花果还因地种求。

内外无瑕何所表，　　莫教错认水中沤。

第十九祖鸠摩罗多赞

才闻扣户忽生疑，　　此舍无人答者谁。

万里云端吐明月，　　千寻水底见摩尼。

驰求佛祖缘何事，　　放舍身心正此时。

一念不生三际断，　　元来鼻孔大头垂。

第二十祖阇夜多赞

此心清净无生灭，　　寂寂灵灵现在前。

入得此门皆是佛，　　向来诸祖本无传。

重牙石虎山中吼，　　阔角泥牛水底眠。

若更厌人谈罪福，　　不惟堪笑亦堪怜。

第二十一祖婆修槃头赞

此日头陀遍行名，　　前身长乐国中生。

杖楮画佛亲曾忏，　　祖继空宗道已成。
光度入门回礼竟，　　刍尼同产宝珠明。
了知宿业由心现，　　篇聚须当识重轻。

第二十二祖摩拏罗赞

舍父从师恰壮年，　　亭亭一朵火中莲。
王宫但作浮云想，　　祖位亲承列圣传。
宴坐何尝嫌聚落，　　游行只是化人天。
因思后世多庸妄，　　谁泛如来大法船。

第二十三祖鹤勒那赞

第四劫中为比丘，　　龙宫赴会引缁流。
今来众鹤飞相伴，　　总为当时德不修。
七佛金幢曾有祷，　　二人绯素本同俦。
阇维复向空中现，　　舍利还将一塔收。

第二十四祖狮子尊者赞

道人何必用心求，　　毕竟无心是道流。
弟慧方嗟龙子夭，　　魔强未免鹤师忧。
白虹直贯缘吾党，　　黑气横分信有由。
且把伽梨传嫡嗣，　　蕴空不复较恩仇。

第二十五祖婆舍斯多赞

婆舍斯多是两生，　　彼身才坏此身成。
方当左手开拳日，　　始得神珠照座明。
五十九番邪论伏，　　一千余载祖风清。
先师表信衣难毁，　　足使天魔外道惊。

第二十六祖不如蜜多赞

昔年为法受拘笼，	今日还归太子宫。
本愿出家为佛事，	须来嗣祖振玄风。
年深愈笃沙弥敬，	地动皆知羯磨功。
将度众生有何法，	且教梵志伏神通。

第二十七祖般若多罗赞

无父无名世混融，	若非智眼莫能穷。
当知佛国大势至，	即是王都缨络童。
印度不居玄化外，	真丹皆在妙心中。
他年二子弘吾道，	一个西行一个东。

第二十八祖菩提达磨赞

一言尽破六宗迷，	在国还除异见非。
汉土初来空圣谛，	梁王不免挫天威。
度僧造寺难论德，	断臂安心未入微。
留得少林花木在，	翩翩只履自西归。

第二十九祖慧可大师赞

博览群书有正知，	少林大士是吾师。
愿教句下闻心要，	来向庭前立雪时。
遍界皆空无一物，	众生不了谩多知。
屠门酒肆元平等，	肯舍冤亲别起慈。

第三十祖僧璨大师赞

当念推寻罪性空，	不居内外不居中。
吾人欲忏如何忏，	底处藏风更有风。

十载往来无定所，　　多方檀信此心同。
平生最爱罗浮好，　　末后依前葬皖公。

第三十一祖道信大师赞

无人缚汝谩嗟吁，　　何更来求解脱乎？
到此身心俱放舍，　　从前苦乐免囚拘。
破头山上云如盖，　　武德年中事已符。
天子诏来堪一笑，　　浮生万事总区区。

第三十二祖弘忍大师赞

拾得黄梅路上儿，　　能言佛性早非痴。
前生过去身何限，　　此日还归母未知。
但缺如来七种相，　　傍分信祖一横枝。
中宵有客传衣去，　　不复升堂众始疑。

第三十三祖慧能大师赞

本是新州负担郎，　　偶闻市客诵金刚。
便投五祖参禅去，　　却笑三更写偈忙。
议论风幡从此定，　　流传衣钵至今藏。
谩人自谓来无口，　　不道坛经话更长。

文殊大士赞

阎浮东北最清凉，　　此有文殊妙吉祥。
紫府山川行道处，　　黄金宫殿摄身光。
十千菩萨为徒众，　　五百那伽护道场。
虽是当来普见佛，　　看他伎俩亦寻常。

普贤大士赞

如来长子普贤尊，　　行愿宏深口莫论。

一色烂银铺世界，　　六牙香象振乾坤。

无边刹海微尘数，　　不可思议大法门。

始末何曾离当念，　　凡夫只是弄精魂。

观音大士赞

海上名山多圣贤，　　慈悲愿力最居先。

面如宝月当三五，　　化等油云覆大千。

缨络聚中常说妙，　　栴檀林里每谭玄。

何时此界无生佛，　　直待虚空落地年。（正坐）

过去如来正法明，　　须知佛道已圆成。

再为菩萨酬深愿，　　常向娑婆度有情。

巡礼宝陀岩上去，　　引归极乐国中生。

六根互用君知否，　　满耳青黄满眼声。（补陀示现）

东大洋西西海南，　　海云深处善财参。

山头有月光流永，　　水面无风影在潭。

自远寻声先救苦，　　因闻入理并除贪。

阎浮界上根尤胜，　　日夜香灯共一龛。（水月善财）

前观音即后观音，　　不离众生信解心。

三十二身随所应，　　百千万劫在如今。

根尘尽向声尘脱，　　业海咸归愿海深。

早晚莲舟蒙救度，　　盲龟值木芥投针。（莲舟）

本自端居不动身，　　随机说法化天人。
波间顿现孤轮月，　　雪里潜行万国春。
迷去有情偿业果，　　悟来无耳著声尘。
堂堂密密圆通境，　　大地山河为指陈。（天人水月）

文殊子细拣圆通，　　一一根门一一功。
诸圣尽推闻理妙，　　六尘皆到用时空。
隔垣响彻无遐迩，　　入道言诠有始终。
收得光明如意宝，　　利人利己乐何穷。（珠瓶宝座）

圣师莫把古今论，　　真教难将体用分。
无相未尝离有相，　　我闻终不异他闻。
全凭一念慈悲力，　　亦藉多生定慧熏。
末法比丘皆可证，　　如来实语不欺君。（有僧作礼）

遥瞻补怛洛伽山，　　小白花开正可攀。
拍岸潮声时浩浩，　　穿林鸟语日关关。
普门一品长宣诵，　　薄福众生当等闲。
只个闻思修不昧，　　经行坐卧见慈颜。（海岸花岩）

东林僧景潜一夕梦观音大士谓曰："我以三珠施汝，起，起，檀越来矣。"明日某氏至，愿庄严宝像。因发像腹，得方寸之镜一，银泥细书经一，琉璃瓶一。瓶之大如指，三舍利于中跃跃有光出，试以铁锥，锥陷而舍利无损。余适见之，百拜稽首而为赞曰：

世间之声，皆以耳听。而此大士，独以眼观。眼既观声，耳亦听色。色不自色，声不自声，一心不生，六用俱寂。以俱寂故，能兴大悲。以大悲故，度诸众生。或为画师，自画其像；或为雕者，自雕其形；或现鹰巢，或现蛤蚬，及种种相。而此大悲，无兴大悲、受大悲者。我作是说，如眼于色，如耳于声，虽不可取，要不可灭，皆如幻故，皆如梦故。稽首如幻如梦之像，稽首如幻如梦之经，稽首如幻如梦之珠，稽首如幻如梦之镜。愿令如幻如梦之众，皆悟如幻如梦之心，皆成如幻如梦之佛。稽首此方真教体，广大无碍遍沙界，随诸众生颠倒想，一切所求无不获。虽应其身三十二，所说法句惟一音。此音不从舌根生，亦复不从耳根入。如是六处本寂灭，故称名者得解脱。我亦证此解脱门，与观世音等无异。异无异者亦寂灭，亦无寂灭寂灭者。故我同是观世音，一切众生亦同证。

凡心净如水，	圣化圆如月。
一影落千波，	高低共澄彻。
本来非垢净，	岂复论圆缺。
同一不思议，	如何妄分别。
我观观音氏，	体用俱超绝。
于此蚌蛤中，	摄受微尘刹。
弹指阿僧祇，	大千一毛发。
衣冠俨可数，	缨络知谁设。
欲将心喻珠，	乃以身为舌。
大启圆通门，	令除烦恼结。
随机三十二，	一一炽然说。
说者言语断，	听者心行灭。
大士长现前，	清凉洗炎热。（蚌蛤像）

湛然不动，体若虚空。高下随入，根尘互融。在耳何观，幽谷传声而答响；在眼何听，春花发色而耀丛。大地山河，咸宣妙智。金石丝竹，尽演圆通。顶奉如来之像，眉横帝释之弓。烁迦罗首，清净宝目，母陀罗臂，皆具八万四千，无求而不得者，众生行住坐卧长在其中。只者蒲萄新卷叶，都因幻妄显全功。

我观三界尘劳，群生扰攘，自性不明，贪欲所障，溺于苦海，随于识浪，从劫至劫，舍妄取妄。故闻思大士，以慈悲方便，为莲叶之舟，出而置之于彼岸之上，顿明自性，不向外寻。观音即汝，汝即观音。

称名者同六十二亿恒沙菩萨之福，逗机则异三十二应国土说法之身。法身无为，不堕诸数，无方不现，无感不赴。我观此像，如月在天，其轮虽一，而光遍百川者焉。

空觉觉空，觉空空觉。重重幻灭，念念道圆。统八万四千波罗蜜门为一普门，无门可辟；即不可思议妙观察智为一圣智，无智可诠。烈焰堆中捞得月，须弥顶上浪翻天。

一称名，拔无量苦；一睹相，与无量乐。不动神情而顿现十方，普运悲智而长居五浊。闻无所闻，觉无所觉。长天月皎兮片石云收，大野风生兮四溟潮落。

宴坐盘石，心无所缘。冥应万机，道何可议。能使苦者乐，晦者明，夭者寿，死者生。听十方之色像，观遍界之音声。巍巍乎，荡荡乎，盖不可得而名也。

念念兴慈运悲，人人离苦得乐。一瞻一礼，同证常住法身；若圣若凡，咸令成等正觉。久从无量劫中来，月在沧波捞不著。

眼里耳里鼻里，小千中千大千。随一有情受苦，便蒙大士哀怜。水在地，月在天，真体堂堂在目前。

天上月，水中月，同古今，共圆缺。只这圆通门，何曾费言说。大海茫茫一叶莲，虚空有尽香无绝。

圣师无所说，童子无所闻。青山自青山，白云自白云。拣尽圆通二十五，文殊之辩谩纷纷。

一卷普门品，纵横在笔头。通身无影像，满纸黑虮蜉。虚空扑落须弥碎，度尽众生愿未休。

大士众生父，众生大士儿。父怜儿最苦，宁不起慈悲。芳草座，绿杨枝，正是全超八难时。

随类应身，　　即身为舌。
其圆通门，　　炽然常说。
能以眼听，　　音无间歇。
巍巍堂堂，　　常住不灭。

篮不见鱼，　　通身是眼。
眼若有见，　　如鱼堕篮。
见不见离，　　闻非闻灭。
善哉大士，　　常现娑婆。

觉天空阔，　　心月孤圆。
宴坐不动，　　光明无边。
狭则一毫，　　宽则大千。
卷却帧子，　　真身现前。

现天女相，　　摄众生心。
如青莲花，　　出大火聚。
清凉热恼，　　是二俱空。
稽首慈悲，　　不离当处。

从闻而入，　　即思以修。

众生解脱，　　非向外求。

大地一尘，　　大海一沤。

正体不动，　　分身遍周。

圆通面目，　　描写难成。

直下便是，　　多少分明。

风动绿杨千万叶，　　晓来黄鸟两三声。

妙智之力，　　眼声耳色。

逼塞虚空，　　了无痕迹。

遮身向上数重云，　　应念现前元不隔。

慈悲誓愿如山重，　　业识尘劳似海深。

十字街头卖鱼去，　　护生心是杀生心。

金刚石畔善财参，　　未免慈悲为指南。

但道现前无可说，　　一轮明月在寒潭。

圆通不许离尘寰，　　道在寻常日用间。

数抹淡烟笼碧树，　　一条飞瀑下青山。

水中月影如何取，　　脚下莲舟不用撑。

提起数珠一百八，　　何曾佛外觅众生。

闻思修，悲智愿。此身本空，无刹不现。碧落光明白月轮，玉毫突出黄金面。

娑婆人有大因缘，　　但一称名现在前。
只这如今谁动口，　　却须问取白衣仙。

分明觉观离根尘，　　普度群迷出苦轮。
须信炽然声色里，　　如如不动现全身。

出海鲸鱼摆浪开，　　衔花鹦鹉自空来。
净瓶口里喃喃地，　　尽说圆通向善财。

　　见色心先现，　　闻声道已彰。
　　慈容一轮月，　　瞻礼获清凉。

　　石露珊瑚树，　　山含玛瑙云。
　　虚空无说说，　　大地不闻闻。

　　雨过碧天空，　　云横紫雾重。
　　忽然瞻妙相，　　满海是芙蓉。

　　浪打苍崖石，　　风吹紫竹林。
　　飞来两鹦鹉，　　相对说惟心。

　　遇苦救苦，　　随流入流。
　　无边刹海，　　一叶莲舟。

　　廛市卖鱼，　　腥风满途。
　　众生易度，　　邪法难扶。

如意宝轮王菩萨赞

稽首大士，如意轮王。本无一法，弥满十方。是故诵真言者声未发而身心安乐，瞻圣像者目未举而动静吉祥。成就万德，灭除千殃。我今以四大海水为乳，以五须弥山为香，以山川草木为供养之具，以日月星辰为灯烛之光。世界不可说，虚空莫能量。与一切众生，同修如法供养。极未来际劫，严净菩萨道场者也。

地藏王菩萨赞

从久远劫，现慈悲身。处地狱如游园观，使众生永脱苦轮。一颗宝珠提掇处，照开黑暗；六环金锡动摇时，增长威神。持其名者免生死罪，睹其像者了涅槃因。不可思议大愿力，无边刹海未来人。

文殊问维摩疾图赞

不二法门离分别，　　三十二人探水月。
文殊童子本无言，　　却是维摩大饶舌。
此图之作非偶然，　　意在语默思惟先。
天花落地拂在手，　　万象听他狮子吼。

文殊大士赞

山玉有辉，盘珠无滞。毗赞空王，激扬胜义。即众生根本无明，是诸佛简择妙智。或持千钵，或现五髻。或教导十六王子为妙光法师，或提奖六千比丘于觉城东际。象王回旋，狮子游戏。一切处金色世界，一切处文殊室利。直说与人人不会，虚空更展黄金臂。

维摩居士赞

三万二千猊座，　　不离方丈室中。
只因当时一默，　　唤作多口老翁。

弥勒菩萨赞

五十六亿万岁，　　方始下生人间。
知足天中不住，　　身心到处安闲。

辟支佛牙赞

日本成藏主入吴，逢一童子，施辟支佛牙，得而宝之，请赞。赞曰：

有一众生，出无佛世，曾从往劫，受独觉记。花开叶落，心融神会，观此因缘，豁然超诣。于三界中，如鸟出笼，虽不说法，但现神通。手磨日月，身卧虚空，十有八变，开豁群蒙。至涅槃时，吐三昧火，自化形骸，惟留骨锁。妙设利罗，雨若干颗，累累如珠，头头而堕。维道人成，得其大牙，坚若金刚，净如莲花，砧杵不碎，玉雪无瑕，再拜稽首，宁小幸耶？我作赞辞，仰其高躅，冥熏法界，净洗心目。神物诃护，无忘付嘱。人能敬信，莫不生福。

佛日普照慧辩楚石禅师语录卷第十四

佛祖偈赞下

侍者文晟、正隆等编

十六大阿罗汉赞

第一位西瞿耶尼洲宾度罗跋罗堕阇尊者

三明六通八解脱，	乃是人天良福田。
设供能招来果胜，	敷床且验坐花鲜。
龙王殿里饶珍馔，	牛货洲中有大缘。
海水搅成甘露味，	檀波罗蜜此心圆。

第二位迦湿弥罗国迦诺迦伐蹉迦尊者

迦湿弥罗大士居，	岩间树下更清虚。
时来利物先忘我，	食取资身不愿余。
听法青龙安钵内，	衔花白鹿走阶除。
长宵皓月光如洗，	坐听沙弥读梵书。

第三位东胜身洲迦诺迦跋厘堕阇尊者

圣者常居东胜身，	坐来但见海扬尘。
渡河且自分三兽，	标瑞终能效一麟。
天上时长何倏忽，	世间劫短太逡巡。

224

性空念念离贪欲，　　珍重全抛火宅人。

第四位北俱卢洲苏频陀尊者

大千沙界北俱卢，　　此地常言佛法无。
劫树衣裳心不贵，　　长粳米饭饱何须。
但令受化人心伏，　　岂患迷方刹土拘。
此道周流四天下，　　众生业果易凋枯。

第五位南赡部洲诺讵罗阿氏多尊者

在世分明出世间，　　或游廛市或居山。
自来雁荡栖心久，　　长向龙宫说法还。
巨石迸开云片片，　　高崖飞下瀑潺潺。
经行坐卧无非定，　　谁道清宵白昼闲。

第六位耽没罗州跋陀罗尊者

耽没罗洲八百里，　　漫空海浪隔云峦。
众生有念头头错，　　大士无心处处安。
近涧水萦红玛瑙，　　疏林雪洒碧琅玕。
诸天所散花成积，　　早晚风来扫石坛。

第七位僧伽茶洲迦理迦尊者

如来付嘱固难忘，　　利物何曾密处藏。
久住世间终不厌，　　暂游天上亦无妨。
粗衣缀钵资生具，　　旷野深山圣道场。
自在还同狮子子，　　从他节序变炎凉。

第八位钵啰罗洲伐阇罗吠多罗尊者

仙洲住在钵啰罗，　　有识俱令出爱河。

美甚雪山生乐味，　　奇哉火圣粲芬陀。
龙宫水涌阶前地，　　鹫岭云连户外坡。
况乃禅居人不到，　　衔花时见鹿麋过。

第九位香醉山中戍博迦尊者

香醉山中水石奇，　　折旋俯仰四威仪。
身心脱去闲糠秕，　　语默由来妙总持。
秀草自然香旖旎，　　遥山无限碧参差。
天人向午供甘露，　　正是城隍乞食时。

第十位三十三天中半托迦尊者

三十三天帝释宫，　　圆颅方服住其中。
黄金钵有酥陀饭，　　白日心如般若空。
永脱苦轮须利物，　　行登宝所不施功。
前时预受菩提记，　　尚待庄严势力充。

第十一位毕利飓（平音）瞿洲罗怙罗尊者

毕利飓瞿海上洲，　　神通不碍往来游。
真心本自离生灭，　　大道何曾假证修。
西竺幻人擎麈尾，　　上方仙子爇牛头。
六时唱礼黄金像，　　无相须从有相求。

第十二位半度波山中迦那犀那尊者

半度波山插太空，　　白云掩映碧玲珑。
名标五百声闻上，　　道被三千世界中。
定起影斜金殿月，　　斋余香袅玉炉风。
有时走入军持浴，　　须信沙弥亦具通。

第十三位广胁山中因竭陀尊者

广胁名山处处闻，　　其中别是一乾坤。
雨龙听讲天花湿，　　野鹿依禅砌草温。
万化皆从无相出，　　十虚但有假名存。
了然此理超生死，　　何用他求解脱门。

第十四位可住山中伐那波斯尊者

万古山垂可住名，　　随时坐卧与经行。
身虽属幻须修幻，　　果证无生在度生。
犀柄频摇花片落，　　宝书试展月轮明。
自从五结消亡后，　　烦恼菩提悉等平。

第十五位鹫峰山中阿氏多尊者

如来已灭鹫峰虚，　　千五百人龙象居。
定慧圆明犹日月，　　身心清净似芙蕖。
奇禽异兽来围绕，　　瑞霭祥云复卷舒。
此地时时钟梵作，　　俨然佛转法轮初。

第十六位持轴山中注茶半托迦尊者

持轴山中大士家，　　明珠绝颣玉无瑕。
昼披般若千行偈，　　天雨曼陀四色花。
楗椎远传僧布萨，　　香烟浓染佛袈裟。
白牛自可兼羊鹿，　　先引儿童驾小车。

第九祖伏驮蜜多赞

从旷大劫来，未尝谭一字。谁道五千年，方才启唇齿。有说与无说，且莫谤祖师。折箸搅大海，灯心挂须弥。口不摇舌，足不逾户。五十年宴坐一床，三千界禅门九祖。诸佛非道，父母非亲。若心若行，何伪何真。山头翻白浪，井底起红尘。

布袋赞

花衢柳巷任经过，　虎穴魔宫不奈何。
背上忽然揩只眼，　几乎惊杀蒋摩诃。

乌藤只么往来挑，　布袋虽轻未肯抛。
无尽重重华藏海，　都将一个肚皮包。

十字街头等个人，　不知满面是埃尘。
重重破纸包干粪，　一度拈来一度新。

靠著布袋打瞌睡，　百千万年只一忽。
娑婆界上无此僧，　龙华会中无此佛。

寒拾赞

闾丘未到国清前，　谁识文殊与普贤。
三寸舌头轻漏泄，　有何伎俩掣风颠。

大圆觉海是伽蓝，　到了何曾有圣凡。
两个头陀高拍手，　从教人道太褴褴。

国清寺里岂无人，　只话寒山拾得贫。
苕帚粪箕常在手，　可怜净地却生尘。

遥望东南紫气堆，　崩云泄雨转崔嵬。
圣贤面目分明在，　莫道斯人去不回。

智者大师赞

眉分八彩，目曜重瞳。法本无得，辩何有穷。太虚绝兆，赫日方中。银地佛窟，玉泉神工。总持禀戒，灌顶承风。禅河香象，教海大龙。瞻之仰之，极天高而地厚。名也实也，非鼠唧而鸟空。夫是之谓祖龙树，宗北齐，师南岳，灵慧禅师之幻容。

清凉国师赞

无明本空，法界如幻。谁为普贤，圆满行愿。十地鸟迹，二觉波文。凡圣平等，迷悟同群。稽首清凉，洞明智理。疏毗卢藏，称真佛子。千龙发浪，四海流慈。十大愿王，七帝门师。遗像现前，麈尾在手。常住世间，太虚不朽。

达磨大师赞

初辨宝珠，半文不直。次破六宗，全无旨的。离南印来，入震旦国，再对梁王，还云不识。一住少林，九年面壁。堪笑神光，分明是贼，及乎安心，觅心不得。看他什么奇特，未免许多狼藉。葱岭那边逢宋云，破履至今遗一只。

长江一苇，大地一花。廓然无圣，到处逢他。且道他是阿谁？香至亲子，神光老爷。

谁云打落当门齿，　　椎杀深深掘窖埋。
自是梁王不唧嗾，　　放他走入魏朝来。

当时我若作神光，　　三拜无疑是诈降。
侧立看他开口缝，　　进前推倒葛藤桩。

少林冷坐几经春， 鼻孔依然搭上唇。
只为乡谈改不得， 被人唤作婆罗门。

西天二十八头驴， 踏碎支那独有渠。
后代儿孙多执拗， 个强一个嘴卢都。

三年泛海神通力， 一苇浮江鬼怪多。
将谓末梢遮得尽， 依前不奈宋云何。

因陀罗所画十六祖，闻上人请赞

初祖

易掩当门齿， 难藏盖胆毛。
神光三拜后， 熊耳一峰高。

六祖

惹起风幡话， 流传卒未休。
有人来问我， 六耳不同谋。

牛头

盘陀石上坐， 几度见春来。
百鸟无消息， 山花落又开。

鸟窠

太守名居易， 禅师号鸟窠。
相逢休话险， 一片好山河。

南岳

试问曹溪印，　令人下口难。
只因无染污，　突出万重关。

马祖

磨砖不成镜，　坐禅不成佛。
泥牛斗折角，　虚空揣出骨。

百丈

从他鼻头痛，　不是祖师机。
日日江湖上，　纷纷野鸭飞。

赵州

南泉王老师，　有此宁馨儿。
勘破台山话，　回来人不知。

雪峰

对众辊木毬，　当阳拈鳖鼻。
明明出胸襟，　一一盖天地。

玄沙

抛却钓鱼船，　走上飞鸢岭。
触著脚指头，　当下便心肯。

云门

打佛乞狗吃，　知恩方报恩。
后来真净老，　又要罨云门。

慈明

骨董箱儿里，　　拈来几百般。
白金归寿母，　　觑著骨毛寒。

杨岐

踢出一头驴，　　只有三只脚。
寸步不曾移，　　踏遍长安陌。

白云

云门上大人，　　白云丘一己。
从此化三千，　　清风来未已。

圆悟

奇哉认得声，　　有意却无情。
一片碧岩集，　　闲将肝胆倾。

大慧

华擘首山禅，　　深为衲子冤。
竹篦生铁铸，　　石火迸青天。

因陀罗所画诸圣，闻上人请赞

空生

寂寂岩间坐，　　喃喃口更多。
只言无法说，　　争奈雨花何。

丰干

寺里随僧住，　山前跨虎过。
闾丘太守到，　道你是弥陀。

寒山

不居妙喜界，　不恋清凉山。
个个求成佛，　输他道者闲。

拾得

当初因拾得，　便以此为名。
欲识这个意，　无生无不生。

宝公

刀尺杖头悬，　时时走市廛。
萧家菩萨子，　只解说因缘。

布袋

浪走草鞋穿，　长挨布袋眠。
天宫衣钵在，　归去是何年。

懒瓒

炉中煨芋火，　香不到青霄。
世主缘何事，　频令敕使招。

船子

晓出天连水，　昏归月满舟。
锦鳞如不遇，　垂钓几时休。

赵州和尚赞

参见南泉早，会得平常道。行脚债已酬，住山年益老。随机说法，不用思量。信口答禅，何劳寻讨。古佛重来，群魔尽扫。庭前柏树子，敲风打雨，满目森森；狗子佛性无，照雪吹毛，杀人草草。至今道播乾坤，非独话行燕赵。

云门大师赞

候睦州三日开门，空挼折脚；被雪峰一问杜口，便低却头。灵树会中，人天眼目；大唐国里，衲子冤仇。用铍镂钻，穿虚空作窟笼；因干屎橛，向平地起戈矛。得路塞路，看楼打楼。若是真净老师，见你必然罨杀。且问丹青妙手，画他著甚来由？

临济大师赞

龙骧虎骤，马颔驴腮。黄檗室中，三度亲遭打出；大愚肋下，三拳便被托开。老婆心当时太切，风颠汉特地回来。未续佛祖慧命，先结宗门祸胎。痛棒白日雨，热喝青天雷。正法眼藏既灭尽，大千沙界无纤埃。

杨岐祖师赞

从来不会说禅，随例纸裹麻缠。坐断杨岐云盖，卖弄栗棘金圈。一转公案，欺谩大众；三脚驴子，踔跳上天。荷慈明重担，喜白云卸肩。神仙无秘诀，父子不相传。

五祖和尚赞

邓师翁，多法喜，爱念聪明咒，惯唱啰罗哩。咬破铁酸豏，却是鸡冠花。一首诗拈起好怕人，谁信白额虫九条尾。摊世界作棋盘，把虚空书祖意。红粉佳人，风流公子，见神见鬼，说道说理。真非真，是不是，天上人间知几几。

圆悟祖师赞

鸡鸣飞上阑干，蓦地打失布袋。开口动舌，披露此声。截铁斩钉，发挥下截[1]。篆不雕之心印，迥绝言诠；提本分之宗乘，初无向背。纳须弥于芥中，掷大千于方外。七处妙敷扬，九重亲奏对。若论正眼流通，直至尽未来际。咄！

大慧祖师赞

湛堂室中踌跳，满口谈禅；佛果句下掀翻，从头改辙。悟既无悟，说即不说。精金炉鞴，火迸星流。黑漆竹篦，雷訇电掣。狮子踞地哮吼，野干从脑迸裂。十八年衡梅游戏，赵璧本无瑕；数千里川陆归来，生姜不改辣。再上凌霄峰，重行临济喝。小释迦云：一人指南，吴越令行。也是证龟成鳖。

日本渊默庵画二十二祖请赞

初祖

三周寒暑泛重溟，　　撞著萧家有发僧。
对朕者谁云不识，　　为谁辛苦到金陵。

二祖

幸是巍巍好丈夫，　　却来少室受涂糊。
虽然拜了知惭愧，　　索得娘生一臂无。

三祖

握节当胸忏罪人，　　罪从何起要知因。
远来更不论僧俗，　　一句无私达本真。

---

[1] 截：清《龙藏》本作"载"。

四祖

胁不沾床三十秋，　初无心法副人求。
黄梅道上逢童子，　昔日冤家又聚头。

五祖

母子师资也是闲，　分明此道播人间。
后来话柄凭谁举，　多种青松满四山。

六祖

多少黄梅会里僧，　一时放过岭南能。
至今大庾山头石，　岁岁春风长葛藤。

南岳

何物堂堂与么来，　人皆不识起疑猜。
电光石火分缁素，　无限劳生眼豁开。

马祖

即心即佛口喃喃，　非佛非心转不堪。
八十四人门户别，　何曾一个是同参。

百丈

野鸭高飞落远汀，　嫌人扭得鼻头疼。
思量个样无滋味，　笑不成兮哭不成。

黄檗

大机大用显家风，　坐断乾坤独此翁。
后代儿孙皆有耳，　如何十个五双聋。

临济

无位真人在面门，　阿师太似弄精魂。

临行灭却正法眼，　何止三千海岳昏。

兴化

紫罗帐里撒真珠，　今日分明验过渠。

说得自知行不得，　更言还识老僧无。

南院

啐啄同时立话端，　当人总是自欺谩。

棒头突出摩醯眼，　付与诸方子细看。

风穴

祖师心印铁牛机，　早是重安眼上眉。

对阵不能擒纵得，　令人千古笑卢陂。

首山

有口何妨诵法华，　无端继祖事如麻。

楚王城畔东流水，　曾与时人挂齿牙。

汾阳

十智同真一句收，　鱼龙锁户向汾州。

夜来逾觉风霜紧，　佛祖闻名也缩头。

慈明

一剑横安水一盆，　草鞋委地杖临门。

西河狮子生狞甚，　来者须教丧胆魂。

杨岐

不因堂上鼓声严，　争得慈明出晚参。
住后栽田博饭吃，　方思说梦老瞿昙。

白云

要识茶陵落发师，　须还除夕夜胡儿。
一茎草上春风转，　玉殿琼楼几个知。

五祖

铁酸豏子向人夸，　拈出鸡冠一朵花。
常为先师言语拙，　尽抛弓冶立生涯。

圆悟

金鸭香销锦绣帏，　风流全在一声鸡。
如今处处逢昭觉，　野鸟山花不更迷。

妙喜

背触俱非验学人，　竹篦三尺没疏亲。
年来此话凭谁举，　日炙风吹又过春。

径山寂照先师元叟和尚赞

这慈尊，真灭门，是非尽刬，佛祖平吞。藏云克家之子，妙喜四世之孙。用首山竹篦，全提正令；瞎摩醯顶目，巨辟重昏。二十年天下径山，绵裹泥团，锦包特石；千七百堂中衲子，棒如雨点，喝似雷奔。掀翻海岳，震动乾坤。把断牢关一句子，金香炉下铁昆仑。

道场晋翁和尚赞

胡达磨不是祖，老枯禅何必数。若非灭族子孙，谁绍泼天门户。石从空里立，遍界绝遮拦。火向水中焚，大地无寸土。言其体也，谁论生灭去来；当其用也，不离声色言语。即性即相，全规全矩。直下分明，现前荐取。

受业先师天宁讷翁和尚赞

大道体宽，虚堂响答。面目现在，人天交接。破草鞋走五十四座军州，粗坐具礼不可思议祖塔。南海瘴重重，北山云叠叠。既了行脚大事，尽见诸方老衲。开荆棘之地而作宝坊，化屠沽之人而修净业。单传直指之妙，非文字所可形容；潜利阴益之心，如虚空自然周匝。夏复夏，腊复腊，要识天香子孙，且看少林花叶。

自题

临济本参黄檗，向大愚肋下筑拳；雪峰承嗣德山，在鳌山店上成道。可使千古流芳，未免一回落草。观此形骸，具何眼脑。入门那个得升堂，三尺竹篦如电扫。问此陋质，从何而生？一沤巨海，片云太清。本来无体，描邈难成。举笔即错，觌面相呈。烧却帧子，我要话行。五十年住院，三千里行脚。撞著破灶堕，勘破一宿觉。白首看云山，是身随饮啄。夜来风雨过，壁上胡芦落。透顶透底，彻骨彻髓。体不离用，用不离体。勉强形容，初无伦比。打成一片五十年，拟议相隔三千里。

虚空为口，万象为舌。一句全提，六时常说。约住德山棒，拈却临济喝。别，别，烈焰炉中捞得月。

有口无舌，三缄不发。露柱灯笼，替他演说。和南不审，君子可八。斫额看鱼，焚香祭獭。

日面月面，苏州常州。全无本据，却有来由。刹竿头上翻筋斗，三十三天筑气毬。

正法眼藏瞎驴灭，　　般若妙心全体空。

佛祖相传只遮是，　　亘尘沙界振宗风。

万宝坊中睡起，　　崇天门外鼓鸣。

拾得红炉片雪，　　日午恰打三更。

古鼎和尚遗像，祥符林长老请赞

四坐道场，一生孤硬。具眼宗师，超方哲匠。三玄三要，擘破完全；一抑一扬，背驰归向。传列祖之灯，息六宗之诤。身非身，相非相，天教擎在千峰上。

绍兴崇报行中和尚寿像，上乘明长老请赞

以一毫端智，遍量法界空。佩文章正印于肘间，魔外窥觑无路；握黑漆竹篦于掌上，佛祖甘立下风。淮山以西，浙河以东，踞三禅刹，伏诸钜公。譬如秋月在川，下非升而上非降；春风扇木，叶自绿[1]而花自红。贤哉上乘，似而有之，述而明之，庶不愧于奚家之祖翁。

西白禅师寿像，祇园文长老请赞

道迈古今，学兼内外。白牙香象，蹴踏而截流；金毛狮子，哮吼而踞地。机用可谓逸群，文章乃其游戏。青天白日，放古佛之瑞光；闹市红尘，阐南湖之祖意。直得大海波翻，须弥粉碎。少林不识，曹溪不会。却净慈，道逾高；笑诸方，进为退。乃古鼎之的传，妙喜之六世者也。

---

[1] 绿：底本作“红”，现据清《龙藏》本改。

佛日普照慧辩楚石禅师语录卷第十五

法语

侍者善成等编

示觉首座

不与万法为侣者，是什么人？这里悟去，一生参学事毕。只么饥餐渴饮，闲坐困眠，虽涉百万阿僧祇劫，如弹指顷，更论什么诸佛菩萨、畜生驴马！瓶盘钗钏都来镕作一金，酥酪醍醐尽与搅成一味。不迁不变，无始无终。唤作常住法身，受用惟心净土。以至红尘闹市，枯木寒灰，逆顺纵横，卷舒出没，又何拘碍者哉！永嘉所谓非但我今独达了，恒沙诸佛体皆同。

示观提点

昔日杨岐老人放下金刚圈，抛出栗棘蓬，吞跳得者固多，吞跳不得者亦不少。如今去圣逾远，举此话者渐稀。要在大力量人，能成大力量事。廓然自省，非在别求。方知自己便是金刚圈，更教谁跳？自己便是栗棘蓬，更教谁吞？管取杨岐老人，不勘自败。

示辩长老

既称长老，出世为人，喻如金鎞刮眼膜，非是小事，若伤锋犯手，未免破睛，危乎险哉！间不容发，岂可恣矇袋，掉三寸舌，说脱空谩人。你看他夹山，初住京口寺，已有发明，到垂手处，不无渗漏。后往华亭见船子，及船子向他道："离钩三寸，子何不道？"道不得，劈口一桡。"竿头丝线从君弄，不犯清波意自殊。"始大彻。所以道：参禅须是悟始得，悟了须是见人始得。若不见人，只成杜撰禅和，说拍盲禅，到处教坏人家儿女去也。第一本领要端正，履践须明白。院子大小，正当置之度外。临济下风穴、首山，何尝聚三百五百众来，至今道行天下，所谓山不在高，有仙则名也。

此宗示弘首座

释迦不出世，达磨不西来。众生鼻直眼横，世界昼明夜暗。蜜甜檗苦，鹄白乌玄。风不待月而凉，火不待日而热。一一见成公案，头头本分生涯。唤什么作此宗？此宗作何面目？石头、南岳启口不得，临济、德山袖手旁观。聚百千万雷为一喝，是甚热碗鸣声？束无边虚空作一棒，当甚蓬蒿箭子？净裸裸，绝承当。赤洒洒，没可把。奴呼菩萨，婢视声闻，高揖释迦，不拜弥勒。直饶与么，未称此宗。若解举一明三，目机铢两，未言先领，未举先知，如斯品格不凡，略有少分相应。此宗门下难得其人，只许俊流，不论懵袋。选佛若无如是眼，假饶千载亦奚为。首座勉之。

示观藏主

黄面老子深入雪山，冷坐六年，只餐一麻一麦，不以为苦。忽于腊月八日，夜半子时，仰睹明星，忽然大悟，叹云："奇哉！一切众生具有如来智慧德相，但以妄想执著而不证得。我当教以圣道，令离诸著。"是以有偏圆半满之说，充塞尘区。然犹未惬本怀，乃至灵山会上，拈花示众，方了末后大事。是皆从旷劫积习而来，诚不容易。所以教中云："我法海中，无有一文，无有一句，非是舍施转轮王位而求得者，非是舍施一切所有而求得者。"谓之无上法宝，两手分付与人。自宜顶戴奉持，不可返生轻慢。天宁曾有一问："且道雪山得底，与灵山传底，是同是别？"若道同，一是教，一是禅。若道别，亦无初，亦无末。试著一转语看。

偈颂一

侍者文斌等编

送智维那往江西

智不到处道一句，生铁称锤被虫蛀。南北东西参学人，莫教踏著无生路。无生路上荆棘多，将心觅佛还成魔。闲伸两脚睡一觉，任他日月如飞梭。谁管你天，谁管你地，说妙谈玄，弄粥饭气。马祖出八十四人，问著无有不会。直饶归宗较些子，也是瞎驴趁大队。如今好个太平时，佛法两字谁论之。堂前青草深一丈，往往口角生胶黐。拈却德山棒，不用临济喝。寒则普天普地寒，热则普天普地热。要行便行歇便歇，切忌逡巡守途辙。

送默庵渊首座

默默默，无上菩提何所得。得无所得便归来，错认藩篱为阃域。升堂入室见其人，若语若默皆非真。至于此语亦不受，但有纤毫即是尘。德山棒，临济喝，从上门庭巧施设。子承父业几时休，大似乌龟唤作鳖。不如付与山河说，昼夜炽然无间歇。就中一句尤直截，尽大地人须结舌。默庵闻得笑呵呵，衔花百鸟如余何。

示善禅人

不思善，不思恶，十二时中空自缚。善亦思，恶亦思，老僧使得十二时。问渠善恶何头面，逆顺纵横千百变。只因不识主人公，所以临机少方便。善师善师听我言，从古至今无圣贤。著衣吃饭只者是，不然去学诸方五味禅。

送中竺月首座游江西

珊瑚枝枝撑著月，南北东西兴难遏。五千余里到不到，八十四人彻不彻。夜来桂子飘天香，此意分明难覆藏。天宫毕竟说何法，至今双涧流汤汤。去亦可，住亦可，麒麟不带黄金锁。草鞋索断云路深，拾取龟毛穿耳朵。

送福州诺禅人再参天童

主人翁，惺惺著，潦倒瑞岩，自呼自诺。蛇吞鳖鼻口生烟，虎咬大虫头戴角。会不会，知不知，大唐国里无禅师。玲珑岩主七十四，优钵罗花第一枝。送君此去君知么，莫把草鞋轻踏破。前头更有最高峰，不独飞猿岭难过。

送朗藏主礼栴檀像、文殊圣师

如来身相非声色，目连谩自劳神力，几回往返忉利天，刚把栴檀细雕刻。当时匠人三十二，尽道梵音雕不得。既是梵音雕不得，十分相似终何益。迩来流落在人间，南北东西随意看。不识如来真实相，人间无处无栴檀。如来身，谁不有，挑囊负笈空奔走。未了之人听一言，只这如今谁动口。心亦不是佛，佛亦不是心。清凉山里万菩萨，流水落花何处寻。

送圭侍者归天台

灵隐山中圭侍者，骨目风神甚潇洒。入门要我送行篇，句短句长随意写。一句短，蟭螟眼里著不满；一句长，遍虚空界莫能量。国师三唤露肝胆，侍者三应含冰霜。赵州古佛更饶舌，暗中书字文彩彰。以此送行须记取，若到诸方休错举。家在赤城千嶂深，夜来木叶吟风雨。

送赞禅人游台雁

菩萨子，百岁光阴一弹指，尚无剪爪闲工夫，而况寻山并玩水。虽然山水有何过，刹刹尘尘皆可喜。抬头撞著自家底，方知因我得礼你。我闻天台之众峰，五百圣者栖其中。又闻讵那在雁宕，坐看瀑雪飞晴空。青萝直上寒松树，花落鸟啼猿挂处。山前一片古寺基，直至如今没人住。没人住处不可行，从教千古万古青苔生。与其孤峰顶上诃佛祖，曷若十字街头踏尘土。

送显侍者游四明

学佛被佛魔，参禅被禅碍。不学又不参，孤负这皮袋。祖师门下客，志气何慷慨。拨动济人舟，了偿行脚债。去去只么去，路在红尘外。来来只么来，眼上双眉盖。任你万重关，铁鞭都击碎。一切但平常，莫作平常会。

送升禅人游金陵

达磨未来东土前，白云片片在青天。达磨既来东土后，黄鸟双双啼翠柳。萧公作帝知几秋，度僧造寺何悠悠。金鳞透网不透网，可惜三度空垂钩。官路崎岖行不得，后代儿孙转荆棘。尺鹞徒能掠地飞，大鹏谩有垂天翼。长江南北浙西东，一花五叶当秋风。深山无人大泽静，但见狐兔栖蒿蓬。昔年遗下一只履，不独无头亦无尾。如今飏在垃圾堆，赢得清风来未已。升禅升禅胡为哉，远自凤山登凤台。粝竭节有顶门眼，解笑吾师特地来。

送能仁显首座游金陵

君不见，天禧之塔高复高，下视刹海如尘毛。人家处处见塔影，塔影家家行一遭。一一家中有一塔，以手遮影终难逃。人家不迁塔不动，去地非远天非遥。东江首座江东去，铁锡横飞留不住。石头城中亦不多一人，越州馆内亦不空一处。去不去兮来不来，衲僧行止无纤埃。一番雨过寒侵骨，江上诸峰翠作堆。

用南楚和尚韵送玫书记往天童礼宝陀

如来禅，祖师禅，文字禅，是何禅？一笔勾下，白日青天。笑杀湖南长老，大书楷字深镌。不见毗耶居士，唠唠击小弹偏。及乎被人问著，直得杜口无言。禅，禅，灵石书记，作么流传？竹月生寒籁，松风入夜弦。既善骑声盖色，何妨说妙谈玄。潮音洞里敲金镫，太白峰头驾铁船。

送印禅人

印泥印，水印空，当头锦缝重重。灵利衲僧构得，何拘南北西东。有把柄，无背面，听之不闻，觑之不见。通方作者知机变，一任苍苔生古殿。透青眼不瞬，照物手宁虚。百炼精金出大冶，南询步步超毗卢。

送大梅元维那

即心即佛，非心非佛。目机铢两，讲若画一。大梅山中忽相逢，耳朵卓朔头鬅松。克宾维那法战胜，馈饭之香熏太空。无不无，有不有，黑黑明明三八九。幸是金毛狮子儿，参方志气冲牛斗。

送祥禅人

诸方旧话无人举，举者直须眉卓竖。木马双双带月行，泥牛对对临风舞。从闽入浙参访谁，直下便是休狐疑。吃粥了也洗钵去，赵州古佛曾提撕。

送延圣世首座还日本

两堂首座齐下喝，当时临济正饶舌。传来此话知几年，舶底依前用邬铁。昔者乘桴游大唐，如今挟复归扶桑。到家拈出宾主句，针眼鱼吞金翅王。

送净慈妙藏主

龙河老师巧方便，再索侍者犀牛扇。永明门前水一湖，忽然迸出摩尼珠。扇兮珠兮俱飏却，瘥病不假驴驮药。好个翔空五色麟，如何绊得黄金索。活滚滚，明落落，无限清风满寥廓。

送天宁敬藏主

看底是甚么经，经中说甚么义？远辞万里扶桑，近别四明双桧。低头问讯，叉手殷勤，一一明妙，一一天真。不妨提起坐具，且与茶湿口唇。走遍大唐无佛法，金香炉下铁昆仑。

送观藏主还里

对一说，倒一说，佛祖从来无秘诀。更问灵山付嘱谁，葛藤未免生芽蘖。道人放下驰求心，当念廓然超古今。直上扶摇九万里，大鹏不比寻常禽。

送报本禧都寺

鼓山一只圣箭子，射入九重城里去。却被老孚轻把住，雪峰未免从头注。因思古德老婆心，瓦砾拈来要作金。后人但随声色转，千里万里徒参寻。自家识取天真佛，碧眼黄头恣轻忽。

送中竺伟藏主

大藏五千余卷，卷卷皆说自心。不是语言文字，徒劳纸上搜寻。中天竺有善知识，两眼明如秋水碧。闲时只是看云山，才见僧来便面壁。如来禅，祖师意，藏主聪明会不会？百万人天拥从时，香花飘满阶前地。

送一禅人

江东西，湖南北，一条古路如弦直。出门绿水绕青山，脚下麻鞋生两翼。无位真人没处寻，秋高落叶飘山林。参方带眼不带眼，是处法堂青草深。老宿见来多指注，与他掀倒禅床去。

送了禅人

甚么物，恁么来。虾蟆吞却月，铁锯舞三台。拄杖头边草鞋底，一声雷震清飙起。相逢不用口切切，踏著无非自家底。譬如雁过长空，影沉寒水。机先透彻祖师关，坐见千花生碓嘴。

送云禅人回仰山

小释迦，大禅佛，四藤条下甘埋没。撑天拄地好男儿，肯学狐狸恋窠窟。谁不顶门眼正，人皆肘后符灵。因甚溷溷涽涽，更待丁丁宁宁。直下是，直下是，早涉流沙十万里。撞著知音举似伊，何须待问庐陵米。

送喜禅人

藕丝窍中世界阔，大鹏挨落天边月。山僧半夜惊觉来，此意茫茫向谁说。十个五双行脚伴，参方不带参方眼。德山挟复见沩山，多少葛藤多截断。两口无一舌，千车同个辙。道士倒骑牛，乌龟嚼生铁。移取瓢苗石上栽，泥牛滴尽通身血。

送宜禅人

举一不得举二，抹过京三汴四。回天转地何难，点石化金亦易。无索摸，绝忌讳，张公吃酒李公醉。孤峰顶上任纵横，闹市门头恣游戏。当阳点破坚实心，水面捺得葫芦沉。拄杖横担千万里，青天白日雨淋淋。

送日本东藏主游台雁

台山之东雁山西，有一句子无人提。忽然蹉口道得著，五百尊者俱掀眉。涧下水流，峰头云起。青松瑟瑟，白石齿齿。宾头卢或往或来，诸讵那乍彼乍此。直饶回向如来乘，也是陈年烂葛藤。教外别传重举似，千寻海底剔金灯。

送径山空维那

井底蓬尘山上鲤，大家坐听炉边水。三登九到不惺惺，少室谁云有皮髓。此事将心谩度量，山河为汝长敷扬。虚空开口笑不已，露柱灯笼争放光。兴化打克宾，丛林如鼎沸。须是金毛狮子儿，一声哮吼吒沙地。

送欣侍者参松月翁

二祖安心，三祖忏罪。依俙无孔铁锤，仿佛冬瓜印子。只因祖父相谩，殃及儿孙未已。拈来粪扫堆头，抛向洞庭湖里。扶桑有个衲僧，爱弄些儿唇嘴。暗中一踏踏著，明处一提提起。山僧抚掌呵呵，毕竟是何道理。论赏也，击碎骊龙明月珠；论罚也，敲出凤皇五色髓。赏即是，罚即是？去见松月老人，必有方便为你。

送月侍者江西礼祖

但有一月真，无非复无是。灵山话不出，曹溪亦空指。往见马大师，簸箕月相似。团团无缝罅，落落全终始。八十四人中，归宗较些子。其余善知识，总在光影里。自己不是渠，渠正是自己。逗到光影消，吸尽西江水。

送义禅人游台雁

昔年有个间丘老，不识丰干空懊恼。寒山拾得恣颠狂，走入深林无处讨。永嘉得得访曹溪，绕床振锡呈威仪。松风江月只如旧，悟者自悟迷者迷。也无迷，也无悟，俊鹰不打篱边兔。万里无云海月高，脚头脚尾通天路。

送彻侍者礼补陀兼省师觐亲

宝陀大士逢不逢，千里万里圆光中。本生父母见不见，动静去来常会面。离师太早古所嗤，无师自悟今其谁。看他临济省黄檗，是真弟子超于师。彻禅好个赤梢鲤，辰锦砂兮未为比。一声霹雳飞上天，虾蟆蚯蚓空攀缘。

送哲禅人仗锡省师，并柬仲默和尚

仗锡老师七十八，眼如点漆眉如雪。分明画出须菩提，坐听孤猿吟落月。深山古寺天正寒，叶深一尺堆床前。地炉烧火帘不卷，袈裟黑似炉中烟。客来只恐放烟出，争奈山林藏未密。喧喧道价满江湖，负笈挑囊固非一。千里东归频寄声，乃翁终是有乡情。目连鹙子神通妙，何必区区圆相呈。

送净慈明侍者回东山

南屏山中五百众，大有神通并妙用。可怜辛苦宾头卢，无时不赴檀门供。就令侍者托钵归，眼上不惜长长眉。问渠扇子在何处，临风更索犀牛儿。犀牛儿，怎描貌，王维笔下丹青薄。西湖烟雨漫遮藏，日出东山露头角。

送哲藏主省师

正月六日初得春，千花百草皆精神。寿山拄杖活鱍鱍，敲风打雨尤惊人。哲禅得之不妄用，临机杀活能擒纵。洞山五位敢施呈，临济三玄休卖弄。寻常放在卧床头，直与佛祖为冤仇。顶门眼照大千界，是何起灭同浮沤。一卓卓碎鸳湖雪，一点点开鄞峤月。与师平出固难为，见过于师岂虚说。却因拄杖思寿山，翻然又逐春风还。

送均禅人礼祖

佛法不怕烂却，一任填沟填壑。普天匝地漫漫，直是无人说著。而今举起又何妨，也胜供养烧枫香。一大藏教闲故纸，信手拈来聊拭疮。震旦虽阔无别路，四七二三面相觑。马驹踏杀天下人，般若多罗休寐语。

赠智浴主诵经化柴

好个金刚正体，廓然无表无里。从来不受一尘，毕竟如何澡洗。既不洗体，亦不洗尘，没踪迹处，切忌藏身。却来声色堆头坐，枯木花开别是春。药王昔日燃两臂，一念道心终不退。正体堂堂忽现前，后人不省焚身意。七轴莲经岂在多，只将者个化檀那。时时打鼓邀僧浴，免使无柴阁冷锅。

送石霜在首座归国

家住海门东，扶桑最先照。迷即天阴性地昏，悟来日出心光曜。玉在山而木润，珠沉渊而媚川。肘后符灵兮扫除佛祖，顶门眼正兮开凿人天。风飒飒时，宝花座无说而说；冷湫湫地，枯木堂不禅而禅。袖中取出唐朝物，兔角龟毛一串穿。

送彭禅人归里

一二三四五，甘草甜，黄连苦。新罗国里曾上堂，大唐国里未打鼓。五四三二一，黑似漆，明如日。牧羊海畔女贞花，拒马河边望夫石。妙中更妙，玄中更玄。现成公案，白日青天。天上天下，三指七马。释迦弥勒是空名，不知谁是安名者。大海一滴水，须弥一寸山。若将心放舍，处处是乡关。

送的藏主归里

日本师僧皆可喜，不惮鲸波千万里。捐躯为法到南方，如此出家今有几？的禅的是禅家流，密证潜符更奇伟。从来佛祖是生冤，肯认山河为自己？五千余卷纸上语，却笑痴蝇钻未已。自家宝藏无一物，尽大地人提不起。提得起，归去来，东风入律梅花开。

送天宁谥藏主回净光

永嘉老子错行脚，被人呼为一宿觉。曹溪只是个樵夫，佛法何曾解参学。三千威仪八万行，一拶清风顿销铄。偶然撰得文字成，被人唤作真丹经。泥里洗土不唧嚼，画蛇添足空丁宁。看渠两著浑未是，学者焉能出生死。如来藏里本无珠，万古虚名挂唇齿。谥禅之口吞诸方，为我殷勤问净光。有珠无珠要渠答，永嘉老人应著忙。说与如今甚时节，莫恋松风与江月。

送因维那省亲

人人有个生缘，快马只消一鞭。达磨不来东土，二祖不往西天。道人生缘在何处，万水千山任来去。去来曾不隔纤尘，日用堂堂全体露。盖天盖地，亘古亘今。不是正法眼藏，亦非涅槃妙心。诸佛非我道，虎头戴角出荒草；父母非我亲，掣断金锁天麒麟。出门随步清风发，千里万里阿剌剌。

送泽禅人

神锋戍削,荆山之璞。虽是后生,甚堪雕琢。凤凰台上凤凰儿,羽翼解笑云鹏迟。诸方往往罩不住,要识弟子观其师。南岳磨砖不成镜,打牛是中当时病。马驹踏杀天下人,具眼方能辨邪正。古今得道如云烟,上人齿少宜勉旃。但尽凡情无圣解,饥餐渴饮且随缘。

送兴藏主游金陵

春山青,春水绿。一枝两枝梅花开,十里五里村路曲。石城云影聚复散,草店鸡声断复续。描也描不就,画也画不成。检尽五千四十八,更无一字能品评。道人笑我虚开口,矢上加尖成漏透[1]。背却法堂穿草鞋,井深绠短终难构。

送心禅人

心不是佛,知不是道。南北东西,何处寻讨。稀复稀,少复少,二千年事只虚传,三寸舌头胡乱扫。麦浪堆中钓得虾,红炉焰上拈来草。

送蒋山皎藏主

钟山龙蟠,石城虎踞。觌面相呈,更无回互。笑他多口老瞿昙,乘之二兮乘之三。众生根器既不等,往往玉轴堆琅函。道人见处天然别,四句皆离百非绝。铁网忽卷沧溟干,珊瑚枝枝撑著月。

送源维那

群灵一源,假名为佛。春雨蒙蒙,春风拂拂。梨花淡白柳深青,满目江山如画出。髑髅常干世界,鼻孔摩触家风。会得蛇吞鳖鼻,不会虎咬大虫。会与不会,著甚死急。道人行处火烧冰,万仞峰头独足立。

---

[1] 透:清《龙藏》本作"逗"。

送森藏主

钟楼上念赞，床脚下种菜。猛虎当路坐，鸡屿洋无盖。森禅日东来，意气何慷慨。开口吞佛祖，不嫌牙齿碍。诸方奇特语，无一念心爱。只是旧时人，方能明下载。山僧却喜渠，早晚付钵袋。

送基禅人

现成基业，不用安排。直下构取，好个生涯。寒即著衣饥吃饭，梵行已立所作办。若将知解污胸襟，如象溺泥深更深。却须参扣善知识，百城烟水逢知音。山僧略为施方便，楚越瓯吴曾历遍。笠下清风只自知，杖头明月无人见。

送道场傅维那

佛祖不传之秘诀，百草头边俱漏泄。海神怒把珊瑚鞭，须弥灯王痛不彻。等闲惊起苍弁峰，走入傅禅怀袖中。金锤一击百杂碎，散为七十二朵青芙蓉。抛向面前人不荐，更饶抖擞裙衫看。猛虎依岩百步威，目光灿烂如飞电。却忆大雄山下客，狭路相逢曾筑著。庙胜将军坐碧油，听他猛士施筹策。

送宁禅人礼祖

青山白骨非祖师，脚下过去都不知。觅得伽陀要何用，穿云度水空奔驰。阿魏无真，水银无假。本自现成，徒劳知解。长庆走出僧堂门，卷起帘来见天下。

送性禅人

色不到耳，声何触眼。灵利衲僧，切忌担板。便与么去，犹欠一槌。光前绝后，流俗阿师。眨上眉毛早蹉过，撩起便行成滞货。孟尝门下客三千，检点将来无半个。

送清禅人之九江

近离浙右，远届江西。我有一机，觌面亲提。船过鄱阳湖里浪，却来五老峰头望。静耶动耶试甄别，心也境也俱凋丧。和罗饭，骨董羹，随家丰俭，畅子平生。如何南北驰求者，本有光明却面墙。

送吉禅人

道道道，红炉焰上一茎草；禅禅禅，河里尽是木头船。出世遇人不著，苦口劝渠行脚。衣内自有明珠，昼夜光辉烜[1]赫。会即便会，慎勿沉吟。墙壁瓦砾，总是知音。不见广额屠儿，业识全无本据。放下手中屠刀，我是千佛一数。

送直藏主

宗门下事如铁壁，使尽神通入不得。拈起吹毛一口剑，西天此土血滴滴。天宁岂是超诸方，凡圣同居常寂光。各有生涯无欠少，大千捏聚一毫芒。如来藏里珠，呈似山僧看。拂袖出门去，迅雷同闪电。泥塑金毛狮子儿，野干之辈何能为。

送珠藏主回广

广南镇海明珠，当甚泥搓弹子。抛向垃圾堆头，直得价增十倍。与么酬君颠倒欲，乐不乐兮足不足。自家屋里奇特事，回天轮兮转地轴。啰罗哩，罗啰哩，教外别传有什么，一狐疑了一狐疑。

送方禅人回仰山

譬如室有六窗，内外狝猴相唤。忽然一个睡著，两个同得相见。仰山亲到中邑来，净洁地上飞尘埃。大丈夫儿杀活手，逢人拶著青天雷。多处

---

[1] 烜：底本作“炟”，现据清《龙藏》本改。

添些子，少处减些子。不论是不是，对面三千里。

送福禅人回闽

玄沙不出飞猿岭，大地拈来作胡饼。两个泥人努眼睛，从他一肯一不肯。秋到菊花黄，虾蟆著锦裆。丛林闹浩浩，遍界绝遮藏。甘草甜，黄连苦，五五从前二十五。鼻孔人人搭上唇，猫儿个个捉老鼠。

送睹禅人礼五台

五台山里文殊，坐断清凉世界。几回劫火洞然，毕竟烧他不坏。举头便见摄身光，南北东西古道场。利剑分明截人我，普天匝地何茫茫。牵牛老子如相遇，叉手进前轻把住。前三三与后三三，归到南方无问处。

送道禅人

四七二三无授受，一一面南看北斗。刹竿头上仰莲心，风搅丛林狮子吼。真不掩伪，曲不藏直。拄杖昂头，草鞋生翼。百炼精金无变色，善财行处无荆棘。东平扑碎沩山镜，临济未是白拈贼。

送庆禅人

要识无位真人，寻常少喜多嗔。遇夜熟眠一觉，起来没处藏身。吃粥了，洗钵去，太分明，休莽卤。大地撮来无寸土，南泉不打盐官鼓。

送幸禅人

从上祖师，鬼门贴卦。后代儿孙，千变万化。诃释迦，慢弥勒，金刚取泥处，屋里人知得。好不资一毫，丑不资一毫。虚空钉铁橛，平地辊波涛。心吃吃，口唠唠，殊不知我王库内无如是刀。

送密禅人

通身是眼，不见自己。骂之则嗔，赞之则喜。阿呵呵，好大哥，知恩者少，负恩者多。江上青山不改，天边白日如梭。闹浩浩，静悄悄，直须当处解脱，不被尘劳缠绕。管甚诸方五味禅，粪箕苕帚从头扫。

佛日普照慧辩楚石禅师语录卷第十六

偈颂二

侍者文斌等编

送全首座回仰山

须弥槌打虚空鼓，万象森罗齐起舞。惊倒南泉王老师，疏山失却曹家女。宽时遍法界，窄处不容针。短绠四五尺，古井千万寻。莫谓仰山年代远，天宫正说摩诃衍。不知谁是白槌人，梦里觉来空眨眼。大道体宽，无好无恶。离心意识参，出圣凡路学。铁牛背上括龟毛，石女腰边裁兔角。

送宗禅人回雪峰

天地与我同根，万物与我一体。好个脱洒衲僧，切忌坐在这里。不慕诸圣，不重己灵。解粘去缚，拔楔抽钉。翻身乌石岭，触目望州亭。到家记取叮咛，问讯曾郎万福。辊动三个木毬，吓杀参方瞎秃。

送普禅人还闽

青山青，白云白。欲识一贯，两个五百。福州名品荔枝，多是鹘仑吞却。玄沙筑破脚指头，直得通身白汗流。如今所谓善知识，接物利生沙压油。脚未跨门先勘破，何须待踞灯王座。五湖四海觅知音，一曲阳春少人和。

送一禅人礼补陀

稽首补陀大士，只这语音便是。与么接响承虚，如何出离生死。钝鸟逆风飞，一日三千里。铁树夜开花，朝来还结子。西瞿耶尼睡觉，东弗于逮经行。南赡部州打鼓，北郁单越擖筝。且道是何曲调，听时却又无声。

送俊禅人

初[1]祖见僧便面壁，被人打破成狼藉。寿山门户向南开，件件现成殊省力。要坐便坐，要行便行。譬如平地，掘甚沟坑？众生即是诸佛，诸佛即是众生。不出一念心，彻头又彻尾。茫茫匝地普天，往往离波求水。

送可禅人

即心是佛无心道，不觉全身入荒草。语拙今人笑古人，古人却笑今人巧。后生晚长忌聪明，且要低头学老成。却忆南泉好言语，要渠痴钝过平生。初三十一，中九下七。四溟东海流，般若波罗蜜。

送理禅人

如来无禅，祖师无意。枯木石头，泥团土块。老臊胡既道不识，卖柴汉又云不会。鸟窠初不离鸟窠，打地一生长打地。跳出漫天网子，名为了事衲僧。百尺竿头进一步，寿山手里有乌藤。

送巳禅人

过去诸佛已灭，未来诸佛未生，现在中间无佛，且放天宁话行。天宁有甚么长处，业识茫茫无本据。昆明池里失却剑，却向西江捞得踞。拈来又是铁蒺藜，自南自北随风吹。扶桑天子呵呵笑，尺二眉毛额下垂。

---

[1] 初：清《龙藏》本作"曾"。

送性禅人之江湘

秋雨垂垂，秋风飒飒。或彼或此，乍离乍合。湘江那畔雁初来，渔唱穿云笛韵哀。更有芦花飞似雪，远山重叠锦屏开。咄哉漆桶不快，唤作真如境界。阇梨幸自可怜生，莫向宗门立知解。

送匡禅人

三世诸佛不知有，大地山河颠倒走。狸奴白牯却知有，火中迸出红莲藕。朝看东南暮西北，落落盘珠无影迹。长连床上饱吃饭，坐卧经行不费力。说妙谈玄也是痴，本来无事出家儿。江西湖南与么去，不须更问毗卢师。

送证禅人省亲

父母未生以前，追风木马如烟。无量劫来未悟，任他寒暑推迁。万年一念，一念万年。神通妙用，大道虚玄。顶上摩醯亚目，途中道伴交肩。总是发明这个事，金乌长出海东边。

送净禅人

绳床走入枇杷树，须弥踔跳上天去。不参死句参活句，活句蹉过河沙数。无所说，狮子吼；有所说，野干鸣。坐断两头，筑著鼻孔。打开八字，刺破眼睛。水牯牛儿甘水草，从他歧路乱纵横。

送化禅人

本色道人行履处，千人万人把不住。湘南潭北恣游行，挂杖一寻生铁铸。所至解针枯骨吟，秋风萧索秋云阴。诸方杀有善知识，要辨龙蛇须访寻。君不见，潦倒赵州年八十，行行尚为参方急。又不见，马祖一喝大雄峰，百丈闻之三日聋。

送中竺恭藏主回东浙

近从中竺来，却往四明去。玲珑岩接玉几峰，总是寻常行履处。大梅即心即佛，宝陀闻熏闻修。岳林一个布袋，天台五百比丘。寒山子往来华顶，诺讵那坐断龙湫。一大藏教陈葛藤，自余是甚碗脱丘。火本无火，承言者纷纷。自我鳌山店上唤师兄，黄檗树头生蜜果。

送天童证侍者再参

鸟窠吹布毛，侍者便悟去。天童亲切句，不要重指注。十月天渐寒，早过西兴渡。相望一千里，往复行大路。入室再参时，喷拳须照顾。

送应侍者礼补陀

眼听声，耳观色，清冷云中飞霹雳。此是圆通自在门，衲僧几个知端的。昔年未出扶桑时，亲见宝陀之圣师。再到海山深处觅，须弥顶上戴须弥。

送瑛维那礼补陀

兴化打克宾，罚钱趁出院。诸方旧话子，反覆参详看。有耳谁不闻，有眼谁不见。露柱挂灯笼，山门朝佛殿。横拖拄杖去，却绕鄞江转。筑著脚指头，通身流白汗。宝陀岩上人，日夜长对面。咄！

送高丽兰禅人礼补陀

道人且以何为道，切忌区区外边讨。外边讨得枉劳神，只个心珠常皎皎。吴水碧，越山青，白云三片四片，黄鸟一声两声。三世如来提不起，历代祖师难下嘴。要见家家观世音，分明因我得礼你。

送俊禅人浙东参礼

学人自己，游山玩水。云门大师，事不孤起。此去浙东寻访谁，肩横七尺乌藤枝。初登玉几谒舍利，更向宝陀参圣师。

一二三四五六七，七六五四三二一。杰出丛林俊衲僧，何须特地从人觅。

送径山英首座归鄞

凌霄峰头第二座，摩诃衍法曾明破。百非四句俱已离，白雪阳春有谁和。直得含晖亭踪跳上梵天，东坡池吞却四明山。蓦然倒骑佛殿出门去，棋盘石任苔痕斑。君不见，寒山子，归太早，十年忘却来时道。又不见，明觉老，无处讨，十洲春尽花凋残，珊瑚树林日杲杲。

送炬首座游台温

饮光论劫坐禅，未免把缆放船。文殊三处度夏，大似辽天索价。英俊道流，去住自由。朝游檀特，暮往罗浮。天宫说法了也，知是般事便休。人人释迦弥勒，个个寒山拾得。走遍天台雁荡，抹过山城海国。从来鼻孔大头垂，莫道相逢不相识。

送孚侍者之浙东

新昌弥勒佛，脚不离地走。夜半过扶桑，面南看北斗。却入天台雁荡，又到清凉补陀。撞著寒山拍手，听他拾得高歌。阿呵呵，阿呵呵，依旧堂中叠足坐，不劳万里涉鲸波。

送信首座参礼育王宝陀

离四句，绝百非，摩诃衍法谁当机。能令寂子缩头去，可使吾道生光辉。东浙西州恣探讨，个中谁了谁不了。果然识得本来人，万别千差俱一扫。法身元无设利罗，方便示现降群魔。闻思大士应尘刹，至竟不曾拘宝陀。谩道石横方广寺，未容薄地凡夫至。琼楼玉殿彩云间，正眼观来何足贵。手点崑华亭上茶，最先勘破盏中花。几人麻上生绳想，又复将绳认作蛇。背却天台游雁荡，讵那尊者空遗像。大龙湫与小龙湫，瀑雪翻云千万丈。尽尘沙界一般天，历历分明在目前。未动步时都历遍，谁能空费草鞋钱。

送宝陀鼎维那

浙东山，浙西水，五湖四海皆自己。明月高挑挂杖头，寒云乱踏芒鞋底。从门入者非家珍，勘破宝陀岩上人。盖色骑声也奇特，一枝古洞桃花春。此行迤逦回天育，去去优昙远山绿。为我寄声二尊宿，出门未免重叮嘱。

送顺禅人并柬乃师

苏州有，常州有，两两不成双，三三亦非九。有一句子到你，秃却我舌；无一句子到你，哑却我口。灵利衲僧知不知，汝师自是真宗师。如何弃却甜桃树，只管沿山摘酸梨。

送万年楚藏主回日本

万年一念，一念万年。不在天台南岳，亦非东土西乾。会得则风行草偃，不会则纸裹麻缠。本来无一物，教外有何传。昔入大唐来，眼不见鼻孔。今归日本去，脚不跨船舷。入海泥牛奔似电，沿江木马走如烟。

送汀州文禅人

达磨西来，不立文字。见性明心，落在第二。还他出格道流，坐断报化佛头。眼里著沙不得，水中捉月何由。诸方老宿河沙数，学者担簦如蚁慕。拈却那吒第一机，其余总是闲家具。四海参寻善知识，谈玄说妙空劳力。当阳勘破老毗耶，一句了然超百亿。汀泉福建，明越温台。门门巨辟，法法全该。老鼠满地走，抱取猫儿来。

送昱禅人回三平

父母未生已前，好个本来面目。日用何曾欠少，谁云是事不足。山又青，水又绿。早便起，晚便宿。乌不日黔，鹄不日浴。挂杖但唤作挂杖，屋但唤作屋。莫问如来禅、祖师禅，下里曲、阳春曲。昔日三平见大颠，断弦须待鸾胶续。

送弘藏主还径山兼柬西白首座

上上上，上到最高高处望。望见青山起白云，云山出没如波浪。大华藏海知几重，重重围绕凌霄峰。须弥绝顶只这是，耳闻迦叶敲金钟。百千万亿四天下，信手拈来无一把。束作龟毛一管笔，经头一字如何写。写得分明说得亲，还他眼目人天人。

送高丽顺禅人归国

普贤身中行一步，超过恒河沙佛土。昨日方离海岸来，今朝便往高丽去。我此浙江，何异汝乡。冬寒向火，夏热乘凉。达本心者头头是道，昧真性者处处迷方。父母未生有甚么，与他辛苦担皮囊。效善财，参知识，礼文殊，谒弥勒。不知放下驰求心，内外中间绝消息。或游山，或面壁。或垂手入廛，或韬光晦迹。煅凡成圣只须臾，拄地撑天也奇特。顺禅人，须委悉，红日照中春，清风生八极。

送钦首座南还

六祖到广州，寓正法性寺。因举风幡话，略与二僧议。从此引葛藤，蔓延南海地。后人不解划，一岁多一岁。珍重钦禅老，颇有英灵气。参方本无得，问法总不会。我保任此人，高踞佛祖位。

送参侍者

参须实参，悟须实悟。好个师僧，便恁么去。灵山会里人，总是天麒麟。百千年滞货，拈弄越精神。蹉过赵州禅，遭他文远笑。斗劣不斗胜，驴粪中著到。因思老古锥，节外更生枝。一笔都勾下，方为跨灶儿。吾家白雪曲，且要高人和。佛祖出头来，与渠都按过。

送宁侍者参方礼祖

佛祖丛中无位次，参方行脚谁家事。随兴一念便乖张，莫向禅门求意旨。

须知真正道人家，到处忘怀泯[1]自他。烂炒浮沤盛满钵，却来石上种莲花。国师三呼，侍者三应。呼兮应兮，头正尾正。寻师必是达其源，密意明明在汝边。他日归来无折合，必须痛吃老爷拳。

送雪窦荣藏主归国

心地法门，匪从人得。便与么去，天地悬隔。狮子教儿能返掷，羚羊挂角无踪迹。以字不是八字非，觉天日月增光辉。百尺竿头五两垂，大唐又向扶桑归。火热风动摇，水湿地坚固。打破铁围山，古今无异路。临行何待重分付！

送参侍者参方

佛法遍在一切处，莽莽卤卤河沙数。蓦劄相逢唤得回，穿云度水从君去。头上笠，腰下包，清风明月杖头挑。不曾咬破一粒米，万两黄金也合消。开却门，须识主，彼此相知何必举。背靠法堂著草鞋，初非密室中私语。山未高兮海未深，赵州文远没弦琴。当时公验分明过，四海谁人识此心。

送越藏主

一大藏教，只说这个。东土西天，分明勘破。我今以百千万亿阎浮洲，拈来挂在床角头。拣甚么新罗日本，佛誓流求。闹浩浩，冷湫湫。有时放，有时收。收放纵横了无碍，卷舒出没常自由。谁道客来无供养，不妨满钵炒浮沤。

送志禅人

道人三次到来，今始索吾长偈。此事直下分明，问渠何须特地。十方只在目前，大道初非物外。若也会即便会，干木逢场作戏。不会亦无欠少，总自自家活计。踏著诸佛顶门，拽脱祖师巴鼻。四大海水壁立，五须弥山

---

[1] 泯：底本作"愍"，现据清《龙藏》本改。

粉碎。好个大丈夫儿，可与禅林增气。

送吴中滋禅人

苏州有，常州有，历历面南看北斗。主伴参随与么来，象王回旋狮子吼。吃盐闻咸，吃醋闻酸。一有多种，二无两般。口中说食终不饱，身上著衣方免寒。不见道：家山好，家山好，家山内有无根草。时当腊月正春风，五叶一花香未了。

送中竺海维那

当念不生，空诸有海。坐断释迦文，全超观自在。中峰顶上鸣楗椎，尽大地人俱绝疑。陈如尊者有长处，一句分明举似谁。坐卧经行，卷舒出没。啮镞之机，如同电拂。三十三天筑气毬，两手扶犁水过膝。

送广南慧藏主

镇海明珠只一颗，如来藏里深扃锁。忽然突出挂杖头，照见山河千万朵。若问此珠作何色，圆陀陀兮明历历。南山之南北山北，直截示人人不识。归去来，归去来，依然高挂越王台。

送进禅人之浙东

百尺竿头进一步，家家门口长安路。浙西之水浙东山，鹘眼龙睛多罔措。是佛不识佛，骑驴更觅驴。我今独自往，到处得逢渠。画蛇不必重添足，六六元来三十六。

送东侍者之天平

天平卓笔峰最奇，入门便看浮山碑。其中九带不到十，读者未免心狐疑。上人来自扶桑国，惯见琉璃浸天碧。夜半金鸡啼一声，鼻孔眼睛俱打失。走遍东西与南北，依然无处寻行迹。

送常上人

秋风凉，秋夜长，井梧飘败叶，岩桂喷清香。莫作世谛流布，切忌佛法商量。便与么，玉殿琼楼，初无盖覆；不与么，银山铁壁，特地遮藏。两头截断，十字纵横。却笑长眉老尊者，跏趺曾不下禅床。

送万寿通侍者

通身是，遍身是。拈却无位真人，坐断空劫自己。向上一路，不许商量。讨甚空花阳焰，更寻蛇足盐香。仲冬严寒，孟夏渐热。自古自今，谁巧谁拙。鸟窠吹起布毛，直下斩钉截铁。道人若也有疑，归家问取禅月。

送净慈道藏主还景德

黄面瞿昙不动舌，纵横四十九年说。葛藤往往叠成谁，毕竟天无第二月。一庵近日离南屏，蓦劄问渠看甚经。只么默然叉手处，青天白日轰雷霆。龙湾老，龙湾老，叔侄相忘情更好。镇海明珠待索时，与他倾出一栲栳。

送愚叟如西堂

本色住山人，且无刀斧痕。如斯三十载，道誉塞乾坤。列下从前诸佛祖，须弥槌打虚空鼓，却完全揭示，当阳主中主。主亦不必论，宾亦不必夸。妙喜竹篦分背触，谁能撒土更抛沙。遇饭吃饭，遇茶吃茶。弟兄相见，丰俭随家。露地白牛甘水草，不妨到处纳些些。

送宗藏主

大士挥尺一下，赵州绕床一转。古今多少葛藤，二老当头截断。宝华藏主饱丛林，访友寻师年岁深。腊月花开无影树，阳春曲奏没弦琴。东风急，东风急，上下四维挨不入。水底青天尽踏翻，何曾乱打鞋头湿。

送圣寿政维那

不用低头，思量难得。真不掩伪，曲不藏直。流出音声佛事，豁开贤圣阃域。洞山麻三斤，云门干屎橛。曾勘诸方来，必竟如何说。拄杖如龙活鱍鱍，横拈倒用乾坤阔。

送净慈寿首座还日本

富士山头月，祖龙溪上水。月既不来此，水亦不往彼。正当水月交辉时，万里何曾隔一丝。石女裁成火浣布，泥牛踏断珊瑚枝。有佛无佛俱是诳，即心非心尽同谤。教网高张未入微，宗门直指还流浪。所以道：正法眼，破沙盆，古今此道喧乾坤。黄金满国难酬价，付与休居的骨孙。椿庭提起百杂碎，不要被渠相负累。掷过那边更那边，寻常只守闲闲地。便与么，实奇哉！诸方大可笑，嚼饭喂婴孩。但恐空中释梵来，昙花又为无心开。

送延寿梓知客

临济大师宾主句，赵州见僧吃茶去。旋风顶上屹然栖，走遍天涯不移步。九九从来八十一，寻常显示尤绵密。撑天拄地丈夫儿，手眼通身赫如日。

送蒋山澄知客

独龙冈头，跳珠峰下。客来须看，贼来须打。还上古之风规，赞升平之法社。狮子之爪既呈，羚羊之角斯挂。善能和其光、同其尘，自可忘其情、绝其解。蟭螟吞却妙高山，草庵卸下琉璃瓦。

送日本易上人

己躬下事元明白，动念却成云水隔。老胡谩自度流沙，不会当头个一著。日日日东上，日日日西沉。何用有口说，无弦方是琴。道人拄杖握在手，是圣是凡劈脊搂。掇转扶桑作大唐，惊起法身藏北斗。

送灵隐福藏主

三业清净佛出世，步步踏著黄金地。三业不净佛灭度，黄金地上难移步。与么与么，当阳明皎皎。不与么不与么，遍界黑漫漫。两处牢关打脱，千里藏海枯干。阿那个是菩提烦恼，唤甚么作生死涅槃。尽大地人齐斫额，飞来峰月照人寒。

送亮侍者参方

国师三唤侍者，侍者三应国师。蚯蚓抹过东海，藕丝穿却须弥。从来此道无今古，不动纤尘超佛祖。迷也悟也何必云，语兮默兮自看取。春风日夜吹天地，是处园林变红翠。一一交罗帝网珠，头头揭示灵山会。咄！

送观首座

云门未到灵树，已见知圣大师。首座悟道了也，一对无孔铁锤。前无释迦，后无弥勒。圣固难知，凡安可测。且道悟个什么？面赤不如语直。七月八月秋风凉，千山万山客路长。太平庵中叠足坐，任运施为无不可。

送双林湛侍者

来也与么来，去也与么去。佛祖不为人，古今无异路。寻常吃饭吃粥，何待说性说心。端坐受他供养，日消万两黄金。打破大唐国，觅一个会佛法底了不可得。我见两个泥牛斗入海，直至如今没消息。

送灵隐聚藏主

冷泉汤汤广长舌，无昼无夜无间歇。必竟不知何所说，卷尽五千四十八。塞却耳根作么听，听得分明心路绝。心路绝处正眼开，灯笼沿壁上天台。

送默维那

云峰见翠岩，投诚而入室。岂无娘生口，不肯为渠说。一朝桶箍爆，通身白汗出。披衣上方丈，且喜大事毕。汝自象山来，问吾求旨诀。置之杂务中，扰扰经岁月。抛却土木场，使就维那职。职满要参方，须依善知识。西川复东浙，毕竟承谁力。

送隆侍者

此事分明非授受，灵光一点从来久。释迦迦叶同虚空，少室神光亦何有。吾负汝兮汝负吾，侍者三应国师呼。我在大唐汝日本，半夜飞出金老乌。

送四明瑞岩润藏主

从来无一法，海口莫能宣。霜风卷黄叶，唤作止啼钱。若遇明眼人，且拈放一边。扑碎摩尼珠，大海浮铁船。能可空两手，不为物所缠。经行及坐卧，在处莫非禅。

送久藏主游天台雁荡

佛佛授手，面南看北斗；祖祖相传，凿石种红莲。一气转一大藏教，水流湿兮火就燥。万里风搏海上鹏，几年雾隐山中豹。益无所益，为无所为。拔苦与乐，兴慈运悲。黄檗树头得蜜果，没底篮子盛将归。直下是，休拣择。新罗在海东，日本多商舶。发弓饮羽兮两岸俱玄，鞭石吼升兮纤毫不隔。台岳云浮点点青，蜃江月泛茫茫白。

送玹侍者还里

鸟窠吹布毛，便有人悟去。而今作么生，莽卤河沙数。玹禅既磊落，须会超方句。见色与闻声，不可第二度。秋风吹木犀，馨松开满树。梦里忽闻香，觉来无觅处。翻身摸著枕，元是木头做。便与么承当，重叠关山路。

答道场清远禅师

吾侄僧中龙，为人施法雨。根虽有利钝，心本无差互。壁立万仞表，青山常独露。谁言师弟子，此事须密付。达磨不会禅，妙喜亦非祖。处处是道场，何劳辨能所。勉之从今日，高步追前古。

寄尼孙静山主

我有一机，向上全提。超佛越祖，海里须弥。天上天下，知之者寡。拟议不来，劈脊便打。五祖邓师翁，扫除临济宗。圆悟与大慧，一一龙生龙。有个尼无著，至今流正脉。古今常现前，看是何标格。

送道场浚藏主

心不是佛，智不是道。天上人间，何处寻讨。西斋今年六十八，分明一老一不老。惭愧青山人，相看寂寞滨。问余有甚奇特处，追风铁马戴麒麟。昨夜月轮如火热，晒得乌儿白似雪。天真灵妙不思议，一语标宗言下彻。

送智门斯道

眼有三角，头峭五岳。枯木糁花，炎天飞雹。既善解粘去缚，不须续凫截鹤。斯人斯道兮千载一时，日面月面兮古之今之。句后声前竟莫测，棒头喝下终无私。君不见，老智门弹一曲，断弦更待何人续。莲花荷叶分明，也是酬君颠倒欲。

示徒弟心安参方

一人所在亦须到，半人所在亦须到。入门休问主是谁，看渠开口提纲要。一言相契便参堂，不惮辛苦充街坊。缝个布袋驮斋粮，朝参暮请听举扬。出家只要了心地，终不图他名与利。古德皆从恁么来，后生晚长须睎骥。泰山之石溜滴穿，蟠桃著花三千年。忽然水底火烧天，那时归来吃痛拳。

送日本春侍者

七佛已来，皆有侍者，辅弼宗师，作成法社。香林在韶阳，闻指示暗抄。临济验洛浦，拽拄杖便打。挤性命，断知解，岂肯认奴作郎，随他指鹿为马。近来车载斗量，漫说云兴瓶泻。春禅幸自英灵，见地须交脱洒。忽然光明盛大，可见风流儒雅。何也？阿魏无真，水银无假。

送进侍者

疏山卖却布单，三千里外行脚。忽然打破漆桶，恰似虎头生角。进禅得得来中州，三万里截沧溟流。解笑瞎驴趁大队，倒拈拄杖风飕飕。扶桑那畔一轮日，直至黄昏后方出。戳瞎摩醯顶门眼，东土西天无祖佛。

送用首座

道人日本来，将甚么过海？有语涉商量，无言成窒碍。譬如金翅鸟王，须弥顶上翱翔。不学栖芦钝鸟，卑飞只恋池塘。摩诃衍法如何说，四句皆离百非绝。杨柳丝丝舞碧烟，梅花片片飘香雪。

送权维那

三世诸佛不知有，一一面南看北斗。狸奴白牯却知有，拈得鼻孔失却口。袖里金锤未举时，分明超过毗卢师。忽然一下百杂碎，石虎吐出木羊儿。渠渠渠，我我我，折旋俯仰无不可。识得西来祖意传，白云影里青山朵。

送志侍者

短歌数十丈，长句三两言。不长又不短，石火迸青天。圆悟作侍者，何曾参得禅。当时邓师翁，未免所见偏。法久乃成弊，须忘鱼与筌。后生逐队走，纸裹仍麻缠。决择要明白，卷舒机用全。道人日本来，可拍佛祖肩。骏马不受羁，长途自腾骞。日驰三万里，顷刻抚八埏。妙喜臭皮袜，杨岐金刚圈，临济正法眼，灭向瞎驴边。鼻孔略仿佛，诸方谁敢穿！[1]

赠前西隐玉涧血书《华严经》

毗卢性海无边表，非古非今非大小。有时捏聚一毫头，血滴滴地从挥
扫。有时伸作广长舌，一卷百番宣未了。玉涧老，金溪宝，如来样向心中
造。善财童子未知归，度水穿云谩寻讨。当砌花，映帘草，雪白瓷瓯香袅
袅。自然觉者处其中，终不随他打之绕。

次韵赠西隐白石

释迦掩室，金粟无言。同条共贯，拔本塞源。闻无闻，见无见。如投
狮子一滴血，六斛驴乳皆星散。藏中自有摩尼珠，须知不在龙宫殿。襟怀
荡荡，眉宇津津。沧溟半勺，大地纤尘。直得飞来峰踥跳，壑雷亭下雨翻盆。

---

[1] 此文原迹收于日本田山方南编《续禅林墨迹》中，其下有落款：海东志侍者，见地稳密，
人品奇伟，有言有德，诚可敬也。屈居择木寮半年，职满。深以此道相期于他日，书偈为赠。
至正丙午七月廿五，楚石道人梵琦。

佛日普照慧辩楚石禅师语录卷第十七

偈颂三

侍者文斌等编

赠五台体法师

惟一文殊，无二文殊。百千万亿，遍满尘区。或作老人，或为童子。或在山林，或居廛市。或乘狮子跨空行，或现光明从地起。法师久矣驻五台，一双净眼长舒开。黄金虽贵著不得，六凡四圣皆尘埃。如今更莫思量著，六用门头空索索。不坐禅，不看经，白云自白青山青。饭罢绕廊行一转，刹那圆满菩提愿。

送徒弟巘书记参方

当年洛浦辞临济，不比寻常赤稍鲤。未落夹山齑瓮中，好将一喝重扶起。巘禅卓锡秦水滨，再涉寒暑忘艰辛。何独丛林重名节，灼然父母非我亲。黄龙只是南书记，道德文章可名世。还他直截老杨岐，流出胸襟盖天地。

送有侍者游天台

天台一万八千丈，正眼观来平似掌。不待崎岖走路歧，尘尘刹刹皆方广。头上笠，腰下包，青山绿水长逍遥。衲僧本自无羁绊，万两黄金也合消。

送虎丘应藏主

真参第一著，妙悟第一药。若是过量人，其心自昭廓。虎丘扫荡邪见师，电光石火舒先机。伶俐衲僧俱直截，不须更问今何时。大藏小藏从此去，岂有意根桩立处。十字街头没底鞋，千年石上无根树。

送净慈海藏主

永明门前一湖水，更有荷花香十里。三世如来说不到，一大藏教提不起。禅和未许乱承当，却是虚空解举扬。塞却耳根何处听，舌头不动语琅琅。谛观堂上老师偈，勿以区区情识会。昨日下雨今日晴，张公吃酒李公醉。

送印侍者游南岳

君不见，马祖坐禅图作佛，奈何无事寻窠窟。让师浑不费钩锥，平白家财遭籍没。又不见，五百比丘常在定，猕猴各佩菱花镜。问君底处是諕讹，切忌逢人说邪正。盘陀石上青松根，日轮卓午天无云。曜古腾今只这是，跳跃印出莓苔痕。放即收，收即放，天下衲僧为榜样。新罗依旧海东边，门口不在舌头上。七十二峰皆可游，异花灵草无春秋。石桥踏断成两截，方见桥流水不流。

送心侄参方

慈明窜身火队中，只要勘辨汾阳翁。半夜亡亲索祭祀，明朝大嚼杯盘空。其时在座多象龙，未免散去随西东。滚滚百川流入海，皮肤脱落真实在。将军驻马过袁州，临行记莂增光彩。如今满地皆儿孙，未有一人能灭门。寿山但道看脚下，佛祖不劳开口吞。

送云居玉维那礼补陀

玉禅南方转一遭，会佛法底如牛毛。拄杖头边拨得著，为渠画断天云高。扑灭祖灯，扫除胡种。诸圣不慕，己灵不重。连城白璧本无瑕，满掬摩尼为谁捧。尝爱疏山老，解云肯诺不得全。又闻云居翁，闺阁中物须弃捐。破家散宅作活计，透出威音王以前。天台南，石桥北，观音院里有弥勒。发挥二十五圆通，屋角桃花露春色。

送义藏主

你问讯了，一边立地。不是如来禅，亦非祖师意。用时便用没商量，说甚了义不了义。众生本来是佛，更要灵山授记。七纵八横，远问近对。如此师僧，果然伶利。等闲撒出摩尼珠，直得神光照天外。

送玄禅人之江西

马祖自从胡乱后，分明对众扬家丑。来来去去是庞公，吸尽西江不开口。方外八十有四人，摇头摆尾皆金鳞。却从平地起波浪，大坐当轩据要津。残羹馊饭不知数，纵展炊巾无著处。好提古剑髑髅前，日炙风吹全体露。

送成侍者参方

侍者参得禅，我未敢相许。职满说游方，临行求赠语。后生真可畏，老僧全望汝。诸方善知识，说法如云雨。行脚要带眼，入门须辨主。寿山一句子，请分明记取。

送大藏主归里奔丧

父母俱亡，觅偈奔丧。谁是报恩者，何处是故乡？行遍天涯海角，没参学处参学。十方不离目前，只么寂寥宽廓。君不见，荷泽师，走向僧堂里白槌。摩诃般若未开口，露柱灯笼已哮吼。

送晟侍者

秋风处处飘黄叶，正坐蒲团缝坏衲。道人别我去游方，三度问渠渠不答。试看如今是甚时，千钧祖道悬于丝。师求弟子固未暇，可有弟子求其师。君不见，投针彻底惊龙猛，叉手向前参瑞像。拈得山僧兔角杖，他年卓在孤峰上。

送晟藏主

一大藏教是切脚，平上去入切不著。释迦老子口门窄，烦恼菩提尽拈却。所在丛林黄叶落，生天癞狗翔云鹤。从他夷岳而盈壑，且把乌藤束高阁。

送净慈颜藏主游庐山

拈起一片木叶，移来一座庐山。古人真实相为，且免区区往还。著草鞋，拖拄杖，游州猎县，极意妄想。若是出格道流，必然别有伎俩。恁么中不恁么，击木无声。不恁么中却恁么，敲空作响。欲知庐山高，更听庐山谣。百亿赡部洲，都卢入秋毫。东西二林在山北，自古远公标胜迹。结社同修十八人，临终尽向莲花国。南则归宗、开先、万杉、栖贤、罗汉、慧日，六刹相连。五老峰，明月泉。香炉狮子，金轮玉渊。遥瞻瀑布不可近，迸雪崩雷崖石穿。千树万树青松交加屈曲，一个两个白鹤鼓舞蹁跹。满地嘉花美草，随时瑞霭祥烟。何消尊宿开口，但管森罗说禅。不是长行短偈，亦非直指单传。革五宗之旧辙，扫诸祖之颓传。针眼鱼吞大千界，扶桑人种陕西田。

送聪禅人

出门步步清焱起，一棹铁船三万里。大鱼刚被小鱼吞，缩却龙头展蛇尾。未到中原俱历遍，浙山如黛江如练。临风侧耳听乡谈，故国依然海西岸。佛不论先后，道不拣精粗。禅不属迷悟，智不得有无。释迦弥勒是他奴，那个男儿不丈夫。

送大慈让维那

折旋俯仰须臾顷，抹过普超三昧顶。灵利衲僧终不凡，遍参岂为观风景。一毫端上慈云峰，草鞋踏破山重重。当年法战既得胜，后来自可兴吾宗。陷虎之机险崖句，何待西斋再分付。

送中天竺吾藏主还日本

初来大唐国，此道已圆成。而况岁月多，煆炼金愈精。添不得，减不得，应用恒沙有何极。莫问凡流与上贤，谁论大智并情识。西湖之水西湖山，动静不离方寸间。月在中峰夜将半，天香桂子谁能攀。亦不唤作心，亦不唤作佛，亦不唤作半满偏圆，亦不唤作照用权实。掇转船头是故乡，龙吞不尽琉璃碧。

送仪侍者游天台雁荡

前释迦，后弥勒，心不见心，无相可得。出门绿水青山，到处花红草碧。如斯举似，鱼鲁参差。直下承当，天地悬隔。寒山子道："千年石上古人踪，万丈岩前一点空。"此一点空不可取，天台雁荡随西东。衲僧行脚休轻议，略以虚怀标此位。非凡非圣强安名，高踏毗卢顶上行。

送伊藏主游四明天台

出门拈起拄杖子，不择山林与城市。第一穿过玲珑岩，先听主翁敷妙音。翻身直上玉几峰，踏著从前自家底。八万四千设利罗，须知不在金坛里。好风稳送宝陀船，刹刹尘尘逢大士。访雪窦，游清凉，触目无非圣道场。天宁定水善知识，狮子哮吼群狐藏。霞城岂独观风景，五百声闻须唤醒。一一教他出世来，闹中不碍身心静。直饶茶盏现奇花，也待众生心自肯。国清三圣谁不知，兴发到处题新诗。虚空作纸大海墨，稻麻竹苇皆毛锥。诸方说禅浩浩地，解举此话今其谁。滑石桥，难措足，下有龙蟠无底谷。多少游人不敢窥，悬崖日夜飞银瀑。举头更望华顶云，千里万里长相逐。摩挲拄杖又向西州还，一毫头上忽然突出须弥山。

送诸侍者游天台雁荡

台山青，雁山碧，满眼满耳，非声非色。先过嵊县礼弥勒，莫道通身是崖壁。撑天拄地更有谁，往往示人人不识。试点五百罗汉茶，一枚盏现一枝花。分明拈出这壹著，多少师僧蹉过他。游华顶了国清去，名蓝正在幽深处。丰干寒拾面目真，屈曲寒藤上高树。款款行入芙蓉村，奇峰峭壁云吐吞。灵岩左右十八寺，寺寺皆有山当门。讵那终日抱膝坐，仰观瀑布从空堕。勿云尊者不说法，撒出骊珠千万颗。逐事与君提话头，如今不了何时休。大唐国里无佛法，看取铁船水上浮。

送寿禅人

真正举扬谁辨的，白云锁断寒山色。参方衲子太惺惺，剔起眉毛双眼碧。有祖以来提唱多，而今莫问如之何。饥餐渴饮无余事，脱却笼头卸角驮。

送吾禅人

古藤横瘦肩，两屦踏残雪。阳乌啼未休，春山若为别。朦胧睡眼何处开，应向前途指明月。

送日本建长佐侍者之庐山

大唐国里宗乘，未有一人举唱。信手拈起布毛，惭愧鸟窠和尚。此话传来几百秋，五双十个徒悠悠。灯笼露柱太饶舌，万象森罗齐唱酬。此行舟过溢城口，峰顶已闻狮子吼。五老同时笑展眉，瀑布不溜青山走。除却平常与奇特，逢人作么通消息。倒骑铁马上须弥，赢得清风生八极。

送明禅人参径山兼柬古鼎和尚

近离何处来，曾到此间否。不许俊衲僧，人前乱开口。天宁挂杖子，未免劈脊搂。决不至三十，但打二十九。留一棒自吃，诸方若为剖。凌霄老宗匠，管取横点首。不作野干鸣，亦非狮子吼。若人会此意，堪续牟尼后。

送日本侍者

大唐日本东西国，一样眼横并鼻直。海底泥牛摘角牵，云中石女抛梭织。日禅幸自可怜生，却道西来有消息。西来本也无消息，平地茫茫种荆棘。文远何曾见赵州，善财亦不参弥勒。

送天宁元首座

灵山第二座，不与诸方同。解笑小释迦，梦升兜率宫。百非及四句，落落开谈丛。说处却成默，塞时无不通。毒蛇吞鳖鼻，猛虎咬大虫。坐断佛祖舌，初非修证功。三冬枯木秀，九夏雪叶红。持此似老僧，将以明己躬。直下兜一喝，未免三日聋。三日聋尚可，吓杀东村翁。

送中竺宏侍者

大机大用无传授，谁解金毛狮子吼，千岁岩头七十翁，通身是眼通身手。若道今年已涅槃，男儿终不受人谩。犀牛扇子依然在，直得清风满座寒。

送径山一藏主

一大藏教闲葛藤，尽大地人跳不出。梦庵本是奇衲子，夜半扶桑吐红日。拈起凌霄峰顶茶，却是洞庭湖上橘。三千世界庵摩勒，放开捏聚谁能诘。松风涧水自谈玄，却笑区区论权实。权非权，实非实，白云道个钵啰娘，带累儿孙空受屈。

送中竺岳藏主

道人特地咨参我，有我有人成话堕。才跨门来剔起眉，分明宝藏开金锁。唐国之西日本东，都卢摄在微尘中。珊瑚树林知几几，照见海日三更红。释迦四十九年说，贵买朱砂画明月。中竺果然机用别，金刚宝剑当头截。

赠远侍者

佛佛授手，祖祖相传。黄头碧眼，白日青天。动念即乖，开口即错。不用续凫截鹤，何必夷岳盈壑。参之者离心意识参，学之者出圣凡路学。昔年日本来，红炉一朵芙蓉开。此日诸方去，铁鞭击碎珊瑚树。东西南北任纵横，赢得清风布地生。

送灵隐文藏主

古释迦不先，今弥勒不后。兔角不用无，牛角不用有。何人同得入，与谁同音吼。叨叨四十九年说，带水拖泥裙半截。出格还他俊衲僧，打刀须是邠州铁。眼对眼，机对机，冷泉收得摩尼归。逢人倾出一栲栳，白日青天雷电飞。

送慧藏主

入门便棒德山老，入门便喝临济师。子孙一一灭胡种，旷大劫来曾绝疑。此行正值风帆便，吹落梅花三五片。一大藏教只说这个法，赵州老人空绕禅床转。且喜南湖职已圆，拈花百万人天前。饮光笑眼自开合，良马不用珊瑚鞭。

送日本丘侍之金陵

十月朔风号古木，金陵远也行何速。菩提达磨未来前，淮北淮南山簇簇。不立文字，直指人心。盲龟值木，辊芥投针。从本以来无佛祖，了知此事非今古。国师侍者意如何，汝负吾兮吾负汝。

送端侍者

赵州文远侍者，白云清凝二师，相与作成法社，象王狮子交驰。灵山幸自龙钟了，左右无人话怀抱。惭愧端禅日本来，铁牛不吃栏边草。朝来问讯，客至烧香。上一画短，下一画长。若更近前求指示，山僧正值接官忙。

月庵

天上月，水中月，惟一月，无二月。再三捞漉也无端，十五团栾又何别。忆著当年马大师，浑家共玩清秋时。南泉拂袖便归去，豁开户牖当轩谁。数百年来无此作，遇夜才升晓还落。自家屋里暗昏昏，向外驰求都是错。唤回头，为伊道，灵光一点同昏晓。辉天鉴地如未知，江北江南问王老。

云海

未明云海直截，且就一波上说。一波动则万波生，一波止则万波灭。所以众生烦恼，不离生灭一法。到得诸佛之地，烦恼翻为智慧。智慧烦恼本虚，众生诸佛皆如。却向其中指出，浩浩滔天沃日。滔天沃日也无端，未审流从何处毕。或时作，百亿洲中尽潮落；或时干，三千界内起波澜。海云大士观云海，但见重重无障碍。我观云海初不同，颠倒日月吞虚空。声闻不是马兔，菩萨亦非象龙。释迦老子谩多口，欲谈云海词先穷。谓之云，非五色；谓之海，绝涓滴。碎须弥，消劫石，尽未来时不可测。不可测，对现分明有何极！

云庵

云兮飘忽，太虚出没。谓其出也本无心，谓其没也离窠窟。或从龙，千里万里长相逢；或抱石，一片两片不可觅。水边林下露幽奇，好手丹青谁貌得。收来直是没纤毫，放去从教吞八极。一有多种，二无两般。远在方寸，近隔大千。凡夫不证法云地，圣人不住无云天。德云长在妙峰顶，海灵普应众生前。百匝千重，是何人境界；左舒右卷，乃列圣机权。君不见，关西子，没头脑，假号云庵显其道。佛手未伸驴脚开，灼然孤负黄龙老。汝今亦复号云庵，此义苍茫吾未了。三问渠侬三不知，白云依旧连芳草。

镜庵

有一物，黑似漆，明如日。六窗无处著尘埃，万象不能逃影质。东平尽力扑不碎，灵利师僧欠灵利。猕猴各佩古菱花，落落神光照天地。胡来汉现几经春，认主人人是甚人。更问中间并内外，无尘未免又生尘。

古航

阴阳未判，形壳未离。上无片瓦，下无卓锥。敢与龙王斗富，从教衲子生疑。不此岸，不彼岸，不住中流，随机应变。扬清激浊兮浪静风恬，灭迹收声兮雷奔电转。三世诸佛知不知,六代祖师见不见。拟议堤防蓦口楬,逡巡卖弄竿头线。便与么,涉波澜;不与么,隔关山。两头坐断乾坤阔,一棹江西十八滩。

无文

始从鹿野苑,终至跋提河,未尝谈一字,笑倒病维摩。维摩大士默然处,演出演入河沙数。三十二说徒纷纷,一切数句非数句。缺齿老禅,面壁九年。分皮擘髓,汉语胡言。直饶以龙龛手鉴、唐韵玉篇,从头注解解不得,自携只履归西天。冬瓜印子传来久,古篆分明拈在手。上人一击百杂碎,露柱灯笼尽哮吼。钱塘十月天风高,示余颂轴如牛腰。白者是纸黑是字,香墨何曾蘸紫毫。

斯道赠万寿由藏主

佛佛授手,祖祖相传。直下便是,不涉言诠。所以匡徒领众,因而说妙谈玄。譬如接竹打月,又似胶柱调弦。分明日用中,逼塞虚空内。筑著又磕著,谁会谁不会。贵如土,贱如金,须弥山未高,大海水未深。东西南北谩参寻,尘世几人知此心。

梅隐

七百年前老古锥,松花为食荷为衣。人皆欲见不可得,茆屋四面青山围。采藤衲子忽然到,口缝才开遭怪笑。从此恶名传世间,谁知出语无玄妙。即心即佛错承当,非心非佛也寻常。残羹馊饭谁肯吃,好肉更来剜作疮。有佛处不得住,无佛处急走过。劝君莫学守株人,七个蒲团空坐破。

大彻赠中竺蕺藏主

大彻投机一句子,突出咽喉与牙齿。藕丝窍里骑大鹏,蝤蛑眼中放夜市。片言不为少,全藏不为多。灯笼见露柱,拍手笑呵呵。虚空扑落在地上,钵盂开口吞山河。蜜怛哩孤,蜜怛哩智。一字不著画,兄弟添十字。

当年黄檗太无端，六十蒿枝打临济。

松石赠中竺贞书记

青松落落，白石凿凿。上摩星汉，下带云壑。若使为栋为梁，为政事之堂；为圭为璋，为公侯之光。不如道人无事，日与松石相忘。清风起而龙吟，芳草映而虎踞。红尘闹市任喧哗，家在青山更深处。

无相赠日本讷藏主

法身无相，直下分明。眼不见色，耳不闻声。虽是不闻不见，却解随几应变。自从打破太虚空，舜若多神常对面。

龙渊赠骊藏主

龙无龙句，渊非渊句。要问龙渊，在甚么处？尽大地是浪，忽青天起雷。日月陡黑，山岳倾摧。散四海五湖之甘泽，活三草二木之枯荄。叶公不解描貌，未免将错就错。赤手谁来得颔珠，古今不露真头角。

无外赠日本严藏主

有不有，空不空，圣凡总在圆光中。浮幢王刹香水海，莫问南北并西东。一即一切，一切即一。亘古亘今，谁得谁失。都卢只在毫端，却向那边寻觅。纵然觅得亦非真，直下分明能几人。诸佛假言三十二，切须体认本来身。

鳌山赠仙岩金长老

有鳌山兮甚奇特，镇黄岩兮浮翠色。峭崔嵬兮高巍岌，直上云端望何极。君不见，雪峰昔遇岩头老，三十年来尽倾倒。流出胸襟盖天地，鳌山店上方成道。龙鳞鳞，鱼鳞鳞，几番沧海飞红尘。毗岚猛风鼓不动，十洲三岛长如春。

古木赠荣藏主

天地未分时，槎牙第一枝。阎浮虽有树，争奈结根迟。几回寒，几回热，柯似青铜叶如铁。挺立何愁动地风，高标可怕连山雪。梗楠杞梓总凡材，莫不皆从尺寸栽。不是千年万年物，转头便化为尘埃。庄生之椿今已朽，少林之桂君知否。撑天拄地是何物，一一面南看北斗。

心源赠悦维那

三点如流水，曲似刈禾镰。佛祖莫能说，余人谁解拈。吾闻寒山子，有偈非极谈。徒然挂唇齿，秋月照碧潭。更谁知，无物比，冷涵空兮清彻底。回光返照刹那间，一脉本从何处起。

硕林赠中竺果首座

睦州老人识临济，阴凉大树亲授记。果然盖覆天下人，今日儿孙铺满地。一一高枝撑太空，重重密叶来清风。硕林挺出万物表，非与寻常花木同。遍界冰霜渠不受，随时变异渠不朽。等闲鸟兽那敢栖，长有金毛狮子吼。

大机赠日本全藏主

大机须兼大用说，机用直教心路绝。德山一棒山岳崩，临济一喝虚空裂。君不见长沙岑大虫，作用不与诸方同。寂子亲曾举到此，被渠一踏传无穷。道人素有冲霄志，发明宗门向上事。等闲拈起蒺藜槌，百亿须弥成粉碎。

无尽赠登山主

百亿三千大千界，拈来地上土一块。虚空尚有消损时，尘世光阴易凋谢。不灭不生唯此心，纵经旷劫长如今。如今直至未来际，却笑目连穷佛音。

智隐赠愚禅人

有无但较三十里，晦迹韬光乐于己。诏书飞出凤凰楼，三度入山征不起。圣人具足凡夫法，凡夫具足圣人心。非凡非圣尽超绝，路在白云深更深。

无隐赠吾禅人

日用堂堂全体露，著衣吃饭朝还暮。灵山拈起一枝花，百万人天皆罔措。色且不是色，声且不是声。描也描不就，画也画不成。只在目前休外觅，青山绿水转分明。

思远赠日本闻侍者

一念普观无量劫，无去无来亦无住。三际求之不可得，生铁称锤被虫蛀。达磨度流沙，特地到中华。虽云十万里，毕竟不离家。饶君走遍浮幢刹，南北东西没差别。寒则普天普地寒，热则普天普地热。这一处，心行灭，虚空包不尽，千圣莫能说。灵利衲僧知不知，不知却问天边月。

桂岩赠日本净居月长老

月中桂子飘岩幽，长成一树三千秋。秋风吹开枝上花，花所及处清香浮。月公本是昔公裔，道誉之香塞天地。金粟如来梦幻身，不须更受菩提记。

绝照赠用首座

净裸裸，绝承当。赤洒洒，没可把。龙潭吹灭纸烛时，眼光烁破四天下。日月不到处，乾坤难覆藏。三千大千界，正体露堂堂。缘见因明，暗成无见，明暗两忘，心灵百变。目前无阇梨，座上无老僧。一念不生三际断，扶桑夜半日轮升。

香山赠果长老

五分法身收不得，非栴檀也非蒼卜。妙峰孤顶露堂堂，少室真机明历历。

嗅著能令鼻观通，白云掩映碧玲珑。花开叶落年年事，依旧须弥耸太空。

中山赠颖首座

乾坤之内，宇宙之间，丹青莫状，手足难攀。通上既孤危，直下尤峭绝。旷劫无动摇，群峰自环列。君不见，混沌开辟分七金，须弥坐断沧溟心。衲僧不解中山义，只管区区向外寻。

大岳赠日本积首座

除却须弥山总小，只消芥子都吞了。与他拈起一微尘，富士嵯峨接蓬岛。中国岱衡华霍嵩，宝刀削出青芙蓉。回光返照方寸里，积块浮沤三界中。捏不聚，吹不碎，是何物在乾坤外。临崖望海海茫茫，触石起云雪队队。

大心

摩诃两字如何译，不落时人情与识。上乘菩萨信无疑，中下之流岂能测。古释迦，今弥勒，是处分身千百亿。怛怛忉忉空费力，为人曲指何曾直。饥餐渴饮任天真，便是降魔转法轮。

无方

一拳打破虚空，一脚踏翻大地。东西南北不分，上下四维安寄。大华藏界云水宽，百千刹土秋毫端。放开捏聚总在我，左抛右掷胡为难。既非杂染与清净，毕竟如何辨邪正。直下全提摩竭令，繁兴永处那伽定。

南隐

五十三人善知识，善财无处寻踪迹。文殊指示太分明，踏破草鞋空费力。不住山林不住尘，非凡非圣非疏亲。衲僧了了见得彻，大道茫茫没却身。谓之有，离窠臼；谓之无，塞寰区。阎浮夜半日卓午，只在目前何不睹。

实庵

棒打虚空鸣剥剥,石人木人齐应诺。十方惟一坚密身,铁壁银山难入作。无形相,亘古今,不除妄想觅真心。牛头自见四祖后,百鸟衔花何处寻。

笑云

山中人笑云来去,几度欲留留不住。一片西兮一片东,为谁挂在青松树。有时卷,不论高低并近远;有时舒,南北西东满太虚。本自无心休问迹,悠扬散漫随风力。白衣苍狗任纵横,返寂还空何处觅。却恐山中云笑人,区区未免走红尘。但能放下便安乐,所以长将云喻身。

少林

达磨面壁,可祖安心。二株嫩桂,布影垂阴。上撑天兮下挂地,往不古兮来非今。自从只履归西域,岁岁春风添翠色。莫道庭无立雪人,一花五叶香何极。

西源赠远首座

阿耨达池分四河,四河竞注同其波。不独鱼龙与虾蟹,大身复有阿修罗。天台远也侍吾久,出纸乞我西源歌。歌西源,无滴水。佛也祖也,彻头彻尾。今兮古兮,透顶透底。更说甚么竺乾、震旦,南岳、石头,马大师、庞居士。只因一口吸西江,无限波涛从此起。

一源

群灵一源,假名为佛。佛既假名,源从何出。释迦老子曾未悟,四十九年曲流布。谁言教外有别传,百万人天空罔措。先圣道:流泉是命,湛寂是身。从本不清不浊,即今非古非新。四大海收归涓滴,五须弥卷入微尘。遍界金波常匝匝,与他凡圣无交涉。

海屋

普门道人索我歌，未免平地生风波。屋为海耶海为屋，海屋之义当如何？百千瀛渤从此起，起亦不离涓滴水。沃日滔天也大奇，卷舒只在轩窗里。我观观音心海空，一一佛屋罗其中。接影连辉宝楼阁，珠幢玉树光玲珑。及乎敛念元无有，试问道人知此否？不下禅床遍十方，春风自袅金瓶柳。

谷隐

龙以角听，蚁以身听。人听在耳，风鸣谷应。听到无声谷自空，山河石壁遥相通。直饶千手掩不得，所以八面俱玲珑。虽然隐也何曾隐，白日青天雷辊辊。

闲闲

终日忙忙，那事无妨。行住坐卧，一丝不挂。看经费眼力，作福受奔波。饥来吃饭困来睡，如此闲闲快活何。

佛日普照慧辩楚石禅师语录卷第十八

偈颂四

侍者文斌等编

明真颂二十八首

（一）

我有摩尼一颗，　埋在五蕴身田。
昨向泥中取出，　光明照烛无边。
所为莫不如意，　日用寻常现前。
世上谁无此宝，　昏迷未脱盖缠。
死生生死萦绊，　果报或人或天。
一旦逢善知识，　岂非有大因缘。

（二）

只这言语声色，　非根非尘非识。
释迦亲见燃灯，　故号能仁寂默。
平治自家田地，　净除瓦砾荆棘。
身光充遍十虚，　岂止百千万亿。
一念成佛不疑，　多方转化何极。
虽云妙行庄严，　毕竟归无所得。

（三）

触目无非此道，　莫拣精粗大小。
众生与佛何殊，　总是自心所造。
修善天堂化生，　受用珍奇异宝。
地狱皆由作恶，　铁床铜柱围绕。
临终罪业现前，　方恨悔之不早。
觉悟烦恼菩提，　迷惑菩提烦恼。

（四）

禅师不假多知，　饥餐渴饮随时。
将心用心大错，　在道修道堪悲。
内外推寻不见，　中间亦绝毫厘。
众生别求智慧，　诸佛何异愚痴。
一等黄金作器，　瓶盘钗钏环儿。
自体元无改变，　千般任用炉锤。

（五）

贪嗔痴号三毒，　三毒起于一心。
本来空寂三毒，　三毒自此平沉。
顿获金刚正体，　亲闻大觉圆音。
了然不生不灭，　解者非古非今。
智士现前究竟，　愚人向外推寻。
妄情造业难断，　如象溺泥渐深。

（六）

观心常坐习定，　便欲此生亲证。
证得常住法身，　堪续如来慧命。
若也沉空滞寂，　堕于二乘禅病。
澄潭不许龙盘，　大象岂游兔径。
随处逍遥快乐，　洞明自己真性。
可中不乱不定，　向上非凡非圣。

（七）

法离言语文字，　返著文字言语。

假使精进三藏，　何如直截根源。

巡行数墨不悟，　转读令人转昏。

心地本无一物，　澄空迥绝尘痕。

胡为自起障碍，　日夜随他六根。

一念空诸所有，　魔外窥觑无门。

（八）

昔有维摩大士，　示疾毗耶城里。

三十二个菩萨，　各谈不二玄旨。

文殊请问维摩，　维摩一默而已。

如今博地凡夫，　未学音声三昧。

刚把公案批判，　妄将贤圣诃毁。

若非了悟自心，　般若妄谈招罪。

（九）

末法比丘不让，　多因忿怒斗诤。

既依大戒出家，　须禀六和为尚。

罗汉深证无生，　未曾与人相抗。

善哉圆顶方袍，　便是当来佛样。

心内坦然平夷，　世间靡不归仗。

莫起一念嗔火，　赫赫燎原难向。

（十）

众生业识茫茫，　心里浑如沸汤。

只管随声逐色，　何由返照回光。

参禅发明自性，　譬似远客还乡。

旷劫收归当念，　当念含摄十方。

触境逢缘不变，　著衣吃饭如常。

无明从此消灭，　热恼自然清凉。

（十一）

不了第一义谛，　　因兹名曰无明。

我观无明无性，　　无住无灭无生。

菩萨双亡理事，　　声闻怕怖色声。

一居逍遥乐土，　　一在解脱深坑。

离却二边中道，　　洞然清净光明。

人间天上随意，　　广度恒沙有情。

（十二）

灵空元自无像，　　不用断除妄想。

妄想即是真心，　　何须分一作两。

冰消为水温和，　　水结为冰严冷。

浊恶众生可化，　　清净诸佛堪仰。

诸佛众生本性，　　岂同外物消长。

金刚座上刹那，　　永绝从前影响。

（十三）

法身不见边表，　　日用何曾欠少。

语默动静施为，　　无心自然合道。

但有丝毫挂碍，　　便遭魔境缠绕。

大海普纳百川，　　须弥合成四宝。

到头难免无常，　　徒自汪洋峻峭。

一悟真空妙理，　　涅槃生死俱了。

（十四）

众生本来自佛，　　甘堕无明窠窟。

若悟无明本空，　　轮回从此超出。

譬如一点明灯，　　能破千年暗室。

决了贪嗔体性，　　空花阳焰非实。

直须立志参究，　　不可随情放逸。

惟有禅门捷径，　　别无入道要术。

（十五）

佛口初无言说，　　法身岂有生灭。

只因随顺世间，　　便见千差万别。

细辨凡夫因果，　　广标诸圣旨诀。

玄门历历开张，　　教网重重施设。

末上拈花示众，　　尽除方便直截。

譬如十斛驴乳，　　散在一滴狮血。

（十六）

大有世间痴汉，　　随他声色流转。

不知万境枞然，　　总是心灵所变。

堕在尘劳海中，　　无由脱离魔胃。

羊车即是牛车，　　我面何殊佛面。

直下回头便是，　　不劳苦口相劝。

一朝飏下皮囊，　　免到阎公业案。

（十七）

小小如萤之火，　　能烧大地丛林。

莫教一念嗔起，　　灭尽无边道心。

佛祖令人保护，　　防他境界来侵。

众生与佛何别，　　弃却真如外寻。

流出盖天盖地，　　本来非古非今。

要知般若灵验，　　入海铁船不沉。

（十八）

觉道无过自悟，　　参禅不要他求。

却来心外觅佛，　　如向沙中取油。

演若达多发笑，　　也曾弃镜寻头。

白云千里万里，　　黄叶前秋后秋。

要了即今便了，　　未休何日当休。

拍手浩歌归去，　　倒骑露地白牛。

（十九）

古今得道贤圣，　　当念无修无证。

烦恼菩提两亡，　　涅槃生死俱净。

境风飘鼓不动，　　常处那伽正定。

应佛圆如太虚，　　临机湛若明镜。

堂堂世出世间，　　在在法王法令。

一切凡夫本同，　　不离法界体性。

（二十）

愚夫背恶向善，　　佛道转求转远。

放下身心便休，　　一时善恶俱遣。

天堂快乐不思，　　地狱煎熬亦免。

好个天真古佛，　　十方法界充满。

既无生灭去来，　　宁有是非长短。

性地自然坦平，　　尘劳何用除断。

（二十一）

法王出现世间，　　方便谈空破有。

有者必归于无，　　是为圣狮子吼。

玉毫金相庄严，　　前取涅槃非久。

天地至时崩坏，　　谁论贫富好丑。

可怜外道愚痴，　　妄执梵天长寿。

八万大劫既终，　　难免轮回不受。

（二十二）

何处出离生死，　　几人悟解真空。

真空非有形貌，　　更问南北西东。

瞥起纤毫妄念，　　头头窒碍不通。

执之必落邪道，　　放之未免昏蒙。

身心直下透脱，　　如鸟飘然出笼。

无病何须服药，　　愚痴智慧双融。

（二十三）

任你多般取舍，　　如同水上浮沤。

沤生沤灭难止，　　念去念来不休。

努力要须猛省，　　回光更莫他求。

一间空舍无主，　　倾坏何劳再修。

饥把钵盂噇饭，　　睡时块石枕头。

十二时中快乐，　　谁能似我无忧。

（二十四）

幻士化成大宅，　　园林花果争鲜。

其中罗列男女，　　车马住来市缠。

取性欢呼鼓舞，　　乘时放逸狂颠。

死生骨骸盈地，　　婚嫁笙歌满前。

愚者执为实有，　　不知幻化使然。

至竟都无一物，　　云开依旧青天。

（二十五）

法性本无造作，　　且非内外中间。

声色何须苦厌，　　尘根亦不相关。

断除烦恼转远，　　求证菩提即难。

有念便沉生死，　　无为自契涅槃。

两途俱是障碍，　　中道又隔河山。

打破镜来相见，　　身心索尔虚闲。

（二十六）

悟向迷中寻悟，　　迷从悟里发迷。

被他二法缠缚，　　何日解成菩提。

佛祖元无指示，　　痴狂妄有思惟。

常情执著不舍，　　断见由来自欺。

智者不求解脱，　　一言可破群疑。

贪嗔即是大道，　背舍心王问谁。

（二十七）

燃灯授记释迦，　于法了无所得。

我观天上人间，　不见当来弥勒。

浊恶众生可怪，　目前睹佛不识。

何须转脑回头，　便合骑声盖色。

尽未来时度生，　分身百千万亿。

即今揭示龙华，　一切人间罔测。

（二十八）

欲识自家宝藏，　六时常放光明。

本非青黄赤白，　不离坐卧经行。

三世如来骨髓，　历代祖师眼睛。

大似水中月影，　还同色里胶青。

灼然不可取舍，　毕竟难论坏成。

在在逢缘利益，　尘尘救度迷情。

招提德严法师讲《首楞严经》，说偈一十八首寄之

得道应须广度生，　度生必使性心明。

阎浮提有梵天咒，　捺洛迦无淫欲情。

庆喜出遭魔网冒，　文殊来护法舟倾。

多闻未可为奇特，　旷劫薰修在力行。

外洎虚空内色身，　都卢不出此心真。

浮沤未足穷瀛渤，　弃指须当认月轮。

听法缘心非本性，　掌亭实主岂游人。

离声与色无分别，　石上栽花井底尘。

手开手合宝光飞，　左右回观是阿谁。

须信此头摇动处，　不妨全体寂然时。
明心见性无舒卷，　认物随流妄觉知。
无上法王真实语，　岂同虚假末伽梨。

波斯匿性未尝迁，　老见恒河似幼年。
暮景不须悲白发，　浮云终是散青天。
来从旷古人何在，　去作荒丘骨已捐。
劫火洞然无一物，　分明父母未生前。

七处征心心不有，　八还辨见见元无。
擘开秘密千重锁，　迸出圆明一颗珠。
从此圣凡知解绝，　有何生死性情拘。
话头拈起知音少，　留与人间作楷模。

地水火风空见识，　遍周法界本来圆。
当知实义非言说，　妄计因缘与自然。
起灭无从常住体，　粗浮不悟此经诠。
众生那个不成佛，　与作当来得度缘。

根尘识是如来藏，　于一毫端洞十方。
大地无时相助发，　虚空有口自敷扬。
众生不守真如性，　诸佛皆居常寂光。
生灭去来何所碍，　鸟飞不尽碧天长。

觉明明觉异还同，　毕竟山河大地空。
演若多心狂自歇，　摩登伽女咒难笼。
直教根本无明断，　便与如来妙理通。
三世有为皆有灭，　十虚无始定无终。

一六义生圆湛中，一亡尽使六销镕。
脱粘内伏心非有，劳发前尘性本空。
自在浮沉鱼出网，无妨去住鹤离笼。
根根互用如何说，正与花巾解结同。

良哉二十五圆通，各各熏修不滞空。
证入法门虽有异，悟明心地本来同。
思惟妙德言尤审，选择观音耳最聪。
堤畔绿杨新过雨，数声黄鸟啭春风。

断淫除杀又离偷，成佛难将妄语求。
此四律仪持不染，彼诸魔事及无由。
道场既立心身净，神咒弘宣刹海周。
无量金刚来护法，愿将杵破恶魔头。

八万四千颠倒想，想为十二类生因。
妙明觉性如开悟，虚妄浮心即本真。
龙鬼天仙红肉髻，羽毛鳞甲紫金身。
谁能静坐思量看，内外中间绝点尘。

三界众生依食住，永除酒肉断淫心。
相生相杀既无业，外境外魔终不侵。
刻骨铭肌持净戒，随方睹佛奉玄音。
琉璃中更悬明月，一片光华耀古今。

智慧初明欲习干，位从四十四心安。
信初中道纯真性，灌顶如王付国看。
利行度生心愈旷，回真向俗道何宽。

欲登十地须加行，　　行觉重重复又单。

吾闻地狱元非有，　　十习才成六报来。
恶念转教为佛福，　　刀山喝使作金台。
不贪天上欢娱事，　　肯受人间爱欲胎。
本性弥陀常显现，　　莲花一朵待时开。

十类元从十鬼分，　　命终报尽复为人。
十仙徒此短长寿，　　三界不离生死身。
色究竟天居有顶，　　大阿罗汉出凡尘。
穷空大道无归处，　　未免从头再入轮。

旋消五阴十禅那，　　十五重重破恶魔。
明目不愁幽暗隔，　　坚冰争奈沸汤何。
自心了悟非登圣，　　如水平流岂异波。
直至菩提无少乏，　　大家称赞阿难陀。

五阴由来体是虚，　　五重妄想待消除。
不离本觉妙明性，　　要识根元生起初。
多劫受熏嗟莫算，　　六根互用灭无余。
盈空宝施微尘佛，　　若比弘经福不如。

示诸禅人九首

四七二三何所传，　　分明佛祖是生冤。
拈来的的无多子，　　点破区区在一言。
犹自将心求悟解，　　不须特地觅根源。
昼明夜暗寻常事，　　屋角风铃语更繁。

都缘昧却自家心，　　只管茫茫向外寻。
不识彩鸡呼作凤，　　还将黄叶认为金。
求师跋涉山川远，　　逐境因循岁月深。
有问却须向伊道，　　谁家屋里没观音。

而今谩说普通年，　　此话无人举得全。
临济何曾见黄檗，　　赵州亦不到南泉。
追风木马来如电，　　入海泥牛去似烟。
船在须弥山上泊，　　一篙撑破水中天。

立处孤危用处亲，　　不知蹉过那边人。
宗师未免抛机境，　　学者须令辨主宾。
热喝嗔拳同闪电，　　普天匝地尽扬尘。
果能著著超方外，　　十影神驹五色麟。

喃喃唱道固非真，　　默默酬机也未亲。
却是山河大地说，　　徒劳文字语言陈。
敲床竖拂休称妙，　　簇锦攒花枉斗新。
可信吾宗无此事，　　分明不认本来人。

树凋叶落正斯时，　　体露金风几个知。
未入玄门难下口，　　从来大悟不存师。
炊巾谩为参方展，　　掣电犹嫌伫思迟。
五十三人炉鞴热，　　铸成一个善财儿。

不除妄想不除真，　　也是朱砂画月轮。
脱体承当能几个，　　将心凑泊有多人。
寒山直忘来时道，　　布袋横拖满眼尘。

世出世间常快活，　　从他物我竞疏亲。

瑞岩自唤主人公，　　口与心违道不同。
千里持来须粉碎，　　满盘托出尽虚空。
随声逐色龟投网，　　得意忘言鹤脱笼。
何必升堂求指示，　　现前无法不圆通。

日用分明问阿谁，　　谈玄说妙谩多知。
新新固是无停识，　　念念何曾有住时。
若遣众生修定慧，　　还令诸佛起愚痴。
五双十个难吞透，　　自作金圈与栗皮。

阅藏诸僧求偈六首

以字不成八字非，　　普天匝地解人稀。
生狞狮子才开口，　　忿怒那吒顿失威。
三窍圆珠言下得，　　十方法界目前归。
如来禅许师兄会，　　还我宗门向上机。

教外别传传底事，　　言前便领领何迟。
才求妙悟心昏昧，　　未透玄关眼睹[1]眵。
佛字道来须漱口，　　禅床掀倒不容师。
偏圆半满何须举，　　尽是空拳诳小儿。

案头故纸已多年，　　中有摩尼曜大千。
了了示人人不会，　　明明标旨旨难宣。
牛栏马厩如何说，　　海藏龙宫作么诠。

---

[1]　睹：底本作"搭"，现据清《龙藏》本改。

一句包容无量义，　　阎浮树在海南边。

觅心不得便心安，　　因甚禅流入作难。
往古来今多少样，　　改头换面百千般。
须教兔子离窠窟，　　更逼鲇鱼上竹竿。
自己灵台如未悟，　　藏经只为别人看。

拈来更问是何经，　　宝藏玲珑夜不扃。
露柱伸眉万象说，　　须弥合掌太虚听。
云门特地撺拄杖，　　百丈无端指净瓶。
顶上拨开三只眼，　　知君犹自大惺惺。

心是光明妙法幢，　　照今照古信非双。
沿阶冻蚁空寻穴，　　扑纸痴蝇未透窗。
达磨大师轹轹钻，　　释迦老子葛藤桩。
寻常只么闲闲地，　　可使波旬外道降。

送僧住庵九首

住庵门户泼天开，　　且竖拳头接往来。
方便许人呈漆器，　　等闲垂钓得黄能。
是窗是壁心心现，　　非圣非凡法法该。
佛祖位中留不得，　　从教金殿锁苍苔。

大隋燕坐木庵时，　　问答何曾巧设施。
拄杖挑蛇付猛火，　　草鞋信手盖乌龟。
无论正定兼邪定，　　尽使深疑顿绝疑。
东土西天无佛祖，　　说禅不动口唇皮。

满屋黄金眼不开，　　山居岂是大痴呆。
钵中饭少枯堪吃，　　身上衣单纸可裁。
日出道人锄地去，　　夜深童子点灯来。
须知佛法无高下，　　悟了方堪养圣胎。

白云深护碧岩幽，　　成现生涯免外求。
一个衲衣聊挂体，　　三间茅屋且遮头。
长松片石闲无事，　　淡饭粗茶饱即休。
拈出昏溪长柄杓，　　不风流处也风流。

昔人久矣住岩阿，　　撞著烧庵施主婆。
十字街头无向背，　　孤峰顶上却諵讹。
侵晨自拾枯柴去，　　向晚还冲猛虎过。
妙用神通只这是，　　来人未免问如何。

走遍禅林却住庵，　　临行别我语喃喃。
挥毫写偈宁非错，　　杜口吞声转不堪。
万法空来知有几，　　十成蹉过问前三。
古人为佛垂慈切，　　不厌城隍入闹蓝。

四祖当年访懒融，　　牛头山下忽相逢。
一言见性方成道，　　百鸟衔花便绝踪。
不怕於菟号永夜，　　长煨榾柮过深冬。
流泉叠嶂分明语，　　要引禅流达此宗。

青山影里镢头边，　　为法求人也可怜。
打地初非闲打地，　　磨砖却是乱磨砖。
直教桶底和墙脱，　　要把绳头蓦鼻牵。

分付灭胡真种草， 大家明取未生前。

穿云渡水又何疑， 转脑回头更是谁。
粟米粒中摊世界， 藕丝窍里挂须弥。
把茅不换千间屋， 一饱能忘万劫饥。
若问住山何境界， 人人鼻孔大头垂。

示华严会诸友八首

正觉山前大雪中， 明星夜照普天红。
慈尊正眼既打失， 觉苑从头谈脱空。
要与古今为榜样， 直教凡圣绝罗笼。
依然广大门庭在， 岂假潜鞭密炼功。

大千经卷在微尘， 剖出还他过量人。
无始众生尽成佛， 本来大果不离因。
沤生沤灭重重海， 花落花开树树春。
可信入荒田不拣， 横拈倒用总奇珍。

开题七字甚分明， 早隔西天十万程。
未展霞绫先领会， 何劳玉轴更施呈。
花枝朵朵分红白， 溪水条条间浊清。
触目无非真法界， 都收有识与无情。

骑声盖色大毗卢， 可惜男儿不丈夫。
枉去蓝田寻美玉， 谁知布袋裹真珠。
口头岂假多言说， 经里元来一字无。
抛却残羹与馊饭， 赵州东壁挂葫芦。

于刹那时觉道成，　　了无一法可留情。
十方法界从心现，　　大地山河似掌平。
铁树枝头红果熟，　　泥牛颔下白毛生。
分明指出通天路，　　南北西东自在行。

知识门庭五十三，　　一针锋上悉包含。
心能契理无难事，　　脚不沾尘是遍参。
谷口黄莺声哑咤，　　檐头紫燕语呢喃。
玄门毕竟如何入，　　向道西川出漏篮。

弥勒殷勤慰善财，　　一声弹指阁门开。
身心俱向此时舍，　　境界却从何处来。
皎皎青天飞霹雳，　　茫茫白昼辊尘埃。
看他无手人挥袂，　　石上莲花取性栽。

文字虽多义一般，　　众生骨髓佛心肝。
何劳经卷开时读，　　但就香烟起处看。
俊鹘常思空外鸷，　　痴蝇只向纸中钻。
直饶讲得天花坠，　　不达斯宗尽自谩。

送僧入蜀四首

西川五十四军州，　　满目风光烂不收。
一笠一包行脚去，　　好山好水任君游。
昔年大士居昭觉，　　今日何人接胜流。
道路八千如咫尺，　　还同自己屋檐头。

去去峨眉礼普贤，　　莫教错认妬罗绵。
华严会上咨参在，　　妙德空中主伴圆。

侧耳但闻菩萨现，　　回身仍见象王旋。
区区不用从他觅，　　密意分明在汝边。

此行须到大隋家，　　照顾潭中鳖鼻蛇。
十个五双俱蹉过，　　一千七百谩周遮。
悟来大地山河窄，　　迷去他乡道路赊。
才有纤毫须划却，　　免教人道摘杨花。

嘉州大像接青云，　　犹是如来小小身。
正体虚空包不尽，　　众生肉眼见何因。
有缘处处逢弥勒，　　无语琅琅转法轮。
合掌低头三拜起，　　方知全假即全真。

送僧之庐山

简寂观中甜苦笋，　　归宗寺里淡咸齑。
庐山面目分明露，　　衲子身心特地迷。
秋到树头黄叶落，　　夜深峰顶白猿啼。
参禅若也求玄妙，　　十万流沙更在西。

寄双林东溟

门椎拍板付禅翁，　　衣钵长留睹史宫。
梼树两株为佛事，　　竹篦三尺展神通。
泥牛岭上吞黄犊，　　石虎山前咬大虫。
我有家书无处寄，　　金刀剪破太虚空。

寄圣寿千严

伏龙山上老头陀，　　转觉无明业识多。
堪笑古人施棒喝，　　却成平地起干戈。

传来一道聪明咒，　写出平生快活歌。
谢事寻常懒开口，　听他石臼念摩诃。

悼焦山道元

我在钱塘住两年，　几回同买过湖船。
张家寺里春方半，　杨子江头月屡圆。
只望先师公案了，　皆称寂照子孙贤。
谁知转眼成千古，　泪洒伽陀唱和篇。

悼江心石室

几年石室老师兄，　今日胡为唤不应。
八万尘劳空荡荡，　三千刹海冷澄澄。
摧残世上无根树，　扑灭人间不夜灯。
末后光明难盖覆，　红炉猛火结寒冰。

贺径山永首座

摩诃衍法若为宣，　五髻峥嵘高插天。
一喝虚空成粉碎，　重提佛祖旧因缘。
分明剑向眉间挂，　岂待瓢从地上旋。
弹压满堂龙象众，　方知法社有英贤。

示僧四首

不是风兮不是幡，　祖师一击破重关。
自心又把心来认，　无手重将手去扳。
金屑徒劳增翳膜，　剑峰直下斩痴顽。
可怜滞句承言者，　也道寻常语默间。

不是幡兮不是风，　痴人特地受罗笼。

张良谩立安邦计，　　李靖休夸斫阵功。
十影神驹犹碍道，　　九苞祥凤不离空。
如今要识曹溪旨，　　举足西行却向东。

一切众生有佛性，　　如何狗子独言无。
赵州善用吹毛剑，　　衲子全抛待兔株。
门外雪深人迹少，　　渡头风紧浪花粗。
当阳若更求玄解，　　笑倒西天碧眼胡。

一切众生无佛性，　　髑髅个个有龙吟。
东平解扑沩山镜，　　庞老曾弹马祖琴。
旷劫本来无背面，　　古人真个好知音。
痴儿也道忘言路，　　平地翻为荆棘林。

答浮慈和尚韵送彝藏主三首

一气转一大藏教，　　却来北斗里藏身。
拨开猛烈红炉焰，　　拈出清凉白月轮。
觌面相呈全体露，　　到头不出此心真。
宗师有语皆超卓，　　多少拈鎚舐指人。

一气转一大藏教，　　尘毛刹海现全身。
洞明自性无生理，　　能转如来正法轮。
三句劈开玄与要，　　两头坐断伪和真。
狂机大似蓝田石，　　误杀弯弓射虎人。

一气转一大藏教，　　金毛狮子解翻身。
圣凡顿现高台镜，　　魔外横飞热铁轮。
才涉语言皆是妄，　　但随声色便乖真。

如今却忆长汀老，　　十字街头等个人。

《宗镜录》华严十种无碍，成十偈示僧

一、理事无碍

真性皆同刹相殊，　　廓然清净大毗卢。

香披菡萏千重叶，　　影现摩尼五色珠。

法界森罗元不有，　　宗乘举唱亦非无。

凭君更莫论心境，　　荆棘从来是坦途。

二、成坏无碍

空中佛国坏还成，　　水面沤花灭又生。

体用何须论彼此，　　根尘不必较亏盈。

三千刹土随心变，　　二八蟾光逐候明。

古往今来手翻覆，　　黄河知是几回清。

三、广狭无碍

广狭须知不滞形，　　圣凡迷悟在心灵。

诸般水入方圆器，　　一等空随大小瓶。

菩萨天人依法界，　　修罗蚊蚋饮沧溟。

自来平等真如体，　　就急移宽也只宁。

四、一多无碍

十虚捏聚一毫头，　　百亿毫头刹海周。

习习和风薰草木，　　茫茫大海摄川流。

彩丝直把明珠贯，　　金像都将宝镜收。

细看目前相入处，　　尽归方寸莫他求。

五、相即无碍

万法圆成一念中，　　众生世界尽牢笼。

光明大小珠相似，　　赤白青黄色不同。

毕竟未知何处起，　　如今方信本来空。

平常一句如何会，　　日出西方夜落东。

六、微细无碍

曲折皆能一一随，	穷幽极渺固委移。
纤毫蜜滴蜂吞处，	九曲珠穿蚁度时。
芥子孔中藏大海，	藕丝窍里著须弥。
燎原起自如萤火，	智者犹因取喻知。

七、隐显无碍

千差万别任枞然，	不落高低染净边。
圣处即凡凡即圣，	圆时能缺缺时圆。
节文并似初生笋，	因果浑如未剖莲。
但属自心非外境，	阴晴同是本来天。

八、重现无碍

一尘一刹一如来，	刹刹尘尘靡不该。
帝释殿前珠作网，	梵王宫里镜临台。
风休巨浸星辰入，	日照芳池菡萏开。
包裹虚空只这是，	灵明廓彻信奇哉！

九、主伴无碍

大华藏海舍那身，	眷属庄严处处真。
列宿光明瞻玉兔，	诸王富贵属金轮。
江河浪动无非水，	草木花开总是春。
一念十波罗蜜满，	此中谁我复谁人。

十、三世无碍

水中葫芦捺得沉，	非来非去亦非今。
空花乱落随流水，	石笋新抽出远林。
休把此言论妙道，	待将何物比真心。
永明老子轻饶舌，	输我西窗茗碗深。

澄灵散圣山居偈，如宝藏主求和

因僧问我西来意，	我话山居是几年。

佛祖位中休著脚，　　凡愚社里且随肩。
三间屋子藏山坞，　　万树松花照石泉。
旷大劫来无改变，　　阿难依旧世尊前。

寄天童孚中和尚

长庚峰顶白云间，　　捧劄西来笑展颜。
几叠岩峦围丈室，　　万株松树绕禅关。
当年金碧谁将去，　　今日天龙合送还。
老我恰如窥豹者，　　管中时复见斑斑。

寄大慈晦谷和尚

灵岩又复转花岩，　　数到慈云恰好三。
我望乡关千里隔，　　君将佛法一肩担。
金毛踞地谁能近，　　玉麈生风不倦谈。
握手未知何处是，　　晚天凉月出东南。

佛日普照慧辩楚石禅师语录卷第十九

偈颂五

侍者文斌等编

四料拣

夺人不夺境，三竿晓日千门静，桃花树树近前池，不见佳人来照影。
夺境不夺人，玉鞭金镫赏残春，千红万紫归何处，蓦地风来卷作尘。
人境两俱夺，漠漠长蛇围偃月，谁敢当头犯太阿，直教万里人踪绝。
人境俱不夺，上下四维春似泼，圣主垂衣日月明，将军放马乾坤阔。

总颂

一具枯骨成牙齿，　两片薄皮为耳朵。
昨夜三更失却牛，　天明起来失却火。

四宾主

宾中宾，鱼目将为无价珍，瞎眼波斯来打合，一般病痛一般贫。
宾中主，东西不辨喃喃语，手中杖子不曾离，错认灯笼为露柱。
主中宾，德不孤兮必有邻，玉殿琼楼无草盖，不知谁是帝乡人。
主中主，大用现前没规矩，金毛狮子一滴血，迸散驴儿十斛乳。

总颂

何门不向此门归，　　万煅炉中铁蒺藜。

不是山僧多指注，　　大家惜取两茎眉。

四喝

一喝如金刚宝剑，劈面挥时难躲闪。不论佛祖与天魔，才有纤毫须痛斩。

一喝如踞地狮子，古冢野狐逢即死。若是金毛狮子儿，展开四足摇双耳。

一喝如探竿影草，可中谁了谁不了。碧眼胡儿举铁鞭，玉门关透长安道。

一喝不作一喝用，十月黄河连底冻。小小狐儿掉尾行，这回不要虚惊恐。

三玄三要

第一玄，释迦弥勒有何传。人间天上来还去，古井茫茫把雪填。

第二玄，未曾开口在言前。电光石火亲提得，鼻孔依然被我穿。

第三玄，胡孙上树尾连颠。只因掣断黄金锁，便把心肝树上悬。

第一要，了无奇特并玄妙。未曾噇饭肚皮空，久不吃茶唇舌燥。

第二要，门外读书人来报。乌有先生作状元，子虚听得呵呵笑。

第三要，只为慈悲成落草。非我非渠也大奇，蟭螟眼里山河绕。

首山纲宗偈

郎君拙非拙，体莹如冰雪，背挽兔角弓，射落天边月。女儿巧非巧，一老一不老，骑却水牯牛，莫教入荒草。

汾阳三诀

第一诀，佛祖曾超越，莫话未生前，休论心路绝。

第二诀，动静谁甄别，龟毛扇子扇，泥牛一点血。

第三诀，江南并两浙，春和万树花，冬冷千岩雪。

十智同真

甚人同得入，　俊鹘趁不及。
打破凤林关，　穿靴水上立。

与谁同音吼，　面南看北斗。
猴愁搂搜头，　狗走抖擞口。

作么同生杀，　向上一路滑。
潘阆倒骑驴，　梵志翻著袜。

甚人同得失，　判官手里笔。
冷水浸冬瓜，　大家厮溷沌。

那个同具足，　如贼入空屋。
拾得丽水金，　却是蓝田玉。

什么同遍普，　蟭螟吞却虎。
船子下杨州，　大地无寸土。

何人同真智，　无是无不是。
雪峰曾辊毬，　俱胝亦竖指。

孰与总同参，　特地口喃喃。
苦瓠连根苦，　甜瓜彻蒂甜。

那个同大事，　山形拄杖子。
北人不相鼻，　南人不相耳。

何物同一质，　　三九二十七。
年年是好年，　　日日是好日。

黄龙三关

我手何似佛手，　　两两三三九九。
李公醉倒街头，　　元是张公吃酒。

我脚何似驴脚，　　这里踏他不著。
合眼跳过黄河，　　遍界红轮辉赫。

人人有个生缘，　　不知谁后谁先。
赵州八十行脚，　　谢郎只在渔船。

寄高丽桧岩至无极长老

当年自说游高丽，　　近日人传住桧岩。
会下不知多少众，　　前三三与后三三。

五冠山上看飞瀑，　　下有寒潭万丈海。
见说神龙降已久，　　全身入钵大如针。

真身舍利无方所，　　东国西天共一家。
不见彦阳通度寺，　　神光长绕佛袈裟。

闻道江陵有五台，　　放光石寄一枝来。
文殊大士分明现，　　莫道迷云扫不开。

鸣沙滩上试扬鞭，　　无数琵琶自动弦。
一色玫瑰三百里，　　浑将锦绣裹山川。

金刚一万二千峰，　　远近高低各不同。
那个峰头堪著我，　　他年缚屋隐其中。

千重暗室万年冰，　　唤作琉璃是假名。
不隔弟兄相见眼，　　扶桑夜半日轮明。

和梁山十牛颂[1]

寻牛[2]

天涯海角遍参寻，　　直入万重烟嶂深。
挤得今朝与明日，　　绿杨堤畔听莺吟。

见迹[3]

东西南北路头多，　　踏踏遗踪可是么？
仔细看来无两个，　　便从今去莫疑他。

见牛[4]

隔墙认角又闻声，　　雨过前村草正青。
一对眼睛乌律律，　　通身毛色画难成。

---

[1]　宋鼎州梁山廓庵师远和尚原唱并叙，见收于日本《卍续藏》第64册《住鼎州梁山廓庵和尚十牛图颂》，及宋子升、如祐编《禅门诸祖师偈颂》。

[2]　梁山远原叙：从来不失，何用追寻？由背觉以合尘，向迷而逐妄。家山渐远，岐路嵯峨，得失炽然，是非蜂起。梁山远原唱：忙忙拨草去追寻，水阔山遥路更深。力尽神疲无处觅，但闻枫树晚蝉吟。

[3]　梁山远原叙：依经解义，问教知踪。明众器为一金，体万物为自己。正邪不辨，真伪未分，欠悟入门，权为见迹。梁山远原唱：水边林下迹偏多，荒草离披见么？纵是深山更深处，撩天鼻孔争藏他。

[4]　梁山远原叙：闻声得入，见处逢源。六根门首无差，动用之中显露。水中盐味，色里胶青。眨上眉毛，更非他物。梁山远原唱：黄鹂树上一声声，日暖风和岸柳青。只此更无回避处，森森头角画难成。

得牛 [1]

辽天鼻孔要穿渠， 直待金绳烂始除。

向去不须分皂白， 和泥合水且同居。

牧牛 [2]

从来一个不羁身， 满眼云山满眼尘。

今日稍能知触净， 肯缘苗稼犯他人。

骑牛归家 [3]

前坡咫尺是侬家， 叠叠春山横暮霞。

好个归来时节子， 一钩新月挂檐牙。

亡牛存人 [4]

千重云树万重山， 倒卧横眠任我闲。

此景画图收不得， 谁言身在画图间。

---

[1] 梁山远原叙：久埋郊外，今日逢渠。由境胜以难追，恋芳丛而不已。顽心尚勇，劣性犹存。欲得纯和，必加鞭挞。梁山远原唱：竭尽精神获得渠，心狂力壮卒难除。有时才到高原上，又入烟霞深处居。

[2] 梁山远原叙：前念才起，后念相随。由觉故以成真，向迷因而成妄。不惟境起，皆自心生。鼻索牢牵，不容拟议。梁山远原唱：鞭索时时不离身，恐伊纵步惹埃尘。相将收得纯和也，羁锁无拘自逐人。

[3] 梁山远原叙：干戈已罢，得失还无。唱樵子之村歌，吹儿童之野笛。身横牛背，目视云霄。呼唤不回，牢笼不住。梁山远原唱：骑牛迤逦欲还家，羌笛声声送晚霞。一拍一歌无限意，知音何必鼓唇牙。

[4] 梁山远原叙：法无二法，牛目为宗。喻鱼兔之异名，显筌蹄之差别。如金出矿，似月离云。一道寒光，威音劫外。梁山远原唱：骑牛已得到家山，牛也空兮人也闲。红日三竿犹作梦，鞭绳空顿草堂间。

人牛俱亡 [1]

返身踏破太虚空，　　一处才通处处通。

匝地普天无影迹，　　不知谁解立吾宗。

返本还源 [2]

一一根门自有功，　　闻声见色不盲聋。

晨昏总是寻常事，　　睡起三竿海日红。

入廛垂手 [3]

珍御全抛与么来，　　分明乌嘴与鱼腮。

辉天鉴地能奇特，　　尽使劳生眼豁开。

十二时颂

子时大地黑漫漫，　　不待重将正眼观。

枕子忽然抛落地，　　须弥崩倒海枯干。

丑时远近尽鸡鸣，　　万想千思睡不成。

身在世间闲不得，　　又穿衣服下阶行。

寅时那个是闲人，　　贵贱贤愚总为身。

---

[1] 梁山远原叙：凡情脱落，圣意皆空。有佛处不得住，无佛处急走过。两头不着，千圣难窥。百鸟衔花，一场懡㦬。梁山远原唱：鞭索人牛尽属空，碧天寥廓信难通。红炉焰上争容雪，到此方能合正宗。

[2] 梁山远原叙：本来清净，不染一尘。观有相之荣枯，处无为之凝寂。不同幻化，岂假修持。水绿山青，坐观成败。梁山远原唱：返本还源已费功，争如直下若盲聋。庵中不见庵前物，水自茫茫花自红。

[3] 梁山远原叙：柴门独掩，千圣不知。埋自己之风光，负前贤之途辙。提瓢入市，杖笠还家。酒肆茶坊，化令成佛。梁山远原唱：露胸跣足入廛来，抹土涂灰笑满腮。不用神仙真妙诀，直教枯木放花开。

只管噇眠呼不起，　　奴儿婢子也生嗔。

卯时渐见日轮高，　　已向阶前走几遭。
鼻孔眼睛忙似钻，　　千般不顾是眉毛。

辰时未免去烹煎，　　火涩柴生满灶烟。
四只钵盂三只破，　　一双匙箸不完全。

巳时作务也奇哉，　　门户支持客往来。
对坐吃茶相送出，　　虚空张口笑哈哈。

午时赤日正当中，　　五色摩尼耀太虚。
扑碎都来无一物，　　依然赤白与青红。

未时树影过窗西，　　觌面相呈划地迷。
从旷劫来无间断，　　今朝何事隔云泥。

申时一日几光阴，　　早被桑榆暮景侵。
抖擞精神休瞌睡，　　啾啾鸟雀满园林。

酉时红日下西山，　　草屋柴门及早关。
几个老乌松顶泊，　　清晨飞去夜方还。

戌时无事莫开门，　　静卧寥寥四壁昏。
自有光明看不见，　　见时生死不能吞。

亥时洗脚上床眠，　　生在阎浮大可怜。
眠不多时天又晓，　　未知休歇是何年。

送玹上人礼祖

珠不曾穿玉不磨，　　浑仑句子绝誵讹。
江西特地寻灵骨，　　却是无风匝匝波。

送道场馨维那

堂里宣扬十号时，　　陈如尊者亦开眉。
转身问讯出堂去，　　不觉踏翻瑶席池。

送立禅人还七闽

玄沙不度飞鸢岭，　　百亿山河挂杖头。
子若归乡须验看，　　秤锤到井忽然浮。

送遂藏主归灵隐

从来佛祖碎玄关，　　万论千经下口难。
未动舌头俱吐露，　　白莲峰月照人寒。

送贤禅人

圣贤有甚么奇特，　　鼻孔元来搭上唇。
若起一毫增损见，　　当知不是个中人。

送英禅人

英灵衲子久无闻，　　一句当阳玉石分。
不把草鞋轻晒却，　　吴山红树越山云。

送玄侍者

学道参玄俊衲僧，　　千山万水一枝藤。
始终不堕人窠臼，　　他日方堪继祖灯。

送虎丘定藏主

睡虎元来是大虫，　　翻身跳出草窠中。
是凡是圣俱吞却，　　方见杨岐正脉通。

送玉泉昌侍者

布裈赫赤纸衣鲜，　　不写文殊与普贤。
抖擞更无尘一点，　　肯将净解污心田。

送虎丘顺侍者

白云飞落剑池傍，　　纸袄新糊玉一方。
塔影忽然颠倒卓，　　为渠悬笔写提纲。

送问禅行者

凤凰山下刢一寨，　　搴旗斩将罕逢人。
饶伊出得长蛇阵，　　顶罩烧钟一万斤。

送径山志书记

山上鲤鱼生一角，　　忽然踔跳上青天。
俱胝道者无寻处，　　却把龙王鼻孔穿。

送容禅人

未别便行多少好，　　须将白纸问人求。
凤山未有工夫答，　　且听松风举话头。

送昌禅人

一片寒云海上横，　　道人正泛铁船行。
夜深珠向龙宫出，　　无限光明动地生。

送兴禅人之天台

秋风剪剪叶飘飘，　去向天台度石桥。
一踏便须成两截，　普通年事在今朝。

谢人送炭

晚来烧起满炉红，　潦倒无能一病翁。
因忆古人生意在，　正当腊月有春风。

夜坐

地炉兀坐烧残叶，　童子酣眠唤不应。
空尽大千无佛祖，　老虫翻下夜亀灯。

送一禅人

出丛林又入丛林，　渡水穿云路转深。
谁谓他乡元不隔，　草鞋步步踏黄金。

送日禅人游南岳

南岳岩峣插太虚，　道人独往果何如。
老猿啼在云深处，　露滴松梢月上初。

送明禅人游天台

五百声闻不住山，　何拘天上与人间。
只消一盏黄茶水，　供罢依然旧路还。

送质禅人游南岳

古路迢迢往复回，　白云终日冷成堆。
半千尊者无寻处，　石上幽花带露开。

送宜禅人之姑苏

洞庭一望水漫漫，　　去路遥随眼界宽。
红蓼白苹秋正好，　　不知谁把钓鱼竿。

玩月

兔有形兮桂有枝，　　何如光影未生时。
古今玩月人无数，　　独许南泉王老师。

送清禅人参方

雪尽莎根转旧青，　　幽房宿火响空瓶。
吴山越岫知多少，　　那取工夫到祖庭。

闻子规

啼来啼去一声声，　　却笑离人不解听。
何处故乡归未得，　　白云空锁乱山青。

送己禅人

露湿长松晓未干，　　殷勤送别下层峦。
前途有问山居事，　　但道冬来十月寒。

因僧请益五祖演和尚语示之

满城开尽牡丹花，　　未免逢人撒土沙。
拈起庭前柏树子，　　赵州门户隔天涯。

寄宪使士敬王公

绣衣直指向东南，　　百郡趋风尽耸瞻。
长羡昔年裴相国，　　解从黄檗句中参。

此事当机觌面提， 休将祖意问东西。
相公判笔丘山重， 谁谓升天别有梯。

赠南岳山禅人

旧结茅庵岳顶居， 年深且与世人疏。
曾垂一钓千峰上， 得个黄鳞绿尾鱼。

寄同参

试把虚空打一量， 虚空只抵一丝长。
一丝摘断重量看， 赤脚波斯走大唐。

祖师留下一只履， 东土西天谁往来。
抛向洞庭湖里了， 却教沧海起尘埃。

渔者

钓鱼船上谢三郎， 只在芦花深处藏。
高枕绿蓑歌一曲， 不知蓬背有严霜。

因雪示众

长空片片雪花飞， 眼底青山见亦稀。
最是禅庭消未得， 五双十个不知归。

道童参政见访

隼旟光里昔曾培， 人我山高喝使摧。
记得省堂重会面， 禾城又是第三回。
祖意明明百草头， 长江自古向东流。
须知此物非他物， 坐卧经行免外求。

寒夜寄友

欲问平安半字无，　天寒夜冷坐围炉。
因思熊耳峰前客，　谩有青青桂两株。

用韵答国清梦堂和尚

从来眼不见鼻孔，　东土西乾无祖师。
八十老僧头雪白，　蒲团禅板且随时。

天人日日雨曼陀，　怪尔空生默坐何。
无梦老禅憎爱尽，　新丰曲和莫徭歌。

答东山楚材和尚

我昔与君参径坞，　罕逢弟子过于师。
一千七百浩浩地，　翻忆太平无事时。

钵盂倒覆四天下，　拄杖横吞诸佛师。
不用腕头些子力，　放开捏聚总临时。

答妙庵玄首座

饮光不得阿难陀，　续焰联芳奈老何。
千里同风一句子，　渔人舞棹野人歌。

好与法灯三十棒，　却将公案谤先师。
幸然寂照无传授，　谁记拈槌竖拂时。

答琼西堂

同参寄我妙伽陀，　不问如何与若何。

白云阳春无此曲，　　一回击节一回歌。

题船子夹山图

劈口一桡天在水，　　离钩三寸水连天。
夹山不解抽身退，　　尚待华亭覆却船。

洞山云直道本来无一物亦未合得他衣钵，颂云

主人手里秤高低，　　买卖商量总不齐。
直是无人酬价数，　　黄金白璧贱如泥。

有僧下九十六转语末后云设使将来他亦不受，颂云

一路通时路路通，　　谁分南北与西东。
春风不管乡谈别，　　到处桃花似旧红。

送传禅人

传到无传是正传，　　千钧大法一丝悬。
当人不费纤毫力，　　烜赫灵光满目前。

送舜禅人

参见诸方尊宿来，　　草鞋不枉踏尘埃。
深村古院无奇特，　　惭愧高人到一回。

送琼禅人之天台

百炼炉中铸铁牛，　　一茎草上现琼楼。
丰干拍手寒山笑，　　谁似渠侬得自由。

送因禅人之江西礼祖

百亿须弥鞋袋里，　　无边刹土钵囊中。

参方若具参方眼，　列祖齐教拜下风。

送圆禅人

九夏功圆正此时，　钵囊花绽一枝枝。
东西南北从君去，　顶后神光几个知。

送敬禅人参方

九到洞山双眼碧，　三登投子两眉横。
家家门外通霄路，　莫向古人行处行。

送初禅人礼五台

百城初友是文殊，　行脚参方信不虚。
休问清凉山远近，　有缘处处得逢渠。

送德禅人之南岳

拈来拄杖化为龙，　吞却乾坤不见踪。
有问又须向伊道，　万年松在祝融峰。

送福知客之江西

谁是主人谁是客，　入门一著已先知。
马驹踏杀人无数，　只有归宗眼似眉。

送省侍者省母

空花要觅生时蒂，　阳焰须寻起处波。
不是出家恩爱重，　梦魂偏在故乡多。

送安禅人往参天童

谁道葫芦醋不酸，　衲僧带眼若为谩。

长松一望二十里，　　脚未跨门先胆寒。

送先禅人用蒋山韵

曾在独龙冈上住，　　宝公刀尺合将来。
将来呈似山僧看，　　何故囊藏不肯开。

送勤禅人礼白塔栴檀像、五台文殊

紫栴檀把黄金裹，　　唤作如来丈六躯。
端的要知真与妄，　　五台山顶问文殊。

送人礼宝陀十首

大士分明立险关，　　黑风里面浪中间。
挤身入得翻身出，　　潮到沙头日上山。

重重绿树垂肩发，　　片片红霞覆足裙。
合掌向前称不审，　　大千沙界一时闻。

海波烂银千万里，　　山堆浓绿两三重。
要知大士深相为，　　听取朝朝暮暮钟。

恒沙菩萨尽同名，　　唱出一声千万声。
秃却舌头哑却口，　　青山尽处白云横。

有一观音在面门，　　舒光烜赫照乾坤。
晓风吹上盘陀石，　　东望扶桑特地昏。
观音顶上戴弥陀，　　心法何曾厌琢磨。
莫道圣凡相去远，　　须知大海本同波。

万种千般在一心，　　宝陀岩上觅观音。
直饶见得分明了，　　依旧云遮紫竹林。

上人发足往南方，　　大士眉间已放光。
记取重重相为处，　　海涛推日上扶桑。

五更日上金镕海，　　万里朝来雪滚沙。
一念信心知是妄，　　普门曾不隔天涯。

补陀岩是石头堆，　　日夜潮声到两回。
莫道观音不曾现，　　山高海阔赚人来。

竺堂

西土大仙门户别，　　古今能有几人登。
黄头碧眼藩篱外，　　入室输他俊衲僧。

铁壁

千寻峭石势崔嵬，　　总是纯刚打就来。
碧眼胡僧觑不破，　　春风日日绣苍苔。

友岩

最难知是结交心，　　铁壁银山百万寻。
生死两歧俱识破，　　石头大小尽黄金。

宝山

空手入来空手去，　　黄金堆垛玉玲珑。
等闲提起一根草，　　万劫千生用不穷。

无住

机轮辘辘见应难，　　盘走珠分珠走盘。
犹怪盘珠有痕迹，　　暮云飞尽碧空寒。

汝海

楚王城畔水东流，　　未入沧溟不肯休。
到了何曾分尔我，　　一般波浪拍天浮。

流出胸襟盖天地，　　小为一滴大无边。
明知不是他家事，　　只者波涛涨百川。

太虚

内外空空无一物，　　山河大地尽包藏。
踏翻有海尘劳息，　　打破乾城劫数长。

元庵

三间茅屋从来住，　　百鸟衔花几度春。
户底门头虽换了，　　依然不改旧时人。

大经

释迦老子口门窄，　　般若华严小脱空。
将谓涅槃包得尽，　　摩诃两字未开封。

大愚

用巧人多用拙稀，　　心如木石太无知。
就中自有分明处，　　懵懂元来不是痴。

无尽

祖祖相传只这是，　　佛佛授手亦如斯。

海波干又须弥碎，　　不见虚空有烂时。

定山

屹然常在白云中，　　不比飞来小小峰。

几度毗岚翻海岳，　　何曾动著一株松。

竹所

香严一击便忘知，　　大地平沉正此时。

打雨敲风千万个，　　青青总是岁寒枝。

春泉

东风浩浩水潺潺，　　不隔千山与万山。

识得根源何处起，　　任流花片落人间。

梅叟

看到南枝又北枝，　　从教两鬓白如丝。

幻花灭尽留真实，　　正是青青著子时。

无旨

世尊何法可敷扬，　　迦叶从来不覆藏。

且自栽田博饭吃，　　说禅浩浩任诸方。

蓬隐

圆峤方壶深更深，　　白云一色盖琼林。

从来不与时人隔，　　却笑人来海上寻。

道林

本因言语显无言，　不住中间与两边。
荆棘栴檀俱划却，　免教枝叶惹风烟。

无得

石女腰边裁兔角，　铁牛背上刮龟毛。
草庵忽卸琉璃瓦，　古井蓬尘十丈高。

道山

无心尚隔一重关，　险峻方知到顶难。
试问六年成底事，　冻云深锁雪漫漫。

竺隐

五天居处绝埃尘，　只见青天不见人。
毕竟藏身没踪迹，　没踪迹处莫藏身。

正宗

掀翻海岳振乾坤，　南北东西此道尊。
临济德山无棒喝，　不知将底付儿孙。

大网

四海都将一网收，　不须重下钓鳌钩。
看他众目分张处，　无限鱼龙在里头。

翠庭

岁寒常爱色青青，　曾是神光立到明。
阶下任堆三尺雪，　祖师门户未常局。

剑关

一握吹毛凛似霜，　挥来那个敢当场。
与君放出其中主，　百万魔军总被降。

大千

百亿须弥方捏碎，　恒沙世界又抟成。
藕丝窍里挨红日，　一片山河似掌平。

灵仲

虚明一点从何起，　只在寻常日用中。
毕竟难谩破灶堕，　但将泥瓦合虚空。

别峰

峭巍巍地插天青，　峻壁悬崖有路登。
莫谓此中山势险，　前头更有最高层。

象外

有形有相落凡尘，　无相无形未是真。
不在范围天地内，　数声清磬一闲人。

无邪

偏中正与正中偏，　仔细推来著两边。
和这二边都扫却，　一轮明月挂中天。

一初

才举此心成第二，　寂然不动也非亲。
须知佛法无多子，　坐断乾坤日见真。

实庵

拈却虚头一著子，　　入门不要问西东。
单单只把空拳竖，　　大坐当轩振祖风。

天然

昔日丹霞骑圣僧，　　马师方便为安名。
人人具足如斯体，　　不是因缘造作成。

镜堂

铸出元非百炼铜，　　照时方信本来空。
白银为壁黄金瓦，　　试问何人住此中。

复初

返本还源一句子，　　恰如混沌未分开。
明明数一为千万，　　千万重归一上来。

佛日普照慧辩楚石禅师语录卷第二十

杂著（附水陆升座及行状、塔铭）

侍者中端、正参等编

入上人血书《华严经》跋

夫常住真心，举一尘而尘尘顿现；难思妙德，修一行而行行全彰。喻众色之依空，若千波之匝海。始从信地，无位不周；终至觉场，本体何别。然众生迷于妄念，不知即妄以明真。诸佛照于圆宗，所以唱玄而设教。事非报化之末迹，理绝凡圣之常谈。今古炽然，物我交彻。此《杂华》之大旨，为群经之元首也欤！

比丘悟入，证十法界，入重玄门，泯性相而不无，示身心而非有，刺血为墨，书写是经。下笔时亲见普贤，弹指处已参慈氏。积劫求之而不足，半偈得之而有余。当令神物护持，广作世间饶益。

血书《莲经》跋

妙理虚玄，真乘湛寂。念而无念，甘露沃其心；持而不持，金印封其口。所以分身佛集，多宝塔来，远近同归，古今共贯。三世如来法施之式，十方菩萨悟入之因，谩劳历劫证修，不出刹那圆具。然钟鼓非礼乐之本而器不可去，文字非宗乘之极而书不可无。因筌以得鱼，藉指而观月。昔药王燃身于净明德佛，释迦屈体于阿私陀仙，即以不坚之身，了于常住之法。

慧光兰若比丘德慧，刺血而书此经，毕命以弘斯道。毫端散绮，诸天莫不雨花；纸上流金，大地为之震动。譬夫膏油相续而灯不灭，条甲无间而木向荣。慎厥终，惟其始。佛法无多子，久长难得人。勉之。

经王尊贵，秘藏幽深。究竟绝于名言，方便令其悟入。自如来开演，出彼千龄，及罗什再翻，成兹七轴。受持读诵，如饮海以无边；书写流通，若量空而不尽。潜利阴益，妙用恒沙。随喜赞扬，神功叵测。

粤有比丘惟德者，丹诚贯日，素检怀霜。念得度之缘，非师不具；臻报恩之极，舍佛何由。由是发起行云，炼磨心地。沥十指血，终七轴经。以报师恩，以酬佛荫。推此志也，岂小缘哉！凡我同流，宜加赞叹。

书《楞严经》

性觉妙明，亘古今而不变；本觉明妙，在迷悟而皆如。假喻虚空而不空，发挥群相而非相。超乎闻见，异彼因缘。交光相罗，弥满清净。十方诸佛同宣了义之玄旨，一切众生咸具圆通之正体。只为客尘扰扰，岂知日用昭昭。耳目所拘，孰解骑声盖色；根尘未脱，安能息虑忘缘。堕情想之樊笼，感升沉之业报。譬如瞖目晕此明灯，宛若沤花发于巨海。外列山河世界，中分鬼畜人天。本因织妄而成，莫匪瞪劳而现。四三宛转，十二轮环，生死死生，有无无有。直下断除爱欲，还他调御丈夫。自今疾至菩提，教我多闻弟子。超越五蕴区宇，廓清十种禅那。如能宣此咒心，乃可制诸外道。利人利己，世出世间，证不动尊，成无上觉。

禾[1]城澄照沙弥智祚，少年苦行，锐志禅门。具足烁迦罗心，书写《首楞严》典。一诚注相，十帙奏功。誓毕世以受持，命谫才而称述。姑伸梗概，甚愧荒芜云尔。

---

[1] 禾：底本作"未"，现据清《龙藏》本改。

题十六罗汉画卷 [1]

梵语阿罗汉，此翻杀贼、应供、无生。中含三义，故东土不翻。杀贼者，是杀无明贼。应供者，应天上人间之供。无生者，了自性涅槃，本自不生，今亦非灭。《般若》云："断顺上分五结永尽，名阿罗汉。"上五结者，一、色爱，谓色界爱。二、无色爱，谓无色界爱。三、无明，谓心不了。四、掉，谓心躁动。五、慢，谓心自高。《华严》云："上品十善，以智慧修习，心狭劣故，怖三界故，阙大悲故，从他声闻而解了故，名声闻乘。"此阿罗汉，唯佛一人能诃责之，令其进修不已而圆佛果。余小众生不宜轻忽，但当恭敬，供养求福，世出世间而为津梁。外书云："千里之行始于足下，九层之台起于累土。"夫岂不然哉！

大悲像记

大悲千手眼者，观音大士应化之身也。恭惟大士因地行愿可得而言者，已备载于诸经。若曰神功圣德，千变万化，盖不可得而思议也。假使有人以百亿须弥山为笔，以百亿大海水为墨，以百亿娑婆世界为纸，始从今日，尽未来际，大书特书，屡书、不一书，以捃摭之，于百千那由他恒河沙不可说不可说转分中，未能书一分也。复次有人以十方空诸佛国土稻麻竹苇、草木丛林，悉为微尘，一一尘悉化无量身，一一身悉具无量舌，一一舌悉纵无量辩，始从今日，尽未来际，显说密说，昼夜说，无间歇，以赞咏之，于百千那由他恒河沙不可说不可说转分中，未能说一分也。虽然，多之所宗之谓一。一即一切，一切即一。其小无内，其大无外。若然者，虽以一丸之土、一指之木、一铢之金，为之像设，亦何异于百万三千大千世界之身座乎？

---

[1] 此文原迹收于日本田山方南编《禅林墨迹拾遗》中，其下有落款云：至正丙戌六月上瀚，万寿山人梵琦跋。

至正四年秋，予来主寿山[1]。明年，与众议，建万佛宝阁。又明年，阁成。又明年，而得耆旧比丘若钦施财，造大悲像，明年而功就。於戏！法身固不可以数测，今示其小者，特丈六之躯耳。其面二十有一，其手一千有八，其目则如其手之数而加面焉。其四十二手各有所执，光映于座，座承于足。由足下座石，至顶上化佛，高凡四十尺有奇。木用楠桐，髹用朱漆，金用纯金。日光在左，月光在右，善财、龙女、韦天、大权以次列侍。骤开户而望之，晃晃乎，若七金之山来从海上而屹立于前也。大哉施心，固不可以物计。今标其信者，特缉钱一万余耳，亦岂易耶？尝叹钦之积财，俭不为己。既重饰大殿佛像而复力为此像，人方口之而不置，钦独谦之而不伐。斯人也，将欲警夫后人也，故有作焉。后人也将欲继夫斯人也，宜有述焉。若无作又无述，虽有此记，谁无此记？若有作又有述，虽无此记，谁有此记？是不可不记也。

龙集己丑，至正九年春，住持梵琦撰。

重修释迦如来真身舍利宝塔[2]颂

诸佛如来出现于世，莫不皆示八种之相。从初降神、诞生，乃至出家、修道、降魔、成佛、转法轮，最后入涅槃，碎紫金躯，为八万四千舍利，使天人龙鬼造塔供养，罪灭福生，终在菩提。我本师释迦牟尼如来，此云能仁寂默，当现在贤劫第四佛。住兜率天，为护明大士，满足天尊四千岁，补处时至，于是下生迦维罗卫国净饭王宫，乘日象入摩耶夫人胎。十月满足，从右胁而诞，当东震旦国周昭王二十四年甲寅岁四月八日也。至四十二年二月八日，游四门，逾城出家，时年十九。历试邪法，摧伏外道。穆王三年癸未岁二月八日，明星现时成道。为憍陈如等五人转四谛法轮，皆证道果。住世说法四十九年，后告上首神足摩诃迦叶云："吾以清净法眼，涅槃妙心，实相无相，微妙法门，分付于汝，汝当护持。"并敕阿难，副贰

---

[1] 寿山，即嘉兴本觉寺，因该寺位于嘉兴市高照乡万寿山村。

[2] 即镇海塔，在海盐县天宁寺内。

传化，无令断绝。又付金缕僧伽梨衣，转授慈氏。付嘱讫，即于熙连河侧娑罗双树间，右胁累足，泊然而逝，实穆王五十二年壬申岁二月十五日也。阇维火灭，八王共分舍利，归国建塔，竞留供养。灭度一百年，有王名阿育，此云无忧，取诸塔中所有舍利八万四千颗，造八万四千塔。阎浮聚落满一亿家者，耶舍尊者遣鬼神以一塔镇之。按宣律师《感通录》，震旦塔凡十三所。刘萨诃所礼者，独明州阿育王寺舍利，光明特盛，至诚祈祷，必彰感焉。

梵琦生缘象山，九岁出家，便闻建塔功德最大，往往默感于心。天历元年戊辰岁二月三日，住持海盐州天宁永祚禅寺，时年三十四。壬申岁，建千佛阁。元统二年甲戌岁，梦龙王献宝，因募塔缘，檀施日臻。后至元二年丙子岁春，龙化蜿蜒之形于丈室，五彩毕备，四方来观之，凡两月而去。及塔成复来，隐见非一，至今祀为应梦龙王。夏填筑塔基。三年丁丑岁九月二十三日子时，起手建塔，至辛巳岁奏功。凡七层八面，高二十四丈，庄严绮丽，见者皆悦。越十二年，兵兴。已亥秋，失宝瓶，计白金二百两。当是时，谢事嘉禾天宁，结庵闲居。众请再领寺事，乃造鍮石宝瓶。取至正二十四年甲辰秋九月二十四日，奉瓶修塔，天雨宝花。明年乙巳岁七月，泥盖方毕。自丁丑至乙巳，凡二十有九年矣。梵琦年七十，瞻礼旋绕，欢喜踊跃，百拜稽首而说颂言：

如来舍利无有边，　　不啻八万四千颗。
天上人间所造塔，　　其数过于恒河沙。
金银真珠与琉璃，　　车渠琥珀及玛瑙，
或用玻璃水晶等，　　并黑沉水赤栴檀，
种种雕镂功严饰，　　所获妙果不思议。
或奉一花供一香，　　或但低头合指爪，
或绕一匝礼一拜，　　莫不皆坐菩提场。
或以香水洒其地，　　或磨香泥涂其壁，
或烧油灯作光曜，　　无有不圆佛智者。

已去释迦灭度久，　　　塔为第一之福田，

盘如枣叶刹如针，　　　其影巍然至梵世。

譬如虚空平等入，　　　不离尘隙芥子孔，

我今兴建大浮图，　　　亦有先佛真身住。

广博严丽包法界，　　　一切如来处其中。

诸大菩萨及声闻，　　　莫不俱来受供养。

天龙八部咸诃护，　　　凡有目者悉观瞻。

明月宝珠置其顶，　　　宝箧真言实其腹。

入夜银缸射星斗，　　　炽然花开天树王。

八角风铃演妙音，　　　七层栏楯共围绕。

普为众生作饶益，　　　功德高厚若须弥。

亦如大海纳百川，　　　亘古亘今镇长在。

愿共法界诸含识，　　　同得往生极乐国。

韦陀尊天赞

妙高四埵，南有提婆。其下将军，名曰韦陀。

位在童真，护我支那。兜鍪锁甲，持杵降魔。

二十八部，三十二将。将中最贤，帝释所仗。

坐则为起，背则为向。护善遮恶，积德修行。

末世比丘，禀戒不全，起居食息，实赖尊天。

如跛得杖，如渡得船。受佛付嘱，愿海无边。

水陆升座

洪武元年九月十一日，钦奉圣旨，于蒋山禅寺水陆会中升座。师云：

真如净境界，一泯未尝存，能随染净缘，遂成十法界。法界者，众生心也。众生心即佛心。大哉心乎，无形无相，充遍十方，亘古亘今，包含万有。但在众生分上，一向染用，谓之无明。诸佛分上，一向净用，谓之佛性。无明、佛性，是二俱空。然而众生不了于空，无明所惑，从无量劫而至今世，因身口意，起贪嗔痴。贪行多者二万一千，嗔行多者二万一千，痴行多者二万一千，等分行者二万一千，共造八万四千诸烦恼业，生罹王宪，死在地狱，动经劫数，未有出期。古德有言：一切苦果，因业而受。受尽还无，何苦之有？岂不见梁朝傅大士《心王铭》云："观心空王，微妙难测。无形无相，有大神力。能灭千灾，成就万德。体性虽空，能施法则。观之无形，呼之有声。为之法将，心戒传经。水中盐味，色里胶青。决定是有，不见其形。"又云："欲求成佛，莫染一物。心性虽空，贪嗔体实。入此法门，端坐成佛。"

竖起拂子云：还见么？无量寿世尊，即今在拂子头上，放大光明，普照十方尽虚空遍法界不可说不可说又不可说极微尘数三千大千世界，百亿日月，百亿四天下，百亿四大海，百亿五须弥，百亿欲界天宫殿，百亿色界天宫殿，百亿无色界天宫殿。于中一一世界天宫殿内皆有菩萨海众围绕，随机说法，各各不同，顿说、渐说，实说、权说，纵说、横说，显了说、盖覆说。凡有所说，皆说此心，何一理而不圆，何一事而不备，何一尘而不摄，何一刹而不收。这里见得，未度令度，未解令解，未到彼岸者令到彼岸，未证涅槃者令得涅槃。皇恩佛恩，一时报毕。其或未然，更添注脚去也。

击拂子云：还闻么？这里闻去，诸人耳在一声中，一声普遍诸人耳。此是观音大士圆通法门。十方俱击鼓，十处一时闻，此是圆真实。隔垣听音响，遐迩俱可闻，此是通真实。声无既非灭，声有亦非生，生灭二缘离，是则常真实。是故诸佛于此得之，遍十方界成等正觉。菩萨于此得之，圆满六度万行。独觉于此得之，洞明十二缘生。声闻于此得之，三明六通，证八解脱。诸天于此得之，高超十地。人伦于此得之，具足众善。修罗于此得之，永绝骄慢。地狱于此得之，咸脱苦轮。乃至饿鬼、旁生并及四生九类一切含识于此得之，莫不悟自心佛，成自心佛。《金刚般若》云："过去心不可得，未来心不可得，现在心不可得。"心既不可得，佛亦不可得，菩萨亦不可得，独觉亦不可得，声闻亦不可得，诸天亦不可得，人伦亦不可得，修罗亦不可得，饿鬼旁生、四生九类、一切含识亦不可得。此不可得亦不可得。永嘉大师道："了了见，无一物，亦无人，亦无佛。大千沙界海中沤，一切圣贤如电拂。"所以二祖神光参初祖菩提达磨曰："我心未宁，乞师安心。"初祖云："将心来，与汝安。"神光云："觅心了不可得。"初祖云："与汝安心竟。"

以拂子划一划云：划断葛藤，正与么时，果满功圆一句作么生道？将此深心奉尘刹，是则名为报国恩。钦惟皇帝陛下，英武仁圣，削平海内，子育兆民。九夷八蛮罔不宾服，是以梯山入贡，航海献琛。元年，大赦天下，洽以宽恩。无辜冤枉，亦蒙济拔。特赐银帑，命善世院，就蒋山禅寺，修建冥阳水陆大斋一昼夜。于中作诸佛事，供佛贤圣、天地神祇、三界鬼神。并召臣僧梵琦，举唱宗乘。所集功勋，并用超度四生六道，无辜冤枉，悉脱幽冥，往生佛土，成就菩提。所愿如意珠烁破无明窟，智慧剑截断生死根。因大法以悟心，趣乐邦而见佛。

复举梁朝武帝请傅大士讲经。大士登座，挥尺一下。宝公菩萨谓帝曰："陛下还会么？"帝默然。菩萨云："大士讲经竟。"

师拈云：今日圣恩，令臣僧梵琦升于此座，举扬第一义谛，普愿迷流同成佛道。释迦老子四十九年说不尽底细大法门，尽被傅大士一时吐露了也。且道节文在什么处？

冥阳水陆大斋缘，　　遍满三千与大千。
东走金乌西玉兔，　　上穷碧落下黄泉。
永抛业识无明海，　　高坐如来妙宝莲。
恩重须弥何以报，　　祝延圣寿万斯年。

洪武二年三月十三日，钦奉圣旨，于蒋山禅寺水陆会中升座。师云：

震法雷，击法鼓，布慈云兮洒甘露。即今法雷已震，法鼓已击，慈云已布，甘露已洒，且道山僧说甚么法？说向声闻乘法耶？说向独觉乘法耶？说向菩萨乘法耶？说向阿耨多罗三藐三菩提法耶？说向凡夫界法耶？教中道：法界中无有法名向声闻乘、向独觉乘、向菩萨乘、向阿耨多罗三藐三菩提，无有法名向凡夫界，无有法名向染、向净，向生死、向涅槃。何以故？诸法无二故。譬如虚空，若去来今，求不可得，然非无虚空。据实而论，只这虚空，早是钉橛了也。云门手中扇子，跨跳上三十三天，触著帝释鼻孔。东海鲤鱼打一棒，雨似盆倾。诸人又作么生会？

良久云：不起纤毫修学心，无相光中常自在。又云：不是心，不是佛，不是物。是个什么？明白道了也。更要解注那，此事不在言语上，十双五个作言语会，苦哉！屈哉！香严和尚道："如人上树，手不攀枝，脚不踏枝。树下忽有人问祖师西来意，若答他则丧身失命，若不答他则违他所问。答则是，不答则是？"大慧和尚云："我这里禅如一团火相似，若触他则烧杀你，若背他则冻杀你。"只如永嘉大师有两句子，与贼过梯，道什么"镜里看形见不难，水中捉月争拈得"。平如镜面，险似悬崖。金刚取泥处，是我屋里人知得。

更饶个古话。吾宗第四祖优波鞠多尊者，因一族姓子出家，夜投天寺宿。尊者乃作方便，化一夜叉，担一死人来。更有一夜叉空手而至，二鬼共诤，一言："我担死人来。"第二者言："我担死人来。"前一鬼言："我有证人，此人见我担死人来。"时此人念言："我今必定死，应作实语。"语后鬼言："此死人者前鬼担来，非是汝许。"后鬼大瞋，拔其一臂，前鬼以死人臂还续如故。后鬼复拔一臂，前鬼更拔死人臂还复补处。后鬼拔其两脚，前鬼悉以死人脚补之如本。如是二鬼共食所拔新肉，即便出去。此族姓子豁然大悟。今日圣天子普度幽冥，令臣僧梵琦说法，度诸佛子。所冀一言之下，泮然无疑。知一切法即心自性，成就慧身，不由他悟。如梦忽觉，如莲花开。正恁么时，如何举似？一百五日近清明，上元定是正月半。

复举昔有士人撰《无鬼论》，鬼现身云："我聻。"士人无对。后来五祖演和尚代以两手合作鹁鸠嘴云："谷谷呱。"

师拈云：五祖和尚可谓是千圣顶上拈来，万人丛中指出。语默所不到，情解所不及，向上一句作么论量？常忆江南三月里，鹧鸪啼处百花香。

楚石和尚行状

师讳梵琦，字楚石，小字昙曜，明州象山人，姓朱氏。父杲，好善，有隐德。母张，事佛惟谨，以大元元贞二年丙申之岁六月丁巳，梦日堕怀中而生师。师在襁褓中，有神僧来见之，谓其父曰："此儿佛日[1]也，他日必当振佛法，照曜浊世。"宗族乡党因以昙曜字之。四岁失怙恃，祖母王氏鞠之，口授以《论语》，辄能成诵。或问："书中所好者何语？"即应曰："君子喻于义。"六岁善属对。七岁能书大字，诗书过目不忘，一邑以奇童称之。

九岁抵西浙，从海盐天宁讷翁模公受经业。又依从族祖晋翁洵公于湖之崇恩。赵文敏公以先陇在崇恩，数往来其间，每见师，异之，为鬻僧牒，礼讷翁得度。年十六，于杭之昭庆受具戒，为大僧。是时文采炳蔚，声光蔼著，两浙名山宿德，争欲招致座下。径山虚谷陵、天童云外岫、净慈晦机熙，各有龙象数百，更称誉之。年二十，晋翁迁道场，命为侍者，既又俾典藏钥。一日阅《首楞严经》，至"缘见因明，暗成无见。不明自发，则诸暗相永不能昏"，因有省入。由是阅内外典籍，宛如宿习。然于佛祖向上一著，终有滞碍。

元叟端和尚主径山，道望重天下。师往参次，即问："如何是'言发非声，色前不物'？"叟遽云："言发非声，色前不物。速道！速道！"师拟进语，叟震威一喝，师乃错愕而退。会英宗皇帝诏善书者，赴阙金书《大藏经》。师在选中，辞叟遂行。既至，馆于万宝坊，近崇天门。一夕睡起，闻彩楼上鼓鸣，豁然大悟，彻见径山为人处，述偈曰："崇天门外鼓腾腾，蓦劄虚空就地崩。拾得红炉一片雪，却是黄河六月冰。"实甲子正月十一日也。是岁东归，再参元叟于径山。叟迎，笑曰："且喜汝大事了毕。"自是师资征决，佛祖机缘焕然矣。叟遂以第二座延之，而学者多咨扣焉。

---

[1] "日"字，底本无，依《西斋净土诗》所附〈楚石和尚形状〉补入。

未几，以行宣政院命，出世海盐州之福臻。一香供元叟，是为妙喜五世云。天历戊辰，迁州之天宁。至元乙亥，迁杭之报国。至正甲申，迁嘉兴郡之本觉。丁亥，帝师锡号，曰佛日普照慧辩禅师。丁酉，迁郡之天宁。己亥，有退休志。以海盐天宁有山海之胜，遂筑寺西偏以居，别自号西斋老人。癸卯，寺主者祖光告寂，州大夫强师复主寺事。戊申，举得法上首景瓛自代，而复老于西斋焉。

皇明启运，混一海宇。天子念将臣或没于战，民庶或死于兵，宜以释氏法设，冥以济拔之。于是以洪武元年九月十一日，征师说法于蒋山。廷臣奏其说，上大悦。明年三月，复用元年故事，再征于蒋山说法。上闻其说，又大悦。十五日，赐宴文楼下，亲承劳问，诏馆于天界寺十日。及行，出内府白金以赐。又明年秋，上以鬼神之理甚幽，意先佛必有成说，宜征其徒之尝为师德者问焉。于是浙水东西被召者凡十有六人，予与师泊梦堂噩公与焉。七月十二日，至天界，馆于方丈。上命礼部官劳。又命膳部赐薪米等物。寻以所问，命讲究明白，候斋日奏对。

而师以二十二日示微疾，然与诸师援据经论辨核其理自若也。二十六日，忽索浴更衣，跏趺，书偈曰："真性圆明，本无生灭。木马夜鸣，西方日出。"置笔，谓梦堂曰："师兄，我去也。"堂曰："何处去？"师曰："西方去。"堂曰："西方有佛，东方无佛耶？"师乃震威一喝而逝。礼部官以遗偈闻，上为嗟悼久之。翰林学士宋公景濂、危公太朴，与师为方外友，尤痛恻焉。龛奉四日，颜色愈明润，缁白瞻礼，如佛涅槃。天界住持白庵金禅师，乃古鼎铭和尚嗣法上首，师之法门犹子也，凡后事莫不尽礼。同召诸师，咸以法供养焉。时例禁火化，上以师故，特开僧家火化之例。是日天宇清霁，送者千余人。火余，牙齿、舌根、数珠不坏。舍利五色，纷缀遗骸。参学弟子文晟，奉其遗骸及诸不坏者归海盐，以八月二十八日，葬于西斋而塔焉。

师平日度人，或以文字而作佛事。《六会语》梓传已久，外有《净土诗》、《慈氏上生偈》、《北游集》、《凤山集》、《西斋集》，又有和天台三圣诗、永明寿禅师山居诗、陶潜诗、林逋诗，总若干卷，并行于世。

师所在，施者云集，凡所营建，咄嗟成功。在海盐天宁建大毗卢阁，范铜肖毗卢遮那佛、千佛，文殊、普贤、大悲千手眼菩萨等像，位置上下，相好殊胜。又建宝塔七层，高计二百四十余尺。塔成，忽偏倚欲仆。师惧，祷于佛。一夕大风雨，州民闻空中有声曰："急往天宁救塔。"明日，塔乃四正如初。及师再来，塔以兵燹殆废，且失顶之宝瓶，师复鸠施完葺之。时景瓛为径山书记，以钱命铸宝瓶补之。上瓶之日，天花纷雨，异香满空，州民聚观，骇叹无已。在本觉，建大阁，上以奉万佛，下以奉大悲菩萨、十地菩萨。阁之雄伟，像设之庄严，殆冠西浙。师为人，身短小而志器弘大，体无为而神应莫测。炽然作用，无非以实相示人，俾之悟焉证焉而后已。故虽有营建之美、辞辩之富，而实无作也、无说也。譬犹春之于花、月之于水，所可形容者，影与色香耳。道化所被，薄海内外，高丽、日本学者尤钦慕焉。世寿七十五，僧腊六十有三。得度者若干人，嗣其法者若干人。

景瓛、文晟将谒辞于当代大手笔以铭其塔，以昭示来学，请予录其行实。予始在径山，与师交甚契，又同禀法于元叟和尚。其后往来东西浙，得师出处为详。洎师示灭，又亲睹其光明之效，不可辞也。第以衰病，纪次繁陋。然立言君子，于斯或有所稽焉。

洪武庚戌九月初吉，前住绍兴府崇报禅寺法弟至仁谨状。

佛日普照慧辩禅师塔铭有序

皇帝即位，洪武之元年，端居穆清，悯念四海兵争，将卒民庶多殁于非命，精爽无依，非佛世尊不足以度之。秋九月，诏江南大浮图十余人，于蒋山禅寺作大法会，时楚石禅师实与其列。师升座说法，以耸人天龙鬼之听。竣事，近臣入奏，上大悦。二年春三月，复用元年故事，召师说法如初。锡燕于文楼下，亲承顾问。暨还，出内府白金以赐。三年之秋，上以鬼神情状幽微难测，意遗经当有明文，妙柬僧中通三藏之说者问焉。师与梦堂噩公、行中仁公等应召而至，馆于大天界寺。上命仪曹劳之。既而援据经论成书，将入朝敷奏。师忽示微疾。越四日，趣左右具浴更衣，索笔书偈曰："真性圆明，本无生灭。木马夜鸣，西方日出。"书毕，谓梦堂曰："师兄，我将去矣。"梦堂曰："子去何之？"师曰："西方尔。"梦堂曰："西方有佛，东方无佛耶？"师厉声一喝，泊然而化，时七月二十六日也。天界住持西白金公，法门犹子也，为治后事，无不尽礼。时制火葬有禁，礼部以闻，上特命从其教。茶毗之余，齿牙、舌根、数珠咸不坏，设利罗粘缀遗骨，累累然如珠。其弟子文晟奉骨及诸不坏者归于海盐。卜以八月二十八日，建塔于天宁永祚禅寺葬焉。既葬，嗣法上首景瓛复偕文晟，以仁公所造〈行状〉来征铭。仁公博通内外典，文辞简奥，有西汉风，其言当可信弗诬。

谨按状，师讳梵琦，楚石其字也，小字昙曜，明州象山人，姓朱氏。父杲，母张氏。张梦日堕怀而生师。方在襁褓中，有神僧摩其顶言曰："此佛日也，他时能照烛昏衢乎？"人因名之为昙曜云。年七岁，灵性颖发，读书即了大意。或问所嗜何言，即应声曰："君子喻于义。"至于属句仿书，皆度越余子，远近号为奇童。九岁，弃俗，入永祚，受经于讷翁模师。寻依晋翁洵师于湖之崇恩。洵师，师从族祖也。赵魏公见师，器之，为鬻僧牒，得剃染为沙门。继往杭之昭庆受具足戒，年已十有六矣。洵师迁住道场，师为侍者。居亡何，命司藏室。阅《首楞严经》，至"缘见因明，暗成无见"处，恍然有省。历览群书，不假师授，文句自通。然胶于名相，未能释去缠缚。闻元叟端公倡道双径，师往问云："'言发非声，色前不物'，其意何如？"元叟就以师语诘之。师方拟议欲答，叟咄之使出。自是群疑塞胸，如填钜石。会元英宗诏粉黄金为泥，书《大藏经》。有司以师善书，选上燕都。一夕，闻西城楼鼓动，汗下如雨，拊几笑曰："径山鼻孔，今日入吾手矣。"因成一偈，有"拾得红炉一点雪，却是黄河六月冰"之句。翻然东旋，再入双径。元叟见师气貌充然，谓曰："西来密意，喜子已得之矣。"遽处以第二座，且言妙喜大法尽在于师。有来参叩者，多命师辨决之。元泰定中，行宣政院稔师之名，命出世海盐之福臻。遂升主永祚。永祚，师受经之地，为创大宝阁，范铜铸贤劫千佛，而毗卢遮那及曼殊师利、普贤、千手眼观音诸像，并置其中。复造塔婆七级，崇二百四十余尺。

功垂就，势将偏压。师祷之。夜乃大雨风，居氓闻鬼神相语曰："天宁塔偏，亟往救之。"迟明，塔正如初。迁杭之报国，转嘉兴之本觉，更构万佛阁九楹间，宏伟壮丽，俨如天宫下移人世。帝师嘉其行业，赐以佛日普照慧辩禅师之号。"佛日"颇符昔日神僧之言，识者异焉。会报恩、光孝虚席，佥谓报恩一郡巨刹，非师莫能居之。师勉徇众请而往。寻退隐永祚，筑西斋，为终焉之计。至正癸卯，州大夫强师主其寺事。时塔毁于兵，师重成之。景瓛为代，复归老于西斋云。

师为人形躯短小，而神观精朗。举明正法，滂沛演迤，有不知其所穷。凡所莅之处，黑白向慕，如水归壑。一弹指间，涌殿飞楼，上插云际，未尝见师有作。君子谓：师纵横自如，应物无迹，山川出云，雷蟠电掣，神功收敛，寂然无声。由是内而燕、齐、秦、楚，外而日本、高丽，咸咨决心要，奔走座下。得师片言，装潢袭藏，不翅拱璧。师可谓无愧妙喜诸孙者矣。师世寿七十五，僧腊六十三。得法者若干人，受度者若干人。其说法机用，则见于《六会语》。其游戏翰墨，则见于和天台三圣及永明寿、陶潜、林逋诸作。别有《净土诗》、《慈氏上生偈》，《北游》、《凤山》、《西斋》三集，通合若干卷，并传于世。

余慕师之道甚久，近获执手护龙河上，相与谈玄，因出〈剩语〉一编求正。师览已，叹曰："不意儒者所造直至于此！善自护持之。"师善诱，推此一端，亦可概见。及闻师殁，与国史危公哀悼不自胜。危公亦深知师者也。铭曰：

大鉴密旨余十传，妙喜起蹴龙象筵。有如大将据中坚，铁卒十万佩囊鞬，或触之者命发悬，谁欤五世称象贤。佛日晓出瀛海堧，红焰闪闪行中边，流光所至无幽玄。忆初飞锡来北燕，彤楼画鼓金星缠，一击三际皆廓然。火中新敷清净莲，绀色涵空绝蔓牵。自兹口喷百丈泉，洗涤五浊离腥膻。内而诸夏外朝鲜，纷纷来者人驾肩。示以实相非空言，塔庙赫爇名山川。一佛能变万与千，会万归一道则全，不识诬为有漏缘。帝敕中使来传宣，钟山说法超沈绵，万人瞻依曲两拳。一朝入灭同蜕蝉，西方弹指即现前，白玉楼阁琉璃田，金铃宝树演真诠。师之往矣神弗迁，寂光常定无偏圆。我作铭诗翠琰镌，昭朗盛烈垂年年。

翰林学士、亚中大夫、知制诰、兼修国史金华宋濂撰并书
翰林侍讲学士、中顺大夫、知制诰、同修国史临川危素篆题

西斋净土诗

[明]楚石梵琦　著

说明

中国佛教自永明延寿以后，逐渐形成禅净双修之风。楚石便是这一宗风的实践者和积极倡导者。楚石自幼即知有西方弥陀教法，晨朝十念，求生净土，未尝一日少懈，终身不缺。元至正十九年 (1359)，楚石六十四岁，退隐于海盐天宁寺"西斋"，自号"西斋老人"，专志于净业，并劝同袍之士及同社之人，凡有心者，悉令念佛。楚石所作《西斋净土诗》脍炙人口，广为流传，被誉为"千古绝唱"。

《西斋净土诗》早在明洪武年间即屡有刻行。明末莲池大师特命海盐刘祖锡居士搜求原本，校定重刊。由于年代久远，这些刻本已不可见。现存清代海盐天宁寺刻本、《琳琅秘室丛书》本、金陵刻经处本，及蕅益大师所编《净土十要》中收录本。本次点校以清代海盐天宁寺刻本为底本，参校其他诸本，并参考《琳琅秘室丛书》本所附清胡珽《西斋净土诗校讹》。

西斋净土诗赞[1]

[明] 蕅益智旭

稽首楚石大导师，　　即是阿弥陀正觉。

以兹微妙胜伽陀，　　令我读诵当参学。

一读二读尘念消，　　三读四读染情薄。

读至十百千万遍，　　此身已向莲花托。

亦愿后来读诵者，　　同予毕竟生极乐。

还摄无边念佛人，　　永破事理分张恶。

同居净故四俱净，　　圆融直捷超方略。

---

[1]　此赞底本无，据《净土十要》本补入。

序一

[明] 大佑法师

念佛三昧，群经所宣，诸佛共赞，诸大菩萨共修，实禅门往哲之所留意也。若永明之《万善同归集》、慈觉之《苇江集》，皆指净业为入道之至要，可不信乎？世之学佛者，乍闻即空之说，不能精究，而泥于一辙，则视修净业者为浅鄙，而辄诋排之，是排诸佛、群经、诸祖也，其无知亦甚矣！

西斋和尚，禅门之上达也。观其自童幼至于耆年，孜孜以净业为务，精修密炼，不舍昼夜。发为歌诗数千首，皆三昧心中所流出。宗说兼畅，教禅混融，扫荡建立，变化万殊，未可一辙观也。夫以西斋材识之渊博，学者未易窥其涯涘，其留心净土有若此者，然则念佛三昧其可忽哉？若海藏主募众刊行，非独与世之修净业者共，亦足为不信者劝也。

洪武十九年丙寅夏五，前住吴门北禅沙门大佑敬书。

序二

[明] 弘道法师

唯心净土之说，人皆知之而鲜得其要者，盖不知"唯"之一字，乃法界无外之称，往往泥于名相，骛外而求，求之愈勤，而心土愈远矣。若了依正、色心诸法，离名绝相，趣举一法，法法互融，触向对面，无非觉者，举足下足，皆净土焉。吾佛圣人于诸大乘经中，偏赞西方极乐世界，虽远在十万亿佛土外，要其所归，唯在一心，所以方便示人往生捷径也。

庐山远法师招同志结莲社，修念佛三昧。晋唐诸贤皆有念佛三昧咏。宋樗庵严教主始作怀净土诗。继而和之者亦不少矣，然未有若西斋老人，禅悦之余，专意净业，触境遇物，发为歌诗，凡数百余首，历历与契经合。使人读之，恍然如游珠网琼林、金沙玉沼，殊不知有人间世也。苟非深达事理一贯、心境混融者，能之乎！而其临终，措识明了，自言吾将往西方，泊然而化，斯正念往生之效也。余时因赴召来京，寓龙河，目击其事。今观其所作，益知平昔用心勤矣。三宗学人将绣诸梓，以寿其传，为修净业者劝。余实嘉之，遂书其编首云。

洪武二十一年龙集戊辰冬，上天竺前住山弘道[1]序。

---

[1] 弘：底本作"宏"，现据清胡珽《西斋净土诗校讹》改。

序三

[明] 大囧法师

《西斋净土诗》者，乃四明楚石琦禅师之所作也。禅师学行高一世，宗说兼通，禅寂之外，不嗜他好，专志净业，直欲横截长骛而后已，所谓"有禅有净土"者也。尝触景遇物，发为歌诗累数百篇，皆于念佛三昧心中流出，无不与契经合响。一吟一咏，恍若神游净域，耳玉偈而目金容也，信乎全身坐于净土中矣。

昔东晋远法师倡为《念佛三昧诗序》，刘遗民作《誓词》，王乔之、宗、雷诸贤皆作诗，珠回玉转，至今辉映简册。唐宋鸿儒硕缙，皆能嗣其徽音，连篇累牍，传之为盛，然未有若禅师之集如是之富且夥也。然是集初传于两浙，既已版行矣。今有修念佛三昧者李觉悟、宋福顺、汪普敬、陈觉兴、王普敬、贾普江、金妙声、严普广等，因获是集，惜其未广布于中夏，谋于同道，重绣诸梓，使凡观是集、咏是诗者，发起念佛之心，偕为莲花胜友，而不终溺于苦域者矣。一日来征言，以识岁月。予亦修净业者，因不辞，书此以归之。且相率勉励策进乎净业，将与禅师同游于花池宝地之间，岂徒吟咏而已哉！

永乐十六年十月初吉，四明延庆住山释大囧序。

序四

[明] 朱元弼

原夫妙法难闻，凡心易染。猥云"当下"，逐妄迷真；骄语"随缘"，虚生浪死。不知难非不易，法本唯心。心无其心，圣人所以浑身应妙；法无其法，学者所以立地超凡。故禅家开念佛之门，而慈氏显西方之幻。精勤观想，即想即观即妙明心。显密圆通，非圆非通，非不住法。譬农夫之有畔，穮蓘自丰。即水火之无穷，扣门斯与。是处岂容拟议，到头止有虔修。此立教者所为，直指无歧，而阐教者共是，常言无已也。

楚石禅师，家本明州，缘深我邑。衣传永祚，室筑西偏。秉妙喜之一灯，光浮七级。证天台之三昧，念彻千声。盖虽东西南北显化纵横，其间嗟叹咏歌，唯观自在。顾当年净土诗三百余首，今即流通本什一无存。所幸千灯，还同一焰。

吾友刘君子福，宿抱利根，皈依莲池老师，长磨慧剑。前于师将怛化，偶然便谒云栖，俾之亟访前书。出忽相逢市肆，虽多脱简，具是牛车。因历名山，顿还衣宝。途间校定，役返呈师。归而剞劂方新，师已涅槃如幻。迹其倾还底里，真是本无去来。五十余年之山斗，东南何容歧示。八十一岁之总持，衣钵独此家风。遥连楚石西斋，密迩高峰双径。初非逃儒归墨，兹岂乐净离宗。渺哉黍米之玄，卓尔参前之倚。将法还法，以心还心。何圣何凡，孰迷孰浪。用藉吾盐胜事，通还法界信心。若曰声闻，则吾岂敢！

万历乙卯季秋之朔，武原病叟朱元弼斋沐稽首撰书。

序五^[1]

传印法师

话说已经是五十年前事。传印在故乡辽宁庄河初出家时，从恩师受业，师命熟读《印光法师文钞嘉言录》。读至第十条"标应读典籍"中，举出《净土十要》一书，印光大师说，此书乃"蒲益大师以金刚眼，于阐扬净土诸书中，选其契理契机、至极无加者，莫不理圆词妙"。遂即向苏州灵岩山寺佛经流通处请购一部，熟玩习阅，果然如饮醍醐。十要之第七，即梵琦楚石禅师著《西斋净土诗》。蕅益大师赞曰：

> 稽首楚石大导师，即是阿弥陀正觉。
>
> 以兹微妙胜伽陀，令我读诵当参学。
>
> 一读二读尘念消，三读四读染情薄。
>
> 读至十百千万遍，此身已向莲花托。
>
> 亦愿后来读诵者，同予毕竟生极乐。
>
> 还摄无边念佛人，永破事理分张恶。
>
> 同居净故四俱净，圆融直捷超方略。

在这里，须著眼的主要是"事理分张"的问题。事，即事相；理，即理性。分张，即对立，即是作片面的理解。佛法认为：理寓于事，全理成事；事能显理，全事即理。又，理即心性，事即境相；心境一如，事理不二。如蒲益大师门人成时说："事理分张恶者，谓舍西方功德庄严之阿弥陀佛（废

---

[1] 此序底本无，据海盐天宁寺 2004 年重排本补入。

事），而别计自性弥陀（执理）；舍西方功德庄严之极乐世界（废事），而别取唯心净土（执理）。此则事理乖张，成大邪见。"所以，"事理"问题，其实是佛教中带有根本性质的问题。于此若能正确通达，便不会陷入执理废事、甚至著空发狂的泥潭里去了。对此，梵琦楚石禅师高提祖印，拨开人天眼目，同趣正法眼藏，树立了千古典范。

禅师讳梵琦，字楚石。宁波府象山县人，俗姓朱。九岁时，投讷翁谟公座下受学读经。十六岁剃发染衣，阅《首楞严经》有省悟。随侍元叟端公入京，听西楼上击鼓声，彻悟，通身汗如雨下，因以偈"捉得红炉一点雪，却是黄河六月冰"呈元叟，蒙认可。从此，圣凡情绝，体露真常；如大日轮，无处不照；普应万机，感而遂通。三十四岁时，来主此天宁永祚禅寺，感得龙神献宝，应缘启建镇海之塔。却后，筑室栖净，额曰"西斋"。其净土诗，即著作于此。恰如其诗句云："绿水青山皆妙体，黄莺紫燕总元音；凡夫只为贪嗔重，不觉身栖七宝林。"禅师至此地步，而犹孜孜矻矻求生净土者，实是由于深达"真法无性，染净从缘；事理圆融，因果宛然"之玄旨；深达净土法门如天普盖，似地均擎，一切凡圣无能超出其外，一切诸法无不汇归其中。如《华严经》为诸经之王，而＜入法界品＞中，善财童子于证齐诸佛之后，普贤菩萨乃教以发十大愿王，回向往生阿弥陀佛净土，以期圆满无上佛果；并以此普劝华藏海会诸大菩萨。我们应该知道，华藏海众，不要说凡夫，即使二乘圣人亦莫能攀；他们都是十住、十行、十回向、十地和等觉四十一位法身大士，是在破除无明惑、证得常寂光阶段的大菩萨。他们都具备乘本愿轮于无佛世界示现八相成道而现身作佛的功德。并且，华藏世界喻如大海，诸佛净土无量无边，而毕竟回向导归阿弥陀佛净土者，以此可以证知，往生西方净土，实为出离生死苦海之要津，实为成就无上佛道的捷径。所以说，梵琦楚石禅师为我们树立了千古不磨的光辉典范。正如明朝万历时期的莲池袾宏大师说："本朝（明）第一流宗师，无尚于楚石矣。"并且指出："彼（那些）自号禅人而浅视净土者，可以深长思矣！"

道不虚行，遇缘即应。传印于两年以前，幸得天宁永祚禅寺住持晓明法师函，方知此寺便是梵琦楚石禅师道场。法缘所被，欢喜莫名！因浙江省和海盐县党政部门重视并大力支持，贯彻执行宗教信仰自由政策，本寺于"文革"后，1985 至 1988 年整修千佛阁；1999 年 11 月大雄宝殿奠基，2003 年 10 月落成并开光。含空宝殿，巍峨矗立；满月金容，焕烂映天。殿堂寮舍，已具规模。梵琦禅师在莲池会中，定当大放慈光，开颜含笑。现住持晓明仁者，恪勤朝夕，英年有为。今刊印梵琦禅师《西斋净土诗》全文，光扬祖德，普化有缘。不揣固陋，谨为之序。

2004 年甲申孟春　传印和南

西斋净土诗卷一

四明释梵琦楚石撰

怀净土诗一百十首（并自序）

儒者之诗云："伐柯伐柯，其则不远。"说者曰："执柯以伐柯，睨而视之，犹以为远。"信斯言也！吾宗念佛，唯我自心。心欲见佛，佛从心现。阿弥陀佛三十二相、八十种好，性本具足，不假外求。神通光明，极未来际，名无量寿。至于花池宝座、琼楼玉宇，一一净境，皆自我心发之。妙喜有云："若见自性之弥陀，即了唯心之净土。"如楞严会上，佛敕阿难："一切浮尘诸幻化相，当处出生，随处灭尽。因缘和合，虚妄有生；因缘别离，虚妄名灭。殊不知生灭去来，本如来藏，常住妙明。性真常中，求于去来、迷悟、生死，了无所得。"既无所得，但是一心。若净土缘生，秽土缘灭，则娑婆印坏，坏亦幻也。若秽土行绝，净土行兴，则极乐文成，成亦幻也。然此生灭、净秽，不离自心。心不见心，无相可得。虽终日取舍，未尝取舍；终日想念，未尝想念。在彼不妨幻证，在此不妨幻修。一发心时已成正觉，何碍幻除结习，幻坐道场，幻化有情，幻臻极果。岂不了世出世间之幻法，调御丈夫之事乎！昔天衣怀禅师亲见明觉，尽佛祖不传之妙，常修净土，垂问学者曰："若言舍秽取净、厌此欣彼，则是取舍之情、众生妄想。若言无净土，又违佛语。修净土者当云何修？"乃自答云："生则决定生，去则实不去。"无过此语也！

余谢事闲居，作《怀净土诗》若干首，劝同袍之士及同社之人，凡有心者，悉令念佛。前所谓唯心净土、自性弥陀，不出户庭，夫何远之有！

（一）^[1]

有个弥陀自在心，　才生一念隔千岑。

于中岂待回光照，　直下翻为向外寻。

绿水青山皆妙体，　黄莺紫燕总玄音。

凡夫只为贪瞋重，　不觉身栖宝树林。

（二）

我佛真身不可量，　大人陪从有辉光。

食时并是天肴膳，　行处无非圣道场。

庭下碧流微吐韵，　殿前瑶草细吹香。

十方一等庄严刹，　终说西方出异方。

（三）

万劫修行相好身，　身光知是几由旬？

消磨岁月无穷寿，　含裹虚空不老春。

四色满花香气远，　诸天童子性情真。

况兼善友皆招我，　来作逍遥快乐人。

（四）

要观无量寿慈容，　只在如今心想中。

坐断死生来去路，　包含地水火风空。

顶分肉髻光千道，　座压莲花锦一丛。

处处登临宝楼阁，　真珠璀璨玉玲珑。

（五）

每为娑婆苦所萦，　谁闻净土不求生。

---

[1]　序号为整理者所加，下同。

天人皆是大乘器，　　草木亦称三宝名。
处处园林如绣出，　　重重楼阁似生成。
诸贤莫怪归来晚，　　见说芙蕖始发荣。

（六）

却望金绳宝界遥，　　楼台一一倚云霄。
黄莺韵美春长在，　　玉树枝柔岁不凋。
流水有声随岸转，　　好花无数逐风飘。
野人自选归来日，　　何待诸贤折简招。

（七）

此邦潇洒乐无厌，　　遥羡诸人智养恬。
座用真珠为映饰，　　台将妙宝作庄严。
纯金细砾铺渠底，　　软玉新梢出树尖。
眉相古今描不尽，　　晚来天际月纤纤。

（八）

参差宝构满层虚，　　纵有丹青画不如。
林影交飞金孔雀，　　水光倒浸玉芙蕖。
分明池上佛身现，　　宛转眉间毫相舒。
百亿三千大千界，　　尽令方寸摄无余。

（九）

放下身心佛现前，　　寻常盈耳法音宣。
风柯但奏无生曲，　　日观长开不夜天。
行趁玉阶云冉冉，　　坐依珠树月娟娟。
凡夫到此皆成圣，　　不历僧祇大果圆。

（十）

妙明觉体即如来， 暂借莲花养圣胎。
瑞相且分三十二， 流光何止百千垓。
庄严宝具相随到， 细软天衣不假裁。
上品上生生死绝， 尘尘刹刹紫金台。

（十一）

作佛何须向外寻， 毫悬白玉面黄金。
人人有宝名如意， 种种无求不称心。
第一义天离染污， 出三乘海断飘沉。
自从彻证圆通后， 耳畔常闻妙法音。

（十二）

未归极乐尚阎浮， 漂泊风尘更几秋。
残梦频惊蕉叶雨， 故乡只在藕花洲。
屈伸臂顷无多地， 高占人群最上头。
二大士心怜老病， 何妨携手入琼楼。

（十三）

法王治化宝莲宫， 菩萨声闻满国中。
普覆犹如天在上， 大明胜似日生东。
青螺髻接浮云岭， 白玉毫辉跨海虹。
世出世间无比者， 当知体性本来空。

（十四）

见得如来清净身， 山河大地绝纤尘。
螺蛳蚌蛤神通妙， 蚯蚓虾蟆法句真。
不用别求安养国， 何须重结往生因。

一言勘破维摩老，　　堪作毗卢顶上人。

（十五）

纸画木雕泥塑成，　　现前真佛甚分明。

皈依不是他家事，　　福德还从自己生。

万树花开因地暖，　　千江月现为波清。

朝参暮礼常如此，　　在处皆为极乐城。

（十六）

念佛功深罪自除，　　身归极乐国中居。

丛林草木琼瑶接，　　大地山河锦绣舒。

香界来从移步后，　　宝莲结自放花初。

玉毫炳焕黄金面，　　天上人间总不如。

（十七）

天人莫不证神通，　　一一黄金色相同。

散众妙花为佛事，　　尽尘沙界起香风。

身光触体成柔软，　　乐具流音说苦空。

却倚雕栏看宝树，　　无边佛国现其中。

（十八）

经行地上尽奇珍，　　异草灵苗步步春。

国界初无三恶道，　　庄严自有众天人。

长空落日如悬鼓，　　大圣无时不现身。

从旷劫来今始悟，　　故乡曾不隔纤尘。

（十九）

满目池台锦绣横，　　祥光瑞霭灭还生。

了无酒色离烦恼，　　虽有天魔绝斗争。

渴饮醴泉多舞凤，　　高栖琼树足流莺。

待吾托质莲花后，　　却向琉璃地上行。

（二十）

池上蕅花花上人，　　佛光来照紫金身。

更闻妙法除心垢，　　尽救迷情出苦轮。

举步遍游尘点国，　　利生终满涅槃因。

娑婆界上光阴短，　　极乐知经几劫春。

（二十一）

净土真为不死乡，　　云霞影里望残阳。

珠楼玉殿空为体，　　翠树金花密作行。

款款好风摇菡萏，　　依依流水带鸳鸯。

分明记得无生曲，　　便请知音和一场。

（二十二）

一个浮泡梦幻身，　　如何只是纵贪瞋？

好寻径直修行路，　　休学愚痴放逸人。

护戒还同冰雪净，　　操心要与圣贤亲。

明明指出西飞日，　　有识皆令达本真。

（二十三）

几回梦到法王家，　　来去分明路不差。

出水珠幢如日月，　　排空宝盖似云霞。

鸳鸯对浴金池水，　　鹦鹉双衔玉树花。

睡美不知谁唤醒，　　一炉香散夕阳斜。

（二十四）

风满瑶台水满池，　　花开菡萏一枝枝。

细听凫雁鸳鸯语，　　正是身心解脱时。

璎珞自然成宝玉，　　袈裟全不假机丝。

如来相好瞻无尽，　　所得明门誓总持。

（二十五）

遥指家乡落日边，　　一条归路直如弦。

空中韵奏般般乐，　　水上花开朵朵莲。

杂树枝茎成百宝，　　群居服食胜诸天。

吾师有愿当垂接，　　不枉翘勤五十年。

（二十六）

一朵莲含一圣胎，　　一生功就一花开。

称身璎珞随心现，　　盈器酥酡逐念来。

金殿有光吞日月，　　玉楼无地着尘埃。

法王为我谈真谛，　　直得虚空笑满腮。

（二十七）

珠王宫殿玉园林，　　坐卧经行地是金。

舍利时时宣妙响，　　频伽历历奏仙音。

返闻顿悟无生理，　　常住周圆不动心。

触目皆为清净土，　　来从旷劫到如今。

（二十八）

曾于净土结因缘，　　二六时中现在前。

每到黄昏增善念，　　遥随白日下长天。

如来宝手亲摩顶，　　大士金躯拟拍肩。

不借胞胎成幻质， 吾家自有玉池莲。

（二十九）

莲台得坐最高层， 我许凡夫愿力能。
顷刻人心翻作佛， 斯须水观化为冰。
玉抽玛瑙阶前树， 金匝琉璃地上绳。
无限天花满衣袂， 十方佛国任飞腾。

（三十）

浊恶众生也可怜， 菩提道果几时圆。
总云国土随心净， 争奈形神被业牵。
正剑挥来藤落树， 迷云散尽日流天。
虚空毕竟无遮障， 净土滔滔在目前。

（三十一）

一国巍巍一宝王， 无朝无暮起祥光。
尼拘律树真金果， 优钵罗花软玉房。
见体自明非日月， 知春长在不冰霜。
又游佛刹归来也， 赢得天葩满袖香。

（三十二）

将参法会礼金仙， 渐逐香风出宝莲。
红肉髻光流不尽， 紫金身相照无边。
重重树网垂平地， 一一花台接远天。
诸佛界中希有事， 了如明镜现吾前。

（三十三）

千楼万阁宝攒成， 地是琉璃向下擎。

骨肉都融身转妙，　　尘埃不染思逾清。

林间玉叶敲风响，　　池底金沙透水明。

空界不知谁奏乐，　　凤箫龙笛有余声。

（三十四）

无常无我法全该，　　水鸟风林岂异哉。

不动一尘常在定，　　遍游诸刹又归来。

凡夫本自同弥勒，　　知识何尝离善财。

堪忍便为清净界，　　觉花还向妄心开。

（三十五）

土净令人道果圆，　　娑婆性习一时迁。

鱼离密网游沧海，　　雁避虚弓入远天。

来往轮回从此息，　　死生烦恼莫能缠。

无心即是真清泰，　　有染如何望宝莲？

（三十六）

山云霭霭水泠泠，　　共说西方一卷经。

石虎却来岩下啸，　　泥人先往树间听。

风飘阳焰随波散，　　雨浥空花逐蒂零。

极乐此时堪驻足，　　弥陀何处不流形。

（三十七）

无限风光赋咏难，　　乐邦初不厌游观。

十虚卷入秋毫末，　　一粟藏来法界宽。

玛瑙殿中金钉钹，　　珊瑚楼上玉阑干。

妙音历历闻人耳，　　何处飞鸣五色鸾。

（三十八）

金银宫阙彩云端，　　念佛人居眼界宽。

宝树交加非一色，　　灵禽唱和有千般。

酥酏自注琉璃碗，　　甘露长凝翡翠盘。

不似雪山多药味，　　众生无福变成酸。

（三十九）

不向娑婆界上行，　　要来安养国中生。

此非念佛工夫到，　　安得超凡愿力成。

香雾入天浮盖影，　　暖风吹树作琴声。

分明识得真如意，　　肯认摩尼作水晶？

（四十）

释迦设教在娑婆，　　无奈众生浊恶何。

虽向涅槃开秘藏，　　不妨净土指弥陀。

白云半掩青山色，　　红日初生碧海波。

旷大劫来曾未悟，　　东西谁道没涪讹。

（四十一）

粗境现前犹未识，　　法身向上几曾知。

可怜转脑回头处，　　错认拈香择火时。

口耳相传六个字，　　圣凡不隔一条丝。

堂堂日用天真佛，　　火急回光也是迟。

（四十二）

兔角拈来纵复横，　　随君坐卧及经行。

不知自己如何是，　　却问弥陀作么生。

烂炒浮沤为供养，　　却教露柱饱彭亨。

铁船昨夜浮东海，　要向须弥顶上撑。

（四十三）

念念念时无所念，　朗如云散日流天。

此人造罪令除罪，　与佛无缘作有缘。

仙乐送归清泰国，　好风吹上紫金莲。

遥闻妙偈琅琅说，　不是声尘到耳边。

（四十四）

或诗或偈演成章，　塞破山人古锦囊。

净土不曾离秽土，　东方何异在西方。

芙蓉冷落秋风早，　蟋蟀哀吟夜漏长。

处处无非观自在，　头头总是鼓音王。

（四十五）

同人大似不相知，　索我高吟净土诗。

实法何曾有些子，　空拳只是诳婴儿。

虚空叠作红莲座，　火聚开为白藕池。

未免酬君颠倒欲，　从头哑哒是愚痴。

（四十六）

日夜思归未得归，　天涯客子梦魂飞。

觉来何处雁声过，　望断故乡书信稀。

几度开窗看落月，　一生倚槛送斜晖。

黄金沼内如船藕，　想见花开数十围。

（四十七）

曾闻白鹤是仙禽，　日日飞来送好音。

便欲寄书诸善友，　定应知我一生心。
长思乐土终归去，　肯执莲台远访临？
百岁真成弹指顷，　娑婆只恐世缘深。

（四十八）

本性弥陀一句子，　金乌玉兔解提撕。
须臾入海还飞上，　顷刻升天又落西。
除却昼明并夜暗，　更无圣悟与凡迷。
劝君归去不归去，　愁杀春山蜀鸟啼。

（四十九）

一寸光阴一寸金，　劝君念佛早回心。
直饶凤阁龙楼贵，　难免鸡皮鹤发侵。
鼎内香烟初未散，　空中法驾已遥临。
尘尘刹刹虽清净，　独有弥陀愿力深。

（五十）

咫尺金容白玉毫，　单称名号岂徒劳。
晨持万遍乌轮上，　夜课千声兔魄高。
岁阅炎凉终不倦，　天真父子会相遭。
如何说得娑婆苦，　苦事纷纷等蝟毛。

（五十一）

故乡别早话归迟，　何待君言我自知。
客路玲嵘无一好，　人生惆怅不多时。
苍颜历历悲明镜，　白发鬅鬙愧黑丝。
载读南屏安养赋，　屋梁落月见丰姿。

（五十二）

娑婆苦海泛慈舟，　　此岸能超彼岸否？

直指迷源须念佛，　　横波径度免随流。

千生万劫常安泰，　　五趣三途尽罢休。

纵使身沾下下品，　　也胜豪贵在阎浮。

（五十三）

人生百岁七旬稀，　　往事回观尽觉非。

每哭同流何处去，　　闲抛净土不思归。

香云玛瑙阶前结，　　灵鸟珊瑚树里飞。

从证法身无病恼，　　况餐禅悦永忘饥。

（五十四）

人间苦乐事纵横，　　达者须寻正路行。

福报天宫犹有死，　　神栖佛国永无生。

风前鹦鹉琴三叠，　　水面芙蓉锦一絣。

作计欲归归未遂，　　他乡又见物华更。

（五十五）

说着无常事事轻，　　饥餐渴饮懒经营。

一心不退思安养，　　万善同修忆永明。

净洗念珠重换线，　　坚持佛号莫停声。

妄缘尽逐空花落，　　闲向风前月下行。

（五十六）

马鸣龙树是吾师，　　念佛参禅驾并驰。

五色云横日没处，　　一枝花拆眼开时。

玉音了了流仙偈，　　金采煌煌发令姿。

旷劫相逢真父子，　　欲将何物报恩慈！

（五十七）

即心即佛断千差，　　名教名禅共一家。
果证无边身相好，　　光流不可说河沙。
余方妙丽终难并，　　本愿精深岂易夸。
大抵熏修须及早，　　临终免被业缘遮。

（五十八）

一自飘蓬赡部南，　　倚楼长叹月纤纤。
遥知法会诸天绕，　　正想花台百宝严。
此界犹如鱼少水，　　微生只似燕巢檐。
同居善友应怀我，　　已筑浮图欠合尖。

（五十九）

少年顷刻老还衰，　　须信无常日夜催。
九十六家邪智慧，　　百千万劫受轮回。
不存宝界花池想，　　争得刀山剑树摧。
但自净心生愿乐，　　此中贤圣许追陪。

（六十）

西行三十二河沙，　　彼国庄严是我家。
但用一真为种子，　　全将七宝作莲花。
娑婆极厌今生苦，　　懈慢无令后世差。
宝月顿从心水现，　　如今光影正交加。

（六十一）

劳生能有几光阴，　　健只须臾病又侵。

常恐浮云蔽西日，　须营净舍学东林。
可怜世上愚痴辈，　不及花间智慧禽。
宝树亦能谈妙法，　何妨坐听罢参寻！

（六十二）

当年大士说圆通，　只在如今日用中。
都摄六根归正念，　尽回三业向真空。
香林迥出圆生树，　乐境高超自在宫。
总与弥陀心不异，　光明寿量本无穷。

（六十三）

学佛先须学苦空，　心期妄尽障消融。
直居十二因缘外，　横截三千世界中。
湛碧无痕开镜面，　纯青绝点出莲丛。
男儿到此方奇特，　快乐逍遥物我同。

（六十四）

佛自凡夫到果头，　亲曾历劫用功修。
净邦岂是天然得，　大道初非物外求。
先悟色空离欲海，　后严福慧泛慈舟。
今来古往皆如此，　度尽众生愿未休。

（六十五）

乱世人如虱在裈，　炎炎火宅避无门。
早知佛国相期处，　别有仙家不死村。
身相短长同父子，　莲花开合表晨昏。
赤真珠树黄金屋，　每夜飞来入梦魂。

（六十六）

见说西方住处佳，　　凭高极目兴无涯。

世情每逐炎凉改，　　人事多因治乱乖。

白骨可怜萦野草，　　金台谁得挂庭槐？

劝君早结宗雷社，　　坐看云端宝仗排。

（六十七）

琉璃地列紫金幢，　　翡翠楼开白玉窗。

文字可夸才不称，　　肉身未到意先降。

能言孔雀知多少，　　善语频伽定几双。

清梦正贪归路直，　　夜阑无奈鼓逢逢。

（六十八）

刹海森罗一念包，　　于中不断圣贤交。

倾身送想浮云外，　　极目斜阳挂树梢。

潋滟金波随岸转，　　参差宝叶任风敲。

诸天叹我骎骎老，　　早晚鸡栖彩凤巢。

（六十九）

赞佛言词贵直陈，　　攒花簇锦枉尖新。

自然润泽盈身器，　　无数光明涌舌轮。

称性庄严依报土，　　随机劝发信心人。

愿求功德池中水，　　尽涤娑婆界上尘。

（七十）

金作层楼玉作台，　　琉璃田地绝尘埃。

唯心净土无高下，　　自性弥陀不去来。

红日初非天外没，　　白莲只在意根栽。

众生障重须存想，　想极情亡眼豁开。

（七十一）

盘中一缕篆烟清，　坐对疏林落月明。
凡质到头非死死，　圣胎从本不生生。
了知解脱空无性，　还入轮回度有情。
寄语前修菩萨子，　临终莫忘远相迎。

（七十二）

水无留影雁横天，　真友相携不待缘。
金地往生诸佛子，　玉池开尽四花莲。
虚空物象心恒尔，　法界根尘事宛然。
我欲与君谈极乐，　请君那暇少流连。

（七十三）

何处全收念佛功，　水光湛碧蔼花红。
广长舌覆三千界，　清净门开二十空。
云网相连珠的烁，　风柯自奏玉玲珑。
平生不结神仙愿，　自小思归极乐宫。

（七十四）

紫金身相白毫光，　对现分明不覆藏。
铺地宝花行处匝，　满盘甘露渴时尝。
本来清净初无染，　何用熏衣自有香。
好似一轮西坠日，　明朝依旧出扶桑。

（七十五）

衣不伤蚕食不耕，　水边林下好经行。

身心快乐无诸苦，　　依正庄严在一生。
念念佛光从口发，　　时时天乐遍空鸣。
却嫌鞋袜沾泥滓，　　千叶莲花向足擎。

（七十六）

莫将胎狱比花池，　　早向池中占一枝。
却坐大莲成佛子，　　何烦慈母浴婴儿。
口餐法喜真肴膳，　　心得明门妙总持。
般若台前定回日，　　令人长忆雁门师。

（七十七）

都言极乐向西寻，　　究竟不离清净心。
空影入池皆碧玉，　　日光穿树尽黄金。
事如梦幻虽非实，　　理到圆常却甚深。
八万四千真相好，　　请君危坐扣灵襟。

（七十八）

当知大道绝浮沉，　　勿谓空门有浅深。
未入泥洹终作佛，　　频磨铁杵会成针。
骑鲸跨鹤非吾事，　　贯虱屠龙漫此心。
净土谁为问津者，　　临风不免自沉吟。

（七十九）

如来愿海固难量，　　昼夜称名不暂忘。
梦见玉花扪玉树，　　身登金殿坐金床。
盘中豆子随声跃，　　舌上莲花遍界香。
待得工夫纯熟后，　　排云法侣共翱翔。

（八十）

岂待无心心自无，　无心念佛佛同途。
但凭玉号珠轮转，　略异山禽野鼠呼。
圣道形神元不二，　禅门定慧必相扶。
从今净洗尘劳障，　一掬清泠手自斟。

（八十一）

百亿劫中生死罪，　才称名号尽消除。
迷时妄想同春梦，　我佛真身等太虚。
宫殿水晶千柱匝，　园林云锦万花舒。
痴心不是分高下，　上上金台始可居。

（八十二）

天乐声清匝地闻，　宝阶花雨正缤纷。
千千万万金莲萼，　两两三三白鹤群。
凡地直从心作佛，　义天长布法为云。
体含知见香无尽，　非是娑婆兰麝熏。

（八十三）

八表同游只等闲，　须臾飞去又飞还。
玉楼冉冉红云里，　珠树亭亭紫雾间。
不立君王唯有佛，　平铺世界断无山。
天人一样黄金色，　尽未来时但少颜。

（八十四）

须摩提国赞何穷，　不与他方佛境同。
百味酸甜长满钵，　一身轻健任游空。
初心便获无生忍，　具缚能教宿命通。

今古往来留传记， 尽尘沙界扇真风。

（八十五）

五浊煎熬道未成， 群贤修习誓非轻。

光中每出弥陀影， 梦里亲书普慧名。

绣佛虽斋防退失， 火车已现急求生。

临风莫洒杨朱泪， 就我西方径路行。

（八十六）

千年暗室一灯辉， 万里苍蝇逐骥飞。

腊雪暗抽春草木， 人心冥感佛枢机。

始从不动真金地， 直过无边大铁围。

诸子出门车并息， 野田空阔白牛肥。

（八十七）

水若澄清月始临， 当知佛影现吾心。

春风不易回枯木， 磁石应难受曲针。

未得往生缘障重， 必期成就用功深。

譬如九转丹砂力， 一点能令铁化金。

（八十八）

幽居悄悄柏森森， 不遣红尘染素襟。

一佛号收无量佛， 后心功在最初心。

云开白月毫光满， 雨过青山黛色深。

当念休生差别解， 风声鹤唳尽玄音。

（八十九）

曾闻金鼎炼砵砂， 一服飞惊玉帝家。

轻举似风飘柳絮， 美颜如日映桃花。

况修净业身心妙， 兼得慈尊愿力加。

此是长生无比法， 仙经十卷不须夸。

（九十）

蜣螂本是转丸虫， 自恨尘埋粪土丛。

下化鸣蝉离旧壳， 高居饮露吸清风。

尘寰秽境须回首， 宝阁香台可奏功。

未脱如今皮袋子， 真身已遍大虚空。

（九十一）

一带云山一草堂， 一瓶净水一炉香。

心融有念归无念， 日课朝阳到夕阳。

红杏雨余春正好， 白莲风细夏偏长。

假如劫火烧千界， 不动吾家圣道场。

（九十二）

朝朝暮暮道心中， 岁岁年年佛事同。

一往进修安乐界， 六时朝礼法王宫。

方袍不厌香烟黑， 坐具何妨手污红。

如此出家今有几， 灼然认得主人公。

（九十三）

池中莲蕚大如车， 据实犹为小小花。

圣众略言千万亿， 佛身知是几恒沙。

我闻妙德同慈氏， 谁道弥陀异释迦。

南北东西清净土， 尽归方寸玉无瑕。

（九十四）

红莲常映白莲开，　只有金莲不易栽。

念念若能离浑浊，　生生从此脱胞胎。

且依彼国严新果，　却遍他方发旧荄。

事与种莲无少异，　根苗元向淤泥来。

（九十五）

莲宫只在舍西头，　易往无人著意修。

三圣共成悲愿海，　一身孤倚夕阳楼。

秋阶易落梧桐叶，　夜壑难藏胙艋舟。

幸有玉池凫雁在，　相呼相唤去来休。

（九十六）

髑髅不久化为尘，　中有如来相好身。

浊恶本为清净国，　死生元是涅槃因。

千般境界由心造，　万种名言逐意陈。

世出世间无上士，　曲开方便度迷人。

（九十七）

千经万论不虚标，　共指西方路一条。

念念刮磨心垢净，　时时防护道芽焦。

栖莲自觉身安稳，　得果须令地动摇。

谩费工夫推甲子，　娑婆大劫只崇朝。

（九十八）

家在西头白玉京，　老来难遣故乡情。

每瞻云际初三月，　先注花间第一名。

密密疏疏琪树影，　来来往往水禽声。

红楼紫殿春长好，　　纵有丹青画不成。

（九十九）

近有人从净土来，　　池心一朵玉莲开。
正当萼上标名字，　　已向身前结圣胎。
极乐逍遥长不死，　　阎浮逼迫最堪哀。
法王特地垂慈愍，　　同坐黄金百尺台。

（一百）

吾身念佛又修禅，　　自喜方袍顶相圆。
曾向多生修福果，　　始依九品结香缘。
名书某甲深花里，　　梦在长庚落月边。
浊恶凡夫清净佛，　　双珠黑白共丝穿。

（一百一）

念极心开见佛时，　　自然身到碧莲池。
火轮罪净千千劫，　　琪树光分万万枝。
善友深谈终不厌，　　灵禽妙语实难思。
功成果满须臾事，　　尚谓奔流闪电迟。

（一百二）

无边大士与声闻，　　海众何妨逐品分。
一会圣贤长在定，　　十方来去总乘云。
谈玄树上摩尼水，　　念佛林间共命群。
坐卧经行无挂碍，　　天花随处落缤纷。

（一百三）

悟来荆棘变琼林，　　露叶风枝亦解吟。

悬帝释瓶非苦果，　　赞声闻法是灵禽。
死生历历同双树，　　凡圣明明共一心。
毕竟故乡归去好，　　自家楼阁快登临。

（一百四）

日出东方夜落西，　　当头一句显全提。
娑婆便是真清泰，　　菡萏何曾染淤泥。
五盖十缠元自断，　　众生诸佛本来齐。
不劳动步还家去，　　林木吟风水鸟啼。

（一百五）

佛袈裟下失人身，　　重得人身有几人？
万行不如修白业，　　一心何苦恋红尘。
法王立誓丘山重，　　迷子思归涕泪频。
若解返观观自性，　　抛来掷去总家珍。

（一百六）

幻身便是法王身，　　其奈众生丧本真。
夜卧不妨朝又起，　　形同尤爱影相亲。
吉祥地现千花座，　　胸臆光腾卍字轮。
南北东西皆净域，　　教流刹刹与尘尘。

（一百七）

若非念佛便参禅，　　参得禅时佛现前。
万丈碧潭从底净，　　一轮秋月向空悬。
直教表里光明透，　　尽见高低物象全。
只个法身无去住，　　方知不落断常边。

（一百八）

提起数珠一百八，　　莫教蹉过活弥陀。

口无剩语心无念，　　珠不经穿玉不磨。

叠叠远山排海岸，　　声声幽鸟哢庭柯。

劝君莫把为奇特，　　饭了酣眠奈我何。

（一百九）

西望红霞白日轮，　　仰观宝座紫金身。

一方土净方方净，　　十念心真念念真。

生极乐城终不退，　　尽虚空界了无尘。

向来苦海浮还没，　　何幸今为彼岸人！

（一百十）

娑婆生者极愚痴，　　众苦萦缠不解思。

在世更无清净业，　　临终哪有出离时？

百千经里寻常劝，　　万亿人中一二知。

珍重大仙金色臂，　　早来携我入花池。

西斋净土诗卷二

四明释梵琦楚石撰

列名净土诗一百八首（并自序）

予幼时便修十念，愿登净土。倏忽三纪，未尝废忘。闲居西斋，试笔一百八篇，劝人念佛，盖沙门释子分内事也。凡僧、儒、道、俗，尼、童、男、女，禅、教、律、密，云宗、瑜伽，女冠、外宗，及文、武、医、卜，士、农、工、商，琴、棋、书、画，渔、樵、耕、牧，吏、卒、巫、匠，屠、酤、织、染，奴、婢、娼、囚，与夫金、银、珠、玉之伎，雕、铸、塑、妆之巧，缝、绣、梳剃，枭枲、伶官、司庖之流，于山、城、船、村所居之地，春、夏、秋、冬，行、住、坐、卧，苦、乐、逆、顺，喜、怒、哀、荣，贤、愚、好、丑，贫、富、贵、贱，闲、忙、老、少，致仕、隐沦，患难、疾病，流移、危亡之境，自十岁至百二十，唯佛是念，必令心心无少间断，则净土可登矣。教中所谓："随其心净，则佛土净。"复何疑哉！

僧

为僧念佛正家风，　圆顶方袍与佛同。
眼见耳闻俱是善，　根身器界尽成空。
时时出入玄门里，　步步游行净域中。
识得此心无量寿，　何妨随处现神通。

儒

儒家亦考性根源，　　尚赖先王典籍存。
《周易》最初唯一画，　　《中庸》末后不多言。
修心必向禅门悟，　　成佛须从慧业论。
要识弥陀真面目，　　松梢落月挂金盆。

道

道门清净佛因缘，　　无有中门出妙玄。
象帝不知谁氏子，　　灰身何异小乘禅。
回心念佛终成佛，　　服药求仙暂得仙。
如矿炼金金绝矿，　　从田变海海为田。

俗

衮衮红尘俗士家，　　留心念佛最堪夸。
如生石上珊瑚树，　　似出泥中菡萏花。
消遣万殊归一理，　　阐扬三宝破群邪。
抛离火宅真安乐，　　雪白牛儿不驾车。

尼

狮子嚬呻亦是尼，　　善财童子礼为师。
人人尽有光明在，　　念念何曾顷刻离。
月地云阶行道处，　　蒲团竹几坐禅时。
紫金身相袈裟下，　　莫遣尘缘犯一丝。

童

童子身心似水清，　　休将浊欲坏真情。
最初教念弥陀号，　　终久思归净土生。

花褪残红须结实，　　月销半黑转天明。
先贤又有蓬麻喻，　　大器何妨晚节成。

男

此身难得是男儿，　　千万人中几个知。
不作善因来世苦，　　须将佛号用心持。
天冠大士皆吾友，　　宝髻如来即我师。
最后智从何处满，　　金刚座上刹那时。

女

女流念佛莫因循，　　报得当来男子身。
五障已除添福德，　　一心常净断埃尘。
红莲舌软生甘露，　　白玉台高会众真。
拈起宝珠成正觉，　　还他无垢界中人。

禅

参禅只是自明心，　　作佛何烦向外寻。
动静去来真极乐，　　见闻知觉古观音。
高悬慧日三千界，　　普现慈光百万寻。
把本修行须念佛，　　神仙也要用功深。

教

教口禅心两不差，　　青黄赤白总莲花。
要知佛祖无文字，　　休学儿童算海沙。
高座谈玄明似鉴，　　古人得道数如麻。
净邦散在群经里，　　非独《华严》与《法华》。

律

持律标为净土因，　凛如冰雪照天人。
衣盂即似鸟双翼，　定慧犹如车二轮。
成佛本缘从戒起，　出家功德在心真。
莲花纵好经霜死，　不死莲花是此人。

密

显密何曾有异途，　千差万别总毗卢。
虚空突出金刚杵，　铁末化为如意珠。
持此游方皆见佛，　自然缩地不须符。
才生极乐红莲沼，　几见娑婆劫海枯。

云宗

从本云宗是道流，　自耕自食自为谋。
参禅可学神光悟，　念佛宜从善导修。
可惜为田忙过了，　不如回首去来休。
西方一片黄金地，　及早经营定有秋。

瑜伽

瑜伽法事在行持，　弟子何尝不奉师。
神咒古今多不译，　梵音深远实难思。
清晨玉偈重宣处，　永夜金铃独响时。
无量寿身全显露，　阇黎大似不曾知。

女冠

令人长忆吕纯阳，　《圆觉》深通十二章。
但劝女冠勤念佛，　何劳仙药更求方。

琼林总胜蓬莱岛，　　金地唯闻菡萏香。

因果具严三十二，　　丈夫容貌佛威光。

外宗

如一城门辟四方，　　东西南北尽朝王。

外宗不出心清净，　　随处皆为佛道场。

钗钏瓶盘金共造，　　枝条花叶树同芳。

善财参遍诸知识，　　遍友工夫不可量。

文

细读《龙舒净土文》，　　文人念佛甚精勤。

既能博学通今古，　　又复雄谈饱见闻。

纸上争容邪语惑，　　胸中更把定香熏。

即心是佛无多字，　　倒腹倾肠说与君。

武

武士人人勇猛多，　　专工念佛离娑婆。

心城直透涅槃路，　　智剑能除生死魔。

好向净邦安世界，　　须教苦海息风波。

筑坛拜将当时事，　　今日归来奏凯歌。

医

阿弥陀佛大医王，　　接引人归不死乡。

信手拈来皆妙药，　　和盘托出尽奇方。

橘中未觉乾坤大，　　壶内哪知岁月长。

只这病缘无起处，　　通身热恼自清凉。

卜

众生仗佛作蓍龟，	此道须臾不可离。
念念莲花从口发，	团团日影向西驰。
黄金座上安身处，	碧玉林中听法时。
寄语君平休更卜，	心为世出世间师。

士

貂蝉未可笑兜鍪，	免得无常老病否？
出仕临民须念佛，	渡河入海要乘舟。
西方尽有黄金殿，	上品非无白玉楼。
试听觉皇谈妙法，	大千沙界一毫收。

农

祖父田园遍十方，	深耕浅耨莫教荒。
水中得火天然异，	石上栽花分外香。
刍狗双双号落月，	铁牛对对卧斜阳。
农家念佛功成后，	白茧缫丝谷满场。

工

良工念佛智逾明，	规矩方圆物物精。
净土岂非心画出，	琼林俱是愿雕成。
无边宝座流光聚，	不尽虚空奏乐声。
一会庄严师弟子，	挥斤去垩任非轻。

商

听说商人念佛功，	不离家舍与途中。
便将为利心行善，	都把贪财事扫空。

就地彩云擎落日，　满天花雨散香风。
到头不被无常罩，　端坐金台礼觉雄。

琴

由来学道似调琴，　清浊高低在自心。
声太促时弦又断，　指才停处韵还沉。
一尘不到山当户，　万籁俱消月满林。
抛却丝桐勤念佛，　子期未必是知音。

棋

棋盘黑白未分时，　便是神仙也不知。
一着中间论胜负，　两奁倒畔辨雄雌。
年光有限成虚掷，　局势无穷费苦思。
念佛此生超净土，　烂柯空悔到家迟。

书

小楷能书《遗教经》，　一行自胜百《兰亭》。
曹溪但倩人书壁，　怀素唯耽酒满瓶。
笔阵如云垂大地，　墨池似水注沧溟。
满虚空写弥陀号，　留与娑婆作典型。

画

顾陆丹青世所传，　多严佛像与神仙。
后生着意描山水，　前辈留心在圣贤。
每笑伯时工画马，　何如灵运喜栽莲。
西方变相能挥笔，　宝树花池总现前。

渔

且把丝纶放下休，　　不居此岸不中流。
常观大海莲花国，　　普运众生藕叶舟。
艳艳夕阳红似火，　　纤纤新月曲如钩。
渔人念佛皆真境，　　一抹烟横古渡头。

樵

瞥然撒手向悬崖，　　树倒藤枯是烂柴。
尽转山河归自己，　　都将风月付平怀。
担头自有千钧重，　　脚下曾无一线乖。
樵者如斯真念佛，　　莲台不必预安排。

耕

普天匝地古田畴，　　且唤泥人驾铁牛。
信手着鞭无早晚，　　随时下种度春秋。
发生成熟皆吾分，　　收拾归来免外求。
念佛但将耕稼比，　　丰年哪有绝粮忧。

牧

茧栗牛儿养未驯，　　犯他苗稼易生瞋。
收来且把绳头掣，　　睡去从教鼻息匀。
淡淡夕阳千嶂晚，　　萋萋芳草四郊春。
牧童悟此天真佛，　　归掩柴门月色新。

吏

为吏须存念佛心，　　休随尘土丧光阴。
寸毫点出光明藏，　　一字翻为福德林。

闭阁垂帘人寂寂，　　烧香隐几夜沉沉。
此中总是修行地，　　谁见杨公不受金。

卒

走卒驱驰不少停，　　何妨念佛暗持经。
要看选佛标黄甲，　　殊胜居尘混白丁。
落月半笼门外锁，　　微风徐动阁前铃。
存心便作莲池想，　　一旦神游似梦醒。

巫

师巫念佛有何疑，　　脱下神衫取次披。
心是净邦菩萨子，　　名标上品丈夫儿。
神头鬼面从翻改，　　汉语胡言任设施。
飐下纸钱收酒盏，　　当阳显示佛容仪。

匠

匠为棺木好回头，　　哪个人曾不死休？
莫待神奇为臭腐，　　须将幻质等浮沤。
长生久视谁偏在，　　一去无还佛也愁。
记取阿弥陀宝号，　　早归乐国是良谋。

屠

杀生心是度生心，　　须信宗门理趣深。
屠剑受身增恶报，　　牛羊趋死作哀吟。
将刀放下同成佛，　　信手拈来尽化金。
截断千差一句子，　　谁家屋里没观音！

酤

酤酒人家过失多，　劝君作紧念弥陀。
身心流入苦空海，　麴蘖变成香水河。
闹市红尘俱扫荡，　平生黑业顿消磨。
临终管取游清泰，　眼净心空一刹那。

织

念佛心如纺织时，　疏经密纬岂虚施。
收来大地绷成绢，　擘破虚空捻作丝。
一片云藏无缝袄，　万般花绽不萌枝。
忽然掉臂还乡去，　正见莲开白玉池。

染

佛亦何曾离染坊，　染坊说法更琅琅。
青红碧绿随深浅，　锦绣绫罗任短长。
生处般般呈彩色，　没时种种放毫光。
从来本性清无滓，　一朵金莲遍界香。

奴

报作人奴业所牵，　六时念佛要精专。
主人翁即弥陀是，　今日身为净土缘。
心定满腔流法水，　寿终随念发池莲。
经行霭霭香云里，　听取琅琅玉偈宣。

婢

豪家侍婢莫愚痴，　百岁光阴有几时？
年少不常容易老，　人身难得更须知。

且休自怨裙钗贱，　　何待人嫌齿发衰。
动静去来勤念佛，　　多生五障一朝离。

娼

从古娼人到处家，　　不唯恋酒更迷花。
劝君念佛除贪妒，　　从此回心息怨嗟。
水满金渠清似镜，　　莲开玉沼大如车。
终当脱体为男子，　　万劫无令一念差。

囚

罪重无过杀盗淫，　　身囚犴狱口呻吟。
敲枷打锁能称佛，　　覆地翻天莫变心。
夜半从教神鬼啸，　　空中自有圣贤临。
收因结果莲台上，　　自性弥陀不外寻。

金

百炼精金出冶时，　　全凭妙手用钳锤。
分毫铢两曾无损，　　钗钏瓶盘各有宜。
散去祥光何闪烁，　　敲来美韵实希奇。
目前便作弥陀想，　　长对真身不暂离。

银

良工器皿打银成，　　信手拈来觌面呈。
一色普贤同境界，　　六牙香象比光明。
为杯巧制莲花样，　　念佛终归极乐城。
烂煮乌梅揩白雪，　　犹如净业在专精。

珠

穿珠正好念弥陀，　　一佛名随一颗过。
线短线长真佛现，　　穿来穿去积功多。
顿教甘露生喉舌，　　休把狂心悬绮罗。
识得自身如意宝，　　低头无奈喜欢何。

玉

碾玉工夫不偶然，　　临窗且要用心坚。
平时可诵弥陀号，　　浊世须资净土缘。
业尽往生游宝界，　　眼开欢喜见金仙。
荆山泣血成何事，　　百岁光阴枉弃捐。

雕

香木雕栾属巧人，　　异花灵草俨如春。
请君自看优昙像，　　去垩谁挥匠石斤？
念佛功圆当此日，　　求生愿满在今身。
抠衣八德池边去，　　净若芙蓉不染尘。

铸

扬子云夸孔铸颜，　　范铜合土刹那间。
一模泻就浑相似，　　千尺熔成只等闲。
心佛自今专忆念，　　死生从此断轮环。
大炉鞴里翻身去，　　红藕花高不可攀。

塑

莫笑抟沙弄土呆，　　千般出我掌中来。
塑真面目由心作，　　捏大规模放手开。

念念不停持佛号，　　声声无间结莲胎。
如人起倒皆依地，　　管取花中产玉孩。

妆

土木形骸金碧光，　　五分雕塑十分妆。
良工自喜工奇妙，　　念佛能令佛赞扬。
界绝山河并日月，　　莲分赤白与青黄。
银台不若金台好，　　但得功成任选将。

缝

缝人念佛更奇哉，　　玉尺金刀巧剪裁。
四大海从针孔沸，　　五须弥入线蹊来。
云霞盖覆真空体，　　锦绣铺张杂宝台。
做得工夫无间断，　　临终花合便花开。

绣

手拈针线绣衣裳，　　口念弥陀也不妨。
玉树枝头栖孔雀，　　金莲叶底睡鸳鸯。
深深院落青春好，　　曲曲屏风白昼长。
到此身心成一片，　　他时佛国会翱翔。

梳剃

梳云剃玉甚风标，　　着脚虽低试手高。
万顷良田输薄艺，　　一泓秋水见铦刀。
才闻赞佛无疑惑，　　但劝持名勿惮劳。
烦恼顿除功行满，　　紫金花里睹明毫。

㮩籴

闹市红尘㮩籴家，	心平便是好生涯。
年荒斗斛量无减，	岁熟钱刀赠有加。
专想乐邦归路直，	莫贪微利染缘差。
经行坐卧弥陀号，	咫尺莲台本不赊。

伶官

伶官事业太风流，	一曲能消万种愁。
长对王孙歌绮席，	每邀公子醉琼楼。
青春忽过难停步，	白发相寻易满头。
乐器能宣无我法，	弥陀不必向他求。

司庖

司庖不误佛僧斋，	每事精勤与愿谐。
紫蕈红姜微点缀，	金盘玉箸巧安排。
直教清净除荤血，	何羡丰饶备海淮。
请念弥陀须猛省，	西方自此陟瑶阶。

山

山栖念佛最幽深，	鱼跃澄潭鸟啭林。
如此乐邦真境界，	自然终日好身心。
雪梅竞吐枝头玉，	霜橘争垂叶底金。
无量寿随尘刹现，	众生多只向西寻。

城

城市红尘没马高，	于中念佛匪徒劳。
昏衢烁破光明烛，	爱网挥开智慧刀。

顿使凡夫登觉地，　　如同长者诱儿曹。
西方不得真公据，　　枉向娑婆走一遭。

船

船居念佛水为邻，　　不染长街短巷尘。
目对慈容如月满，　　口称圣号把珠轮。
芙蓉浦里收帆速，　　杨柳堤边拨棹频。
已往碧琉璃世界，　　更须圆证紫金身。

村

村野偏于念佛宜，　　葺茅为舍竹为篱。
操心简淡全然别，　　守信纯诚更不疑。
秽土本非清净境，　　乐邦须筑久长基。
基成便是金刚座，　　一任毗岚八面吹。

春

春晚林梢送落晖，　　杜鹃日日劝人归。
此禽每叫声流血，　　远客才闻泪滴衣。
道路古今行不到，　　圣贤来往疾如飞。
何由换却空腔子，　　使我莲台愿不违。

夏

池塘入夏绽新荷，　　对此令人感慨多。
欲采幽花满衣袖，　　又闻好鸟啭庭柯。
半生碧落西沉日，　　万事沧江东逝波。
善恶皆归大圆镜，　　谁言极乐异娑婆？

秋

晚来天宇展新秋，　　露出纤纤月一钩。
清泰主人全体现，　　恒沙国土此心周。
高峰过雨堆青髻，　　大海无波拭绀眸。
不涉思惟亲见得，　　东西南北任遨游。

冬

深冬景物报君知，　　正是全彰净土时。
雪覆千山皆玉树，　　冰连万壑尽瑶池。
烟尘扫荡空无翳，　　境界分明不待思。
大士声闻应念我，　　天寒岁晚涕涟洏。

行

行时见佛在吾前，　　烜赤光超日月天。
碧海重重眸子净，　　青山叠叠髻螺旋。
露垂体上珠璎满，　　云结空中伞盖圆。
鹊噪鸦鸣松柏里，　　谁知心印是伊传！

住

住亦还同珠走盘，　　佛无体相若为观？
中宵月满三千界，　　匝地风清十二阑。
闻若返闻闻不及，　　见曾离见见尤难。
圆通大士应微笑，　　多少平人被热瞒。

坐

坐得人心湛不摇，　　正宜念佛暮连朝。
全将境界闲中现，　　莫把光阴闹里消。

狮子象龙皆法侣，　　鸳鸯凫雁各仙标。
故家五十年归计，　　红藕应抽碧玉条。

卧

卧向林间梦到家，　　满池都是白莲花。
鸣禽广赞三乘法，　　结构横分五色霞。
风动宝衣香惨淡，　　月笼珠树影交加。
觉来恰恰晨钟动，　　星斗阑干河汉斜。

苦

娑婆无量苦萦缠，　　归则须归极乐天。
衣敝忽逢珍御服，　　腹空如值绮罗筵。
千花宝座三时礼，　　百法明门一念圆。
只见光辉超日月，　　何劳甲子记流年。

乐

乐事教人放逸增，　　阿弥陀佛口常称。
十方佛土随心现，　　九品莲台作念登。
真性犹如空印月，　　妄缘恰似火消冰。
只今已住难思地，　　何待当来始化升。

逆

从他逆境勿求离，　　起灭分明更是谁？
揭示全身无量寿，　　消融一等不思议。
但将正念空诸妄，　　已歇狂心任百为。
放得目前荆棘过，　　红珊瑚映碧琉璃。

顺

诸缘顺我意低昂，　　正眼观时反不祥。
但念佛名休放逸，　　才随他去便乖张。
金颜外合虚空体，　　宝聚中流日月光。
此岂等闲修种得，　　都因正见作梯航。

喜

喜时阵阵喜风吹，　　爱欲相牵未肯离。
把住休教心放逸，　　唤回便是佛慈悲。
花看蝶舞长供饮，　　柳听莺歌亦展眉。
证此无忧妙三昧，　　弥陀安得不熙怡。

怒

怒者初因气不平，　　多从逆境界中生。
只消放下浑无事，　　才涉思惟便有争。
诸上善人同聚会，　　十方菩萨共修行。
如何著得贪瞋汉，　　一味柔和养性情。

哀

衔哀不觉泪沾巾，　　错认冤家作己亲。
朝暮但随憎爱转，　　往来未出死生轮。
才登净土离烦恼，　　更得长年脱苦辛。
试看北邙山下路，　　神号鬼哭正愁人。

荣

荣华富贵暂时间，　　靠作须弥一座山。
只见无常登鬼录，　　未闻有药驻童颜。

行高佛国容归去， 罪重阎王肯放还？
玉殿琼楼多少景， 长生不死任跻攀。

贤

东晋诸贤世所钦， 首传念佛到如今。
香山社里白太傅， 龙井山中苏翰林。
世味无多真嚼蜡， 官年未满早抽簪。
求生净土人何限， 试把遗编仔细寻。

愚

道也须臾不可离， 愚蒙即是佛根基。
不愁耳目聪明误， 何异乾坤混沌时。
但念乐邦无别念， 专持圣号勿他持。
回头却笑惺惺汉， 蹉过弥陀总不知。

好

好人大有好行藏， 心地仁慈语不伤。
正念化成金世界， 全身流出玉毫光。
梦中佛授菩提记， 口角风飘菡萏香。
闲坐困眠皆净域， 更于何处觅西方。

丑

形模虽丑此心真， 便与华台宝树邻。
若遣西施蒙不洁， 何如嫫母体无尘？
仰看落日如悬鼓， 遥想西方有美人。
容相庄严三十二， 世间出世丈夫身。

贫

贫士身贫道不贫，　　自宜念佛劝他人。
寻常但用不贪宝，　　造次难忘无价珍。
清泰国中长劫寿，　　阎浮界内暂时春。
临终勿谓西方远，　　动步犹如臂屈伸。

富

在富虽云念佛难，　　丰衣足食此身安。
烧香自可排金鼎，　　刻像犹宜用紫檀。
意往速于千里马，　　神前胜似九还丹。
知君净土收功日，　　尽把乾坤掌上观。

贵

贵人闻法易心开，　　有福皆从念佛来。
能动三千金世界，　　化成百万玉楼台。
现身具足菩提种，　　依报庄严解脱胎。
从此信根生定慧，　　劝君圆满法王财。

贱

居贱从来作罪轻，　　罪轻念佛易专精。
娑婆印向无心坏，　　极乐文从有想成。
四色宝花铺地匝，　　六时天乐满空鸣。
脱胎换骨何潇洒，　　便得金台上品生。

闲

闲中独坐面西方，　　手把轮珠念不忘。
佛号能令心地净，　　舌根便作藕花香。

晖晖日到衔山处，　　闪闪金浮满室光。

此境此时无别想，　　许君亲见鼓音王。

忙

忙里偷闲亦在人，　　人生谁满百年春？

送迎毕竟无时了，　　悲喜交煎逐日新。

休念功名唯念佛，　　但忧道业勿忧贫。

忽然铁树花开也，　　妙转如来正法轮。

老

老人念佛是常规，　　到此休寻别路歧。

眼合眼开无异见，　　身来身去有光仪。

往生净土全由我，　　除却心王更问谁。

名字若标莲萼上，　　定参贤圣不须疑。

少

少年莫道尚青春，　　生死无常不贷人。

花正开时逢骤雨，　　索当危处值奔轮。

琼林玉树堪留意，　　绿鬓红颜正健身。

劝尔后生须念佛，　　老来迟钝少精神。

致仕

名利场中兴已阑，　　请君致仕挂衣冠。

抛家不及归家好，　　念佛何愁作佛难。

南北路歧休洒泪，　　东西日月任跳丸。

心如一颗珠相似，　　置在光明白玉盘。

隐沦

隐随大小贵身安，　凡圣都卢没两般。
白石清泉居亦易，　红尘闹市住何难。
平生得处无多子，　妄想兴来有若干。
只个心心心是佛，　焚香默坐静中观。

患难

人经患难要扶持，　认取弥陀作本师。
猛虎毒蛇横路处，　大刀长剑逼身时。
精专念佛休嫌早，　急切回光莫待迟。
刹土虽云十万亿，　众生举意佛先知。

疾病

大患明明为有身，　须知疾病不饶人。
但关妄想无非妄，　纵得真仙未是真。
众热聚来风扇火，　一朝抛去骨缠筋。
唯余念佛离生死，　只恋阎浮化作尘。

流移

流移何处不堪伤，　南北东西失本乡。
盗贼偶存穷性命，　儿孙难复旧田庄。
劝令旦暮归依佛，　勤措身心极乐方。
报满自然超秽浊，　黄金为殿玉为堂。

危亡

才话危亡泪便流，　死生生死几时休。
花开铁树何曾见，　位极金轮不可留。

四大同成虚妄体，　　百年正是结交头。
若明本性弥陀佛，　　天上人间总自由。

十岁

一十岁云身幼小，　　先教念佛作资粮。
枝头尚恐青梅落，　　世上休夸白日长。
水自沮洳成巨浸，　　山从培塿至高冈。
法华会上称龙女，　　八岁巍巍坐道场。

二十岁

二十男儿当弱冠，　　五分百岁一分过。
修心念佛非为早，　　布德行慈不厌多。
血气方刚须检束，　　欲心正盛渐消磨。
可持富贵安贫贱，　　降伏身中烦恼魔。

三十岁

三十吾师成道岁，　　发心念佛效如来。
中宵忽睹明星现，　　此日方知正眼开。
幽鸟自吟花自笑，　　好山如画水如苔。
撑天拄地真男子，　　一念回光亦俊哉！

四十岁

四十无闻古所悲，　　行藏念佛是便宜。
三分老色侵明镜，　　一片飞花脱故枝。
听法轮音生宝树，　　想功德水溢金池。
人间甲子如流电，　　莫道宽为净土期。

五十岁

五十骎骎作老翁，　　眼光初暗耳将聋。
若非念佛修身后，　　未免临行堕暗中。
大地展开双眼碧，　　长天飞下一轮红。
此时皎洁无余想，　　见紫金山满太空。

六十岁

六十龙钟半百过，　　思量只好念弥陀。
千龄共尽风中烛，　　一去难回水上波。
白菡萏胎频梦想，　　红珊瑚树好枝柯。
悠然不作西归计，　　奈此霜毛满镜何！

七十岁

七十高年自古稀，　　晨昏念佛待西归。
可怜黑业除难尽，　　堪叹红轮去似飞。
敛念便当游净刹，　　入棺何用制新衣。
目前了了瞻毫相，　　一念精诚破铁围。

八十岁

八十康强有几人，　　孜孜念佛最为亲。
头垂白发浑成雪，　　眼入澄空只见尘。
便是磻溪逢圣主，　　何如净土近能仁？
行藏总在光明里，　　只一毫端万亿身。

九十岁

九十安排理去装，　　前程未审到何方？
要归不老不死国，　　须念无边无量光。

五色彩云垂作帐，　　七重琼树列成行。
如来大士诸尊者，　　一会同居乐未央。

一百岁

百岁光阴到尽头，　　娑婆界是片时留。
尘中快念弥陀号，　　劫外同乘般若舟。
莲吐萼时分九品，　　佛扬光处豁双眸。
更无老死相拘绊，　　随念纵横得自由。

百一十岁

百一十年真可敬，　　须凭念佛作前程。
行思宝刹空无碍，　　卧想瑶池梦亦清。
水鸟树林皆演说，　　天冠璎珞有光明。
白银地上黄金屋，　　总是人心变化成。

百二十岁

百二十年称上寿，　　勤修后世念弥陀。
众生身住涅槃界，　　功德水非生死河。
即佛是心心即佛，　　如何问我我如何。
教君径直西方去，　　莫笑山僧口太多。

西斋净土诗卷三

四明释梵琦楚石撰

十六观赞二十二首

日 观

第一观门名日观，　　遥观落日向西悬。
光明了了同金鼓，　　轮相团团挂碧天。
身去身来心不昧，　　眼舒眼合意常缘。
众生与佛无差别，　　即见弥陀现我前。

水 观

第二观门名水观，　　水成冰后作琉璃。
金幢照耀珠无数，　　宝界分明事不疑。
楼阁万千如月朗，　　乐音八种好风吹。
无常无我如何说，　　全佛全心更是谁。

地 观

第三地观观前地，　　一一观来了了知。
虽造次间无不念，　　纵须臾顷亦当思。
想成略见庄严国，　　佛说唯除饭食时。
消尽无边生死罪，　　必登净土复何疑。

树 观

第四观门名树观，　　七重宝树列成行。
高低尽覆真珠网，　　上下交辉七宝光。
五百亿童花里住，　　三千世界果中藏。
自心种子栽培得，　　各各撑天拄地长。

池 观

第五观名池水观，　　八池皆是七珍成。
水从如意珠中出，　　沙向黄金渠底明。
流出莲花微妙响，　　化生宝鸟赞扬声。
何时到此分涓滴，　　业障尘劳尽洗清。

总 观

第六观门名总观，　　宝楼五百亿峥嵘。
虚空悬处诸天乐，　　日夜宣扬三宝名。
上圣皆言心本具，　　西方不远想初成。
娑婆界内人虽恶，　　念佛功深定往生。

花座观

第七观名花座观，　　想成七宝地莲花。
脉光花叶乃无数，　　八万四千非强夸。
台上宝珠虽似幻，　　镜中面像未曾差。
虽云大道离真伪，　　不碍通人辩正邪。

像 观

第八观门名像观，　　众生不异佛如来。
谛观金色相好具，　　端坐宝莲心眼开。
凫雁鸳鸯谈妙法，　　观音势至列花台。

所闻要与真乘合，　　出定休将妄想猜。

真身观

第九真身观彼佛，　　佛身高广世难量。
山毫宛转笼千界，　　海目分明照十方。
大士众多为近侍，　　化形无数出圆光。
慈悲心是弥陀体，　　不动纤尘见法王。

观音观

第十谛观观自在，　　顶辉肉髻紫金身。
头冠中立一化佛，　　足印下成千辐轮。
菩萨众随光不夜，　　摩尼花布色长春。
婴儿久失慈悲父，　　应念临风泣涕频。

势至观

十一观门观势至，　　天冠五百宝花新。
顶中肉髻尤殊妙，　　头上金瓶绝比伦。
行处庄严填布满，　　坐时国界动摇频。
堂堂一佛二菩萨，　　同现众生数等身。

普 观

十二观门名普观，　　想身趺坐大花中。
宝光照体如红日，　　圣众开睟满碧空。
水鸟树林谈法妙，　　语言文义与经同。
道无彼此谁云隔，　　实在精诚一念通。

杂 观

十三杂观先观佛，　　池上端严丈六躯。

左侍观音花座近，　　右从势至宝光舒。
莫轻小相流尘刹，　　何碍全身满太虚。
变现十方皆自在，　　本来无欠亦无余。

上品观

上品上生

十四观门三品列，　　上中下辈逐根差。
三心具足功无间，　　众行兼修念不差。
上品上生安养国，　　金台金地法王家。
须臾便得无生忍，　　到此宁忧作佛赊。

上品中生

上品中生尤直截，　　大乘因果信无疑。
不论口诵诸经典，　　唯愿身生七宝池。
圣众俨临居止处，　　金台迎接命终时。
花开见佛亲称赞，　　小劫何嫌受记迟。

上品下生

上品下生人易行，　　行如中辈不多争。
但因无上道心发，　　直往金莲花内生。
目睹如来诸相好，　　耳闻妙法众音声。
经三小劫登初地，　　佛果不劳弹指成。

中品观

中品上生

十五观门三品列，　　上中下辈巧安排。

求生定满众生意， 五戒兼持八戒斋。
不造逆愆无过患， 永离恶趣出沉埋。
花开即证阿罗汉， 任运游行白玉阶。

中品中生

中品中生持戒法， 沙弥具足一朝昏。
威仪检点心无悔， 眷属来迎佛有恩。
先仗金光登净域， 后敷莲萼赞慈尊。
预流道果从中证， 便了真心彻本源。

中品下生

中品下生男与女， 各行孝养具仁慈。
命终知识说净土， 法藏比丘真汝师。
生在宝莲开合处， 捷如健臂屈伸时。
观音势至亲开导， 果证无生不厌迟。

下品观

下品上生

十六观门三品列， 上中下辈为君评。
愚人造恶无惭愧， 善友垂慈劝往生。
顿使刹那心地净， 全标十二部经名。
临终口诵弥陀号， 便感西来化佛迎。

下品中生

下品中生多犯戒， 纯将恶业自庄严。
罪无避处神魂乱， 命欲终时气势燖。
广赞佛乘天荡荡， 能消地狱火炎炎。

佛菩萨众来迎汝，　　七宝花池得例沾。

下品下生

下品下生须猛省，　　众生不善苦无穷。

此人若听高贤语，　　来报当离恶趣中。

一旦魂飞心散乱，　　十称佛号罪消熔。

金莲铄铄如初日，　　当念西升极乐宫。

化生赞八首

白 鹤

西方白鹤岂凡曹，　　朱顶玄裳格调高。

岂与仙人作骐骥，　　难同海野[1]啄腥臊。

孤游不隔云天路，　　六翮何惭腹背毛。

能赞苦空无我法，　　有闻因此断尘劳。

舍 利

唐言舍利是春莺，　　墨蘸修眉漆点睛。

浓把黄金涂作翅，　　碎悬碧玉扣为声。

群飞上下七珍树，　　百啭低昂三宝名。

谁解返闻闻自性，　　不劳重奏女娲笙。

孔 雀

飞来孔雀净无尘，　　亦是如来一化身。

翠尾摆开金殿晓，　　珠花摇动玉楼春。

不教都护声相杂，　　专念弥陀语最真。

---

[1]　野：《净土十要》本作"雁"。

净土灵禽知妙理，　婆婆界上枉为人。

鹦　鹉

此方鹦鹉信能言，　念佛茶毗舌竟存。
五色自来多慧解，　一灵从本共根源。
山鸡谩照寒潭影，　杜宇空怀旧国冤。
尔辈何由如此鸟，　高栖乐国任腾骞。

频　伽

慈尊六十种音声，　巧匠何由刻画成。
狮子嚬呻空外吼，　频伽缭绕树间鸣。
觉雄尽遣群雌伏，　在壳须教众鸟惊。
尽未来时闻妙响，　心珠朗彻耳轮清。

共　命

两首虽殊一体同，　来为共命佛园中。
羽毛不异人头面，　言语皆宣法苦空。
菡萏叶香朝饮露，　娑罗枝软昼吟风。
细看互用根尘处，　谁道缘差性不通。

水　鸟

金凫玉雁彩鸳鸯，　水鸟同时赞吉祥。
闲绕绿汀分个个，　却回丹浦列行行。
七重树里逍遥境，　四色花间富贵乡。
何日宝池亲拭目，　得瞻如意大珠王。

树　林

好将净土系吾心，　花叶重重覆树林。

七宝互成微妙色，　三乘同唱涅槃音。
失身地下皆霜剑，　回首人间尽棘针。
西向坐思无限乐，　几多楼阁未登临。

析善导和尚念佛偈八首

渐渐鸡皮鹤发，　精神未免枯竭。
可怜老眼昏花，　恰似浮云笼月。
妄想随时出生，　贪心何日休歇？
不如及早念佛，　苦海从今超越。

看看行步龙钟，　首腹犹如簸舂。
涉远奈何力倦，　登高徒自情浓。
出门途路千里，　拄杖云山万重。
不如及早念佛，　速瞻宝座慈容。

假饶金玉满堂，　珠翠绮罗艳妆。
花下时时歌舞，　樽前日日杯觞。
寻思无限活计，　毕竟难逃死王。
不如及早念佛，　临终定往西方。

难免衰残老病，　休夸气力强盛。
朱颜能得几时，　白发忽然满镜。
有限光阴尽来，　无常杀鬼催并。
不如及早念佛，　悟取弥陀自性。

任你千般快乐，　饶君万种方略。
何由永固此身，　谩说长生妙药。

非久形神脱离，　　争容顷刻停泊。
不如及早念佛，　　净土方为安乐。

无常终是到来，　　三界众生可哀。
如入宝山相似，　　自甘空手而回。
弥陀全体呈露，　　净土随方展开。
不如及早念佛，　　转身得坐莲台。

唯有径路修行，　　实从自心发生。
不离如今正念，　　顿除历劫无明。
痴人尚自执著，　　浊染何由廓清？
不如及早念佛，　　菩提道果圆成。

但念阿弥陀佛，　　此心念念是佛。
佛外更无别心，　　心外更无别佛。
吹开万里白云，　　涌出一轮红日。
宝树花池现前，　　语言文字难述。

附：善导和尚念佛偈

渐渐鸡皮鹤发，　　看看行步龙钟。
假饶金玉满堂，　　难免衰残老病。
任你千般快乐，　　无常终是到来。
唯有径路修行，　　但念阿弥陀佛。

怀净土百韵诗

欲生安养国，　　承事鼓音王。
合掌须西向，　　低头礼彼方。

观门诚易入，　仪轨信难量。
佛愿尤深广，　人心要久长。
婴儿思乳母，　远客望家乡。
郑重迎新月，　殷勤送夕阳。
分明蒙接引，　造次莫遗忘。
饮啄斋称首，　熏修策最良。
五辛全斩断，　十恶永堤防。
勿用求名利，　无劳论否臧。
布裘遮幻质，　藜糁塞空肠。
摆拨多生债，　枝梧九漏囊。
精神才懒慢，　喜怒便抢攘。
水滴俄盈器，　江流始滥觞。
积来功行满，　趁取色身强。
室置千花座，　炉焚百种香。
新衣经献着，　美馔待呈尝。
莫点残油炬，　宜煎浴像汤。
形骸同土木，　戒检若冰霜。
想念离诸妄，　跏趺在一床。
刹那登净域，　方寸发幽光。
骨肉都融化，　乾坤极杳茫。
太虚函表里，　佛刹据中央。
莲吐葳蕤萼，　波翻潋滟塘。
鲜飙须动荡，　彩仗恣摇扬。
灿烂黄金殿，　参差白玉堂。
楼随四宝合，　台备七珍妆。
镜面铺阶砌，　荷心结洞房。
珊瑚裁作槛，　玛瑙制为梁。
田地琉璃展，　园林锦绣张。

内皆陈绮席，　外尽绕银墙。
覆有玲珑网，　平无突兀冈。
琼林连处处，　琪树列行行。
果大甜如蜜，　音清妙似簧。
乔柯元自对，　茂叶正相当。
一一吟鹦鹉，　双双集凤凰。
瑶池无昼夜，　珠水自宫商。
渠映金沙底，　风轻宝岸旁。
高低敷菡萏，　深浅戏鸳鸯。
异彩吞群鸟，　奇葩掩众芳。
千枝分赤白，　万朵间青黄。
暂挹身根爽，　微通鼻观凉。
频伽前鼓舞，　共命后飞翔。
竟日莺调舌，　翀霄鹤引吭。
悟空宁有我，　知苦悉无常。
大士谈玄理，　声闻会宝坊。
经宣十二部，　偈演百千章。
直指菩提径，　俱浮般若航。
挽回寻剑客，　唤醒失头狂。
九品标粗妙，　三乘互抑扬。
炼深终绝矿，　簸净岂存糠。
示现真弥勒，　咨参妙吉祥。
圣贤云叆叇，　天乐日铿锵。
俊伟纯童子，　伊优绝女郎。
语言工问答，　进退巧趋跄。
火齐恒流焰，　摩尼益耀芒。
不须悬日月，　何处限封疆。
食是天肴膳，　餐非世稻粱。

挂肩如意服，　擎钵自然浆。

脱体殊清净，　含晖更焜煌。

袈裟笼瑞霭，　璎珞衬仙裳。

遍往微尘国，　周游正觉场。

慈颜容礼觐，　供具任持将。

侧听能仁教，　还令所得亡。

及归弹指顷，　翻笑取途忙。

每受经行乐，　谁云坐卧妨。

普天除斗诤，　匝地息灾殃。

南北威灵被，　东西[1]德化彰。

几番经劫烧，　四海变耕桑。

此界无亏损，　斯人但寿昌。

户丁休点注，　年甲罢推详。

满耳唯闻法，　充饥不假粮。

永怀恩入髓，　且免毒侵疮。

试说娑婆苦，　争禁涕泪滂。

内宗谁复解，　邪见转堪伤。

忍被贪瞋缚，　甘投利欲坑。

君臣森虎豹，　父子剧豺狼。

尽爱钱堆屋，　仍思米溢仓。

山中搜雉兔，　野外牧牛羊。

夺命他生报，　衔怨累世偿。

太平逢盗贼，　离乱遇刀枪。

好饮耽杯酒，　迷情恋市娼。

心猿抛罥索，　意马放垂缰。

逸志摧中路，　英魂赴北邙。

---

[1] 西：底本作"南"，现据《净土十要》本改。

干戈消礼乐，　　揖让去陶唐。
战伐愁边鄙，　　焚烟彻上苍。
连村遭杀戮，　　暴骨满城隍。
鬼哭天阴雨，　　人悲国夭殇。
岁凶多饿死，　　棺贵少埋藏。
瓦砾堆禅刹，　　荆榛出教庠。
征徭兼赋税，　　禾黍减丰穰。
念佛缘犹阻，　　寻经事亦荒。
素襟龙奋迅，　　高步鹄腾骧。
载顾同群雁，　　毋为独跳猏。
圣胎吾已就，　　法侣尔相望。
宝地同潇洒，　　金台共颉颃。
翘勤山岌嶪，　　积德海汪洋。
旷劫功弥著，　　纤毫过即禳。
三心期远到，　　十念整遥装。
必欲超魔界，　　从今奉觉皇。

娑婆苦渔家傲十六首

听说娑婆无量苦，能令智者增忧怖。寿命百年如晓露，君须悟，一般生死无穷富。

绿发红颜留不住，英雄尽向何方去？回首北邙山下路，斜阳暮，千千万万寒鸦度。

听说娑婆无量苦，风前陡觉双眉竖。贪欲如狼瞋猛虎，魔军主，张弓架箭痴男女。

日月往来寒又暑，乾坤开合晴还雨。白骨茫茫销作土，嗟今古，何人踏着无生路？

听说娑婆无量苦，千思万算劳肠肚。地水火风争胜负，何牢固，到头尽化微尘去。

一颗心珠离染污，声前色后常披露。打破髑髅无觅处，除非悟，如来金口亲分付。

听说娑婆无量苦，死王[1]总作轮回主。六贼操刀为伴侣，同居住，何曾顷刻抛离去。

功德天和黑暗女，两人最是难相聚。有智主人俱不取，依吾语，从今更莫登门户。

听说娑婆无量苦，篋中四大蚖蛇聚。重者好沉轻好举，相陵侮，况兼合宅空无主。

早觉参差梁与柱，风飘雨打难撑挂。毕竟由他倾坏去，教人惧，不如觅个安身处。

听说娑婆无量苦，人皆染色贪樽俎。玉镂笙箫金贴鼓，长歌舞，梨园子弟邯郸女。

冬衣紫貂春白苎，凉亭暖阁消寒暑。一旦神魂归地府，应难取，空教泪点多如雨。

听说娑婆无量苦，为君一一分明举。风俗淫邪人跋扈，多图圄，命终未免沉冥府。

检点恶名看罪簿，因兹惹起阎罗怒。炉炭镬汤烧又煮，争容汝，自家作业非人与。

听说娑婆无量苦，高夸富足惭贫窭。无食无衣无栋宇，悬空釜，举头

---

[1] 王：底本作"生"，现据《净土十要》本改。

又见红轮午。

　　只有磡边芹可煮，黄昏坐听饥肠语。多粟多金多子女，同欢聚，看来总是前生注。

　　听说娑婆无量苦，家家未免为商贾。出入江山多险阻，非吾土，磨牙噬肉遭人虎。

　　魂魄欲归迷去所，烟横北岭云南坞。一望连天皆莽卤，知何许，荒村飒飒风吹雨。

　　听说娑婆无量苦，人当乱世投军旅。寇至不分男与女，摧腰膂，鸣蝉竟断螳螂斧。

　　纵有才能超卒伍，几人衣锦还乡土？燕颔虎头封万户，虚相误，奈何李广逢奇数。

　　听说娑婆无量苦，凶兵解散还屯聚。昨日为齐今日楚，更奴掳，乾坤毕竟归神武。

　　赵括才疏空自许，强秦用间欺其主。四十万军生入土，悲前古，至今鬼哭长平下。

　　听说娑婆无量苦，星分海角船居户。东望扶桑朝日吐，迷洲渚，炮车云起青天雨。

　　卸却云帆停却橹，打头风急鲸鱼舞。滚滚潮声喧万鼓，愁肝腑，遭逢患难谁依怙？

　　听说娑婆无量苦，茶盐坑冶仓场务。损折课程遭箠楚，赔官府，倾家卖产输儿女。

　　口体将何充粒缕，飘蓬未有栖迟所。苛政酷于蛇与虎，争容诉，劝君莫犯雷霆怒。

听说娑婆无量苦，如今业债前来负。贼劫货财身被掳，逢狼虎，挑生咒死兼巫蛊。

奴婢辛勤依恶主，黑疮白癞聋和瘖。丑恶愚痴相与处，谁怜汝，发心归命慈悲父。

听说娑婆无量苦，横遭狱讼拘官府。大杖击身疮未愈，重鞭楚，血流满地青蝇聚。

牒诉纷纷皆妄语，无人敢打登闻鼓。天上群仙司下土，能轻举，何时一降幽囚所？

听说娑婆无量苦，三农望断梅天雨。车水种苗苗不举，难禁暑，被风扇作荒茅聚。

久旱掘泉唯见土，海潮又入兼葭浦。南北东西皆斥卤，枯禾黍，官粮更要征民户。

西方乐渔家傲十六首

听说西方无量乐，三贤十圣同依托。稽首弥陀圆满觉，长参学，川流赴海尘成岳。

佛性在躬如玉璞，须凭巧匠勤雕琢。凡圣皆由心所作，难描邈，华堂宝座珠璎珞。

听说西方无量乐，庄严七宝为楼阁。玛瑙珊瑚兼琥珀，光堪摘，金绳界道何辉赫。

宝树灵禽皆化作，满池凫雁鸳鸯鹤。鹦鹉频伽并孔雀，争鸣跃，更看朵朵金莲拆。

听说西方无量乐，琉璃田地金城郭。翡翠鲜明珠磊落，莲披蓁，几多青赤并黄白。

大士声闻随所适，天花烂熳沾衣褉。各各化身千百亿，神通力，须臾游遍微尘国。

听说西方无量乐，法王治化消诸恶。天上人间元不隔，相参错，圣凡平等同圆觉。

长见宝花空际落，朝朝暮暮闻音乐。衣食自然非造作，香台阁，遍周国界常宽廓。

听说西方无量乐，凡夫浅智难图度。随有愿求无不获，何劳索，珠衣绮馔黄金宅。

地似掌平尤广博，八功德水非穿凿。白藕花中胎可托，三生约，如今岂可轻抛却？

听说西方无量乐，君王便是如来作。不立三光并五岳，除沟壑，红霞紫雾长笼络。

四八仪容金闪烁，钵中美味随斟酌。发愿往生真上策，堪呵责，死生路上飘蓬客。

听说西方无量乐，风林水鸟声交作。法句时时相警觉，贪瞋薄，能教有学成无学。

不染六尘离五浊，如蝉脱去无明壳。肯受涅槃生死缚，空捞摸，语言文字皆糟粕。

听说西方无量乐，一闻妙道忘知觉。胸次不留元字脚，真标格，光明遍界红轮赫。

鹏翅展开沧海窄，谁能更问篱边雀。多少凡毛并圣角，都拈却，尘尘刹刹归无著。

听说西方无量乐，长生不假神仙药。胎就眼开花正拆，心彰灼，永为自在逍遥客。

来度众生离火宅，命终免被阎王责。露地牛儿如雪白，无鞭索，黄金地上从跳跃。

听说西方无量乐，娑婆已悔从前错。佛号自呼还自诺，思量着，唯心净土谁云隔。

一贯由来双五百，婴儿谩把空拳吓。拟议不来遭一掴，诸禅客，凡情圣解曾销烁？

听说西方无量乐，四方上下天垂幕。不比娑婆田地恶，无垠垀，纯将一片琉璃作。

能扫爱河波浪涸，尽翻苦树枝条落。智焰争容蚊蚋泊，神超卓，径登广大毗卢阁。

听说西方无量乐，且教影与形商略。收拾神情归澹泊，重磨削，觚圆更复雕为朴。

世事休休还莫莫，谁论天爵并人爵。一念未生谁善恶，俄然觉，紫鳞掣断黄金索。

听说西方无量乐，未曾闻见须扬搉。异宝奇珍光间错，同栖泊，如来大士并缘觉。

诸上善人皆许诺，谈空说苦相酬酢。百鸯群中随一鹗，翔寥廓，从兹永断凡夫恶。

听说西方无量乐，乐邦是我心开拓。根缺女人皆不著，谁强弱，一人一朵金莲萼。

行树七重珠网络，宝楼风韵金铃铎。天上乐音相间作，须诚悫，返闻自性同先觉。

听说西方无量乐，娑婆自恨身飘泊。注想存心连晦朔，归皇觉，金台接引休忘约。

架厦区区同燕雀，成桥渺渺随乌鹊。早晚无常来逼迫，难推却，西游快展摩霄翮。

听说西方无量乐，弥陀圣主垂恩泽。洗我禅心清且白，难寻迹，月光倒射寒潭碧。

旧债新怨都解释，通身变作黄金色。一念须臾圆万德，真奇特，十方佛授如来职。

附：中峰和尚劝念佛诗

娑婆苦，娑婆苦，娑婆之苦谁能数？众生反以苦为乐，甘住其中多失所。臭皮袋里出头来，长养无明病成蛊。蓦然三寸气消亡，化作寒灰埋下土。五趣迁流不暂停，百劫千生受凄楚。诸仁者，何如及早念弥陀，舍此娑婆苦！

西方乐，西方乐，西方之乐谁能觉？人民国土总殊胜，了无寒暑并三恶。莲花胎里出头来，时听法音与天乐。琉璃地莹绝纤尘，金银众宝成楼阁。化衣化食自然盈，寿命无量难筹度。诸仁者，何如及早念弥陀，取彼西方乐！

（载于《西斋净土诗》附录）

跋

[清] 李维辉

幼时闻父老谈永祚寺楚石禅师灵异最著，然未知其能诗也。同治甲子避地沪上，岁将暮，闻金阊克复，挐舟访友，泊寒山寺故址前。时大盗旋平，劫灰狼藉，篙师于河干捞取残书，得此卷焉，以一盂酒易之。时夜将半，倚篷翻阅，杂鬼唱以和声，借碧磷而照读。讽咏一过，不觉半偈独持，万缘俱寂。回首乡关，烽烟未靖，而永祚之存亡，当留此诗为左券耳。用是收之行箧，归沪，卒岁，旋闻吾邑亦收复矣。明春，束装回里。甫及盐境，陡见一塔撑天，数椽涌地。城郭、诸丛林尽付浩劫，惟斯寺巍然如灵光殿云，岂非我师之布施福德历劫不坏耶？几年来家难频遭，俗缘久扰，未曾一启藏箧。前月十五，为先慈去世百日，延主斯寺之月峰禅师作佛事，感其法律精严，因出此卷示之，许以装订成册，留于禅堂，永为天宁寺之掌故云尔。爰誌数语于后。戊辰六月朔，武原二如居士李维辉稽首跋。

跋

[清] 张常惺

今春二月朔，常惺游吴门，于陈清玉居士斋中晤邠上刻经僧蒨香，询及楚石琦禅师遗迹，答以永祚寺、镇海塔俱无恙，而《西斋净土诗》足本李广文维辉得自水中，尤奇特。蒨香因言："余愿读全诗久矣，苦少流通本。今旧刻之失而复得，岂不以是法之于众生慧命迫切重大，故在在有天龙护持以待机缘之熟哉！"居士遂慨然与同人捐资付手民，而嘱常惺任校雠。既藏事，乃述其颠末，并附录《县志》所载塔记于后以谂读者。盖李广文之得是诗本也，详见于自序，其事众著矣，顾犹在十数年前，非目验也。吾邑捍海塘故有救海庙，供奉大士，相传以为与琦师所建塔同为龙宫宗仰，屡著灵应。今岁七月三、四日，海潮挟风雨怒上，塘崩二百余丈，傍庙报功祠十数楹漂没无寸椽，庙左右地亦尽陷为沼，深及十余尺，而庙岿然独存。是夕居民皆见海上有如百千灯往来，有白衣伟丈夫屹立水际，而塔亦放光相接，风顿转，咸庆更生。明日视其处，则山门洞开，佛前鲜花幡盖亦纤尘不动。然则蒨师所谓迫切重大者，生命、慧命其有殊乎？而居士是举，亦可谓具眼也已。光绪九年癸未中元节，海盐净业弟子张常惺谨识。

和天台三圣诗

[唐] 寒山、拾得、丰干原诗

[明] 四明楚石梵琦和

说明

　　楚石自双径发悟之后，所作诗文，一自真性中流出，纯净无杂，皆阐第一义谛。至正十六年 (1356)，楚石六十一岁，撰《和天台三圣诗》(三圣系指唐天台国清寺寒山、拾得和丰干三人)，计有和寒山诗三百零七首，和拾得诗四十九首，和丰干诗二首，共三百五十八首，前有自序，有云："天台三圣诗，流布人间尚矣！古今拟咏非一，而未有次其韵者。余不揆凡陋，辄撰次和之。"

　　此集由晟藏主编次，于至正十八年 (1358) 刊印。明洪武三十一年 (1398) 重印，吴门大佑为之作序。以后重印不绝，广泛流传于丛林之间。今天台国清寺和海盐天宁寺都有刊本行世。

　　本次点校以《合订天台三圣二和诗集》（楚石首和，明石树重和，收于蓝吉富主编《大藏经补编》第十四册，经号 87）为底本，参校《天台三圣诗集和韵》（楚石首和，清福慧重和，收于《嘉兴藏》新文丰版第 33 册，经号 B283）和天台山国清寺印本《寒山诗》。

楚石和尚和三圣诗集序 [1]

【元】清欲

　　若人何乡何姓氏，隋季唐初豪杰士。屠龙技痒无所施，东守西征徒万里。
天厌荒淫殁猘君，大地山河移姓李。满眼清贤登庙堂，书生分合山林死。
蹈来寒山三十年，不堪回首红尘市。游戏千岩万水间，驾言足蹑龟毛履。
不饥不采山中薇，渴来只饮山中水。风飘戛击恼幽怀，移家屡入深云里。
贫衣褴褛足风霜，不碍寒潭莹无滓。时访丰干看拾公，漠外形骸忘尔汝。
扰扰人寰蚁慕膻，哂然一笑寒生齿。拟将大筏渡迷津，咳唾烟云生笔底。
银钩洒洒落岩阿，至今护守烦山鬼。世无相马九方皋，但从肥瘦求形似。
诗成众口浪雌黄，往往视之为下俚。近来一二具眼人，颇怜名字遗青史。
云衮霞缨妙语言，谓与骚章无异旨。寥寥千载无人知，偶逢知者惟如此。
知与不知于我乎何与，此其所以得为寒山子。

　　　　　　　　富哉三圣诗，妙处绝言迹。
　　　　　　　　拟之唯法灯，和之独楚石。
　　　　　　　　十虚可销殒，一字难改易。
　　　　　　　　灌顶甘露浆，何人不蒙益。

　　楚石和尚《和三圣诗集》，晟藏主编次，求余题之，因用韵以寓击节
之意云。至正十八年十月初三日，南堂遗老清欲。

---

[1]　此下三篇序文均载于《合订天台三圣二和诗集》卷首。此序原题作"诗歌"。

和天台三圣诗序

【明】大佑

《首楞严》云："我灭度后，敕诸菩萨，应身生彼末法之中，作种种形，度诸轮转，终不自言我真菩萨，泄讳密因。唯除命终，阴有遗付。"天台三圣，其斯之谓欤？旧集载朱晦翁与国清住持手帖，劝其重刻寒山诗板，有刊成当见惠之语。得非以其辞理淳正，有合于儒道耶？西斋老人属和，灼见三圣之心，其言无今昔之异。华藏原明禅师，刻梓以传，使三圣人抚掌于大寂定中、西斋为不灭矣。其法利无穷，可得而思议哉！

洪武戊寅冬，僧录司左善世，吴门大佑。

和三圣诗自序

天台三圣诗，流布人间尚矣。古今拟咏非一，而未有次其韵者。余不揆凡陋，辄撰次和之，殆类摸象耳。虽然，象之耳，亦岂外於似箕之言哉！

岁丙申中秋，四明比丘梵琦顿首。

重刻《和天台三圣诗》序 [1]

【清】张寂

楚石琦禅师，自双径发悟后，作为诗文，皆第一义，如雪山肥腻，纯

---

[1] 此序底本无，据天台山国清寺印本《寒山诗》补入。

净无杂。本传所载，著有《北游》《凤山》《西斋》三集，及和天台三圣、永明、陶潜、林逋诸家诗。而《西斋集》与《和三圣诗》，五百年来，尤脍炙于老儒尊宿之口。《西斋集》既刻于吴中，《和三圣诗》独无传本，辄以为恨。今岁清凉寺传戒，随药、藕二公登藏经阁，见有以《禅林唱和集》名者，乃楚石、石树二老人，和天台三圣诗也。爰分为三集，藕公刻原唱，药公刻石树，寂与季子栽甫刻是编。一夕之聚，顿令三圣密语，二老心传，并垂不朽，洵乐事也。昔汪大绅之论诗曰，有诗人之诗，有道人之诗。夫范水模山，吟风弄月，一草一木，穷其幽致；一字一句，尽其推敲。此诗人之诗，于出世第一义，渺不相值也。若夫道人之诗，一自真性中流出，通天地万物之灵，而无所作为也；涌泉源万斛之富，而不立一字也。苟得其意，虽渔歌樵唱，鸟语虫吟，乃至山河大地，墙壁瓦砾，有情无情，若语若默，一一皆宣妙谛，尘尘普转法轮。若是者，可与读楚石诗，并可与读三圣诗。彼执指为月，随语生解者，虽读尽三藏十二部，如数他家宝，于己无分，何足以知是诗哉！

光绪甲申季冬，海虞弟子张寂谨序。

天台三圣诗集序

朝议大夫使持节台州诸军事守刺史上柱国赐绯鱼袋间丘胤 撰

详夫寒山子者，不知何许人也。自古老见之，皆谓贫人风狂之士，隐居天台唐兴县西七十里，号为寒岩，每于兹地时还国清寺。寺有拾得，知食堂，寻常收贮余残菜滓于竹筒内，寒山若来，即负而去。或长廊徐行，叫唤快活，独言独笑。时僧遂捉骂打趁，乃驻立抚掌，呵呵大笑，良久而去。且状如贫子，形貌枯悴，一言一气，理合其意。沉而思之，隐况道情。凡所启言，洞该玄默。乃桦皮为冠，布裘破敝，木屐履地。是故至人遁迹，同类化物。或长廊唱咏，唯言："咄哉咄哉！三界轮回。"或于村墅与牧牛子而歌笑，或逆或顺，自乐其性，非哲者安可识之矣。

　　胤顷受丹丘薄宦，临途之日，乃萦头痛。遂召日者，医治转重。乃遇一禅师，名丰干，言从天台山国清寺来，特此相访。乃命救疾。师乃舒容而笑曰："身居四大，病从幻生。若欲除之，应须净水。"时乃持净水上师。师乃噀之，须臾祛殄。乃谓胤曰："台州海岛岚毒，到日必须保护。"胤乃问曰："未审彼地当有何贤，堪为师仰？"师曰："见之不识，识之不见。若欲见之，不得取相，乃可见之。寒山文殊，遁迹国清；拾得普贤，状如贫子，又似风狂，或去或来，在国清寺库院走使，厨中著火。"言讫辞去。胤乃进途，至任台州，不忘其事。到任三日后，亲往寺院，躬问禅宿，果合师言，乃令勘唐兴县有寒山拾得是否？时县申称：当县界西七十里内有一岩，岩中古老见有贫士，频往国清寺止宿。寺库中有一行者，名曰拾得。胤乃特往礼拜，到国清寺，乃问寺众："此寺先有丰干禅师，院在何处？并拾得、寒山子，见在何处？"时僧道翘答曰："丰干禅师院在经藏后，即今无人住得，每有一虎，时来此吼。寒山、拾得二人见在厨中。"僧引胤至丰干禅师院，乃开房，唯见虎迹。乃问僧宝德、道翘："禅师在日，有何行业？"僧曰："丰干在日，唯攻舂米供养，夜乃唱歌自乐。"遂至厨中，灶前见二人向火大笑。胤便礼拜。二人连声喝胤，自相把手，呵呵大笑叫唤，乃云："丰干饶舌饶舌！弥陀不识，礼我何为？"僧徒奔集，递相惊讶：何故尊官礼二贫士？时二人乃把手走出寺，乃令逐之。急走而去，即归寒岩。胤乃重问僧曰："此二人肯止此寺否？"乃令觅访，唤归寺安置。胤乃归郡，遂置净衣二对、香药等，持送供养。时二人更不返寺，使乃就岩送上。而见寒山子乃高声喝曰："贼！贼！"退入岩穴，乃云："报汝诸人，各各努力。"入穴而去。其穴自合，莫可追之。其拾得，迹沉无所。乃令僧道翘寻其往日行状，唯于竹木石壁书诗，并村墅人家厅壁上所书文句三百余首，及拾得于土地堂壁上书言偈，并纂集成卷。胤栖心佛理，幸逢道人，乃为赞曰：

菩萨遁迹，　　示同贫士。　　独居寒山，　　自乐其志。

貌悴形枯，　　布裘敞止。　　出言成章，　　谛实至理。
凡人不测，　　谓风狂子。　　时来天台，　　入清国寺。
徐步长廊，　　呵呵抚指。　　或走或立，　　喃喃独语。
所食厨中，　　残饭菜滓。　　吟偈悲哀，　　僧俗咄捶，
都不动摇，　　时人自耻。　　作用自在，　　凡愚难值。
即出一言，　　顿祛尘累。　　是故国清，　　图写仪轨。
永劫供养，　　长为弟子。　　昔居寒山，　　时来兹地。
稽首文殊，　　寒山之士。　　南无普贤，　　拾得定是。
聊申赞叹，　　愿超生死。

和寒山诗

三百七首

（一）^[1]

寒山原诗

重岩我卜居，　　鸟道绝人迹。
庭际何所有，　　白云抱幽石。
住兹凡几年，　　屡见春冬易。
寄语钟鼎家，　　虚名定无益。

楚石和诗

我读寒山诗，　　虚空寻鸟迹。
谁能横点头，　　独有松下石。
一字不可加，　　千金岂能易。

---

[1]　序号为整理者所加，次序依照《天台三圣诗集和韵》。

捧心学西子，　　取笑非求益。

（二）

寒山原诗

欲得安身处，　　寒山可长保。

微风吹幽松，　　近听声愈好。

下有斑白人，　　喃喃读黄老。

十年归不得，　　忘却来时道。

楚石和诗

人命呼吸间，　　荣华定难保。

不如天台去，　　山水清且好。

江月长近檐，　　松风可娱老。

胡为逐名利，　　来往红尘道。

（三）

寒山原诗

骝马珊瑚鞭，　　驱驰洛阳道。

自怜美少年，　　不信有衰老。

白发会应生，　　红颜岂长保。

但看北邙山，　　个是蓬莱岛。

楚石和诗

东西南北人，　　南北东西道。

有往必有来，　　无生定无老。

婚姻本相结，　　生死各不保。

劫尽火洞然，　　谁论林与岛。

（四）

寒山原诗

岩前独静坐，　　圆月当天耀。

万象影现中，　　一轮本无照。

廓然神自清，　　含虚洞玄妙。

因指见其月，　　月是心枢要。

楚石和诗

心如大圆镜，　　万象同辉耀。

本净非琢磨，　　元明不随照。

于中有得失，　　向上无玄妙。

打破此镜来，　　吾人云甚要。

（五）

寒山原诗

登陟寒山道，　　寒山路不穷。

溪长石磊磊，　　涧阔草蒙蒙。

苔滑非关雨，　　松鸣不假风。

谁能超世累，　　共坐白云中。

楚石和诗

地远心途寂，　　情忘理自穷。

水声常浩浩，　　岚气正蒙蒙。

永夜猿啼月，　　无时虎啸风。

纤尘遣未尽，　　不可住山中。

（六）

寒山原诗

白云高嵯峨，　　绿水荡潭波。

此处闻渔父，　　时时鼓棹歌。

声声不可听，　　令我愁思多。

谁谓雀无角，　　其如穿屋何。

楚石和诗

青嶂郁嵯峨，　　潺湲流水波。

林间无雀噪，　　谷口听鹦歌。

回首暮云合，　　向人秋意多。

秦皇与汉武，　　千古恨如何。

（七）

寒山原诗

杳杳寒山道，　　落落冷涧滨。

啾啾常有鸟，　　寂寂更无人。

淅淅风吹面，　　纷纷雪积身。

朝朝不见日，　　岁岁不知春。

楚石和诗

闲行芳树下，　　却坐小溪滨。

白日又长夜，　　黄泉多故人。

悠悠前后事，　　扰扰死生身。

借问东溟水，　　干来几度春。

（八）

寒山原诗

鹦鹉宅西国，　虞罗捕得归。

美人朝夕弄，　出入在庭帏。

赐以金笼贮，　扃哉损羽衣。

不如鸿与鹄，　飘飖入云飞。

楚石和诗

金笼锁鹦鹉，　鹦鹉苦思归。

既失烟霞伴，　徒伤锦绣帏。

临风吐音响，　对月理毛衣。

若得君恩放，　还寻陇树飞。

（九）

寒山原诗

春女炫容仪，　相将南陌陲。

看花愁日晚，　隐树怕风吹。

年少从傍来，　白马黄金羁。

何须久相弄，　儿家夫婿知。

楚石和诗

白日城东际，　红妆水北陲。

寻春何处女，　障面不胜吹。

惹草紫罗带，　穿花避玉羁。

风前立不语，　此意有谁知。

（十）

寒山原诗

富儿会高堂，　华灯何炜煌。

此时无烛者，　心愿处其傍。

不意遭排遣，　还归暗处藏。

益人明讵损，　顿讶惜余光。

楚石和诗

贫富各有死，　富者徒辉煌。

锦绣盖棺上，　笙箫盈路傍。

贫家虽冷落，　土穴同埋藏。

一入黄泉去，　何由见日光。

（十一）

寒山原诗

画栋非吾宅，　青林是我家。

一生俄尔过，　万事莫言赊。

济渡不造筏，　漂沦为采花。

善根今未种，　何日见生芽。

楚石和诗

乐甚无为国，　萧然不住家。

都忘山色好，　转觉世情赊。

六月炎天雪，　三冬枯木花。

早来尘累尽，　何处发根芽。

（十二）

寒山原诗

出生三十年，　　常游千万里。

行江青草合，　　入塞红尘起。

炼药空求仙，　　读书兼咏史。

今日归寒山，　　枕流兼洗耳。

楚石和诗

吾年六十余，　　自少离乡里。

谢事片时闲，　　推心何处起。

焚香读经律，　　染翰修僧史。

且莫徇浮名，　　人生行乐耳。

（十三）

寒山原诗

昨夜梦还乡，　　见妇机中织。

驻梭若有思，　　擎梭似无力。

呼之回面视，　　况复不相识。

应是别多年，　　鬓毛非旧色。

楚石和诗

如人卧一床，　　梦想交相织。

正欲渡河去，　　忽因乘舟力。

觉来念篙师，　　两个元不识。

石女问木郎，　　虚空作何色。

（十四）

寒山原诗

妾家邯郸住，　歌声亦抑扬。

赖我安隐处，　此曲旧来长。

既醉莫言归，　留连日未央。

儿家寝宿处，　绣被满银床。

楚石和诗

赵女发清唱，　听之声激扬。

临风奏此曲，　曲短意何长。

夫婿出不归，　峨冠朝未央。

焉知秋夜永，　明月照空床。

（十五）

寒山原诗

独坐常忽忽，　情怀何悠悠。

山腰云漫漫，　谷口风飕飕。

猿来树袅袅，　鸟入林啾啾。

时催鬓飒飒，　岁尽老惆惆。

楚石和诗

无事昼寂寂，　不眠夜悠悠。

杂花春烂烂，　乔木夏飕飕。

霜晓鹤踽踽，　雪晴猿啾啾。

此心坦荡荡，　何必怀惆惆。

（十六）

寒山原诗

有鸟五色文，　　栖桐食竹实。

徐动合威[1]仪，　　鸣中施吕律。

昨来何以至，　　为君暂时出。

傥闻弦歌声，　　作舞欣今日。

楚石和诗

鹡鸰至鲁门，　　空嗉不复实。

虽有钟鼓音，　　未知宫商律。

人怜文仲愚，　　谓是嘉瑞出。

朱鸟在南方，　　来仪定何日。

（十七）

寒山原诗

自在白云间，　　从来非买山。

下危须策杖，　　上险捉藤攀。

涧边松常翠，　　溪边石自斑。

友朋虽阻绝，　　春至鸟关关。

楚石和诗

自我得身闲，　　弥年不下山。

云深同鹤住，　　果熟共猿攀。

最爱千峰碧，　　从教两鬓斑。

绝无名与利，　　谁肯扣松关。

---

[1] 威：《天台三圣诗集和韵》作“和”。

（十八）

寒山原诗

水清澄澄莹，　　彻底自然见。

心中无一事，　　万境不能转。

心既不妄起，　　永劫无改变。

若能如是知，　　是知无背面。

楚石和诗

历历根境识，　　堂堂佛知见。

本空不待扫，　　元有何须转。

得旨长快活，　　临机善通变。

舒开白玉豪，　　突出黄金面。

（十九）

寒山原诗

尝闻汉武帝，　　爰及秦始皇，

俱好神仙术，　　延年竟不长。

金台既摧折，　　沙丘遂灭亡，

茂陵与骊岳，　　今日草茫茫。

楚石和诗

衣冠从五帝，　　耕稼本三皇。

去古日已远，　　为君年尚长。

后来耽富贵，　　非久就沦亡。

安得淳风在，　　贪心益渺茫。

（二十）

寒山原诗

寒岩深复好，　　无人行此道。

白云高岫闲，　　青嶂孤猿啸。

我更何所亲，　　畅志自宜老。

形容寒暑迁，　　心珠甚可保。

楚石和诗

觅心不得心，　　我道无可道。

枕石山中眠，　　披云月下啸。

昨来颜如玉，　　今旦身已老。

寄语富家翁，　　田园为谁保。

（二十一）

寒山原诗

寒山唯白云，　　寂寂绝埃尘。

草座山家有，　　孤灯明月轮。

石床临碧沼，　　虎鹿每为邻。

自羡幽居乐，　　长为象外人。

楚石和诗

空中一片云，　　地上一微尘。

未绝身心累，　　难逃生死轮。

行寻鸡足隐，　　去与鹫头邻。

可证僧为宝，　　堪将法化人。

（二十二）

寒山原诗

花上黄莺子，　关关声可怜。

美人颜似玉，　对此弄鸣弦。

玩之能不足，　眷恋在韶年。

花飞鸟亦散，　洒泪春风前。

楚石和诗

春风入花柳，　红绿正堪怜。

有女娇颜色，　无心理管弦。

空房掩病枕，　逝水惜凋年。

化作孤飞燕，　还来旧阁前。

（二十三）

寒山原诗

君看叶里花，　能得几时好。

今日畏人攀，　明朝待谁扫。

可怜娇艳情，　年多转成老。

将世比于花，　红颜岂长保。

楚石和诗

借问山中人，　居山有何好？

春花满路开，　秋叶随风扫。

独唱谁与和，　长年不知老。

无荣亦无辱，　此乐真可保。

（二十四）

寒山原诗

昨见河边树，　　摧残不可论。

二三余蕊卉，　　千万斧刀痕。

霜剥萎黄叶，　　波冲枯朽根。

生处当如此，　　何必怨乾坤。

楚石和诗

每见高明士，　　难将毁誉论。

烧天徒费力，　　斫水不成痕。

舌是兴亡本，　　心为祸福根。

万般皆自造，　　谁谓属乾坤。

（二十五）

寒山原诗

可笑寒山道，　　而无车马踪。

联溪难记曲，　　叠嶂不知重。

泣露千般草，　　吟风一样松。

此时迷径处，　　形问影何从。

楚石和诗

寒山不可见，　　石上访遗踪。

木屐藏何处，　　华台隔几重。

溪流深夜月，　　树老旧时松。

可叹闾丘子，　　栖栖失所从。

（二十六）

寒山原诗

山中何太冷，　　自古非今年。

沓嶂恒凝雪，　　幽林每吐烟。

草生芒种后，　　叶落立秋前。

此有沉迷客，　　窥窥不见天。

楚石和诗

昨向山中住，　　不知今几年。

岩高长隐日，　　树密但藏烟。

策杖游峰顶，　　飞禽过我前。

澄潭深万丈，　　彻底是青天。

（二十七）

寒山原诗

城中娥眉女，　　珠佩何珊珊。

鹦鹉花前弄，　　琵琶月下弹。

长歌三月响，　　短舞万人看。

未必长如此，　　芙蓉不耐寒。

楚石和诗

东邻娇小女，　　芳意未阑珊。

眉似初三月，　　琴能再四弹。

频来花下坐，　　自向镜中看。

不料伤春死，　　琼楼夜夜寒。

（二十八）

寒山原诗

欲向东岩去，　　于今无量年。

昨来攀葛上，　　半路困风烟。

径窄衣难进，　　苔粘履不前。

住兹丹桂下，　　且枕白云眠。

楚石和诗

住久都忘世，　　春深始觉年。

山花红似火，　　野草碧如烟。

月落澄潭里，　　云生叠嶂前。

时时敲铁磬，　　惊动老龙眠。

（二十九）

寒山原诗

吾家好隐沦，　　居处绝嚣尘。

践草成三径，　　瞻云作四邻。

助歌声有鸟，　　问法语无人。

今日娑婆树，　　几年为一春。

楚石和诗

白石照清沦，　　幽栖远俗尘。

山高云作顶，　　地僻虎为邻。

纵有长生理，　　终无不死人。

蟠桃花果熟，　　知是几番春。

（三十）

寒山原诗

琴书须自随，　　禄位用何为。

投辇从贤妇，　　巾车有孝儿。

风吹曝麦地，　　水溢沃鱼池。

常念鹪鹩鸟，　　安身在^[1]一枝。

楚石和诗

形将影自随，　　行与止谁为。

始富张车子，　　终身蔡克儿。

才高鹦鹉赋，　　地绝凤凰池。

可信阳春力，　　难回朽木枝。

（三十一）

寒山原诗

弟兄同五郡，　　父子本三州。

欲验飞凫集，　　须旌^[2]白兔游。

灵瓜梦里受，　　神橘座中收。

乡国何迢递，　　同鱼寄水流。

楚石和诗

青春开上苑，　　白日照神州。

出就都人饮，　　行陪国士游。

马骄晴更跃，　　花艳暮还收。

---

[1]　在：《天台三圣诗集和韵》作"有"。

[2]　旌：《天台三圣诗集和韵》作"征"。

老去空惆怅，　　河声西北流。

（三十二）

寒山原诗

人问寒山道，　　寒山路不通。

夏天冰未释，　　日出雾朦胧。

似我何由届，　　与君心不同。

君心若似我，　　还得到其中。

楚石和诗

只道山无路，　　那知处处通。

涧泉声滴沥，　　云月影朦胧。

上下千寻峻，　　东西四面同。

谷神呼辄应，　　非在有无中。

（三十三）

寒山原诗

驱马度荒城，　　荒城动客情。

高低旧雉堞，　　大小古坟茔。

自振孤蓬影，　　长凝拱木声。

所嗟皆俗骨，　　仙史更无名。

楚石和诗

寒食向城西，　　其谁不惨情。

白杨千万叶，　　青草两三茎。

再听流泉语，　　如闻恸哭声。

焉知有死日，　　争利复争名。

（三十四）

寒山原诗

家住绿岩下，　　庭芜更不芟。
新藤垂缭绕，　　古石竖巉岩。
山果猕猴摘，　　池鱼白鹭衔。
仙书一两卷，　　树下读喃喃。

楚石和诗

有美千般草，　　无令一样芟。
深林常积雪，　　别洞近寒岩。
碧树云相补，　　青山日半衔。
不知何所说，　　幽鸟语喃喃。

（三十五）

寒山原诗

岁去换愁年，　　春来物色鲜。
山花笑绿水，　　岩树舞青烟。
蜂蝶自云乐，　　禽鱼更可怜。
朋游情未已，　　彻晓不能眠。

楚石和诗

今日是何年，　　东风碧草鲜。
山晴还起雾，　　水暖复生烟。
鸟语如相问，　　花枝岂自怜。
野人无个事，　　高枕石头眠。

（三十六）

寒山原诗

茅栋野人居，　　门前车马疏。

林幽偏聚鸟，　　溪阔本藏鱼。

山果携儿摘，　　皋田共妇锄。

家中何所有，　　唯有一床书。

楚石和诗

可爱白云居，　　长年与世疏。

花残无戏蝶，　　水静足游鱼。

野树行堪倚，　　园葵懒不锄。

茅檐风雨过，　　飘湿案头书。

（三十七）

寒山原诗

闻道愁难遣，　　斯言谓不真。

昨朝始趁却，　　今日又缠身。

月尽愁难尽，　　年新愁更新。

谁知席帽下，　　元是昔愁人。

楚石和诗

遣愁愁不去，　　认愁愁不真。

谁知遣愁者，　　正是自愁身。

身貌年年改，　　愁端日日新。

无愁亦无喜，　　方见本来人。

（三十八）

寒山原诗

三月蚕犹小，　　女人来采花。

限[1]墙弄蝴蝶，　　临水掷虾蟆。

罗袖盛梅子，　　金鎞挑笋芽。

斗论争物色，　　此地胜余家。

楚石和诗

五月南塘路，　　芙蓉正作花。

朱门荫杨柳，　　绿水鸣虾蟆。

冷浸金盆果，　　浓烹石鼎芽。

此中可避暑，　　修竹绕吾家。

（三十九）

寒山原诗

璨璨卢家女，　　旧来名莫愁。

贪乘摘花马，　　乐捞采莲舟。

膝坐绿熊席，　　身披青凤裘。

哀伤百年内，　　不免归山丘。

楚石和诗

朱门年少姜，　　白发老来愁。

竟作商人妇，　　长随贾客舟。

花残始春酿，　　霜陨未冬裘。

叹息风波里，　　何时返旧丘。

---

[1] 限：《天台三圣诗集和韵》作“隔”。

（四十）

寒山原诗

独卧重岩下，　蒸云昼不消。

室中虽瞬暖，　心里绝喧嚣。

梦去游金阙，　魂归度石桥。

抛除闹我者，　历历树间瓢。

楚石和诗

路出危峰上，　春深雪未消。

独行形问影，　枯坐寂忘嚣。

玉立千寻刹，　金飞百尺桥。

须臾云欸起，　化作雨翻瓢。

（四十一）

寒山原诗

相唤采芙蓉，　可怜清江里。

游戏不觉暮，　屡见狂风起。

浪捧鸳鸯儿，　波摇鸂鶒子。

此时居舟楫，　浩荡情无已。

楚石和诗

朝游荷叶间，　暮宿荷花里。

日落烟雾生，　风来波浪起。

妾歌采莲曲，　君唱结袜子。

同蒂复同心，　馨香殊未已。

（四十二）

寒山原诗

群女戏夕阳，　风来满路香。

缀裙金蛱蝶，　插髻玉鸳鸯。

角婢红罗缜，　阉奴紫锦裳。

为观失道者，　鬓白心惶惶。

楚石和诗

女伴蹋春阳，　名园百草香。

双飞怜翡翠，　并立妒鸳鸯。

柳细风吹面，　花深露滴裳。

暮归如有失，　闲梦亦惊惶。

（四十三）

寒山原诗

山客心悄悄，　常嗟岁序迁。

辛勤采芝术，　搜斥讵成仙。

庭廓云初卷，　林明月正圆。

不归何所为，　桂树相留连。

楚石和诗

苦乐随时改，　形骸与化迁。

未能抛富贵，　何处觅神仙。

地发金钟响，　潭开玉镜圆。

世人空怅望，　惟见岭云连。

（四十四）

寒山原诗

卜择幽居地，　天台更莫言。

猿啼溪雾冷，　岳色草门连。

竹[1]叶覆松室，　开池引涧泉。

已罢[2]休万事，　采蕨度残年。

楚石和诗

曾到幽居否，　心知不在言。

千峰云影接，　万壑树声连。

钵有松花粉，　崖多瀑布泉。

无人同道味，　幸自乐吾年。

（四十五）

寒山原诗

白拂旃檀柄，　馨香竟日闻。

柔和如卷雾，　摇曳似行云。

礼奉宜当暑，　高提复祛尘。

时时方丈内，　将用指迷人。

楚石和诗

至竟离名相，　将何作见闻。

闲抛手中拂，　坐对岭头云。

朗月非标指，　清风自扫尘。

---

[1] 竹：有的版本《寒山诗》作"折"。

[2] 罢：《天台三圣诗集和韵》作"甘"。

点头犹有石， 掩耳更无人。

（四十六）

寒山原诗

寻思少年日， 游猎向平陵。
国使职非愿， 神仙未足称。
联翩骑白马， 喝兔放苍鹰。
不觉今流落， 幡幡谁见矜。

楚石和诗

当年叮作乐， 莫待老侵陵。
少壮人所羡， 英雄谁不称。
临餐狞似虎， 使气捷如鹰。
一夜发尽白， 粗豪空自矜。

（四十七）

寒山原诗

偃息深林下， 从生是农夫。
立身既质直， 出语无谄谀。
保我不鉴璧， 信君方得珠。
焉能同泛滟， 极目波上凫。

楚石和诗

几般声与色， 专只诳愚夫。
自不省己过， 人皆来面谀。
龙泉杂钝铁， 鱼目混明珠。
苦海方流荡， 身同泛泛凫。

（四十八）

寒山原诗

层层山水秀， 烟霞锁翠微。

岚拂纱巾湿， 露沾蓑草衣。

足蹑游方履， 手执古藤枝。

更观尘世外， 梦境复何为。

楚石和诗

地僻无人到， 苔深一径微。

松间缚茅屋， 竹上挂蒲衣。

静看青山朵， 闲拈白拂枝。

焚香作茗事， 此外更何为。

（四十九）

寒山原诗

止宿鸳鸯鸟， 一雄兼一雌。

衔花相共食， 刷羽每相随。

戏入烟霄里， 宿归沙岸湄。

自怜生乐处， 不夺凤凰池。

楚石和诗

野鸦身弊恶， 亦复有雄雌。

粲粲鸳鸯鸟， 行藏无不随。

梳翎紫潭上， 宛颈碧溪湄。

何羡云鹏翼， 搏风朝夕池。

（五十）

寒山原诗

少小带经锄，　　本将兄共居。

缘遭他辈责，　　剩被自妻疏。

抛绝红尘境，　　常游好阅书。

谁惜一斗水，　　活取辙中鱼。

楚石和诗

陶生自荷锄，　　晚与五儿居。

迹向东林近，　　心将上国疏。

有田多种秫，　　无事好观书。

本绝功名念，　　临渊不羡鱼。

（五十一）

寒山原诗

田家避暑月，　　斗酒共谁欢。

杂杂排山果，　　疏疏围酒樽。

芦菁将代席，　　蕉叶且充盘。

醉后搘颐坐，　　须弥小弹丸。

楚石和诗

富室虽云乐，　　贫家亦有欢。

门开当大野，　　客至倒深樽。

就把青荷叶，　　铺为碧玉盘。

浮生如过鸟，　　急景似跳丸。

（五十二）

寒山原诗

鸟弄[1]情不堪，　　其时卧草庵。

樱桃向杳杳，　　杨柳正毵毵。

旭日衔青嶂，　　晴云洗绿潭。

谁知出尘俗，　　驭上寒山南。

楚石和诗

白日谁扃户，　　青山自绕庵。

炉香云淡淡，　　鬓影雪毵毵。

鹤舞千寻树，　　龙吟万丈潭。

萧然坐深夜，　　见月出东南。

（五十三）

寒山原诗

寒山多幽奇，　　登者皆恒惵。

月照水澄澄，　　风吹草猎猎。

凋梅雪作花，　　杌木云充叶。

触雨转鲜[2]灵，　　非晴不可涉。

楚石和诗

城郭多是非，　　林泉无畏惵。

游鱼不识网，　　仁兽那知猎。

日出平地云，　　风吹满山叶。

---

[1]　弄：有本《寒山诗》作"语"。

[2]　鲜：《天台三圣诗集和韵》作"仙"。

长怜岩径幽，　　杖屦歇复涉。

（五十四）

寒山原诗

以我栖迟处，　　幽深难可论。

无风萝[1]自动，　　不雾竹长昏。

涧水缘谁咽，　　山云忽自屯。

午时庵内坐，　　始觉日头暾。

楚石和诗

山居无可说，　　世事不须论。

栗色衣遮冷，　　松明火照昏。

青黄林叶变，　　黑白野云屯。

半夜千峰顶，　　开窗日已暾。

（五十五）

寒山原诗

有乐且须乐，　　时哉不可失。

虽云一百年，　　岂满三万日。

寄世是须臾，　　论钱莫啾唧。

孝经末后篇，　　委曲陈情毕。

楚石和诗

先师有遗训，　　守之不可失。

勿云灭度久，　　常存平居日。

山鸟啼空空，　　野鼠叫唧唧。

言是行乃非，　　苦轮何由毕。

---

[1] 萝：《天台三圣诗集和韵》作"藤"。

（五十六）

寒山原诗

忆惜过逢处，　　人间逐胜游。

乐山登万仞，　　爱水泛千舟。

送客琵琶谷，　　携琴鹦鹉洲。

焉知松树下，　　抱膝冷飕飕。

楚石和诗

不觉成遗老，　　犹能话旧游。

千人同一帐，　　万里只孤舟。

北过黄龙塞，　　南登白鹭洲。

频遭风雪苦，　　耳畔尚飕飕。

（五十七）

寒山原诗

报汝修道者，　　进求虚劳神。

人有精灵物，　　无字复无文。

呼时历历应，　　隐处不居存。

叮咛善保护，　　勿令有点痕。

楚石和诗

聪明长不昧，　　隐见果何神。

似谷呼成响，　　如波叠作文。

圣凡形尽坏，　　今古理常存。

若向言中觅，　　徒添镜上痕。

（五十八）

寒山原诗

去年春鸟鸣，　此时思弟兄。

今年秋菊烂，　此时思发生。

绿水千场咽，　黄云四面平。

哀哉百年内，　肠断忆咸京。

楚石和诗

拾得寒山弟，　寒山拾得兄。

从来无住处，　借问甚时生。

寒暑随缘过，　乾坤似掌平。

何人知此意，　步步蹑瑶京。

（五十九）

寒山原诗

自乐平生道，　烟萝石洞间。

野情多放旷，　长伴白云闲。

有路不通世，　无心孰可攀。

石床孤夜坐，　圆月上寒山。

楚石和诗

青松千万树，　白屋两三间。

在世人人冗，　为僧日日闲。

贪心多苦恼，　俗事莫追攀。

幸可供斋钵，　秋来芋满山。

（六十）

寒山原诗

时人寻云路，　云路杳无踪。

山高多险峻，　涧阔少玲珑。

碧嶂前兼后，　白云西复东。

欲知云路处，　云路在虚空。

楚石和诗

欲与云为伴，　云多不定踪。

拟将山作侣，　山亦少玲珑。

只是形兼影，　相随西又东。

何须求富贵，　富贵尽成空。

（六十一）

寒山原诗

凡读我诗者，　心中须护净。

悭贪继日廉，　谄曲登时正。

驱除遣恶业，　归依受真性。

今日得佛身，　急急如律令。

楚石和诗

身将枯木同，　心与莲华净。

万善无异途，　千邪皆禀正。

不离文字相，　不即真如性。

浩浩天地间，　咸遵法王令。

（六十二）

寒山原诗

俊杰马上郎，　挥鞭指绿杨。

谓言无死日，　终不作梯航。

四运花自好，　一朝成萎黄。

醍醐与石蜜，　至死不能尝。

楚石和诗

谁家游冶郎，　白马系垂杨。

却引如花妓，　同登载酒航。

春风弄水碧，　落日映山黄。

忽掩泉台路，　珍羞不得尝。

（六十三）

寒山原诗

一为书剑客，　三遇圣明君。

东守文不赏，　西征武不勋。

学文兼学武，　学武兼学文。

今日既老矣，　余生不足云。

楚石和诗

磊落夔龙士，　聪明尧舜君。

黄扉论大道，　紫塞树奇勋。

食肉封侯骨，　经天纬地文。

北邙山下路，　到此漫云云。

（六十四）

寒山原诗

庄子说送死，　　天地为棺椁。

吾归此有时，　　唯须一幡箔。

死将喂青蝇，　　吊不劳白鹤。

饿著首阳山，　　生廉死亦乐。

楚石和诗

天下白玉棺，　　人成黄金椁。

送终无贵贱，　　未可笑织箔。

不死丁令威，　　千年化为鹤。

庄生喻髑髅，　　何用南面乐。

（六十五）

寒山原诗

天生百尺树，　　剪作长条木。

可惜栋梁材，　　抛之在幽谷。

年多心尚劲，　　日久皮渐秃。

识者取将来，　　犹堪拄马屋。

楚石和诗

何处好园林，　　此中多树木。

擎天要一柱，　　匠者入空谷。

岁久霜霰繁，　　根深枝叶秃。

弃之不肯收，　　无以成我屋。

（六十六）

寒山原诗

玉堂挂珠帘，　　中有婵娟子。

其貌胜神仙，　　容华若桃李。

东家春雾生，　　西舍秋风起。

更过三十年，　　还成甘蔗滓。

楚石和诗

翩翩马上郎，　　借问谁家子。

贱妾有高楼，　　须君驻行李。

鸡鸣北斗斜，　　鸦噪东方起。

君意终别离，　　妾身在泥滓。

（六十七）

寒山原诗

父母读经多，　　田园不羡他。

妇摇机轧轧，　　儿弄口嗢嗢。

拍手催花舞，　　揩颐听鸟歌。

谁当来叹赏，　　樵客屡经过。

楚石和诗

田舍苦无多，　　荒来亦任他。

草深虫唧唧，　　林密鸟嗢嗢。

野老携壶至，　　山童拍手歌。

幽栖自可乐，　　百岁等闲过。

（六十八）

寒山原诗

四时无止息，　年去又年来。

万物有代谢，　九天无朽摧。

东明又西暗，　花落复花开。

唯有黄泉客，　冥冥去不回。

楚石和诗

春秋更代谢，　暑往即寒来。

一雨野花落，　多风林木摧。

方看朝雾拥，　欻见暮云开。

少小颜如玉，　而今唤得回？

（六十九）

寒山原诗

手笔太纵横，　身材极魁伟。

生为有限身，　死作无名鬼。

自古如此多，　君今争奈何。

可来白云里，　教你紫芝歌。

楚石和诗

堂堂七尺躯，　所学尤奇伟。

每着古衣冠，　不怕闲神鬼。

达少穷困多，　有材如命何。

将琴换美酒，　痛饮且高歌。

（七十）

寒山原诗

有一餐霞子，　其居讳俗游。

论时实萧爽，　在夏亦如秋。

幽涧常沥沥，　高松风飕飕。

其中半日坐，　忘却百年愁。

楚石和诗

山林有何好，　每爱此中游。

江月白如昼，　海风凉似秋。

柴门向悄悄，　树叶风飕飕。

寄语貂蝉客，　可来消汝愁。

（七十一）

寒山原诗

快搒三翼舟，　善乘千里马。

莫能造我家，　谓言最幽野。

岩穴深嶂中，　云雷竟日下。

自非孔丘公，　无能相致[1]者。

楚石和诗

自从开辟来，　此地无车马。

而有圣道场，　深山连旷野。

人生百年间，　日照四天下。

谁是金石姿，　常存不亡者。

---

[1] 致：《天台三圣诗集和韵》作"救"。

（七十二）

寒山原诗

少年何所愁，　　愁见鬓毛白。

白更何所愁，　　愁见日逼迫。

移向东岱居，　　配守北邙宅。

何忍出此言，　　此言伤老客。

楚石和诗

遥见川上花，　　朱朱兼白白。

开落不暂停，　　寒暑相催迫。

宿草生故坟，　　垂杨映新宅。

新宅能几时，　　百年如过客。

（七十三）

寒山原诗

智者君抛我，　　愚者我抛君。

非愚亦非智，　　从此继相闻。

入夜歌明月，　　侵晨舞白云。

焉能住口手，　　端坐鬓纷纷。

楚石和诗

堆钱向百屋，　　我固不如君。

一道清虚理，　　知君亦不闻。

下方阴有雪，　　绝顶昼无云。

未息尘劳苦，　　谁侬为解纷。

（七十四）

寒山原诗

两龟乘犊车，　　蓦出路头戏。

一虿从傍来，　　苦死欲求寄。

不载爽人情，　　始载被沉累。

弹指不可论，　　行恩却遭刺。

楚石和诗

道傍多大树，　　树下群儿戏。

上有一蝉鸣，　　不知身是寄。

螳螂来捕之，　　未免黄雀累。

黄雀被弹射，　　哀哉作诗刺。

（七十五）

寒山原诗

东家一老婆，　　富来三五年。

昔日贫于我，　　今笑我无钱。

渠笑我在后，　　我笑渠在前。

相笑傥不止，　　东边复西边。

楚石和诗

富谓无贫日，　　贫思有富年。

由来人作鬼，　　枉用纸为钱。

白骨深泥下，　　青苔古墓前。

虚空犹可料，　　生死莫知边。

（七十六）

寒山原诗

惯居幽隐处，　乍向国清中。

时访丰干老，　仍来看拾公。

独回上寒岩，　无人话合同。

寻究无源水，　源穷水不穷。

楚石和诗

天台国清寺，　古木乱泉中。

此地横千嶂，　何人识二公。

云形旦暮改，　石色古今同。

须信这个意，　推寻无有穷。

（七十七）

寒山原诗

氏[1]眼邹公妻，　邯郸杜生母。

二人同共老，　一种好面首。

昨日会客场，　恶衣排在后。

只为著破裙，　吃他残齽齾。

楚石和诗

飞雉感故儿，　掇蜂念前母。

焉知采桑人，　正恨飞蓬首。

坎坷一生中，　峥嵘千载后。

真金去砂砾，　嘉馔轻齽齾。

---

[1]　氏：有本《寒山诗》作"低"。

（七十八）

寒山原诗

夫物有所用，　　用之各有宜。

用之若失所，　　一缺复一亏。

圆凿而方柄，　　悲哉空尔为。

骅骝将捕鼠，　　不及跛猫儿。

楚石和诗

虚心待万物，　　无适而不宜。

待物苟有心，　　纷然成与亏。

千峰若菡萏，　　孰是雕镂为。

将欲究根本，　　问取石女儿。

（七十九）

寒山原诗

谁家长不死，　　死事旧来均。

始忆八尺汉，　　俄成一聚尘。

黄泉无晓日，　　青草有时春。

行到伤心处，　　松风愁杀人。

楚石和诗

荣枯有定分，　　修短未尝均。

匕首生衽席，　　旄头没战尘。

清宫不畏暑，　　陋巷岂知春。

一去无回日，　　骊山殉葬人。

（八十）

寒山原诗

竟日长如醉，　　流年不暂停。

埋著蓬蒿下，　　晓日何冥冥。

骨肉消散尽，　　魂魄几凋零。

遮莫咬铁口，　　无因读老经。

楚石和诗

风轮转乌兔，　　不得须臾停。

昨暮沉厚地，　　今晨出高冥。

雪霜有肃杀，　　兰艾俱飘零。

人命若朝露，　　劝君寻佛经。

（八十一）

寒山原诗

一向寒山坐，　　淹留三十年。

昨来访亲友，　　大半入黄泉。

渐灭如残烛，　　长流似逝川。

今朝对孤影，　　不觉泪双悬。

楚石和诗

故人犹记面，　　相别未逾年。

有恨成千古，　　无书达九泉。

殡宫新草木，　　华屋旧山川。

不见高堂会，　　空悲画像悬。

（八十二）

寒山原诗

垂柳暗如烟，　　飞花飘似霰。

夫居离妇州，　　妇住思夫县。

各在天一涯，　　何时复相见。

寄语明月楼，　　莫贮双飞燕。

楚石和诗

昔往桃作花，　　今归雨成霰。

扁舟隔江海，　　数梦还乡县。

逝水去不回，　　故人难再见。

欲留五色丝，　　以[1]系孤飞燕。

（八十三）

寒山原诗

有酒相招饮，　　有肉相呼吃。

黄泉前后人，　　少壮须努力。

玉带暂时华，　　金钗非久饰。

张翁与郑婆，　　一去无消息。

楚石和诗

前鬼担尸来，　　后鬼欲夺吃。

邀人证其虚，　　竟赖实语力。

虽遭后鬼唉，　　复因前鬼饰。

思量我是谁，　　从此轮回息。

---

[1]　以：《天台三圣诗集和韵》作"一"。

（八十四）

寒山原诗

可怜好丈夫，　身体极棱棱。

春秋未三十，　才艺百般能。

金羁逐侠客，　玉馔集良朋。

唯有一般恶，　不传无尽灯。

楚石和诗

少年学弓剑，　所向振威棱。

碧海擒龙易，　青山射虎能。

长寻花作伴，　尽用酒为朋。

一旦佳城闭，　其谁见漆灯。

（八十五）

寒山原诗

桃花欲经夏，　风月催不待。

访觅汉时人，　能无一个在。

朝朝花迁落，　岁岁人移改。

今日扬尘处，　昔时为大海。

楚石和诗

富贵何日来，　留将少年待。

少年忽复去，　唯有白发在。

发白归九泉，　须臾陵谷改。

方当未足心，　欲吸无穷海。

（八十六）

寒山原诗

我见东家女，　年可十有八。
西舍竞来问，　愿姻夫妻恬。
烹羊煮众命，　聚头作淫杀。
含笑乐呵呵，　啼哭受殃决。

楚石和诗

七十白头人，　娶妻年二八。
婚姻既失时，　意气何由恬。
艳妇不执刀，　衰翁多被杀。
夕阳在西山，　好与儿女决。

（八十七）

寒山原诗

田舍多桑园，　牛犊满厩辙。
肯信有因果，　顽皮早晚裂。
眼看消磨尽，　当头各自活。
纸裤瓦作裈，　到头冻饿杀。

楚石和诗

慎勿登权门，　权门有覆辙。
李斯遭族夷，　苏秦就车裂。
多结他人冤，　独求自己活。
小人不容诛，　君子先去杀。

（八十八）

寒山原诗

极目兮长望，　白云四茫茫。

鸥鸦饱腲腇，　鸾凤饥彷徨。

骏马放石碛，　蹇驴能至堂。

天高不可问，　鷾鸸在沧浪。

楚石和诗

万古一相望，　山川何渺茫。

抚心兮踯躅，　搔首兮彷徨。

明月混泥滓，　伯劳栖画堂。

贤人不见用，　自古涕淋浪。

（八十九）

寒山原诗

若人逢鬼魅，　第一莫惊惧。

捺硬莫采渠，　呼名自当去。

烧香请佛力，　礼拜求僧助。

蚊子叮铁牛，　无渠下觜处。

楚石和诗

鬼是人所为，　人正鬼亦惧。

鬼若异于人，　阴阳孰来去。

明知心自惊，　却唤佛相助。

瞋喜在面门，　何曾离当处。

（九十）

寒山原诗

浩浩黄河水，　　东流长不息。

悠悠不见清，　　人人寿有极。

苟欲乘白云，　　曷由生羽翼。

唯当鬓鬙[1]时，　行住须努力。

楚石和诗

寒暑去复来，　　未知何时息。

尝闻古老说，　　天地有终极。

蝼蚁保一身，　　蠛蠓恃两翼。

人身苟不妄，　　本具大神力。

（九十一）

寒山原诗

乘兹朽木船，　　采彼纤婆子。

行至大海中，　　波涛复不止。

唯赍一宿粮，　　去岸三千里。

烦恼从何生，　　愁哉缘苦起。

楚石和诗

向上无爷娘，　　向下无妻子。

自语还自歌，　　独行又独止。

人人我知识，　　处处吾乡里。

借问何以然，　　佛种从缘起。

---

[1]　鬓鬙：有本《寒山诗》作“鬓发”。

（九十二）

寒山原诗

默默永无言，　　后生何所述。

隐居在林薮，　　智境^[1]何由出。

枯槁非坚卫，　　风霜成夭疾。

土牛耕石田，　　未有得稻日。

楚石和诗

先圣既有作，　　后贤可无述？

如磨古铜镜，　　尘去光自出。

一念成佛人，　　飘风未为疾。

现前不了悟，　　浮云掩白日。

（九十三）

寒山原诗

快哉混沌身，　　不饭复不尿。

遭得谁钻凿，　　因之立九窍。

朝朝为衣食，　　岁岁愁租调。

千个争一钱，　　聚头亡命叫。

楚石和诗

不见木傀儡，　　何尝遗屎尿。

高低逐线索，　　动静因关窍。

渠本无爱憎，　　他来任嘲调。

分明幕里人，　　代作啾啾叫。

---

[1] 智：有本《寒山诗》作"日"。

（九十四）

寒山原诗

啼哭缘何事，　泪如珠子颗。

应当有别离，　复是遭丧祸。

所为在贫穷，　未能了因果。

冢间瞻死尸，　六道不忺我。

楚石和诗

渴时饮水浆，　饥来吞饭颗。

但贪生处乐，　不究死时祸。

先要断恶缘，　次宜营善果。

了然见法王，　从此除人我。

（九十五）

寒山原诗

妇女慵经织，　男夫懒耨田。

轻浮耽挟弹，　趑趄拈抹弦。

冻骨衣应急，　充肠食在先。

今谁念于汝，　痛苦哭苍天。

楚石和诗

学道犹贪富，　为僧好买田。

利名忙似箭，　生死急如弦。

作福居人后，　随邪在众先。

钻头入古井，　仰面望青天。

（九十六）

寒山原诗

不行真正道，　　随邪号行婆。

口惭神佛少，　　心怀嫉妒多。

背后噇鱼肉，　　人前念佛陀。

如此修身处，　　应难避奈何。

楚石和诗

须知真极乐，　　不离此娑婆。

水树谈玄久，　　山禽念佛多。

参随假菩萨，　　蹉过活弥陀。

欲步金莲去，　　其如未彻何。

（九十七）

寒山原诗

有汉姓傲慢，　　名贪字不廉。

一身无所解，　　百事被他嫌。

死恶黄连苦，　　生怜白蜜甜。

吃鱼犹未止，　　食肉更无厌。

楚石和诗

必以身心净，　　当于口齿廉。

空门鱼肉臭，　　暗室鬼神嫌。

禀戒情无碍，　　餐蔬味自甜。

为僧最可恶，　　饮酒夜厌厌。

（九十八）

寒山原诗

益者益其精，　　可名为有益。

易者易其形，　　是名为有易。

能益复能易，　　当得上仙籍。

无益复无易，　　终不免死厄。

楚石和诗

本来无一物，　　必竟何损益。

人寿有短长，　　虚空无移易。

身遭因果缚，　　名落生死籍。

八万大劫终，　　神仙讵[1]逃厄。

（九十九）

寒山原诗

徒劳说三史，　　浪自看五经。

泪老检黄籍，　　依前注白丁。

筮遭连蹇卦，　　生主虚危星。

不及河边树，　　年年一度青。

楚石和诗

有人寻佛教，　　凝坐诵禅经。

不肯求诸己，　　徒劳识一丁。

茫然纸上语，　　默若雾中星。

指出西来意，　　春山叠叠青。

---

[1] 讵：《天台三圣诗集和韵》作"巨"。

（一百）

寒山原诗

我今有一襦，　　非罗复非绮。

借问作何色，　　不红亦不紫。

夏天将作衫，　　冬天将作被。

冬夏递互用，　　长年只者是。

楚石和诗

虚心绝嗜欲，　　实语无文绮。

不学诸凡夫，　　夸张金与紫。

真空作床座，　　妙有为衣被。

过去佛尽然，　　当来亦如是。

（一百一）

寒山原诗

贪人好聚财，　　恰如枭爱子。

子大而食母，　　财多还害己。

散之即福生，　　聚之即祸起。

无财亦无祸，　　鼓翼青云里。

楚石和诗

吾观聚敛僧，　　不及盗家子。

盗损己利他，　　僧损他利己。

善恶粲然分，　　吉凶从此起。

苍蝇案上立，　　心在粪堆里。

（一百二）

寒山原诗

去家一万里， 提剑击匈奴。

得利渠即死， 失利汝即殂。

渠命既不惜， 汝命有何辜。

教汝百胜术， 不贪为上谟。

楚石和诗

宁为市义客， 勿作守钱奴。

钱散义即聚， 财多身乃殂。

黄金难免死， 白璧易招辜。

无备行险道， 其谁为尔谟。

（一百三）

寒山原诗

恶趣甚茫茫， 冥冥无日光。

人间八百岁， 未抵半宵长。

此等诸痴子， 论情甚可伤。

劝君求出离， 认取法中王。

楚石和诗

无始堕苍茫， 何由发智光。

人间忧日短， 地下恨时长。

外道痴尤甚， 天魔毒[1]自伤。

直须收六国， 处处奉君王。

---

[1] 毒：《天台三圣诗集和韵》作"独"。

（一百四）

寒山原诗

天高高不穷，　　地厚厚无极。

动物在其中，　　凭兹造化力。

争头觅饱暖，　　作计相啖食。

因果都未详，　　盲儿问乳色。

楚石和诗

万水朝东溟，　　众星拱北极。

悠悠天地间，　　毕竟承谁力。

虎豹能食人，　　鱼虾为人食。

何尝啖空虚，　　总不离形色。

（一百五）

寒山原诗

天下几种人，　　论时色数有。

贾婆如许夫，　　黄老元无妇。

卫氏儿可怜，　　钟家女极丑。

渠若向西行，　　我便东边走。

楚石和诗

无时因有无，　　有处缘无有。

日月成晦朔，　　阴阳配夫妇。

非粗不辩细，　　见好方知丑。

地上泻水银，　　一任东西走。

（一百六）

寒山原诗

贤士不贪婪，　痴人好炉冶。

麦地占他家，　竹园皆我者。

努脬觅钱财，　切齿驱奴马。

须看郭门外，　垒垒松树下。

楚石和诗

天地一鸿炉，　万物付陶冶。

同在橐籥中，　孰为呼吸者。

得鹿反失鹿，　失马却得马。

如看画壁人，　特地分高下。

（一百七）

寒山原诗

有人把椿树，　唤作白旃檀。

学道多沙数，　几个得泥丸[1]。

弃金却担草，　谩他亦自谩。

似聚沙一处，　成团也大难。

楚石和诗

财物聚必散，　智人乃行檀。

如将泥弹子，　换彼黄金丸。

寸草不肯舍，　凡夫甘自谩。

---

[1]　丸：有本《寒山诗》作"洹"。

使居轮王位，　一切施[1]更难。

（一百八）

寒山原诗

蒸沙拟作饭，　临渴始掘井。
用力磨碌砖，　那堪将作镜。
佛说元平等，　总有真如性。
但自审思量，　不用闲争竞。

楚石和诗

作善如登梯，　造恶如入井。
持戒如守城，　坐禅如磨镜。
千般出心地，　一等明佛性。
圣者常自修，　凡夫好争竞。

（一百九）

寒山原诗

欲识生死譬，　且将冰水比。
水结即成冰，　冰消返成水。
已死必应生，　出生还复死。
冰水不相伤，　生死还双美。

楚石和诗

心法自然真，　世间无可比。
乍同摩尼珠，　又似清净水。
若但著语言，　何由出生死。
百非俱剿绝，　诸佛咸称美。

---

[1] 施：《天台三圣诗集和韵》作"始"。

（一百十）

寒山原诗

满卷才子诗， 溢壶圣人酒。

行爱观牛犊， 坐不离左右。

霜露入茅檐， 月华明瓮[1]牖。

此时吸两瓯， 吟诗两三首。

楚石和诗

不说无事禅， 不饮无名酒。

青山在吾左， 流水在吾右。

芳草生满庭， 白云飞入牖。

从来只么闲， 倏忽成皓首。

（一百十一）

寒山原诗

施家有两儿， 以艺干齐楚。

文武各自备， 托身为得所。

孟公问其术， 我子亲教汝。

秦卫两不成， 失时成龃龉。

楚石和诗

农夫劳四肢， 久坐即酸楚。

公子美粱肉， 啖齑为失所。

---

[1] 瓮：《天台三圣诗集和韵》作“户”。

野人乐深禅，　蔬果吾爱汝。

使各捐故习，　未免相龃龉。

（一百十二）

寒山原诗

或有炫行人，　才艺过周孔。

见罢头兀兀，　看时身侗侗。

绳牵未肯行，　锥刺犹不动。

恰似羊公鹤，　可怜生懵懂。

楚石和诗

羊祜五岁时，　探环桑树孔。

前生明皎洁，　后世直儱侗。

儒者或有疑，　闻之心亦动。

释尊说因果，　实为开懵懂。

（一百十三）

寒山原诗

变化计无穷，　生死竟不止。

三途鸟雀身，　五岳鱼龙己。

世浊作孺羰，　时清为骒骊。

前回是富儿，　今度成贫士。

楚石和诗

车轮生四角，　行客心未止。

尧舜尚为名，　巢由不忘己。

龙中多蝘蜓，　马外无骒骊。

乱世奸邪人，　太平雄俊士。

（一百十四）

寒山原诗

书判全非弱，　　嫌身不得官。

铨曹被拗折，　　洗垢觅疮瘢。

必也关天命，　　今年更试看。

盲儿射雀目，　　偶中亦非难。

楚石和诗

世乱防边将，　　时危纳粟官。

征夫多作鬼，　　战马得辞瘢。

宠赠真何用，　　名旌只好看。

不因兵革苦，　　那识利名难。

（一百十五）

寒山原诗

吁嗟浊滥处，　　罗刹共贤人。

谓是荒流类，　　焉知道不亲。

狐假狮子势，　　诈妄却称真。

铅矿入炉冶，　　方知金不精。

楚石和诗

近日为僧者，　　皆非贫道人。

枇杷树子叶，　　认作马家亲。

开口说相似，　　到头心不真。

借衣诳檀越，　　正是野狐精。

（一百十六）

寒山原诗

大有饥寒客，	生将兽鱼疏。
长存庙石下，	时笑路边隅。
累日空思饭，	终冬不识襦。
唯赍一束草，	并带五升麸。

楚石和诗

孝廉逢世薄，	交友为财疏。
寂寂同孤影，	茕茕守一隅。
仰看云里雁，	谁赠雪中襦。
纵得真金屑，	缘贫化作麸。

（一百十七）

寒山原诗

浪造凌霄阁，	虚登百尺楼。
养生仍夭命，	诱读讵封侯。
不用从黄口，	何须厌白头。
未能端似箭，	且莫曲如钩。

楚石和诗

簇簇车马地，	重重歌舞楼。
儿皆尚公主，	女尽嫁王侯。
一旦长伸脚，	频呼不转头。
宁知前去路，	只有业交钩。

（一百十八）

寒山原诗

富贵疏亲聚，　　只为多钱米。

贫贱骨肉离，　　非关少兄弟。

急须归去来，　　招贤阁未启。

浪行朱雀街，　　蹋破皮鞋底。

楚石和诗

何以御凶荒，　　黄金不如米。

有米复有金，　　四海皆兄弟。

世乱风土薄，　　人贫盗心启。

奸谀九天上，　　正直深沟底。

（一百十九）

寒山原诗

新谷尚未熟，　　旧谷今已无。

就贷一斗许，　　门外立踟蹰。

夫出教问妇，　　妇出遣问夫。

悭惜不救乏，　　财多为累愚。

楚石和诗

谷响虽似有，　　电光忽然无。

人生何异此，　　不得久踟蹰。

既旦还复暮，　　如妻必对夫。

千龄同一尽，　　未用相贤愚。

（一百二十）

寒山原诗

大有好笑事，　略陈三五个。

张公富奢华，　孟子贫轗轲。

只取侏儒饱，　不怜方朔饿。

巴歌唱者多，　白雪无人和。

楚石和诗

重义轻王侯，　万中无一个。

他人愿安乐，　自己甘轗轲。

虽若晋楚富，　不如夷齐饿。

呦呦鹿鸣篇，　我唱君可和。

（一百二十一）

寒山原诗

雍容美少年，　博览诸经史。

尽号曰先生，　皆称为学士。

未能得官职，　不解秉耒耜。

冬披破布衫，　盖是书误己。

楚石和诗

从小为近臣，　未尝读经史。

本非卿相才，　翻傲文学士。

折狱不以书，　耕田正无耜。

欺民得财货，　财货终害己。

（一百二十二）

寒山原诗

昨日何悠悠，　场中可怜许。

上为桃李径，　下作兰荪渚。

复有绮罗人，　舍中翠毛羽。

相逢欲相唤，　脉脉不能语。

楚石和诗

岁岁送春归，　春归定可[1]许。

芙蓉满池沼，　杜若生洲渚。

衰鬓忽惊秋，　飞光如插羽。

欲求身后名，　个是闲言语。

（一百二十三）

寒山原诗

之子何遑遑，　卜居须自审。

南方瘴疠多，　北地风霜甚。

荒陬不可居，　毒川难可饮。

魂兮归去来，　食我家园葚。

楚石和诗

成佛非外求，　劝君当内审。

从初放逸生，　积久昏迷甚。

---

[1]　可：《天台三圣诗集和韵》作"何"。

木叶衣可穿，　茅端酒莫饮。
道眼若未明，　报作檀家葚。

（一百二十四）
寒山原诗

人生不满百，　常怀千载忧。
自身病始可，　又为子孙愁。
下视禾根土，　上看桑树头。
秤槌落东海，　到底始知休。

楚石和诗

总为无钱闷，　钱多始是忧。
积来常恐盗，　散去又添愁。
护己蛇蟠窟，　嫌人鳖缩头。
未言他世苦，　已觉此生休。

（一百二十五）
寒山原诗

有树先林生，　计年逾一倍。
根遭陵谷变，　叶被风霜改。
咸笑外凋零，　不怜内文彩。
皮肤脱落尽，　唯有真实在。

楚石和诗

山中好畲田，　种一收十倍。
地主既不常，　耕夫亦频改。
泥沙得润泽，　粟菽生光采。
秋刈春复然，　青山镇常在。

（一百二十六）

寒山原诗

有人畏白首，　不肯舍朱绂。

采药空求仙，　根苗乱挑掘。

数年无效验，　痴意瞋怫郁。

猎师披袈裟，　元非汝使物。

楚石和诗

死后书铭旌，　棺中具印绶。

多将异宝埋，　未免偷儿掘。

数者何冥冥，　思之转郁郁。

劝君营葬时，　莫贮珍奇物。

（一百二十七）

寒山原诗

一自遁寒山，　养命餐山果。

平生何所忧，　此世随缘过。

日月如逝川，　光阴石中火。

任你天地移，　我畅岩中坐。

楚石和诗

只管徇尘缘，　何由成道果。

朱颜暗里消，　白日忙中过。

古圣传药方，　教君免贪火。

将求安心法，　且去面壁坐。

（一百二十八）

寒山原诗

我见世间人，　　茫茫走路尘。

不知此中事，　　将何为去津。

荣华能几日，　　眷属片时亲。

纵有千斤金，　　不如林下贫。

楚石和诗

大我须忘我，　　居尘莫染尘。

有心皆作佛，　　无路不通津。

语默空为座，　　行藏道是亲。

吾非憎浊富，　　性本爱清贫。

（一百二十九）

寒山原诗

吁嗟贫复病，　　为人绝友亲。

瓮里长无饭，　　甑中屡生尘。

蓬庵不免雨，　　漏榻劣容身。

莫怪今憔悴，　　多愁定损人。

楚石和诗

弟兄同造论，　　无著与天亲。

不料千年后，　　空堆一屋尘。

寂寥狮子吼，　　孤负比丘身。

末世谁弘法，　　灵山见佛人。

（一百三十）

寒山原诗

秉志不可卷，　　须知我匪席。

浪造山林中，　　独卧盘陀石。

辩士来劝余，　　速令受金璧。

凿墙植蓬蒿，　　若此非有益。

楚石和诗

三四十年前，　　吾家大丛席。

僧如无心云，　　坐若不转石。

今日多闭户，　　贪夫乃怀璧。

将来知兴亡，　　现在识损益。

（一百三十一）

寒山原诗

精神殊爽爽，　　形貌极堂堂。

能射穿七札，　　读书览五行。

经眠虎头枕，　　昔坐象牙床。

若无阿堵物，　　不啻冷如霜。

楚石和诗

车马填前巷，　　笙歌咽后堂。

弟兄俱在座，　　儿女俨成行。

称意钱堆屋，　　排头笏满床。

黄金难赎命，　　碧树不禁霜。

（一百三十二）

寒山原诗

有身与无身，　　是我复非我。

如此审思量，　　迁延倚岩坐。

足间青草生，　　顶上红尘堕。

已见俗中人，　　灵床施酒果。

楚石和诗

在昔有幽人，　　自言吾丧我。

我今亦丧吾，　　隐几轩中坐。

云散碧天高，　　风来黄叶堕。

泠然水一杯，　　旋摘枝头果。

（一百三十三）

寒山原诗

读书岂免死，　　读书岂免贫。

何以好识字，　　识字胜他人。

丈夫不识字，　　无处可安身。

黄连揾蒜酱，　　忘计是苦辛。

楚石和诗

个个贪生富，　　家家怕死贫。

偏盲识字眼，　　不喜读书人。

玉帛能招祸，　　文章好饰身。

燃脐郿坞日，　　何止一酸辛。

（一百三十四）

寒山原诗

昨日游峰顶，　下窥千尺崖。

临危一株树，　风摆两枝开。

雨漂即零落，　日晒作尘埃。

嗟见此茂秀，　今为一聚灰。

楚石和诗

形山中有宝，　识海外无崖。

此日能详审，　迷云尽豁开。

一尘收大地，　六趣灭非埃。

化彼同成佛，　如将麦种灰。

（一百三十五）

寒山原诗

我闻天台山，　山中有琪树。

永言欲攀上[1]，　莫绕[2]石桥路。

缘此生悲叹，　幸居将己慕。

今日观镜中，　飒飒鬓垂素。

楚石和诗

---

[1] 上：有本《寒山诗》作"之"。

[2] 绕：有本《寒山诗》作"晓"。

是身如浮云，　又比临崖树。

云散归虚空，　树摧横道路。

死生达其源，　声色非所慕。

学道贵从师，　师资传有素。

（一百三十六）

寒山原诗

徒闭蓬门坐，　频经岁月迁。

唯闻人作鬼，　不见鹤成仙。

念此那堪说，　随缘须自怜。

回瞻郊郭外，　古墓犁为田。

楚石和诗

不见虚空坏，　徒伤岸谷迁。

有情皆肉段，　无漏乃金仙。

省去终由己，　迷来实可怜。

但令心作佛，　何虑海为田。

（一百三十七）

寒山原诗

自见天台顶，　孤高出众群。

风摇松竹韵，　月现海潮频。

下望青山际，　谈玄有白云。

野情便山水，　本志慕道伦。

楚石和诗

独推华顶秀，　难与众峰群。

遁迹潜心处，　登高纵目频。

青溪飞白鸟，　　碧落卷丹云。
不慕寒山子，　　其谁作隐伦。

（一百三十八）

寒山原诗

何以长惆怅，　　人生似朝菌。
那堪数十年，　　新旧凋零尽。
以此思自哀，　　哀情不可忍。
奈何当奈何，　　脱体归山隐。

楚石和诗

其下有积蛇，　　是中饶毒菌。
啜羹必致死，　　染指无不尽。
瞋障亦复然，　　所以修慈忍。
但取怀抱空，　　何妨市廛隐。

（一百三十九）

寒山原诗

寒山栖隐处，　　绝得杂人过。
时逢林内鸟，　　相共唱山歌。
瑞草联溪谷，　　老松枕嵯峨。
可观无事客，　　憩歇在岩阿。

楚石和诗

轮蹄俱不到，　　猿鹤自相过。
每听樵夫唱，　　时逢牧竖歌。
山根云漫漫，　　洞口石峨峨。
一片莓苔地，　　青松绕四阿。

（一百四十）

寒山原诗

回耸霄汉外，　　云里路岧峣。

瀑布千丈流，　　如铺练一条。

下有栖心窟，　　横安定命桥。

雄雄镇世界，　　天台名独超。

楚石和诗

天台山最高，　　远望势岧峣。

叶吐千千树，　　花开万万条。

黄金堆作寺，　　白玉削为桥。

不假神通力，　　凡夫岂易超。

（一百四十一）

寒山原诗

洛阳多女儿，　　春日逞华丽。

共折路边花，　　各持插高髻。

髻高花匼匝，　　人见皆睥睨。

别求醦醦怜，　　将归见夫婿。

楚石和诗

荒郊枯髑髅，　　旧日如花丽。

对镜写蛾眉，　　教人梳凤髻。

娇歌及艳舞，　　侧立兼傍睨。

一去不复还，　　冥冥泣其婿。

（一百四十二）

寒山原诗

平野水宽阔，　丹丘连四明。

仙都最高秀，　群峰耸翠屏。

远远望何极，　矶矶势相迎。

独标海隅外，　处处播嘉名。

楚石和诗

山高数千仞，　夜半日轮明。

嵂崒含云气，　玲珑列画屏。

林花开又落，　谷鸟送还迎。

久不至城市，　无人识姓名。

（一百四十三）

寒山原诗

盘陀石上坐，　溪涧冷凄凄。

静玩偏嘉丽，　虚岩蒙雾迷。

怡然憩歇处，　日斜树影低。

我自观心地，　莲花出淤泥。

楚石和诗

深林人胆栗，　绝涧水声凄。

桂树山中满，　桃花洞里迷。

静闻钟远近，　闲望月高低。

不觉成华发，　何烦降紫泥。

（一百四十四）

寒山原诗

世有聪明士，　救[1]苦探幽文。

三端自孤立，　六艺越诸君。

神气卓然异，　精采超众群。

不识个中意，　逐境乱纷纷。

楚石和诗

有客高当世，　潜心学缀文。

庙堂思辅主，　岩谷比征君。

议论才无尽，　吟哦句不群。

惜哉轻佛法，　口业太纷纷。

（一百四十五）

寒山原诗

个是何措大，　时来省南院。

年可三十余，　曾经四五选。

囊里无青蚨，　箧中有黄卷。

行到食店前，　不敢暂回面。

楚石和诗

鲜衣美少年，　饱食闲庭院。

父母使读书，　朝廷待开选。

---

[1]　救：有本《寒山诗》作"勤"。

装囊千余金，　　述作满一卷。

准拟买试官，　　攒先求字面。

（一百四十六）

寒山原诗

老翁娶少妇，　　发白妇不耐。

老婆嫁少夫，　　面黄夫不爱。

老翁娶老婆，　　一一无弃背。

少妇嫁少夫，　　两两相怜态。

楚石和诗

儿侵父母财，　　在上须宽耐。

父母借儿钱，　　不还伤所爱。

圣贤教尊卑，　　义利分向背。

饿狗争骨头，　　人为畜生态。

（一百四十七）

寒山原诗

不须攻人恶，　　不须伐己善。

行之则可行，　　卷之则可卷。

禄厚忧责大，　　言深虑交浅。

闻兹若念兹，　　小儿自当见。

楚石和诗

恶者从他恶，　　善者从他善。

善恶都莫分，　　从他自舒卷。

舒来大地阔，　　卷来沧溟浅。

伎俩有尽时，　　无穷不闻见。

（一百四十八）

寒山原诗

隐士遁人间，　多向山中眠。

青萝疏麓麓，　碧涧响联联。

腾腾且安乐，　悠悠自清闲。

免有染世事，　心净如白莲。

楚石和诗

绿竹林中坐，　青松树下眠。

山禽听不绝，　石室近相联。

有意招人隐，　无心学我闲。

宗雷在何处，　冷落半池莲。

（一百四十九）

寒山原诗

元非隐逸士，　自号山林人。

何曾蒙帻帛，　且爱裹疏巾。

道有巢许操，　耻为尧舜臣。

猕猴罩帽子，　学人避风尘。

楚石和诗

不作空王子，　甘为赝道人。

辞家剃须发，　娶妇著冠巾。

贾本牛羊质，　汤休虮虱臣。

明珠不自惜，　一旦弃灰尘。

（一百五十）

寒山原诗

今日岩前坐，　坐久烟霞收。

一道清溪冷，　千寻碧嶂头。

白云朝影静，　明月夜光浮。

身上无尘垢，　心中那更忧。

楚石和诗

内外了无物，　乾坤俱不收。

草衣复草履，　山脚又山头。

地暖白云起，　池寒红叶浮。

有身必败坏，　败坏亦何忧。

（一百五十一）

寒山原诗

千云万水间，　中有一闲士。

白日游青山，　夜归岩下睡。

倏尔过春秋，　寂然无尘累。

快哉何所依，　静若秋江水。

楚石和诗

由来隐沦客，　自号清虚士。

春暖且闲行，　月明多不睡。

身从物外乐，　事绝毫端累。

坐石看云山，　餐松饮溪水。

（一百五十二）

寒山原诗

高高峰顶上，　　四顾极无边。

独坐无人知，　　孤月照寒泉。

泉中且无月，　　月自在青天。

吟此一曲歌，　　歌终不是禅。

楚石和诗

吾家在何许，　　乃在白云边。

上有数株松，　　下有一曲泉。

最好明月夜，　　方当素秋天。

鸣虫与落叶，　　共说无生禅。

（一百五十三）

寒山原诗

纵你居犀角，　　饶君带虎睛。

桃枝折作医 [1]，　　蒜壳取为璎。

暖腹茱萸酒，　　空心枸杞羹。

终归不免死，　　浪自觅长生。

楚石和诗

用酒为肝胆，　　将财作眼睛。

头风添艾炷，　　腋气带香璎。

---

[1] 折作医：有本《寒山诗》作"将辟秽"。

坐客千金膳，　家人七宝羹。
惟言无后世，　只要乐今生。

（一百五十四）
寒山原诗

世有多事人，　广学诸知见。
不识本真性，　与道转悬远。
若能明实相，　岂用陈虚愿。
一念了自心，　开佛之知见。

楚石和诗

我有一面镜，　照之无不见。
中虚忘彼此，　外物齐近远。
老幼各随形，　妍媸皆满愿。
夜深挂高堂，　更是何人见。

（一百五十五）
寒山原诗

董郎年少时，　出入帝京里。
衫作嫩鹅黄，　容仪画相似。
常骑白[1]雪马，　拂拂红尘起。
观者满路傍，　个是谁家子。

楚石和诗

有一好郎君，　常居阛阓里。
论花花弗如，　比雪雪难似。

---

[1]　白：有本《寒山诗》作"踏"。

白月当天耀，　　清风匝地起。
惟闻古者言，　　不识谁家子。

（一百五十六）
寒山原诗

丈夫莫守困，　　无钱须经纪。
养得一牸牛，　　生得五犊子。
犊子又生儿，　　积数无穷已。
寄语陶朱公，　　富与君相似。

楚石和诗

人心刹那间，　　生灭不可纪。
历劫受轮回，　　无明为种子。
贪财殊未歇，　　长恶何由已。
若欲识其源，　　如身影相似。

（一百五十七）
寒山原诗

夕阳下西山，　　草木光晔晔。
复有朦胧处，　　松萝相连接。
此中多伏虎，　　见我奋迅鬣。
手中无寸刃，　　争不惧慑慑。

楚石和诗

富家造生坟，　　楼观何暐晔。
叠石作高墙，　　通川与渠接。
多栽花数本，　　剩种松七鬣。
葬不逾三年，　　废荡令人慑。

（一百五十八）

寒山原诗

他贤君即受，　不贤君莫与。

君贤他见容，　不贤他亦拒。

怜善矜不能，　仁徒方得所。

劝逐子张言，　抛却卜商语。

楚石和诗

安危本自致，　祸福非他与。

小辈数相亲，　忠言多见拒。

三尊不自归，　六极先为所。

劝作有义事，　勿谈无义语。

（一百五十九）

寒山原诗

寒山有裸虫，　身白而头黑。

手把两卷书，　一道将一德。

住不安釜灶，　行不赍衣裓。

常持智慧剑，　拟破烦恼贼。

楚石和诗

欲待黄河清，　难教白发黑。

劳生如掣电，　努力在修德。

煮菜塞饥疮，　织麻缝破裓。

心王寂不动，　降尽持刀贼。

（一百六十）

寒山原诗

可贵天然物，　独立无伴侣。

觅他不可见，　出入无门尸。

促之在方寸，　延之一切处。

你若不信受，　相逢不相遇。

楚石和诗

青山与白云，　可作高人侣。

风月两无心，　时时到窗户。

几多尘外客，　未识幽深处。

自古优昙花，　无缘不能遇。

（一百六十一）

寒山原诗

大海水无边，　鱼龙万万千。

递互相食啖，　冗冗痴肉团。

为心不了绝，　妄想起如烟。

性月澄澄朗，　廓尔照无边。

楚石和诗

佛灭几经年，　如今倏二千。

谁明干屎橛，　总似烂泥团。

说法人成市，　当阳口吐烟。

身登狮子座，　心在野狐边。

（一百六十二）

寒山原诗

生前太愚痴，　　不为今日悟。

今日如许贫，　　总是前生做。

今生又不修，　　来生还如故。

两岸各无船，　　渺渺应难渡。

楚石和诗

迷是悟中迷，　　悟是迷中悟。

迷悟非两涂，　　皆由一心做。

心源常湛寂，　　从本无住故。

无住亦不立，　　生死海乃渡。

（一百六十三）

寒山原诗

自有悭惜人，　　我非悭惜辈。

衣单为舞穿，　　酒尽缘歌醉[1]。

常取一腹饱，　　莫令两脚儽。

蓬蒿钻髑髅，　　此日君应悔。

楚石和诗

凡曰剃发人，　　后先非一辈。

资财逐日贪，　　酒肉从头醉。

---

[1] 醉：有本《寒山诗》作"啐"。

遍造僧中恶，　　无疑地下傺。

如来有方便，　　教汝勤忏悔。

（一百六十四）

寒山原诗

我行经古坟，　　泪尽嗟存没。

冢破压黄肠，　　棺穿露白骨。

欹斜有瓮瓶，　　振拨无簪笏。

风至揽其中，　　灰尘乱坲坲。

楚石和诗

天地会有终，　　人生要当没。

无因驻少年，　　未免成枯骨。

卜地置坟茔，　　全身葬袍笏。

焉知数世后，　　耕者翻泥坲。

（一百六十五）

寒山原诗

俗薄真成薄，　　人心个不同。

殷翁笑柳老，　　柳老笑殷翁。

何故两相笑，　　俱行谄诐中。

装车竞嶮巇，　　翻载各泷涷。

楚石和诗

来往无量劫，　　受身安得同。

昨朝为稚子，　　今旦作衰翁。

不出因果内，　　常沦生死中。

未能超彼岸，　　争奈脚泷涷。

（一百六十六）

寒山原诗

教汝数般事，　思量[1]知我贤。

极贫忍卖屋，　才富须买田。

空腹不得走，　枕头须莫眠。

此言期共见，　挂在日东边。

楚石和诗

有个安乐法，　传从诸圣贤。

但能依佛训，　何用置民田。

饥至托钵食，　困来伸脚眠。

丝毫念不起，　受用福无边。

（一百六十七）

寒山原诗

昔时可可贫，　今日最贫冻。

作事不谐和，　触途成倥偬。

行泥屡脚屈，　坐社频腹痛。

失却斑猫儿，　老鼠围饭瓮。

楚石和诗

贫士养其亲，　所忧饥与冻。

富人多酒肉，　宾客常倥偬。

---

[1] 量：《天台三圣诗集和韵》作"贤"。

富人安足夸，　　贫士诚可痛。
所喜老瓦盆，　　胜他金酒瓮。

（一百六十八）

寒山原诗

余家有一窟，　　窟中无一物。
净洁空堂堂，　　光华明日日。
蔬食养微躯，　　布裘遮幻质。
任你千圣现，　　我有天真佛。

楚石和诗

无明烦恼窟，　　中有最灵物。
含摄太虚空，　　光明如皎日。
不随生死轮[1]，　　何凝泡幻质。
往往错安名，　　非心亦非佛。

（一百六十九）

寒山原诗

可惜百年屋，　　左倒右复倾。
墙壁分散尽，　　木植乱差横。
砖瓦片片落，　　朽烂不堪停。
任风吹蓦塌，　　再竖卒难成。

楚石和诗

井上一株木，　　藤缠枝已倾。
上有二鼠侵，　　下有四蛇横。

---

[1]　轮：《天台三圣诗集和韵》作"沦"。

牛怒来触之，　　势危难久停。
是身大患本，　　道亦因他成。

（一百七十）

寒山原诗

笑我田舍儿，　　头颊底繁湿。
巾子未曾高，　　腰带长时急。
非是不及时，　　无钱趁不及。
一日有钱财，　　浮图顶上立。

楚石和诗

登山顶不露，　　入海脚不湿。
虚空量不大，　　闪电光不急。
利剑斩不断，　　俊鹘趁不及。
一句绝思量，　　石从空里立。

（一百七十一）

寒山原诗

从生不往来，　　至死无仁义。
言既有枝叶，　　心怀便譣诐。
若其开小道，　　缘此生大伪。
诈说造云梯，　　削之成棘刺。

楚石和诗

如来所说法，　　尚有不了义。
外道岂无书，　　其言多譣诐。
太虚绝朕迹，　　真性离雕伪。
洒扫菩提场，　　拔除烦恼刺。

（一百七十二）

寒山原诗

一瓶铸金成，　一瓶埏泥出。

二瓶任君看，　那个瓶牢实。

欲知瓶有二，　须知业非一。

将此验生因，　修行在今日。

楚石和诗

把镜照自身，　自身从镜出。

若离镜即背，　若认身非实。

此镜与此身，　不异复不一。

贪玩掌上珠，　蹉过天边日。

（一百七十三）

寒山原诗

摧残荒草庐，　其中烟火蔚。

借问群小儿，　生来凡几日。

门外有三车，　迎之不肯出。

饱食腹膨脝，　个是痴顽物。

楚石和诗

山川险谷间，　药草常丰蔚。

润之以甘雨，　曝之以烈日。

根茎初不同，　花果亦异出。

谁知有用材，　本是无情物。

（一百七十四）

寒山原诗

说食终不饱，　　说衣不免寒。

饱吃须是饭，　　着衣方免寒。

不解审思量，　　只道求佛难。

回心即是佛，　　莫向外头看。

楚石和诗

热则普天热，　　寒则普天寒。

欲免寒与热，　　何异热与寒。

不信作佛易，　　翻成行路难。

自家真面孔，　　直待画来看。

（一百七十五）

寒山原诗

不见朝垂露，　　日烁自消除。

人身亦如此，　　阎浮是寄居。

慎莫因循过，　　且令三毒祛。

菩提即烦恼，　　尽令无有余。

楚石和诗

物换人皆老，　　星移岁又除。

阎浮界上客，　　闪电影中居。

一念从今悟，　　群昏自此祛。

了知心地藏，　　无欠亦无余。

（一百七十六）

寒山原诗

死生元有命，　　富贵本由天。

此是古人语，　　吾今非谬传。

聪明好短命，　　痴騃却长年。

钝物丰财宝，　　惺惺汉无钱。

楚石和诗

休学外道法，　　莫贪长寿天。

如同地狱住，　　此是佛经传。

顿悟无生理，　　方为不死年。

若论因与果，　　来往似翻钱。

（一百七十七）

寒山原诗

国以人为本，　　犹如树因地。

地厚树扶疏，　　地薄树憔悴。

不得露其根，　　枝枯子先坠。

决陂以取鱼，　　是求一期利。

楚石和诗

为王赡部洲，　　多住欢喜地。

善报得富乐，　　生民免憔悴。

法轮转其中，　　佛力无所坠。

若比三洲人，　　此方根独利。

（一百七十八）

寒山原诗

白鹤衔苦花，　　千里作一息。

欲往蓬莱山，　　将此充粮食。

未达毛摧落，　　离群心惨恻。

却归旧来巢，　　妻子不相识。

楚石和诗

十年不相见，　　彼此无消息。

待雁雁不来，　　钓鱼鱼不食。

天长关塞远，　　伫立空凄恻。

纵有一封书，　　何由寄亲识。

（一百七十九）

寒山原诗

昔日经行处，　　今复七十年。

故人无往来，　　埋在古冢间。

余今头已白，　　犹守片云山。

为报后来子，　　何不读古言。

楚石和诗

天上一昼夜，　　人间五百年。

非生非死法，　　不有不无间。

血比大海水，　　骨如毗富山。

从今休歇去，　　只这是谁言。

（一百八十）

寒山原诗

我见利智人，　　观着便知意。

不假寻文字，　　直入如来地。

心不逐诸缘，　　意根不妄起。

心意不生时，　　内外无余事。

楚石和诗

睡时唤作梦，　　觉即呼为意。

日夜不得闲，　　皆曰自心地。

心地本空寂，　　妄缘从何起。

譬如已破瓶，　　无复作瓶事。

（一百八十一）

寒山原诗

本志慕道伦，　　道伦常获亲。

时逢杜源客，　　每接话禅宾。

谈玄月明夜，　　探理日临晨。

万机俱泯迹，　　方识本来人。

楚石和诗

有识乃同伦，　　无情亦我亲。

烟霞方外侣，　　风月坐中宾。

影散蒲萄夕，　　香吹菡萏晨。

谈玄常浩浩，　　听者未逢人。

（一百八十二）

寒山原诗

世事何悠悠，　　贪生未肯休。
研尽大地石，　　何时得歇头。
四时凋变易，　　八节急如流。
为报火宅主，　　露地骑白牛。

楚石和诗

世事一何悠，　　星星放下休。
枯桩临倒日，　　恶贯结交头。
有识成三界，　　无贪涸四流。
归来满天月，　　不复见人牛。

（一百八十三）

寒山原诗

自从出家后，　　渐得养生趣。
伸缩四肢全，　　勤听六根具。
褐衣随春秋，　　粝饭供朝暮。
今日恳恳修，　　愿与佛相遇。

楚石和诗

胡为起一念，　　不觉堕六趣。
若了心体空，　　方知法身具。
灵山非远近，　　旷劫真旦暮。
生死甚疲劳，　　今朝忽然遇。

（一百八十四）

寒山原诗

可叹浮生人，　　悠悠何日了。

朝朝无闲时，　　年年不觉老。

总为求衣食，　　令心生烦恼。

扰扰百千年，　　去来三恶道。

楚石和诗

法界露堂堂，　　心王明了了。

本来无圣凡，　　安得有生老。

慎勿起贪瞋，　　从此添热恼。

还栽地狱业，　　未出修罗道。

（一百八十五）

寒山原诗

二仪既开辟，　　人乃居其中。

迷汝即吐雾，　　醒汝即吹风。

惜汝即富贵，　　夺汝即贫穷。

碌碌群汉子，　　万事由天公。

楚石和诗

有一如意宝，　　秘在形山中。

湿暖归水火，　　坚动还地风。

推寻不可得，　　受用了无穷。

俗物都蹉过，　　唤他作天公。

（一百八十六）

寒山原诗

传语诸公子，　听说石齐奴。

僮仆八百人，　水碓三十区。

舍下养鱼鸟，　楼上吹笙竽。

伸头临白刃，　痴心为绿珠。

楚石和诗

人间好男子，　总与妇为奴。

色胆充三界，　贪心满八区。

高堂堆蜀锦，　密座促齐竽。

死去埋荒冢，　犹含口内珠。

（一百八十七）

寒山原诗

出身既扰扰，　世事非一状。

未能舍流俗，　所以相追访。

昨吊徐五死，　今送刘三葬。

日日不得闲，　为此心凄怆。

楚石和诗

死者何所归，　谁能问其状。

子孙亦流落，　闾里难再访。

个个嫌宅基，　人人罪埋葬。

良由德不修， 使我心恻[1]怆。

（一百八十八）

寒山原诗

世有一般人， 不恶又不善。
不识主人翁， 随客处处转。
因循过时光， 浑是痴肉脔。
虽有一灵台， 如同客作汉。

楚石和诗

一等雏道人， 形模恰似善。
将心逐境流， 作事随情转。
每日纵无明， 贪杯打大脔。
如何唤作僧， 正是痴狂汉。

（一百八十九）

寒山原诗

是我有钱日， 恒为汝贷将。
汝今既饱暖， 见我不分张。
须忆汝欲得， 似我今承望。
有无更代事， 劝汝熟思量。

楚石和诗

白衣施僧物， 今日返持将。
官吏加棰楚， 诛求猬毛张。
买田固不廉， 流血非所望。

---

[1] 恻：《天台三圣诗集和韵》作"凄"。

先帝特躅役，　　圣恩何可量。

（一百九十）

寒山原诗

人以身为本，　　本以心为柄。
本在心莫邪，　　心邪丧本命。
未能免此殃，　　何言懒照镜。
不念金刚经，　　却令菩萨病。

楚石和诗

挽弓挽其弦，　　执斧执其柄。
断欲断其心，　　拌死拌其命。
佛是大医王，　　法为圆满镜。
一照烁群昏，　　一丸消万病。

（一百九十一）

寒山原诗

五岳俱成粉，　　须弥一寸山。
大海一滴水，　　吸入其心田。
生长菩提子，　　遍盖天中天。
语汝慕道者，　　慎莫绕十缠。

楚石和诗

西南上峨顶，　　东北至台山。
菩萨所住处，　　众生良福田。
福田遍大地，　　住处同一天。

智慧即菩萨， 愚痴自萦缠。

（一百九十二）

寒山原诗

无衣自访觅， 莫共狐谋裘。

无食自采取， 莫共羊谋羞。

借皮兼借肉， 怀叹复怀愁。

皆缘义失所， 衣食常不周。

楚石和诗

光武万乘主， 子陵一羊裘。

宁知尧舜让， 未掩巢由羞。

社稷从尔好， 箪瓢非我愁。

夷齐竟饿死， 天下亦宗周。

（一百九十三）

寒山原诗

我见黄河水， 凡经几度清。

水流如急箭， 人世若浮萍。

痴属根本业， 无明烦恼坑。

轮回几许劫， 只为造迷盲。

楚石和诗

不假摩尼力， 何由浊水清。

心如难死草， 境似易生萍。

菩萨愚痴障， 声闻解脱坑。

凡夫著声色，　历劫受聋盲。

（一百九十四）

寒山原诗

尝闻释迦佛，　先受燃灯记。

燃灯与释迦，　只论前后智。

前后体非殊，　异中无有异。

一佛一切佛，　心是如来地。

楚石和诗

生死若循环，　此中无可记。

谁论得与失，　谩说愚兼智。

诸佛本圆常，　众生非变异。

同登甘露门，　一种真金地。

（一百九十五）

寒山原诗

客叹寒山子，　君诗无道理。

吾观乎古人，　贫贱不为耻。

应之笑此言，　谈何疏阔矣。

愿君似今日，　钱是急事尔。

楚石和诗

仰则观天文，　俯则察地理。

无一事不知，　不知便为耻。

身从何处来，　昧者真疏矣。

向外驰求人，　虚生浪死尔。

（一百九十六）

寒山原诗

一人好头肚，　六艺尽皆通。
南见趁向北，　西见趁向东。
长漂如泛萍，　不息似飞蓬。
问是何等色，　姓贫名曰空。

楚石和诗

狝猴一舍住，　窈窕六窗通。
不限内与外，　无妨西复东。
贪来心似火，　老去鬓如蓬。
善恶俱无碍，　皆由本性空。

（一百九十七）

寒山原诗

富儿多鞅掌，　触事难祇承。
仓米已赫赤，　不贷人斗升。
转怀钩距意，　买绢先拣绫。
若至临终日，　吊客有苍蝇。

楚石和诗

人心常不足，　此事古相承。
富欲身千岁，　官贪日九升。
黄泉葬白骨，　粉字写红绫。

酒肉陈高座，　　徒悲一聚蝇。

（一百九十八）

寒山原诗

柳郎八十二，　　蓝嫂一十八。
夫妻共百年，　　相怜情狡猾。
弄璋字乌麀，　　掷瓦名婠妠。
屡见枯杨荑，　　常遭青女杀。

楚石和诗

天下不如意，　　恒十居七八。
我此阎浮洲，　　地顽人性猾。
只欺瘦伶俜，　　偏爱肥婠妠。
积恶无所逃，　　终是恶合杀。

（一百九十九）

寒山原诗

可笑五阴窟，　　四蛇同苦居。
黑暗无明烛，　　三毒递相驱。
伴当六个贼，　　劫掠法财珠。
斩却魔军辈，　　安泰湛如酥。

楚石和诗

古今无二道，　　魔佛亦同居。
住相遭魔冐，　　观空被佛驱。
水中偏得火，　　衣内不留珠。

酪本全抛却，　谁来问熟酥。

（二百）

寒山原诗

世有一等流，　悠悠似木头。

出语无知解，　云我百不忧。

问道道不会，　问佛佛不求。

仔细推寻着，　茫然一场愁。

楚石和诗

教君放下着，　不肯暂回头。

只道身长在，　那知死可忧。

自今须猛省，　从此莫贪求。

好个天真佛，　逍遥有甚愁。

（二百一）

寒山原诗

个是谁家子，　为人大被憎。

痴心常愤愤，　肉眼醉瞢瞢。

见佛不礼佛，　逢僧不施僧。

唯知打大脔，　除此百无能。

楚石和诗

不失沙门样，　何妨俗子憎。

狼心徒狠狠，　狗眼任瞢瞢。

一钵檀家饭，　孤云野鹤僧。

只谈心地法，　堪继岭南能。

（二百二）

寒山原诗

鹿生深林中，　饮水而食草。

伸脚树下眠，　可怜无烦恼。

系之在华堂，　肴膳极肥好。

终日不肯尝，　形容转枯槁。

楚石和诗

饥餐岭上松，　困藉岩前草。

动即行数步，　静时无一恼。

自从削发来，　便爱居山好。

大抵出家人，　灰寒而木槁。

（二百三）

寒山原诗

自古诸哲人，　不见有长存。

生而还复死，　尽变作灰尘。

积骨如毗富，　别泪成海津。

唯有空名在，　岂免生死轮。

楚石和诗

百二十年人，　浑无一个存。

白头都入土，　沧海竟扬尘。

有酒且饮湿，　无钱空咽津。

煎胶粘日去，　未解截风轮。

（二百四）

寒山原诗

我见世间人，　生而还复死。
昨朝犹二八，　壮气胸襟士。
如今七十过，　力困形憔悴。
恰似春日花，　朝开夜落尔。

楚石和诗

自古到如今，　何人独不死。
烧香诵道经，　愿学长生士。
宿骨非神仙，　尘容转憔悴。
飘蓬八十秋，　弹指须臾尔。

（二百五）

寒山原诗

自古多少圣，　叮咛教自信。
人根性不等，　高下有利钝。
真佛不肯认，　置力枉受困。
不知清净心，　便是法王印。

楚石和诗

大家训奴仆，　奴仆不肯信。
得利转聪明，　失利恒迟钝。
奴仆为利死，　大家因财困。

思量有限身，　总被无常印。

（二百六）

寒山原诗

可畏三界轮，　念念未曾息。

才始似出头，　又却遭沉溺。

假使非非想，　盖缘多福力。

争似识真源，　一得即永得。

楚石和诗

哀哉三界苦，　可以一念息。

大旱渠不焦，　大浸渠不溺。

日月借辉光，　天人荷恩力。

真源竟何在，　无得无不得。

（二百七）

寒山原诗

可畏轮回苦，　往复似翻尘。

蚁巡环未息，　六道乱纷纷。

改头换面孔，　不离旧时人。

速了黑暗狱，　无令心性昏。

楚石和诗

众生不了悟，　旷劫徇根尘。

自性常空寂，　由来绝纠纷。

人生贪食兽，　兽死却为人。

人兽更相食， 妨他业镜昏。

（二百八）
寒山原诗

褴缕关前业， 莫诃今日身。
若言由冢宅， 个是极痴人。
到头君作鬼， 岂令男女贫。
皎然易解事， 作么无精神。

楚石和诗

利益众生事， 庄严百福身。
修成现在业， 报得未来人。
第一哀怜苦， 偏多赈济贫。
非惟他受乐， 亦足自怡神。

（二百九）
寒山原诗

余乡有一宅， 其宅无正主。
地生一寸草， 水垂一滴露。
火烧六个贼， 风吹黑云雨。
仔细寻本人， 布裹真珠尔。

楚石和诗

来从无量劫， 毕竟谁为主。
绿水与青山， 分明全体露。
只将这个法， 普施滂沱雨。

闻者心花开，　　尘尘刹刹尔。

（二百十）

寒山原诗

寒山出此语，　　此语无人信。

蜜甜足人尝，　　黄檗苦难吞。

顺情生喜悦，　　逆意多嗔恨。

但看木傀儡，　　弄了一场困。

楚石和诗

诸佛成菩提，　　始从一念信。

未曾有一物，　　不被无常吞。

无常吞不得，　　阎老不敢恨。

更拟问如何，　　但言今日困。

（二百十一）

寒山原诗

有个王秀才，　　笑我诗多失。

云不识蜂腰，　　仍不会鹤膝。

平侧[1]不解压，　　凡言取次出。

我笑你作诗，　　如盲徒咏日。

楚石和诗

我和寒山诗，　　有得复有失。

---

[1] 侧：有本《寒山诗》作"仄"。

觅句行掉头，　　挥毫坐摇膝。

依他声律转，　　自我胸襟出。

法法皆现前，　　当空一轮日。

（二百十二）

寒山原诗

三五痴后生，　　作事不真实。

未读十卷书，　　强把雌黄笔。

将他儒行篇，　　唤作盗贼律。

脱体似蝉虫，　　咬破他书帙。

楚石和诗

凡作史书者，　　篇篇论事实。

摧邪立忠正，　　万古一寸笔。

孔子修春秋，　　萧何制汉律。

后贤多避祸，　　权势谀满帙。

（二百十三）

寒山原诗

众生不可说，　　何意许颠邪。

面上两恶鸟，　　心中三毒蛇。

是渠作障碍，　　使你事烦拏。

高举手弹指，　　南无佛陀耶。

楚石和诗

无心邪即正，　　有念正成邪。

识似瓶中雀，　　身如箧内蛇。

了然知幻梦，　　从此息纷拏。

尽斩为三段，　　当阳按莫耶。

（二百十四）

寒山原诗

养子不经师，　　不及都亭鼠。

何曾见好人，　　岂闻长者语。

为染在薰莸，　　应须择朋侣。

五月贩鲜鱼，　　莫教人笑汝。

楚石和诗

正念快猫儿，　　邪心饥老鼠。

纵鼠不养猫，　　斯人难与语。

并将猫鼠逐，　　善恶俱无侣。

汝即是如来，　　如来即是汝。

（二百十五）

寒山原诗

时人见寒山，　　各谓是风颠。

貌不起人目，　　身唯布裘缠。

我语他不会，　　他语我不言。

为报往来者，　　可来向寒山。

楚石和诗

聚财能作祟，　　贪酒遂成颠。

为女将身缚，　　如蚕被茧缠。

转添三毒盛，　　翻怪六亲言。

未死常遭病，　魂灵在泰山。

（二百十六）

寒山原诗

劝你休去来，　莫恼他阎老。

失脚入三途，　粉骨遭千捣。

长为地狱人，　永隔今生道。

勉你信余言，　识取衣中宝。

楚石和诗

方哀西舍儿，　又哭东邻老。

去矣唤不回，　愁焉心似捣。

前时画栋宅，　今日青松道。

客养千金躯，　临化消其宝。

（二百十七）

寒山原诗

世间一等流，　诚堪与人笑。

出家弊己身，　诳俗将为道。

虽著离尘衣，　衣中多养蚤。

不如归去来，　识取心王好。

楚石和诗

下士闻我说，　堂堂拍手笑。

老聃曾有言，　不笑不为道。

顽若水浸石，　忙如火烘蚤。

归依佛法僧，　始信吾家好。

（二百十八）

寒山原诗

我住在村乡，　无爷亦无娘，

无名无姓第，　人唤作张王。

并无人教我，　贫贱也寻常。

自怜心的实，　坚固等金刚。

楚石和诗

虚空一大宅，　般若所生娘。

身是神通藏，　心为自在王。

千般归有坏，　一悟出无常。

对镜逢缘处，　惟柔可胜刚。

（二百十九）

寒山原诗

为人常吃用，　爱意须悭惜。

老去不自由，　渐被他催斥。

送向荒山头，　一生愿虚掷。

亡羊罢补牢，　失意终无极。

楚石和诗

孝子人所嗟，　逆儿天不惜。

妻孥受爱怜，　父母遭诃斥。

檐水高下流，　机梭往来掷。

汝儿如汝为，　何不[1]报罔极。

（二百二十）

寒山原诗

寄语食肉汉，　食时无逗遛。
今生过去种，　未来今日修。
只取今日美，　不畏来生忧。
老鼠入饭瓮，　虽饱难出头。

楚石和诗

我有一间屋，　住来成逗遛。
方当未坏时，　且可随缘修。
橡栯既差脱，　崩摧何足忧。
同袍傥见念，　相送荒山头。

（二百二十一）

寒山原诗

我在村中住，　众推无比方。
昨日到城下，　仍被狗形相。
或嫌裤太窄，　或说衫少长。
撑[2]却鹞子眼，　雀儿舞堂堂。

楚石和诗

各有随身影，　驱驰走四方。
几回闲辩慧，　何处细端相。

---

[1] 不：《天台三圣诗集和韵》作"以"。

[2] 撑：有本《寒山诗》作"拏"。

远近灯肥瘦，　　高低月短长。
不知圆寂夜，　　谁在涅槃堂。

（二百二十二）

寒山原诗

如许多宝贝，　　海中乘坏舸。
前头失却桅，　　后面又无舵。
宛转任风吹，　　高低随浪簸。
如何得到岸，　　努力莫端坐。

楚石和诗

君乘日本船，　　我泛高丽舸。
风顺且扬帆，　　浪粗宜正舵。
蛟龙任出没，　　昼夜从掀簸。
一日至宝洲，　　开怀促席坐。

（二百二十三）

寒山原诗

男儿大丈夫，　　作事莫莽卤。
劲挺铁石心，　　直取菩提路。
邪路不用行，　　行之枉辛苦。
不要求佛果，　　识取心王主。

楚石和诗

学道要分明，　　劝君休莽卤。
譬如适万里，　　复得还乡路。
一旦造其居，　　全抛跋涉苦。
升堂见本尊，　　个是家中主。

（二百二十四）

寒山原诗

喷喷买鱼肉，　　担归喂妻子。

何须杀他命，　　将来活汝己。

此非天堂缘，　　纯是地狱滓。

徐六语破堆，　　始知没道理。

楚石和诗

买肉又买鱼，　　养妻兼养子。

脂膏在他身，　　罪过归自己。

可惜七尺汉，　　竟成一团滓。

死后入地狱，　　生前昧天理。

（二百二十五）

寒山原诗

六极常婴困，　　九维徒自论。

有才遗草泽，　　无艺闭蓬门。

日上岩犹暗，　　烟消谷尚昏。

其中长者子，　　个个总无裈。

楚石和诗

何由倾我意，　　不得与君论。

一悟天真佛，　　长抛火宅门。

风霜令鬓改，　　利欲使心昏。

颇忆阮生传，　　危哉虱处裈。

（二百二十六）

寒山原诗

城北仲翁翁，　　渠家多酒肉。

仲翁妇死时，　　吊客满堂屋。

仲翁自身亡，　　能无一人哭。

吃他杯窝者，　　何太冷心腹。

楚石和诗

钱氏有势时，　　路人如骨肉。

一朝逢破败，　　百鬼瞰其屋。

弟死兄不葬，　　夫亡妇不哭。

皆由积恶深，　　余祸延遗腹。

（二百二十七）

寒山原诗

人生一百年，　　佛说十二部。

慈悲如野鹿，　　瞋怒似家狗。

家狗赶不去，　　野鹿常好走。

欲伏猕猴心，　　须听狮子吼。

楚石和诗

人间一念恶，　　便属阎罗部。

两手无寸刃，　　何以制铁狗。

火逼寒风吹，　　颠狂四边走。

号呼痛切时，　　个是谁音吼。

（二百二十八）

寒山原诗

养女畏太多，　已生须训诱。

捺头遣小心，　鞭背令缄口。

未解乘机杼，　那堪事箕帚。

张婆语驴驹，　汝大不如 [1] 母。

楚石和诗

人间五逆子，　善语难劝诱。

但苦爷娘心，　偏甜妻子口。

东邻破粪箕，　西舍生苔帚。

不及鹦鹉儿，　能供盲父母。

（二百二十九）

寒山原诗

我见百十狗，　个个毛挲鬙。

卧者乐自卧，　行者乐自行。

投之一块骨，　相与哐哫争。

良由为骨少，　狗多分不平。

楚石和诗

贪夫计斗粟，　怒发上挲鬙。

志士心四海，　惟忧道不行。

---

[1]　如：有本《寒山诗》作"知"。

鸱枭吓腐鼠，　　返恐鹓雏争。
欲识旷荡怀，　　悠然如水平。

（二百三十）

寒山原诗

猪吃死人肉，　　人吃死猪肠。
猪不嫌人臭，　　人返道猪香。
猪死抛水内，　　人死掘地藏。
彼此莫相吃，　　莲花生沸汤。

楚石和诗

宁食自己肉，　　莫搅他人肠。
止杀可延寿，　　改过胜烧香。
人欲杀猪时，　　猪走无处藏。
死后堕地狱，　　身先投镬汤。

（二百三十一）

寒山原诗

世有一等愚，　　茫茫恰似驴。
还解人言语，　　贪淫状若猪。
险彀难可测，　　实语却成虚。
谁能共伊语，　　令教莫此居。

楚石和诗

众生色所愚，　　唤作坠车驴。
三业不清净，　　还同碾屎猪。
从来神识暗，　　返谓佛言虚。
地狱方将入，　　天堂未肯居。

（二百三十二）

寒山原诗

蹭蹬诸贫士，　　饥寒成至极。

闲居好作诗，　　札札用心力。

贱人[1]言孰采，　　劝君休叹息。

题安糊饼上，　　乞狗也不吃。

楚石和诗

今时学道人，　　未困先疲极。

无量劫修行，　　皆出勇猛力。

中心自勉强，　　前进勿休息。

初种蟠桃枝，　　果熟乃可吃。

（二百三十三）

寒山原诗

贫驴欠一尺，　　富狗剩三寸。

若分富不平，　　中半贫与困。

始取驴饱足，　　却令狗饥顿。

为汝熟思量，　　令我也愁闷。

楚石和诗

世间贵与贱，　　相去不能寸。

贵者随心成，　　贱者作事困。

---

[1] 人：有本《寒山诗》作“他”。

外物安可必，　前生预排顿。
不如两置之，　肚里无忧闷。

（二百三十四）

寒山原诗

赫赫谁炉肆，　其酒甚浓厚。
可怜高幡帜，　极目平升斗。
何意讶不售，　其家多猛狗。
童子若来沽，　狗咬便是走。

楚石和诗

为人不爱钱，　生计何由厚。
若学贪污辈，　黄金堆到斗。
身虽着衣服，　行不如猪狗。
一似瞎猕猴，　随他驴队走。

（二百三十五）

寒山原诗

我见一痴汉，　仍居三两妇。
养得八九儿，　总是随宜手。
丁户 [1] 是新差，　资财非旧有。
黄檗作驴鞦，　始知苦在后。

楚石和诗

苦哉摩诃罗，　破戒私置妇。
官纳田地租，　家充弓弩手。

---

[1]　户：有本《寒山诗》作"防"。

死生无人替，　　财物为他有。

业镜在面前，　　尾巴插背后。

（二百三十六）

寒山原诗

买肉血滵滵，　　买鱼跳鱍鱍。

君身招罪累，　　妻子成快活。

捷死渠家去[1]，　　他人谁敢遏。

一朝如破床，　　两个当头脱。

楚石和诗

提篮买鱼虾，　　只拣鲜鱍鱍。

抛放池水间，　　十可八九活。

斫肉血淋漓，　　挥刀难止遏。

杀生养己命，　　冤报何时脱。

（二百三十七）

寒山原诗

怜底众生病，　　餐尝略不厌。

蒸豚揾蒜酱，　　炙鸭点椒盐。

去骨鲜鱼鲙，　　兼皮熟肉脸。

不知他命苦，　　只取自家甜。

楚石和诗

持斋犹不足，　　茹素太无厌。

就笋煨糠火，　　生葱拌食盐。

---

[1]　家去：有本《寒山诗》作"便嫁"。

面同鱼作餻，　　麸借肉为脸。
妄想沉生死，　　都因为口甜。

（二百三十八）

寒山原诗

我见谩人汉，　　如篮盛水走。
一气将归家，　　篮里何曾有。
我见被人谩，　　一似园中韭。
日日被刀伤，　　天生还自有。

楚石和诗

将瓶贮虚空，　　绕四天下走。
贮处空不少，　　泻时空不有。
神识空一如，　　妄想著于韭。
出釜而入肠，　　到头何所有。

（二百三十九）

寒山原诗

寄语诸仁者，　　复以何为怀。
达道见自性，　　自性即如来。
天真元具足，　　修证转差回。
弃本却逐末，　　只守一场呆。

楚石和诗

方寸心难构，　　平常道在怀。
终然无比况，　　劝你莫将来。
往往昏如醉，　　区区唤不回。
都忘许大事，　　真个是痴呆。

（二百四十）

寒山原诗

人生在尘蒙，　　恰如盆中虫。

终日行绕绕，　　不离其盆中。

神仙不可比，　　烦恼计无穷。

岁月如流水，　　须臾作老翁。

楚石和诗

面白发蒙蒙，　　分明一裸虫。

不为鸟兽行，　　常在人天中。

性净豁然悟，　　轮回从此穷。

铲除地狱业，　　推倒阎罗翁。

（二百四十一）

寒山原诗

下愚读我诗，　　不解却嗤诮。

中庸读我诗，　　思量云甚要。

上贤读我诗，　　把著满面笑。

杨修见幼妇，　　一览便知妙。

楚石和诗

我诗非俗语，　　俗子徒嘲诮。

既不说利名，　　又不干权要。

得句有谁知，　　临风恒自笑。

可喜复可愕，　　无玄亦无妙。

（二百四十二）

寒山原诗

五言五百篇，　七字七十九，

三字二十一，　都来六百首。

一例书岩石，　自夸云好手。

若能会我诗，　真是如来母。

楚石和诗

张公问李老，　郭五答郑九。

识灭生死离，　四人皆肯首。

善才但合掌，　妙德遥伸手。

历劫始相逢，　奇哉诸佛母。

（二百四十三）

寒山原诗

吾心似秋月，　碧潭清皎洁。

无物堪比伦，　教我如何说。

楚石和诗

莫比心如月，　秋霜亦非洁。

诸来参学人，　试听虚空说。

（二百四十四）

寒山原诗

碧涧泉水清，　寒山月华白。

默知神自明，　观空境逾寂。

楚石和诗
眼将山共青，　心与月俱白。
鱼戏水自闲，　鸟鸣林转寂。

（二百四十五）
寒山原诗
瞋是心中火，　能烧功德林。
欲行菩萨道，　忍辱护真心。

楚石和诗
游戏虚空藏，　庄严智慧林。
一毫无欲念，　万事不欺心。

（二百四十六）
寒山原诗
闲自访高僧，　烟山万万层。
师亲指归路，　月挂一轮灯。

楚石和诗
深山一个僧，　高卧白云层。
解把炉中雪，　分为海底灯。

（二百四十七）
寒山原诗
闲游华顶上，　天朗月光辉。

四顾晴空里，　白云同鹤飞。

楚石和诗

平生爱山水，　山水有清辉。
不独还林鸟，　吾心亦倦飞。

（二百四十八）
寒山原诗

身着空花衣，　足蹑龟毛履。
手把兔角弓，　拟射无明鬼。

楚石和诗

达磨返流沙，　遗下一只履。
踢出脚尖头，　吓杀阎罗鬼。

（二百四十九）
寒山原诗

多少天台人，　不识寒山子。
莫知真意度，　唤作闲言语。

楚石和诗

甜桃不结实，　苦李偏生子。
昧却祖师心，　随他文字语。

（二百五十）
寒山原诗

粤自居寒山，　曾经几万载。

任运遁林泉，　栖迟观自在。
岩中人不到，　白云常暧瑞。
细草作卧褥，　青天为被盖。
快活枕石头，　天地任变改。

楚石和诗

人生一世间，　俯仰惟覆载。
去者日已多，　曾无故人在。
思之气郁律，　感彼云暧瑞。
高岸竟为谷，　新松俄偃盖。
百年能几时，　虚空终不改。

（二百五十一）

寒山原诗

自羡山间乐，　逍遥无倚托。
逐日养残躯，　闲思无所作。
时披古佛书，　往往登石阁。
下窥千尺崖，　上有云盘礴[1]。
寒月泠飕飕，　身似孤飞鹤。

楚石和诗

问我何所乐，　山林可栖托。
涧泉处处流，　松籁时时作。
夜月点明灯，　朝云吐飞阁。
六窗正虚寂，　万象同磅礴。
仙子海上来，　俱骑一只鹤。

---

[1] 礴：有本《寒山诗》作"泊"。

（二百五十二）

寒山原诗

昔日极贫苦，　　夜夜数他宝。

今日审思量，　　自家须营造。

掘得一宝藏，　　纯是水晶珠。

大有碧眼胡，　　密拟买将去。

余即报渠言，　　此珠无价数。

楚石和诗

最切不在身，　　至贵不在宝。

天堂任我为，　　地狱从谁造。

眼横鼻直者，　　各自有心珠。

玉兔与金乌，　　朝夕任来去。

只是一珠光，　　变现河沙数。

（二百五十三）

寒山原诗

一生慵懒作，　　憎重只便轻。

他家学事业，　　余持一卷经。

无心装褾轴，　　来去省人擎。

应病则说药，　　方便度众生。

但自心无事，　　何处不惺惺。

楚石和诗

贪夫何日足，　　苦担几时轻。

未读生天论，　　那知了义经。

一头和酒浸，　　双手把钱擎。

月算分毫聚，　　年推息利生。

无常旦夕至，　　只恐不惺惺。

（二百五十四）

寒山原诗

有人笑我诗，　　我诗合典雅。

不烦郑氏笺，　　岂用毛公解。

不恨会人稀，　　只为知音寡。

若遣趁宫商，　　余病莫能罢。

忽遇明眼人，　　即自流天下。

楚石和诗

寒山三百篇，　　十倍高风雅。

舜若多神抄，　　无言童子解。

阳春白雪曲，　　自下和者寡。

世虑诵时空，　　尘缘吟处罢。

吾将列作图，　　寝卧于其下。

（二百五十五）

寒山原诗

我见人转经，　　依他言语会。

口转心不转，　　心口相违背。

心真无委曲，　　不作诸缠盖。

但且自省躬，　　莫觅他替代。

可中作得主，　　是知无内外。

楚石和诗

我今欲说禅，　不可作禅会。

谓渠是即触，　谓渠非即背。

背触二俱扫，　洞庭湖无盖。

如何继先德，　将此传后代。

白月上林端，　清风起天外。

（二百五十六）

寒山原诗

余劝诸稚子，　急离火宅中。

三车在门外，　载你免飘蓬。

露地四衢坐，　当天万事空。

十方无上下，　来往任西东。

若得个中意，　纵横处处通。

楚石和诗

譬如一眼龟，　堕在大海中。

出入无量岁，　随波若萍蓬。

一朝值浮木，　而不得其空。

南去又向北，　西来复往东。

忽然相撞著，　处处是圆通。

（二百五十七）

寒山原诗

我见出家人，　不习出家学。

欲知真出家，　心净无绳索。

澄澄绝玄妙，　如如无倚托。

三界任纵横，　四生不可泊。

无为无事人，　　逍遥实快乐。

楚石和诗

舍家得出家，　　有学成无学。

四壁冷萧萧，　　六门空索索。

已除桑下恋，　　聊向橘中托。

天地即幻化，　　山林同旅泊。

笙歌与鼓钟，　　非吾所谓乐。

（二百五十八）

寒山原诗

寒山出此语，　　复似颠狂汉。

有事对面说，　　所以足人怨。

心直[1]出语直，　　直心无背面。

临死渡奈河，　　谁是喽啰汉。

冥冥泉台路，　　被业相拘绊。

楚石和诗

参禅了生死，　　特达英灵汉。

只是一味真，　　能降众魔怨。

几多恶心性，　　孤负好头面。

不学向上人，　　甘为下劣汉。

恰似被罩鱼，　　身受芒绳绊。

（二百五十九）

---

[1]　直：有本《寒山诗》作"真"。

寒山原诗

忆得二十年，　徐步国清归。

国清寺中人，　尽道寒山痴。

痴人何用疑，　疑不解寻思。

我尚自不识，　是伊争得知。

低头不用问，　问得复何为。

有人来骂我，　分明了了知。

虽然不应对，　却是得便宜。

楚石和诗

茫茫三界中，　火宅岂可归。

修习戒定慧，　灭除贪瞋痴。

贪瞋痴本空，　戒定慧绝思。

了此即是佛，　非佛谁能知。

行住及坐卧，　萧然何所为。

众生不请友，　日用无缘知。

万象共酬酢，　纵横皆合宜。

（二百六十）
寒山原诗

语你出家辈，　何名为出家？

奢华求养活，　继缀族姓家。

美舌甜唇觜，　谄曲心钩加。

终日礼道场，　持经置功课。

炉烧神佛香，　打钟高声和。

六时学客春，　夜夜不得卧。

只为爱钱财，　心中不脱洒。

见他高道人，　却嫌诽谤骂。

驴屎比麝香，　　苦哉佛陀耶。

楚石和诗

往古出家者，　　出离三界家。

近来出家者，　　返入他人家。

继拜别父母，　　重重贪爱加。

放钱作衣资，　　置产收租课。

结伴噇鱼肉，　　同声相唱和。

厚茵高广床，　　未夜先眠卧。

肚里浊如泥，　　外头将水洒。

童奴稍失意，　　未免恶瞋骂。

乃是罗刹党，　　假号僧伽耶。

（二百六十一）

寒山原诗

又见出家儿，　　有力及无力。

上上高节者，　　鬼神钦道德。

君王分辇坐，　　诸侯拜迎逆。

堪为世福田，　　世人须保惜。

下下低愚者，　　诈现多求觅。

浊滥即可知，　　愚痴爱财色。

著却福田衣，　　种田讨衣食。

作债税牛犁，　　为事不忠直。

朝朝行弊恶，　　往往痛臀脊。

不解善思量，　　地狱苦无极。

一朝著病缠，　　三年卧床席。

亦有真佛性，　　翻作无明贼。

南无佛陀耶，　　远远求弥勒。

楚石和诗

僧寺收民田，　　官司验物力。
好闲呼小名，　　岂复尊大德。
常住归自己，　　师资怀五逆。
法王好基业，　　费荡真可惜。
抛却自家宝，　　走向旁边觅。
枷锁乱纵横，　　都缘耽酒色。
馒头著菜蔌，　　抵死不肯食。
百种邪思量，　　诈云我心直。
命终入地狱，　　铁棒敲驴脊。
灌口用洋铜，　　其时悔无极。
从今便觉悟，　　胁不至床席。
打破无字关，　　屏除烦恼贼。
却观大千界，　　掌上庵摩勒。

（二百六十二）
寒山原诗

常闻国大臣，　　朱紫簪缨禄。
富贵百千般，　　贪荣不知辱。
奴马满宅舍，　　金银盈帑屋。
痴福暂时扶，　　埋头作地狱。
忽死万事休，　　男女当头哭。
不知有祸殃，　　前路何疾速。
家破冷飕飕，　　食无一粒粟。
冻饿苦凄凄，　　良由不觉触。

楚石和诗

人生一世间，　　那个无天禄。

但只贪富贵，　　未尝忧宠辱。

酒思常满杯，　　钱恨不盈屋。

吾佛有劝戒，　　妻子真牢狱。

生聚暂为欢，　　死别长嗥哭。

泉路动即至，　　火轮来甚速。

相逢尽冰炭，　　所啖非菽粟。

都由在世时，　　软滑生淫触。

（二百六十三）

寒山原诗

上人心猛利，　　一闻便知妙。

中流心清净，　　审思云甚要。

下士钝暗痴，　　顽皮最难裂。

直得血淋头，　　始知自摧灭。

看取开眼贼，　　闹市集人决。

死尸弃如尘，　　此时向谁说。

男儿大丈夫，　　一刀两段截。

人面禽兽心，　　造作何时歇。

楚石和诗

修心有善恶，　　报土开粗妙。

末上得菩提，　　最先明旨要。

谤而不信者，　　头作七分裂。

忏悔福乃生，　　归依罪寻灭。

自心即是佛，　　更欲从谁决。

若待无常到， 此时何所说。

祖师示方便， 言语太直截。

且向三句参， 吃茶珍重歇。

（二百六十四）

寒山原诗

我见转轮王， 千子常围绕。

十善化四天， 庄严多七宝。

七宝镇随身， 庄严甚妙好。

一朝福报尽， 犹若栖芦鸟。

还作牛领虫， 六趣受业道。

况复诸凡夫， 无常岂长保。

生死如旋火， 轮回似麻稻。

不解早觉悟， 为人枉虚老。

楚石和诗

吾闻鹿角仙， 草舍藤萝绕。

清净无欲身， 庄严不贪宝。

后因淫女过， 贪彼颜色好。

竟作蟵蝛虫， 俱成鸳鸯鸟。

自兹失神力， 由是落魔道。

尔辈居华堂， 身心岂可保。

妇人如雨雹， 能坏垂成稻。

相劝早回头， 红颜镜中老。

（二百六十五）

寒山原诗

寒山有一宅， 宅中无栏隔。

六门左右通， 堂中见天碧。

房房虚索索，　　东壁打西壁。
其中一物无，　　免被人来惜。
寒到烧软火，　　饥来煮菜吃。
不学田舍翁，　　广置田庄宅。
尽作地狱业，　　一入何曾极。
好好善思量，　　思量知轨则。

楚石和诗

本有黄金宅，　　光明了不隔。
春来花自红，　　雨过前山碧。
幸自开六户，　　何须安四壁。
空房我不居，　　旷劫谁能惜。
任此一朽舍，　　年深白蚁吃。
成时藉他缘，　　坏亦非吾宅。
鼎鼎百年内，　　行行冥数极。
谁为主人翁，　　凡圣咸取则。

（二百六十六）

寒山原诗

寒山无漏岩，　　其岩甚济要。
八风吹不动，　　万古人传妙。
寂寂好安居，　　空空离讥诮。
孤月夜长明，　　圆日常来照。
虎丘兼虎溪，　　不用相呼召。
世间有王傅，　　莫把同周邵。
我自遁寒岩，　　快活常歌笑。

楚石和诗

昔有婆罗门，　　修身失其要。

年哀得一男，　　首面殊娟妙。

不久乃倾逝，　　悲啼众所诮。

去寻阎罗王，　　欲索文簿照。

何遽夺吾儿，　　奔走来相召。

其子为老翁，　　汝今年已邵。

暂时寄汝家，　　痴騃令人笑。

（二百六十七）

寒山原诗

沙门不持戒，　　道士不服药。

自古多少贤，　　尽在青山脚。

楚石和诗

若无众生病，　　何用诸佛药。

一藏非正文，　　连篇皆注脚。

（二百六十八）

寒山原诗

自闻梁朝日，　　四依诸贤士。

宝志万回师，　　四仙傅大士。

显扬一代教，　　作持如来使。

建造僧伽蓝，　　信心归佛理。

虽乃得如斯，　　有为多患累。

与道殊悬远，　　拆西补东尔。

不达无为功，　　损多益少矣。

有声而无形，　　至今何处是。

楚石和诗

我闻梁武帝，　　起自一名士。

入相又为君，　　尊贤复用士。

初迎栴檀像，　　特遣黄华使。

达磨西天来，　　临朝谈妙理。

真心本自明，　　圣谛翻为累。

即迷悟求之，　　如反覆手尔。

此道尚俨然，　　古人今亡矣。

欲明达磨心，　　武帝迷者是。

（二百六十九）

寒山原诗

我见凡愚人，　　多畜资财谷。

饮酒食生命，　　谓言我富足。

莫知地狱深，　　唯求上天福。

罪业如毗富，　　岂得免灾毒。

财主忽然死，　　争共当头哭。

供僧读疏文，　　空是鬼神禄。

福田一个无，　　虚设一群秃。

不如早觉悟，　　莫作黑暗狱。

狂风不动树，　　心真无罪福。

寄语兀兀人，　　叮咛再三读。

楚石和诗

种福如种木，　　种德如种谷。

所积既已多，　　所须无不足。

当求早成佛，　　自具出世福。

福德在世间，　　徒然长三毒。

得之固为喜，　　失之翻成哭。

天众爱庄严，　　凡夫干利禄。

文人笔不停，　　谈士舌欲秃。

只为无好心，　　何曾离地狱。

参禅见佛性，　　切忌作痴福。

礼拜勤忏悔，　　时将藏经读。

（二百七十）

寒山原诗

心高如山岳，　　人我不伏人。

解讲围陀典，　　能谈三教文。

心中无惭愧，　　破戒违律文。

自言上人法，　　称为第一人。

愚者皆赞叹，　　智者抚掌笑。

阳焰虚空花，　　岂得免生老。

不如百不解，　　静坐绝忧恼。

楚石和诗

屡欲谈大道，　　难得忘言人。

徒泥孔孟书，　　学为韩柳文。

书亦不成书，　　文亦不成文。

开口说今古，　　笼罩天下人。

言语失次第，　　传作一场笑。

何异蠹书鱼，　　故纸堆中老。

若识本无言，　　即除生死恼。

（二百七十一）

寒山原诗

侬家暂下山，　　入到城隍里。
逢见一群女，　　端正容貌美。
头戴蜀样花，　　胭脂涂粉腻。
金钗镂银朵，　　罗衣绯红紫。
朱颜类神仙，　　香带氤氲气。
时人皆顾盼，　　痴爱染心意。
谓言世无双，　　魂影随他去。
狗咬枯骨头，　　虚自舐唇齿。
不解返思量，　　与畜何曾异。
今成白发婆，　　老陋若精魅。
无始由狗心，　　不超解脱地。

楚石和诗

妇女如画瓶，　　才观知表里。
中藏屎尿恶，　　外假容颜美。
口吻流涎唾，　　髻鬟堆垢腻。
面香只燕脂，　　衣臭同齐紫。
巧把珠玉装，　　浓熏麝兰气。
徒迷俗子眼，　　莫惑高人意。
转盼颜色衰，　　须臾光景去。
不肯断淫心，　　犹然夸皓齿。
死时若朽木，　　未久虫变异。
远送向荒山，　　游魂作妖魅。
生前悟自性，　　便入如来地。

（二百七十二）

寒山原诗

昨到云霞观，　　忽见仙尊士。

星冠月帔横， 尽云居山水。

余问神仙术， 云道若为比。

谓言灵无上， 妙药心[1]神秘。

守死待鹤来， 皆道乘鱼去。

余乃返穷之， 推寻勿道理。

但看箭射空， 须臾还坠地。

饶你得仙人， 恰似守尸鬼。

心月自精明， 万象何能比。

欲知仙丹术， 身内元神是。

莫学黄巾公， 握愚自守拟。

楚石和诗

白首学神仙， 黄冠称道士。

甚欲登蓬莱， 奈何阻弱水。

肉身无两翅， 难与鸿鹄比。

年老丹不成， 书多术犹秘。

玉棺竟未下， 金节徒思去。

大患缘有身， 长生谅非理。

纵饶八万劫， 宁免归死地。

在汉淮南王， 求仙为厕鬼。

争如学空寂， 举世绝伦比。

讵见人民非， 休论城郭是。

太虚常湛然， 名相谁能拟。

（二百七十三）

寒山原诗

---

[1] 心：有本《寒山诗》作"必"。

我有六兄弟，　　就中一个恶。
打伊又不得，　　骂伊又不着。
处处无奈何，　　耽财好淫杀。
见好埋头爱，　　贪心过罗刹。
阿爷恶见伊，　　阿娘嫌不悦。
昨被我捉得，　　恶骂恣情掣。
趁向无人处，　　一一向伊说。
汝今须改行，　　覆车须改辙。
若也不信受，　　共汝恶合杀。
汝受我调伏，　　我共汝觅活。
从此尽和同，　　如今过菩萨。
学业攻炉冶，　　炼尽三山铁。
至今静恬恬，　　众人皆赞说。

楚石和诗

叵耐贪瞋痴，　　使我长发恶。
三贼暗埋藏，　　一朝亲捉着。
心王苦相劝，　　令我莫打杀。
元是自家亲，　　孳生遍尘刹。
逆之即烦恼，　　顺之即喜悦。
譬如猴被缚，　　缚紧将绳掣。
掣绳绳转紧，　　缓缓容渠说。
渠说非我罪，　　总是君行辙。
所好君欲生，　　所恶君欲杀。
君作我受名，　　岂愿随君活。
从此请辞去，　　不然同布萨。
我闻频点头，　　契若石引铁。
可以书诸绅，　　处处逢人说。

（二百七十四）

寒山原诗

我见世间人，　堂堂好仪相。

不报父母恩，　方寸底模样。

欠负他人钱，　蹄穿始惆怅。

个个惜妻儿，　爷娘不供养。

兄弟似冤家，　心中常恺怏。

忆昔少年时，　求神愿成长。

今为不孝子，　世间多此样。

买肉自家噇，　抹觜道我畅。

自逞说喽啰，　聪明无益当。

牛头努目嗔，　始觉时已向。

择佛烧好香，　拣僧归供养。

罗汉门前乞，　趁却闲和尚。

不悟无为人，　从来无相状。

封疏请名僧，　覷钱两三样。

云光好法师，　安角在头上。

汝无平等心，　圣贤俱不降。

凡圣皆混然，　劝君休取相。

楚石和诗

昨见一群僧，　袈裟福田相。

清晨入市廛，　仿佛如来样。

开口论货财，　妒人生怨怅。

师资甚失礼，　犬马犹能养。

既已傲同学，　弥令心快快。

行时又慢老，	坐处各争长。
饮酒无威仪，	纯成俗人样。
醉来即齁睡，	睡起嫌未畅。
依前诣酒家，	更脱衣衫当。
问法法不知，	问书书在向。
游谈诳檀越，	假善求供养。
又有一类僧，	置产为高尚。
枷锁不离门，	长官时问状。
却嫌坐禅侣，	专作死模样。
汲黯譬积薪，	后来者居上。
安危自业招，	祸福非天降。
临死坏烂时，	不如猪狗相。

（二百七十五）

寒山原诗

劝你三界子，	莫作勿道理。
理短被他欺，	理长不奈你。
世间浊滥人，	恰似黍粘子。
不见无事人，	独脱无能比。
早须返本源，	三界任缘起。
清净入如流，	莫饮无明水。

楚石和诗

世间何物大，	最大无过理。
你会即是我，	我知即是你。
犹如一母生，	故曰诸佛子。
诸佛观三界，	惟将自身比。
自他等安乐，	灭苦永不起。

苦乐两俱忘，　净心同止水。

（二百七十六）

寒山原诗

三界人蠢蠢，　六道人茫茫。

贪财爱淫欲，　心恶若豺狼。

地狱如箭射，　极苦若为当。

兀兀过朝夕，　都不别贤良。

好恶总不识，　犹如猪及羊。

共语如木石，　嫉妒似颠狂。

不自见己过，　如猪在圈卧。

不知自偿债，　却笑牛牵磨。

楚石和诗

苦海无舟楫，　何由出渺茫。

凡夫恋财色，　总似一群狼。

快活归自己，　烦恼令他当。

天报了不错，　去恶存善良。

来世羊食人，　今世人食羊。

强健作主宰，　临终发昏狂。

阎罗面前过，　刀剑林里卧。

早晚脱轮回，　盲驴且推磨。

（二百七十七）

寒山原诗

多少般数人，　百计求名利。

心贪觅荣华，　经营图富贵。

心未片时歇，　奔突如烟气。

家眷实团圆，　　一呼百诺至。

不过七十年，　　冰消瓦解置。

死了万事休，　　谁人承后嗣。

水浸泥弹丸，　　方知无意智。

楚石和诗

方袍圆顶人，　　多失出家利。

佛弃金轮王，　　何曾恋荣贵。

子孙不唧溜，　　个个无英气。

天子诏且辞，　　庶人呼即至。

唯贪衣与食，　　温饱百事置。

小辈作交朋，　　狂徒为法嗣。

阎罗使者来，　　然后分愚智。

（二百七十八）

寒山原诗

推寻世间事，　　仔细总要知。

凡事莫容易，　　尽爱讨便宜。

护即弊成好，　　毁即是成非。

故知杂滥口，　　背面总由伊。

冷暖我自量，　　不信奴唇皮。

楚石和诗

参禅捷径法，　　要自忘所知。

先不昧因果，　　次令识几宜。

无念念莫守，　　有念念成非。

伊今正是我，　　我今不是伊。

从头尽铲却，　　何用存毛皮。

（二百七十九）

寒山原诗

栖迟寒岩下，　　偏讶最幽奇。

携篮采山茹，　　挈笼摘果归。

蔬斋敷茅坐，　　啜啄食紫芝。

清沼濯瓢钵，　　杂和煮稠稀。

当阳拥裘坐，　　闲读古人诗。

楚石和诗

吾庐信可乐，　　水石清且奇。

渺渺沿流去，　　腾腾信脚归。

千寻荫嘉木，　　五采拾灵芝。

天阔云雾散，　　月明星宿稀。

无人同夜坐，　　自咏寒山诗。

（二百八十）

寒山原诗

云山叠叠连天碧，　　路僻林深无客游。

远望孤蟾明皎皎，　　近闻群鸟语啾啾。

老夫独坐栖青嶂，　　少室闲居任白头。

可叹往年与今日，　　无心还似水东流。

楚石和诗

晨昏但见云霞起，　　杖履惟随麋鹿游。

野色山光同阒寂，　　车轮马足省喧啾。

从他镜里添霜草，　　畅我林间坐石头。

无限英雄生又死，　　奈何日月去如流。

（二百八十一）

寒山原诗

丹丘迥耸与云齐，　　空里五峰遥望低。

雁塔高排出青嶂，　　禅林古殿入虹霓。

风摇松叶赤城秀，　　雾吐中岩仙路迷。

碧落千山万仞见，　　藤萝相接次连溪。

楚石和诗

层峦叠嶂势难齐，　　到顶方知世界低。

郁密深林藏鸟兽，　　萧条古洞起云霓。

纵横径路从何入，　　来往游人向此迷。

仙境重重遮不见，　　渔舟错怪武陵溪。

（二百八十二）

寒山原诗

贪爱有人求快活，　　不知祸在百年身。

但看阳焰浮沤水，　　便觉无常败坏人。

丈夫志气直如铁，　　无曲心中道自真。

行密节高霜下竹，　　方知不枉用心神。

楚石和诗

当知历劫金刚体，　　即是浮泡梦幻身。

猪肉案头明底事，　　龙华会上待何人。

于中措意乖玄旨，　　直下忘言达本真。

未悟终难安稳坐，　　三登九到且劳神。

（二百八十三）

寒山原诗

余曾昔睹聪明士，　　博达英雄无比伦。

一选佳名喧宇宙，　　五言诗句越诸人。

为官治化超先辈，　　直为无能继后尘。

忽然富贵贪财色，　　瓦解冰消不可陈。

楚石和诗

六个儿郎同作伴，　　千般艺术更无伦。

是非强要分清浊，　　声色徒然立我人。

只道朱颜长满镜，　　那知碧海会飞尘。

可怜掩泣华堂后，　　纵有笙歌不可陈。

（二百八十四）

寒山原诗

汝辈埋头痴兀兀，　　爱向无明罗刹窟。

再三劝你早修行，　　是你顽痴心恍惚。

不肯信受寒山语，　　转转倍加业汩汩。

直待斩首作两段，　　方知自身奴贼物。

楚石和诗

人我如山高突兀，　　中有四蛇同一窟。

不持寸刃能斩之，　　顿使形神超恍惚。

人我转作内外空，　　更无世间尘土汩。

世间出世得自在，　　逆顺纵横是何物。

（二百八十五）

寒山原诗

世间何事最堪嗟，　　尽是三途造罪楂。

不学白云岩下客，　　一条寒衲是生涯。

秋到任他林叶落，　　春来从你树开花。

三界横眠无一事，　　清风明月是吾家。

楚石和诗

贪心不足可伤嗟，　　凤髓龙肝更吐楂。

历历心珠能返照，　　茫茫业海此为涯。

弯弓射落青天月，　　信手拈来铁树花。

多少神通并妙用，　　尽归无事道人家。

（二百八十六）

寒山原诗

我家本住在寒山，　　石岩栖息离烦缘。

泯时万象无痕迹，　　舒处周流遍大千。

光影腾辉照心地，　　无有一法当现前。

方知摩尼一颗珠，　　解用无方处处圆。

楚石和诗

近望台山接雁山，　　道人住此绝攀缘。

身心契理无多少，　　镜像交辉有百千。

赫日虽高行岭下，　　恒沙不远在窗前。

世间出世俱称妙，　　情与无情总入圆。

（二百八十七）

寒山原诗

世人何事可吁嗟，　　苦乐交煎勿底涯。

生死往来多少劫，　　东西南北是谁家。

张王李赵权时姓，　　六道三途事似麻。

只为主人不了绝，　　遂招迁谢逐迷邪。

楚石和诗

茫茫苦海实堪嗟，　　浩浩沧溟尚可涯。

须信有钱公子宅，　　不如无事道人家。

鹊巢岂厌栖高树，　　毳衲何妨续断麻。

声色纵横魔境扰，　　一挥智剑斩群邪。

（二百八十八）

寒山原诗

余家本住在天台，　　云路烟深绝客来。

千仞岩峦深可遁，　　万重溪涧石楼台。

桦巾木屐沿流步，　　布裘藜杖绕山回。

自觉浮生幻化事，　　逍遥快乐实奇哉。

楚石和诗

四明咫尺是天台，　　野鹤孤云共往来。

水石参差连梵宇，　　金银璀璨接仙台。

攀萝挽葛登山顶，　　解带披裘曳履回。

长忆丰干与寒拾，　　此中行坐尽优哉。

（二百八十九）

寒山原诗

余见僧繇性希奇，　巧妙间生梁朝时。

饶邈虚空写尘迹，　无因画得志公师。

楚石和诗

每爱天台景物奇，　奇花异卉发无时。

腾腾任运难拘束，　跨虎丰干是我师。

（二百九十）

寒山原诗

久住寒山凡几秋，　独吟歌曲绝无忧。

饥餐一粒伽陀药，　心地调和倚石头。

楚石和诗

独将瓶钵度春秋，　喜本无心更有忧。

可信途中未归客，　千呼万唤不回头。

（二百九十一）

寒山原诗

众星罗列夜深明，　岩点孤灯月未沉。

圆满光华不磨莹，　挂在青天是我心。

楚石和诗

道果圆时五眼明，　日轮出后众星沉。

奇哉快乐无忧佛，　只个逍遥自在心。

（二百九十二）

寒山原诗

老病残年百有余，　　面黄头白好山居。

布裘拥质随缘过，　　岂羡人间巧样模。

楚石和诗

满钵持来饱有余，　　人间天上任君居。

从心印出凡和圣，　　一悟真空脱旧模。

（二百九十三）

寒山原诗

千年石上古人踪，　　万丈岩前一点空。

明月照时常皎洁，　　不劳寻讨问西东。

楚石和诗

孤云出没了无踪，　　昧者何曾达本空。

现前不费纤毫力，　　日出西方夜落东。

（二百九十四）

寒山原诗

寒山顶上月轮孤，　　照见晴空一物无。

可贵天然无价宝，　　埋在五阴溺[1] 身躯。

楚石和诗

---

[1]　溺：《天台三圣诗集和韵》作"漏"。

此身闲逐片云孤，　明月清风何处无。

尽大地人教作佛，　一茎草上一金躯。

（二百九十五）

寒山原诗

或向前溪照碧流，　或向岩边坐磐石。

心似孤云无所依，　悠悠世事何须觅。

楚石和诗

饥食山中一口松，　卧枕松根一拳石。

自己犹如陌路人，　谁能更向他家觅。

（二百九十六）

寒山原诗

千生万死何时已，　生死来去转迷情。

不识心中无价宝，　恰似盲驴信脚行。

楚石和诗

人间那个无生死，　万万千千为识情。

提起金刚王宝剑，　却来诸圣顶头行。

（二百九十七）

寒山原诗

心神用尽为名利，　百种贪婪进己躯。

浮生幻化如灯烬，　冢内埋身是有无。

楚石和诗

愚人日日营财产，　百口团圞绕一躯。

眼下只夸今日有，　生前不信本来无。

（二百九十八）

寒山原诗

一住寒山万事休，　更无杂念挂心头。

闲于石壁题诗句，　任运还同不系舟。

楚石和诗

劝君了取自心休，　心了从他雪满头。

纵使染来仍旧白，　此身无异壑藏舟。

（二百九十九）

寒山原诗

寒山道，无人到。若能行，称十号。有蝉鸣，无鸦噪。黄叶落，白云扫。石磊磊，山隩隩。我独居，名善导。仔细看，何相好。

楚石和诗

知是道，行即到。绝相似，无可号。只心传，休口噪。直下是，从头扫。青山巅，白石隩。或愚迷，须化导。佛非佛，好不好。

（三百）

寒山原诗

寒山寒，冰锁石。藏山青，现雪白。日出照，一时释。从兹暖，养老客。

楚石和诗

山上松，松下石。青者青，白者白。心无生，虑自释。何所为，一闲客。

（三百一）

寒山原诗

我居山，勿人识。白云中，常寂寂。

楚石和诗

咄众生，弄业识。请回光，本空寂。

（三百二）

寒山原诗

寒山深，称我心。纯白石，勿黄金。泉声响，抚伯琴。有子期，辨此音。

楚石和诗

言之深，达者心。贵似土，贱如金。无孔笛，没弦琴。是何调，太古音。

（三百三）

寒山原诗

重岩中，足清风。扇不摇，凉气通。明月照，白云笼。独自坐，一老翁。

楚石和诗

深林中，听松风。两耳寂，万窍通。尽情解，绝罗笼。问是谁，寒山翁。

（三百四）

寒山原诗

寒山子，长如是。独自居，不生死。

楚石和诗

咄诸子，只这是。信得及，长不死。

（三百五）

寒山原诗

我见世间人，个个争意气。一朝忽然死，只得一片地。阔四尺，长丈二。汝若会，出来争意气。我与汝，立碑记。

楚石和诗

堪叹六尺躯，只凭三寸气。无厌积金玉，不住增田地。恨罗三，瞋郭二。瞥然间，断了三寸气。名与姓，谁来记。

（三百六）

寒山原诗

有人坐山陉，　云衮[1]兮霞缨。

秉芳兮欲寄，　路漫兮难征。

心惆怅狐疑，　年老已无成。

众喔咿斯蹇，　独立兮忠贞。

楚石和诗

直道兮为陉，　芳心兮结缨。

求贤兮不得，　蹑影兮孤征。

路远兮难致，　神劳兮何成。

太虚兮寥廓，　金石兮坚贞。[2]

（三百七）

寒山原诗

家有寒山诗，　胜汝看经卷。

书放屏风上，　时时看一遍。

---

[1]　衮：有本《寒山诗》作"卷"。

[2]　此首诗，《天台三圣诗集和韵》略异：寒山原诗：有人兮山陉，云衮兮霞缨。秉芳兮欲寄，路漫兮难征。心惆怅兮犹疑，蹇独立兮忠贞。楚石和诗：直道兮为陉，芳心兮结缨。求贤兮不得，蹑影兮孤征。路远远兮难致，念金石兮坚贞。

楚石和诗

多处三两言，　少时千百卷。

拟抄寒山诗，　历劫写不遍。

和拾得诗

四十九首

（一）

拾得原诗

自从到此天台寺，　经今早已几冬春。

山水不移人自老，　见却多少后生人。

楚石和诗

行尽三千大千界，　鸟啼花笑一般春。

识得棚头木傀儡，　全是青布幕中人。

（二）

拾得原诗

君不见，三界之中分扰扰，只为无明不了绝。一念不生心澄然，无去无来不生灭。

楚石和诗

君不见，茫茫生死不可说，一念之间顿超绝。无手人挑海底灯，昔本不燃今不灭。

（三）

拾得原诗

我见顽钝人，　　灯心拄须弥。

蚁子啮大树，　　焉知气力微。

学咬两茎菜，　　言与祖师齐。

火急求忏悔，　　从今辄莫迷。

楚石和诗

落发堕僧数，　　难轻小沙弥。

众流成大海，　　谁为水滴微。

微尘积不已，　　泰山高可齐。

凡夫至成佛，　　尽是昔愚迷。

（四）

拾得原诗

君见月光明，　　照烛四天下。

圆辉挂太虚，　　莹净能潇洒。

人道有亏盈，　　我见无衰谢。

状似摩尼珠，　　光明无昼夜。

楚石和诗

摩尼无表里，　　亦不论高下。

从本便圆明，　　走盘何脱洒。

一真含影像，　　五色交迁谢。

非赤白青黄，　　任阴阳昼夜。

（五）

拾得原诗

余住无方所，　盘礴无为理。

时涉[1]涅槃山，　或玩香林寺。

寻常只是闲，　言不干名利。

东海变桑田，　我心谁管你。

楚石和诗

奇哉拾得公，　说此无生理。

本住天台山，　常游国清寺。

神珠照夜明，　智剑吹毛利。

你推倒普贤，　普贤推倒你。

（六）

拾得原诗

左手握骊珠，　右手执慧剑。

先破无明贼，　神珠吐光焰。

伤嗟愚痴人，　贪爱那生厌。

一堕三途间，　始觉前程险。

楚石和诗

一斩一切斩，　自手握利剑。

触著无不烧，　煌煌爇天焰。

愚痴轮转中，　何时受苦厌。

---

[1]　涉：有本《寒山诗》作"陟"。

吞刀走绳索，　只管长弄险。

（七）

拾得原诗

般若酒泠泠，　饮多人易醒。

余住天台山，　凡愚那见形。

常游深谷洞，　终不逐时情。

无愁[1]亦无虑，　无辱也无荣。

楚石和诗

触耳语清泠，　狂夫尽唤醒。

千邪俱打正，　五道任流形。

永灭轮回苦，　休缠爱欲情。

红尘飞碧海，　铁树吐春荣。

（八）

拾得原诗

诸佛留藏经，　只为人难化。

不唯贤与愚，　个个心构架。

造业大如山，　岂解怀忧怕。

那肯细寻思，　日夜怀奸诈。

楚石和诗

长修破屋子，　未免枯柴化。

裂破酒肉囊，　掀翻绫锦架。

臭烟四蓬烰，　薰燎众惊怕。

---

[1]　愁：有本《寒山诗》作"思"。

何不审思量， 尚然行谄诈。

（九）

拾得原诗

嗟见世间人， 个个爱吃肉。

碗楪不曾干， 长时道不足。

昨日设个斋， 今朝宰六畜。

都缘业使牵， 非干情所欲。

一度造天堂， 百度造地狱。

阎罗使来追， 合家尽啼哭。

炉子边向火， 镬子里澡浴。

更得出头时， 换却汝衣服。

楚石和诗

他心诸佛心， 我肉众生肉。

都来无两样， 岂可欺四足。

他是畜头人， 我是人头畜。

虽曰异皮毛， 何曾殊爱欲。

请君断羊膳， 从此开鱼狱。

今世施欢喜， 来生免嗥哭。

腊月三十日， 革囊将火浴。

首参无量寿， 身着自然服。

（十）

拾得原诗

出家要清闲， 清闲即为贵。

如何尘外人， 却入尘埃里。

一向迷本心， 终朝役名利。

名利得到身， 形容已憔悴。

况复不遂者， 虚用平生志。

可怜无事人， 未能笑得汝。

楚石和诗

举世重黄金， 黄金未为贵。

争如无事人， 乐道山林里。

一等称佛子， 将身徇财利。

纤毫不放过， 赢得神憔悴。

圆顶披袈裟， 末梢乖本志。

怙终无悔心， 有处安著汝。

（十一）

拾得原诗

养儿与取妻， 养女求媒聘。

重重皆是业， 更杀众生命。

聚集会亲情， 总来看盘钉。

目下虽称心， 罪簿先注定。

楚石和诗

贫女无妆奁， 美容人不聘。

富家女虽丑， 送礼求年命。

金玉为首饰， 猪羊作盘钉。

不知生死本， 妄为因缘定。

（十二）

拾得原诗

得此分段身， 可笑好形质。

面貌似银盘，　　心中黑如漆。

烹猪又宰羊，　　夸道甜如蜜。

死后受波咤，　　更莫称冤屈。

楚石和诗

前时美少年，　　艳艳如花质。

不觉老来催，　　风霜面如漆。

劝君急回头，　　念个波罗蜜。

莫待狱主瞋，　　持书请临屈。

（十三）

拾得原诗

佛哀三界子，　　总是亲男女。

恐沉黑暗坑，　　示仪垂化度。

尽登无上道，　　俱证菩提路。

教汝痴众生，　　慧心勤觉悟。

楚石和诗

前是功德天，　　后是黑暗女。

得失人不知，　　升沈海难度。

曾闻诸佛说，　　只有一条路。

无出自家心，　　好从今日悟。

（十四）

拾得原诗

佛舍尊荣乐，　　为愍诸痴子。

早愿悟无生，　　办集无上事。

后来出家者，　　多缘无业次，

不能得衣食， 头钻入于寺。

楚石和诗

佛心怜众生， 如母病忆子。

欲与子相见， 方令母无事。

别离动万里， 呼召非一次。

可惜好田园， 死属司农[1]寺。

（十五）

拾得原诗

嗟见世间人， 永劫在迷津。

不省这个意， 修行徒苦辛。

楚石和诗

无我亦无人， 谁迷生死津。

青梅和黄檗， 空自受酸辛。

（十六）

拾得原诗

我诗也是诗， 有人唤作偈。

诗偈总一般， 读时[2]须仔细。

缓缓细披寻， 不得生容易。

依此学修行， 大有可笑事。

楚石和诗

---

[1] 农：《天台三圣诗集和韵》作“空”。

[2] 时：《天台三圣诗集和韵》作“者”。

拾得与寒山，　长诗与短偈。

无穷大地阔，　不见秋毫细。

道易却成难，　道难还似易。

休从别处寻，　尽说君家事。

（十七）

拾得原诗

有偈有千万，　卒急述应难。

若要相知者，　但入天台山。

岩中深处坐，　说理及谈玄。

共我不相见，　对面似千山。

楚石和诗

本有灵明性，　痴人自作难。

直饶当面见，　早隔万重山。

事上通无事，　玄中悟又玄。

推翻狂拾得，　把住老寒山。

（十八）

拾得原诗

世间亿万人，　面孔不相似。

借问何因缘，　致令遭如此。

各执一般见，　互说非兼是。

但自修己身，　不要言他己。

楚石和诗

世人妙丹青，　传相无不似。

指点方寸间，　难描在于此。

众生所流出，　诸佛只者是。

大地与山河，　头头皆自己。

（十九）

拾得原诗

男女为婚嫁，　俗务是常仪。

自量其事力，　何用广张施。

取债夸人我，　论情入骨痴。

杀他鸡犬命，　身死堕阿鼻。

楚石和诗

罪福笼三界，　荣枯塞两仪。

因虽无实法，　果亦不虚施。

作佛须修慧，　生天未免痴。

痴人谤般若，　开眼造阿鼻。

（二十）

拾得原诗

世上一种人，　生性常多事。

终日傍街衢，　不离诸酒肆。

为他作保见，　替他说道理。

一朝有乖张，　过咎全归你。

楚石和诗

小儿要集学，　先教一件事。

与不善人居，　如入鲍鱼肆。

既已诵佛书，　便当明道理。

道理若不明，　葛藤缠杀你。

（二十一）

拾得原诗

我劝出家辈，　须知教法深。

专心求出离，　辄莫染贪淫。

大有俗中士，　知非不受金。

故知君子志，　任运听浮沉。

楚石和诗

德薄真成薄，　山深未是深。

古书嫌味淡，　新曲教人淫。

富有回天力，　贫无买药金。

唯余阎老子，　不逐势浮沉。

（二十二）

拾得原诗

寒山自寒山，　拾得自拾得。

凡愚岂见知，　丰干却相识。

见时不可见，　觅时何处觅。

借问有何缘，　向道无为力。

楚石和诗

阎浮男子身，　岂是容易得。

削发披袈裟，　参方拜知识。

要明自己事，　休问他人觅。

广大信解心，　摩诃般若力。

（二十三）

拾得原诗

从来自拾得，　不是偶然称。

别无亲眷属，　寒山是我兄。

两人心相似，　谁能徇俗情。

若问年多少，　黄河几度清。

楚石和诗

法身为假号，　心印是权称。

问我何乡邑，　呼谁作弟兄。

翩翩游浊世，　处处度迷情。

恰似中秋月，　无云点太清。

（二十四）

拾得原诗

若解捉老鼠，　不在五白猫。

若能悟理性，　那由锦绣包。

真珠入席袋，　佛性止蓬茅。

一群取相汉，　用意总无交。

楚石和诗

古来持戒僧，　不畜犬与猫。

常为杀蚕命，　纸衣无絮包。

三条束腰籙，　一把盖头茅。

今则异于是，　纷然名利交。

（二十五）

拾得原诗

运心常宽广，　　此则名为布。

辍己惠于人，　　方可名为施。

后来人不知，　　焉能会此义。

未供一庸僧，　　早拟望富贵。

楚石和诗

清凉观国师，　　至老只着布。

其子有圭峰，　　遗言以尸施。

当知虚妄身，　　不是真实义。

毕竟归空无，　　如何贪富贵。

（二十六）

拾得原诗

猕猴尚教得，　　人可不愤发。

前车既落坑，　　后车须改辙。

若也不知此，　　恐君恶合杀。

比来是夜叉，　　变即成菩萨。

楚石和诗

凡人行舟车，　　不可至夜发。

后岸未移篙，　　前涂已碍辙。

须防蛇虎患，　　及有冤仇杀。

莫待祸临身，　　狼忙叫菩萨。

（二十七）

拾得原诗

蹢躅一群羊，	沿山又入谷。
看人贪竹塞，	且遭豺狼逐。
元不出孳生，	便将充口腹。
从头吃至尾，	呐呐无余肉。

楚石和诗

尸毗古圣王，	暇日游林谷。
一鸽远飞来，	而遭鹰所逐。
将身代鸽命，	割己充鹰腹。
为发菩提心，	白骨重生肉。

（二十八）

拾得原诗

银星钉秤衡，	绿丝作秤纽。
买人推向前，	卖人推向后。
不顾他心怨，	唯言我好手。
死去见阎王，	背后插扫帚。

楚石和诗

道如身佩觽，	一解万结纽。
悟得圆通人，	明前复明后。
古今凡圣学，	迷悟翻覆手。
周利槃特迦，	殷勤诵苕帚。

（二十九）

拾得原诗

闭门私造罪，　　准拟免灾殃。

被他恶部童，　　抄得报阎王。

纵不入镬汤，　　亦须卧铁床。

不许雇人替，　　自作自身当。

楚石和诗

修慈得梵福，　　作善除天殃。

至死入冥路，　　随身惟愿王。

酥酏白玉馔，　　毾𣰆黄金床。

此乐不可既，　　非君谁敢当。

（三十）

拾得原诗

闲入天台洞，　　访人人不知。

寒山为伴侣，　　松下啖灵芝。

每谈今古事，　　嗟见世愚痴。

个个入地狱，　　那得出头时。

楚石和诗

问石石不答，　　问山山不知。

几干沧海水，　　谁食仙人芝。

佛性不曾变，　　人心犹自痴。

祇陀树下蚁，　　又见绯绳时。

（三十一）

拾得原诗

古佛路凄凄， 愚人到却迷。

只缘前业重， 所以不能知。

欲识无为理， 心中不挂丝。

生生勤苦学， 必定睹吾师。

楚石和诗

水浊鱼犹聚， 花残蝶尚迷。

贪淫不肯止， 昏惑太无知。

脚下五色索， 心中千尺丝。

当人解除断， 立见毗卢师。

（三十二）

拾得原诗

各有天真佛， 号之为宝王。

珠光日夜照， 玄妙卒难量。

盲人常兀兀， 那肯怕灾殃。

唯贪淫佚业， 此辈实堪伤。

楚石和诗

贪心不知足， 自昔顶生王。

统御四天下， 威神不可量。

上图忉利主， 沦坠始知殃。

已过无量劫， 传闻为你伤。

（三十三）

拾得原诗

出家求出离，　　哀念苦众生。

助佛为扬化，　　令教选路行。

何曾解救苦，　　恣意乱纵横。

一时同受溺，　　俱落大深坑。

楚石和诗

富自贫时积，　　愁从喜处生。

禅心须勉励，　　佛戒好遵行。

直感人天竖，　　邪招鸟兽横。

心如一片地，　　不用掘沟坑。

（三十四）

拾得原诗

常饮三毒酒，　　昏昏都不知。

将钱作梦事，　　梦事成铁围。

以苦欲舍苦，　　舍苦无出期。

应须早觉悟，　　觉悟自归依。

楚石和诗

荣枯亲眼见，　　善恶寸心知。

可叹公侯宅，　　徒将锦绣围。

财宁无散日，　　运亦有终期。

松柏薪将尽，　　儿孙失所依。

（三十五）

拾得原诗

少年学书剑，　　叱驭到京州。

闻伐匈奴尽，　　娑婆无处游。

归来翠岩下，　　席草枕清流。

壮士志朱绂[1]，　　猕猴骑土牛。

楚石和诗

吾生太平世，　　亲到帝王州。

岂料干戈动，　　难为海岳游。

城池嗟已破，　　日月去如流。

长夜何时旦，　　空歌宁戚牛。

（三十六）

拾得原诗

后来出家子，　　论情入骨痴。

本来求解脱，　　如何受驱驰。

终朝游俗舍，　　礼念作威仪。

博钱沽酒吃，　　翻成客作儿。

楚石和诗

频言嫌我絮，　　寡语笑吾痴。

但得偷心死，　　何愁别念驰。

方袍僧格量，　　圆顶佛容仪。

---

[1] 朱绂：有本《寒山诗》作"未骋"。

有智夸儿老，　无财厌老儿。

（三十七）

拾得原诗

若论长快活 [1]，　唯有隐居人。

林花长似锦，　四季色常新。

或向岩间坐，　旋瞻丹桂轮。

虽然身畅逸，　犹念世间人。

楚石和诗

无穷山水乐，　不染利名人。

松竹深深处，　云霞片片新。

炉中拨芋火，　月下转茶轮。

昔作红颜客，　今为白首人。

（三十八）

拾得原诗

我见出家人，　总爱吃酒肉。

此合上天堂，　却沉归地狱。

念得两卷经，　欺他市廛俗。

岂知廛俗人，　大有根性熟。

楚石和诗

洋铜一壶酒，　热铁两盘肉。

诸佛无妄言，　调达长在狱。

释子当持戒，　沙门合离俗。

---

[1]　若论长快活：《天台三圣诗集和韵》作"无事闲快活"。

休夸色身健，　正恐业果熟。

（三十九）

拾得原诗

嗟见多知汉，　终日枉用心。

歧路逞喽啰，　欺谩一切人。

唯作地狱滓，　不修来世因。

忽尔无常到，　定知乱纷纷。

楚石和诗

若要速成佛，　先须了自心。

寻常行履处，　彻见本来人。

游戏神通力，　庄严净土因。

何劳一弹指，　花雨自缤纷。

（四十）

拾得原诗

迢迢山径峻，　万仞险隘危。

石桥莓苔绿，　时见片云飞。

瀑布悬如练，　月影落潭辉。

更登华顶上，　犹待孤鹤期。

楚石和诗

境胜多般异，　峰高万仞危。

青天上头转，　白日下方飞。

铁磬侵晨响，　金灯彻夜辉。

居山亦不恋，　涉世本无期。

（四十一）

拾得原诗

松月[1]冷飕飕，　片片云霞起。

崌匝几重山，　纵目千万里。

溪潭水澄澄，　彻底镜相似。

可贵灵台物，　七宝莫能比。

楚石和诗

千峰岚气收，　万壑松声起。

明月为故交，　白云作邻里。

清风屡披拂，　流水长举似。

试问本来人，　欲将何物比。

（四十二）

拾得原诗

水浸泥弹丸，　思量无道理。

浮泡梦幻身，　百年能几几。

不解细思维，　将言长不死。

诛剥垒千金，　留将与妻子。

楚石和诗

三圣数百篇，　篇篇明佛理。

流传古尚多，　散落今余几。

读者通贤愚，　知之出生死。

---

[1] 月：《天台三圣诗集和韵》作"风"。

休将阳春曲，　唤作江城子。

（四十三）
拾得原诗

世有多解人，　愚痴学闲文。

不忧当来果，　唯知造恶因。

见佛不解礼，　睹僧倍生瞋。

五逆十恶辈，　三毒以为邻。

死定入地狱，　未有出头辰。

楚石和诗

彼云无量寿，　此曰释迦文。

不异我心出，　还同他世因。

孜孜厚行愿，　渐渐息贪瞋。

大士可为法，　诸贤相与邻。

庄严信所慕，　翘想在斯辰。

（四十四）
拾得原诗

可笑是林泉，　数里勿[1]人烟。

云从岩嶂起，　瀑布水潺潺。

猿啼畅道曲，　虎啸出人间。

松风清飒飒，　鸟语声关关。

独步绕石涧，　孤陟上峰峦。

时坐盘陀石，　偃仰攀萝沿。

---

[1] 勿：《天台三圣诗集和韵》作"少"。

遥望城隍处，　　唯闻闹喧喧。

楚石和诗

松籁剧流泉，　　山岚似吐烟。

侧身路渺渺，　　濯足波潺潺。

南北双峰外，　　东西两岭间。

谁能忘世虑，　　自此立禅关。

碧树改红叶，　　白云停翠峦。

林巢恣偃仰，　　野棹或洄沿。

城郭不可处，　　轮蹄何太喧。

（四十五）

拾得原诗

自笑老夫筋力败，　　偏恋松岩爱独游。

可叹往年至今日，　　任运还同不系舟。

楚石和诗

闲依白石清泉坐，　　或向红尘闹市游。

南北东西无挂碍，　　茫茫大海一虚舟。

（四十六）

拾得原诗

无去无来本湛然，　　不拘内外及中间。

一颗水精绝瑕翳，　　光明透漏出人天。

楚石和诗

今来古往性常然，　　活物难收动用间。

任你白云千万匝，　　到头依旧是青天。

（四十七）

拾得原诗

云山叠叠几千重，　　幽谷路深绝人踪。

碧涧清流多胜境，　　时来鸟语合人心。

楚石和诗

山好千千万万重，　　马蹄车辙永无踪。

道人静坐深林夜，　　明月高县太古心。

（四十八）

拾得原诗

三界如转轮，　　浮生若流水。

蠢蠢诸品类，　　贪生不觉死。

汝看朝垂露，　　能得几时子。

楚石和诗

天寒雨作雪，　　日暖冰为水。

四大合而生，　　六尘离即死。

人寿能几何，　　佛法无多子。

（四十九）

拾得原诗

悠悠尘里人，　　常乐尘中趣。

我见尘中人，　　心多生悯顾。

何哉悯此流，　　念彼尘中苦。

楚石和诗

贪为地狱因，　瞋入修罗趣。

只管向前行，　也须回首顾。

如来出世间，　本救众生苦。

和丰干诗

二首

（一）

丰干原诗

余自来天台，　曾经几万回。

一身如云水，　悠悠任去来。

逍遥绝无闹，　忘机隆佛道。

世间歧路心，　众生多烦恼。

兀兀沉浪海，　漂漂轮三界。

可惜一灵物，　无始被境埋。

电光瞥然起，　生死纷尘埃。

寒山特相访，　拾得常往来。

论心话明月，　太虚廓无碍。

法界即无边，　一法普遍该。

楚石和诗

吾佛住天台，　随机示往回。

冰壶无影像，　万德不将来。

未免心中闹，　　直须行佛道。

佛是自心王，　　清凉除热恼。

出离生死海，　　肯守涅槃界。

透水摩尼光，　　六尘安敢埋。

寻常活鱍鱍，　　体净绝纤埃。

若去更不去，　　若来更不来。

无有去来者，　　并除事理碍。

分明百草头，　　毕竟一法该。

（二）

丰干原诗

本来无一物，　　亦无尘可拂。

若能了达此，　　不用坐兀兀。

楚石和诗

太虚非有物，　　一任清风拂。

悟得本来人，　　如痴还似兀。

楚石大师北游诗

楚石梵琦 撰

说明

　　《北游诗》是楚石青年时期的第一部诗集，也是一部用诗写成的完整游记，记述他二十八岁和二十九岁两年时间内北游元大都（今北京）和元上都（在今内蒙古锡林郭勒盟正蓝旗境内）以及路途往返中的所见所闻，共有诗篇三一五首。

　　元至治三年（1323）二月，元英宗为新建寿安寺，诏善书僧人赴京用泥金缮写佛经。楚石因善书，被选中参加。楚石于此年春夏之交从杭州出发，沿京杭大运河北上，一路上把西湖、苏台驿、扬州、清口、坯桥、沛县、鲁桥、任城、荆门、临清、通州等地的景色一一写入诗篇。

　　六月，楚石到达大都，住在万宝坊，开始写经校雠。闲暇时间，楚石尽情游览元大都的文物风貌，广泛交往良师益友，并曾骑马北上，云游上都，留下了多首内容翔实、语言清新的诗篇。在此期间，楚石在修行上获得一次质的飞跃——泰定元年（1324）正月十一日拂晓，因闻崇天门西城楼上鼓声大作而豁然开悟。

　　在大都诸事已毕，楚石于泰定元年秋季动身返乡。两载北游，是楚石的平生快事，楚石有"兹游真远大，吾志本腾骞"之句，充分表达了春风得意、终生难忘的心情。

　　元朝是我国历史上一个特殊的年代，保留至今的历史文献很少。楚石《北游诗》是一部珍贵的史料，有重要的文献价值，被誉为诗化的《马可·波罗游记》。

　　楚石《北游诗》，现存清古香楼、眠云精舍和振绮堂等数种抄本，及今人吴定中、鲍翔麟的校注本（浙江古籍出版社2010年出版）。本次整理，折中诸本，标出异文，并作一些简要注释。

楚石大师《北游诗》序

【明】明秀

宗门老宿能立言立教，而凌厉万古不泯者，非卓越之才识，不能成莫大之事功。由唐宋至我大明，翊道倡文之家，代不乏人。若名动仁主，行满道场，特立独行，莫如我楚石老师。

楚石生四明象山，九龄来天宁，受法于讷翁谟师。成大因果，建大基业，文章戒律，光照五山。尝被高帝之召，讲经南都。发秘开幽，俾后学知所归向。大江以南皆沾其膏馥，而挹其清华者，不啻几百人。隐制奥作，千篇万章。当天兵剿逆，胡元革命，奔走道途，散落人世，惜无完书。西斋旧阁简得刊本《语录》、《北游》抄本。《语录》已行世，抄本则未有知者。秀忝承衣体，有愧贻谋。敬缮锓梓，欲图永传。虽不能如中峰继师之华躅，聊尽为弟子之铢寸，亦非自高门户，粉饰悦人。然内学之精微，外文之雄浑，并履历之详，金华宋太史尝铭于前，吴门姚少师传于后。后为楚石法胤者，能如秀之勤恳，嗣而为之，岂惧楚石之名不传、木之易朽也哉！谨志以闻。

岁正德旃蒙大渊献[1]，春三月望，九世孙明秀[2]拜书。

---

[1] 旃蒙大渊献：我国古岁星纪年法，相当于乙亥。其时即明正德十年（一五一五）

[2] 释明秀：明僧，能诗，有《释雪江集》一卷传世。

楚石大师《北游诗》序

【明】卞胜

桑门能诗者，四明楚石师为今湖海首称。余尝访之于秦溪别墅，得所示《北游诗集》，凡绝句、五七言律弥三百余首。盖在昔至治癸亥、甲子之岁，北留京都时所作也。故凡京华之事，燕滦之风物，囊收稿积，莫非佳咏。今观其什，则浑雄而苍古，渊泳而典雅。厌饫百家，淬砺杜氏。炜炜乎若埋丰城之宝剑，而光有不能掩焉者也。虽古有贯休、齐己、灵澈、道潜之徒，恐莫能窥其奥。盖以师之高明敏达，穷书赡学，其于是游也，则又历览乎泰山之高，黄河之深，长江大海之宗会，而气秀毓蕴，纳乎胸中。及抵于京师，则其耳目之接，固又极其大者，可知已！夫京师乃天下之大都会，天子之居在焉。宫城之伟，冠乎四海。人物之殊，聚乎万国。而朝廷之上，礼乐仪卫之盛，宗庙之美，百官之富，乃天下之极观者也，是以日益乎所见。凡所与交接谈论，又皆王公缙绅、文章道德之士，日益乎所闻。故其词章气象，奋然杰出。为大朝之风雅，而相与时合盛者焉。

或曰：师之宗以禅默为道，而乃从事于声律，得无外驰乎？

予曰：禅默其入定之事，为道之方也。而师之定力精确，不挠于物，触境洞然，莫非妙道。盖存心而为禅，发言而为诗，非二理也。然其所以访览今古，吟赏风月，乃其游嬉三昧尔，奚可与不知者道哉！

师平生所为诗文若干卷，已流于世。此北游之集，盖以观光胜事，故特为首末以记。予因读其集，叹其为人，而其言可服若此。予之言虽不足为世重轻，然古人有儿童诵君实，走卒知司马，盖公论也。请为师诵之，以书于卷首。

金困卞胜谨序

楚石大师北游诗

嗣孙明秀拾遗

晓过西湖 [1]

船上见月如可呼，	爱之且复留斯须。
青山倒影水连郭，	白藕作花香满湖。
仙林寺 [2] 远钟已动，	灵隐塔高灯欲无。
西风吹人不得寐，	坐听鱼蟹翻菰蒲。

西津 [3]

月满潮来盛，	天空野望低。
树侵吴甸北，	帆入楚江西。
俊鹘秋方下，	慈乌晚更啼。
即看霜露及，	风景色凄凄。

晓 [4] 过苏台 [5] 驿

初瞻五色日，	正照百花洲。
彩缆拂江水，	黄旗飘柂楼 [6]。

---

[1] 西湖：指杭州西湖，京杭大运河的起点。这是作者千里北游的开篇之作。

[2] 仙林寺：杭州城西古寺，已废。

[3] 西津：在江苏镇江。

[4] 晓：有本作"晚"。

[5] 苏台：姑苏台，指苏州。

[6] 柂楼：柂，舵。柂楼是指大船后舱之楼。

风传叠鼓急，　月出征帆收。
直指西北去，　含香天上头。

扬州

已无红药过琼花，　惟见高楼酒幔斜。
二十四桥今夜月，　尽情分付与琵琶。

泊清口[1]

野外三家市，　天涯万里舟。
河流归故道，　云物动新秋。
旷海连鱼鳖，　华星近斗牛。
吾乡去未远，　行李勿深忧。

圯桥[2]

子房三世相韩家，　辛苦椎秦博浪沙。
不上青天扶日月，　便归丹壑老烟霞。
圯桥进履心长在，　汉室封侯鬓已华。
惟有当时书一卷，　奈何人世事如麻。

沛县[3]

大风台上客登临，　谁识高歌壮士心。
韩信去时曾有语，　陈平行处可无金。
自从西北开围出，　独向东南注意深。
四百年间一回首，　绿槐满地暮蝉吟。

---

[1] 清口：在淮阴。元至元十二年（一二七五），设清河驿于大清口。

[2] 圯桥：在今江苏省徐州市睢宁县。汉张良于博浪沙行刺秦始皇后，隐居圯桥。

[3] 沛县：在江苏西北端，汉高祖刘邦故里。

宿鲁桥[1]

近岸离离苍耳丛，　　吴船夜泊鲁桥东。

未能傍史修王法，　　聊复题诗继国风。

一老尚怜颜氏子，　　两生犹笑叔孙通。

劝君无事且高枕，　　黄帝孔丘俱梦中。

任城李太白酒楼[2]二绝

洛阳城里董糟丘，　　不惜黄金起酒楼。

后五百年寻太白，　　谁知烂醉在新州[3]。

翰林习气未能忘，　　来饮新州满殿香。

醉倒不归天阙去，　　文星长枕酒星傍。

荆门[4]

梁山莲蓬浩如海，　　荆门杏子大于瓜。

百钱一斗供无数，　　败核焦房易满车。

行近临清[5]客怀眇然有江南之思三首

兰笤翡翠簇临清，　　颇似江南岸下行。

拂水蒹葭霜未降，　　含烟杨柳雨初晴。

---

[1]　鲁桥：在山东微山，元设都漕运司。

[2]　任城：今山东济宁。唐李白曾寓居任城。济宁古城墙上有太白楼，传为李白饮酒处。

[3]　新州：即任城。

[4]　荆门：吴定中、鲍翔麟校注《楚石北游诗》（浙江古籍出版社，2010年）注云：遍查地理图志，运河沿途，未见荆门，疑为荆河。荆河在山东滕州。明代有碑记称滕州为"九州通衢"；杏子为当地特产之一。

[5]　临清：今山东省临清市。

前村闪闪群鸦去，　落日萧萧匹马鸣。

从此开帆八百里，　溯流直上是瑶京。

北来风物未萧疏，　佳处王维画不如。

青草岸边三寸雨，　白蘋花下一双鱼。

茅亭水隔无人到，　酒馆当门大字书。

抛却云山未归去，　但吟吾亦爱吾庐。

吾庐正在白云边，　古木修篁相接连。

桥下白鱼长比剑，　石间青蟹大如钱。

秋风着意吹香稻，　野水无情管钓船。

凉夜月明洲渚静，　藕花深处不妨禅。

送僧还吴 [1]

通州 [2] 之南，弥望北，沙陇丘墟，与中原异矣。因僧还吴，于此送之。

白龙 [3] 堆上望齐州，　但见疏烟九点浮。

黯黯天低鹊没处，　纷纷叶落雁横秋。

开帆更在青山外，　去路无穷碧海头。

今日南归吾贺汝，　道人不作贾胡留。

初入经筵呈诸友三首并序

世祖皇帝混一天下，崇重佛教，古所未有。泥金染碧，书佛菩萨罗汉之语满一大藏。由是圣子神孙，世世尊之，甚盛事也。赵孟頫、邓文原闻入选仔肩。皇帝即位之三年，诏改五花观为寿安山寺，选东南善书者书经

---

[1] 此标题为整理者新拟。

[2] 通州：在今北京市。

[3] 龙：有本作“云”。

以镇之，三百余人，余亦预焉。赋诗呈友。

妙篆曾闻薤叶披，　悬针欲作露珠垂。
鹅群但换黄庭字，　赝本终惭碧落碑。
经到钱镠倾国写，　佛从李煜铸金为。
皇朝盛典尊千古，　赵邓由来此选推。

秋兔输毫已得霜，　春蚕食叶正盈筐。
漫夸大字工飞白，　争看真书写硬黄。
中使与倾银瓮酒，　上师来报玉炉香。
天宫偈赞应无数，　侧耳唯闻最吉祥。

何期万里对龙庭，　便与群仙蹑凤翎。
白玉为堂深着我，　黄金作字细书经。
天池侧畔多余润，　帝座前头一小星。
长忆太宗容[1]老奘，　也曾商略到玄龄。

赞郭冀州[2]

南城郭冀州在南方时，余尚小，抚若己子，常受其家供养。今八十余
矣，强健如五六十人。至京往见，以诗赞[3]云：

公在南方佐郡时，　忆年十五尚儿痴。
隐身未解瓶中浴，　叉手先成座上诗。
苦李实多人竞采，　甘棠树好我频思。

---

[1]　容：有本作"客"。

[2]　此标题为整理者新拟。

[3]　赞：有本作"赞"。

浙河一望三千里，　　难得升堂奉寿卮。

八月四日宫车宴驾二首

驻辇开平[1]实帝畿，　　秋来日月损光辉。

空令扈从千官泣，　　不见宸游八骏归。

白露节前霜已降，　　黄花川畔叶争飞。

横经未入重云殿，　　但有香烟染御衣。

此日俄闻帝上升，　　编年忍见史书崩。

向来玉座瞻龙衮，　　愁杀云车载纸缯。

出入几时陪警跸，　　朝昏何处望山陵。

三千里外攀髯堕，　　只有孤臣泪满膺。

访虞伯生[2]待制

蓬莱坊里是仙居，　　松桂林中读佛书。

大本华经全在我，　　小根魔子岂关渠。

庄周未免为蝴蝶，　　韩愈何尝绝蠹鱼。

昨夜凉风动关塞，　　朝来落叶遍阶除。

应聘

野人应聘愧非才，　　何幸初逢宝运开。

白雪阳春难和曲，　　黄金旧日最高台。

万年枝上山莺语，　　千柱宫中海燕来。

且伴群仙游上界，　　从教地位隔尘埃。

[1] 开平：在今内蒙古自治区锡林郭勒盟正蓝旗境内。元初诏开平为上都。

[2] 虞伯生：虞集，元代著名文人，有《虞伯生集》。

寄洪司徒

亲扶佛日上高冥， 着绛袈裟眼独青。

世[1]爱眉长堪入画， 旧吟诗好合为经。

雨龙听讲天花湿， 海鹤随行径草腥[2]。

遥想晓来持咒罢， 柳枝和露插金瓶。

罢经筵赠吕日新、家安道

南国书生感慨多， 五华重阁漫巍峨。

曾观剑器孙娘舞， 再听宫人穆氏歌。

草里岂无傍不肯， 君前犹有敬新磨。

自今对酒舒怀抱， 休问桑田变海波。

呈宗师吴真人

小驻金尊且莫倾， 黄河合是几时清。

教花解语人须妒， 使月长圆岁不成。

镜里亦知潘鬓改， 掌中休问楚腰轻。

伐毛洗髓非无术， 他日相将上玉京。

驾幸白塔寺[3]二首

亭亭黄伞彩云端， 只许垂帘夹道观。

千步廊深罗宝马， 九重乐奏拥仪鸾。

直将白塔为天树， 何待金人捧露盘。

殿户尽开铃铎响， 高烧薰陆报旃檀。

---

[1] 世：有本作"时"。

[2] 腥：有本作"深"。

[3] 白塔寺：在今北京阜成门内，始建于元代，原名大圣寿万安寺。

卧听檐鸣宿雨垂，　行看驾动晓云披。

堂中盛设千僧饭，　殿下宽容五丈旗。

日角分明何敢视，　天花新好不教萎。

须臾唤仗还金阙，　更奏箫韶待凤仪。

赠西番元帅

剑南西路与天连，　吐谷浑遮莫贺延。

使者出关频捧诏，　将军持戟尚临边。

黄羊野马充庖美，　金凤银鹅照骨鲜。

投笔每怀班定远，　至今功业在陈编。

送天使往西域

流沙往往陷成[1]河，　枯骨纵横魑魅多。

天女散花休驻想，　梵音弹舌好降魔。

狼头左右千兵聚，　鱼脊中间万马过。

行见浮屠近天竺，　洗心瞻礼勿蹉跎。

赠圣安长老从云山

棕毛小殿屡传宣，　请说云门派下禅。

即日赐金三万两，　连朝开法九重天。

宰臣拥盖盈闾巷，　宫女缝衣学水田。

且欲依君方丈住，　闲寻旧籍写新编。

朱虚[2]

朱虚新灭吕，　易水不离燕。

---

[1] 成：有本作"城"。

[2] 朱虚：汉朱虚侯刘章。

出揽飞龙辔，　行鸣落雁弦。
御沟红叶下，　方丈白云边。
共贺更新主，　重兴甲子年。

万宝坊偶成三首

短衣随北客，　归路近东华。
宫帽凫分尾，　军装豹与花。
燕王收骏骨，　汉使待灵槎。
挟弹千金子，　呼鹰万里沙。

入拥君王驾，　还陪宰相车。
旄头元执罕，　龙尾旧名龉。
茗布应千匹，　穹庐且万家。
谁能捐禄米，　我欲驻京华。

夜色连沙塞，　秋声动禁林。
西山当阙角，　北斗挂天心。
匣束双纹簟，　霜催九月砧。
能鸣无数雁，　可念独栖禽。

寄云山长老

远客同秋雁，　无眠听晓鸡。
宫墙千雉匝，　御柳万条齐。
暗水金沟底，　明河紫殿西。
山中真宰相，　不待筑沙堤。

游辇下诸刹

帝作黄金寺，　吾留白玉京。

无人嫌狗曲，　　有客爱驴鸣。

水饼时时设，　　天花顿顿烹。

盘盂恣流溢，　　酥酪浩纵横。

皇帝幸永安寺设斋

绀马朱髦不动身，　　红靴玉带自生春。

众流浩浩东归海，　　群象煌煌北拱辰。

雨粟有时飘殿阁，　　天花无数落金银。

吾皇八万四千岁，　　岁岁长斋贫道人。

览麻座上听众国师持论

国师持论意何如？　　弹指声前并扫除。

无著天亲闻得妙，　　许询支遁敢崇虚。

三乘直截僧蕃语，　　四种空留梵志书。

问答纵横君未解，　　能知冷暖水中鱼。

五花山寺

五花山寺雪云中，　　天匠新来睹史宫。

佛盖半垂金馺騀，　　僧窗全占碧玲珑。

长虹影蛰寒沙水，　　猛虎声号夜壑风。

先帝宸游如未举，　　宝书亦复见全功。

送家安道还余杭

万宝坊中把一卮，　　每因相别重相思。

北来枉作朝天客，　　南去浑如不第时。

青嶂白云亲舍近，　　碧桃红杏子来迟。

幸然锦绣山川在，　　何必功曹负好诗。

寄吕改之二首

余寓万宝坊凡三阅月，郝冀州延入南城弥陀寺禅诵焉，寄吕改之二首。

乞得黄粱手自春，　　染成赤布倩谁缝。

氍毹半展深扃户，　　榾柮高烧稳过冬。

水有行车冰四合，　　山无度鸟雪全封。

此时俗驾来应断，　　一缕旃檀且细供。

兀兀清斋坐虎皮，　　流年不道暗中移。

郭生堕甑休回首，　　陶令闻钟只皱眉。

新得卢茶敲石煮，　　每闻羌笛隔邻吹。

曳裾懒向王门去，　　须信名场有蒺藜。

寄光雪窗[1]书记二首

天街骑驴何处僧？　　自笑踏雪行凌兢。

昨来深殿谒明主，　　今畏猛风吹厚缯。

绣佛长斋有苏晋，　　园葱变苣无姚兴。

代州食雁定肥否？　　满座醉人呼不应。

鬓毛未有一茎斑，　　长谓龙鳞坐可攀。

古剑精神霄汉表，　　飞鸿指爪雪泥间。

贪将钓手遮西日，　　不觉移文到北山。

稍待御河春水满，　　船头持酒酹铜环。

冬暖

冬暖临轩罢燎炉，　　坐来春自透肌肤。

---

[1]　光雪窗：元释悟光，号雪窗，《新续高僧传》卷四有传。能诗，有《雪窗集》稿二卷。虞集有《赠光雪窗》诗。

野人岂识纯绵好，　　天子应嫌炙背粗。
画阁银床空绣被，　　金盘石蜜更牛酥。
此中未是安闲国，　　且进茅檐饭一盂。

赠聪提点

此日谁餐两颗梨，　　金盘顿顿设糕糜。
人生淡泊从吾好，　　佛国清凉与尔期。
山晚且停红叱拨，　　雪寒须着紫驼尼。
羊酥马酪饶风味，　　更忆吴盐压楚葵。

诸王

近日长安酒价多，　　诸王剑佩互相磨。
袍裁白地明光锦，　　诏赐红云五色罗。
沙冻草根春淅沥，　　雪晴山脊晚嵯峨。
无人识得河间意，　　却笑投壶与雅歌。

呈诸学士二首

太平天子驾飞龙，　　五百年来始一逢。
歌舞未宜烦学士，　　文章何必羡昭容。
琼林耸日花枝盛，　　辇道含烟柳色浓。
听罢秦王卷衣曲，　　还闻长乐动疏钟。

闻道君王爱古词，　　内庭行乐少人知。
初传皇后千金赋，　　更代宫娥一首诗。
夹辇每看朱凤下，　　登天兼赐白龙骑。
区区拙速真营蒯，　　敢比群公织锦迟。

皇都春日三首

三三五五殿相当，　玉几中间是御床。
宗庙尽存周礼乐，　翰林多取汉文章。
东风入律蛮夷喜，　北斗回城刻漏长。
不但有诗歌后稷，　更将无逸奉君王。

丽正门^[1]前春雪消，　百官无事早回朝。
闲随步辇寻花径，　已觉光风转柳条。
幽鸟忽来啼紫翠，　故人相见解金貂。
轻车细马香山路，　更听前声落涧遥。

城上重云杂晓霞，　门前流水带春沙。
雨随天子行朝辇，　香趁宫人入道车。
不分乌啼金井树，　从教蝶醉玉阑花。
笙歌散后公应识，　富贵来时手可遮。

群公子

少年意气为谁倾，　闲把琵琶出凤城。
染草未匀春色嫩，　勒花不住晓寒轻。
风飘十里香尘满，　日照三条广路明。
洒扫东堂游射处，　分鹅亦足慰人情。

赠怯薛^[2]

龙凤团茶唤客烹，　爱君年少气峥嵘。
蓬莱殿近闻天语，　阊阖门高侍辇行。

---

[1]　丽正门：元大都南城门名。
[2]　怯薛：蒙古语，元禁卫军名。

春暖摘花供进酒，　　月明吹竹和弹筝。
焉知寂寞山林士，　　粝饭寒虀度一生。

过张尚书

今日雪晴天气和，　　太平随处有笙歌。
花开上国宜春苑，　　诗满南宫瑞锦窠。
黄鸟语来深巷静，　　白云飞去好山多。
人生得意须行乐，　　且洗君家鹦鹉螺。

送僧游高丽

前年同居密的支，　　今年独走高勾骊。
度辽向晚泊何处，　　入海谈经来几时？
夜火初红雪色石，　　春山正绿人形芝。
谁家女子化龙去，　　出没波间常护持。

赠王使君

君持使节过绳桥，　　已遣蛮夷[1]感圣朝。
良将未夸班定远，　　大臣犹数盖宽饶。
川香野马衔青草，　　雪暗天鹅避皂雕。
西出阳关九千里，　　归来莫惜鬓萧萧。

赠丘公佐

正月二十日赠东平进士丘公佐，殿试在迩，作此先之。

京师花柳斗春妍，　　试手东风第一篇。
方取余糟醉司命，　　又携薄饼补天穿。

---

[1]　夷：有本作"方"。

文如凤阁舍人样，　　名在玉皇香案前。

何况阴功曾救蚁，　　锦标得隽合推先。

赠钱塘张克正

酒酣合奏琵琶筝，　　无限春光付后生。

织翠裙新骄野服，　　函牛鼎大餍珍烹。

涧松错落千寻干，　　山草扶疏四寸茎。

颇忆江南风物否？　　绿杨影里画船横。

过千步廊街

古今异代不同时，　　闲咏龙蛇燕雀诗。

春雾未消藏殿阁，　　暖风无力动旌旗。

黄莺啭罢还飞去，　　翠柳生来尽倒垂。

寒食清明看又过，　　内园次第赏荼蘼。

和人秋千

九衢春暖杂花开，　　高架秋千试女孩。

彩索顿能抛^[1]势力，　　罗衣全不染尘埃。

将随舞蝶轻飘去，　　又学游丝稳下来。

直到广寒争几许，　　何劳重筑眺蟾台。

相府二首

春游有限兴无涯，　　屡到能诗宰相家。

未绿先黄临砌柳，　　才红又白满阑花。

座倾朱履三千客，　　月剩珍馐十万车。

入觐归来焚奏稿，　　阴功不许后人夸。

---

[1]　能抛：有本作“抛能”。

八表咸知天子尊，　古无封域盛皇元。

相分左右参机务，　台可东西拱禁垣。

端委庙堂须庾亮，　懒迎宾客笑陈蕃。

年来岂可不为学，　禾黍丰登梨枣繁。

奉答诸学士

圣戒盘铭亦在初，　朝回便殿坐看书。

五风十雨春长好，　万户千门乐有余。

深巷隔花闻按曲，　小亭临水见行车。

沧洲日暖多鹓鹭，　尽泛恩波到石渠。

公主园

一从明律变春温，　无数流莺满沁园。

翠辇穿花长公主，　绯衣束带小黄门。

佳人不属沙咤利，　快马仍逢勃突浑。

海内承平无战伐，　弹丝吹竹对芳樽。

有感二首

富贵抛人似掷梭，　不禁骑马再经过。

太师宅废无弦管，　丞相堂新有绮罗。

苦李开花春不少[1]，　甜桃结子夏还多。

炎凉换尽婵娟貌，　听取黄鸡白日歌。

潮州司马万羊群，　割肉充庖不忍闻。

饮酒固宜浇磊块，　煮茶那复接殷勤。

陈侯弊席门前设，　丁氏香炉被底薰。

总道夜眠忘宠辱，　役夫何事梦为君。

---

[1]　春不少：有本作"春不早"。

谢邓善之 [1]

天历二年甲子春，邓公善之任国子祭酒，试礼部进士甚公。善之谓予曰："袁伯长学士在京师，累岁不肯取乡士。今年得程端礼兄弟，人亦不以我为私。"余闻之喜，因谢。

桃李漫山不肯栽，　先生信手劚苍苔。
旧时燕子无巢宿，　今日藤花借树开。
富弼推恩宁为友，　祁奚举子实论才。
山僧亦有乡闾念，　建福门前几度来。

呈乡士

肉如泰华酒如泉，　应笑烹茶卢玉川。
铸错不成休费铁，　通神何物似堆钱？
步趋绛阙苍龙下，　心在清溪白鸟边。
不得同舟往吴越，　凌云诗思已飘然。

重过京尹宅

陆海庖厨餍割烹，　公侯车马乱纵横。
北收代郡雁为炙，　南取楚江鼋作羹。
红紫二绡楼上女，　宫商一束帐前笙。
奈何骨化邙山土，　不得重来捧玉觥。

游道院

雪白花枝满院开，　沉沉古殿锁苍苔。
且看松影不知晚，　间有棋声何处来。
地上玉壶收日月，　山中珠树隔楼台。

---

[1]　此标题为整理者新拟。

五芝本是长生草，　　除却仙人谁解栽。

出城访智诠师

九子母祠天阙西，　　森森夏木与云齐。

诗成初见野花落，　　睡起忽闻山鸟啼。

傍眼清泉开锦镜，　　临窗小字写银泥。

野人不用纱笼壁，　　他日重来看旧题。

赠韩执中

未可匆匆话别离，　　北来须作数年期。

蜗牛角上看蛮触，　　人马宫中识尾箕。

毕卓但能寻酒瓮，　　班超何必弃毛锥。

尚方铸就黄金印，　　他日封侯定属谁。

西山

西山如龙枕皇州，　　上有仙子不可求。

白石在水常凿凿，　　青松无风自飕飕。

大书金榜著僧寺，　　直送玉泉来御沟。

相约功成身退日，　　一庵高卧万峰头。

闻乐

牛皮竹管是何音？　　奏我琉璃一面琴。

石室回定知佛意，　　虚空花落见天心。

王昭君去徒留冢，　　钟子期亡漫铸金。

只有此声传不得，　　夜来风雨撼山林。

宫使出家

昭阳宫里剩春花，　　不与元悲解叹嗟。

旧赐尽抛金骔裹，　新恩初降紫袈裟。
都将凤阁千盅酒，　并换龙团一品茶。
京洛风尘顿萧爽，　山青云白是吾家。

送锴师之上都

又向神都避郁蒸，　朝朝驾动鼓登登。
不骑一匹大宛马，　自拄千霜王屋藤。
陌上花开金作朵，　山间云尽翠为层。
长松怪石华严寺，　想见皋卢煮涧冰。

上都避暑呈虞伯生待制二首

扈从君王下辇初，　三千宫女丽芙蕖。
龙颜映日朝临座，　鹤禁张灯夜讲书。
火浣布新衣整肃，　水精杯冷酒空虚。
大官复取䵃沉进，　天上酥酡恐不如。

神都避暑可为欢，　满地风霜六月寒。
座有陈遵复投辖，　朝无汲黯亦常冠。
千盅美酒鸬鹚杓，　五色甘瓜翡翠盘。
谁采歌诗献天子，　饭牛车下夜漫漫。

呈诸国师二首

从此开平是帝乡，　锦云外绕殿中央。
由来盛夏不知暑，　未及新秋先雨霜。
翠崿丹泉真富贵，　冰肌玉骨自清凉。
四依大士俱无著，　尽放眠沙细肋羊。

我独何为尘中土，　校雠文字久无功。

斜阳穿树正金碧，　　小草着花能白红。
不在南方犹畏暑，　　全开北户自生风。
知师入夜谈玄罢，　　高卧宽闲五百弓。

畏吾御史落发

南越大珠堪作疏，　　西凉美锦可为裘。
时苗留犊世不见，　　房琯得羊心未休。
六国几人捐相印，　　五湖何日伴渔舟。
喜君独铲青青草，　　无复还家与妇谋。

亡金故内

极目离离禾黍苗，　　愁闻野老说金朝。
百花总为蜂添蜜，　　千古真成鹿覆蕉。
废主无才谋伐宋，　　元戎有志在降辽。
片云忽作西山雨，　　疑是英雄恨未消。

轩辕台

轩辕未免伐蚩尤，　　百尺台荒万古留。
玉叶金枝云作盖，　　青山白水地名幽。
人间且说骑龙去，　　天上须为跨凤游。
弓剑久埋陵谷变，　　角声长绕夕阳楼。

易水

把酒高歌易水寒，　　当时已料事成难。
求贤未及周公旦，　　好客无如燕子丹。
雪尽新春行草木，　　天清古戍集峰峦。
图穷匕见真奇伟，　　得作秦王分死看。

秦王城

掘地埋金无不能，　　东南王气日腾腾。

扶苏赐死知秦灭，　　胡亥从游识汉兴。

在道已遭山鬼哭，　　还家方信鲍鱼乘。

杞梁白骨沉黄土，　　妻泪滴城城自崩。

居庸关

天畔浮云云表峰，　　北游奇险见居庸。

力排剑戟三千士，　　门掩山河百万重。

渠答自今收战马，　　兜零无复置边烽。

上都避暑频来往，　　飞鸟犹能识衮龙。

李陵台[1]

男儿肝胆铸黄金，　　扰扰游尘不易侵。

忍死难将苏武节，　　偷生未解李陵心。

毡裘影拂天山去，　　芦管声催汉月沉。

借问高台谁与筑，　　南来客子倦登临。

琴峡[2]

目送归鸿手五弦，　　嵇康合向此中仙。

水如玉指弹秋月，　　星作金徽散晓天。

尽洗伊凉方可听，　　不名韶濩若为传。

君王莫爱霓裳曲，　　艳舞娇歌失自然。

---

[1]　李陵台：元上都西南驿站之一，在今内蒙古锡林郭勒盟。

[2]　琴峡，位于居庸关城北十五里。

龙门 [1]

轻车缓辔过龙门，　　小草幽香满石根。

侍从千官成夜宿，　　徘徊万骑若云屯。

神鱼不待桃花浪，　　野老何知天子尊。

来听滩声坐终日，　　好教俗耳洗尘昏。

枪竿岭 [2]

桑干不欲旧名呼，　　似是彭郎取小姑。

夜近斗杓横碧落，　　晓看云气接苍梧。

太平天子九龙帐，　　年少将军双虎符。

我亦何曾惯鞍马，　　只宜舟楫向江湖。

独石站 [3] 西望

塞北逢春不见花，　　江南倦客苦思家。

千寻石戴孤峰驿，　　一望云横万里沙。

去路多嫌葱岭碍，　　归途半受雪山遮。

张骞往往游西域，　　未许胡僧进佛牙。

朔漠

白草黄云朔漠间，　　家书不过雁门关。

幽州南北往来路，　　辽水东西千万山。

沙上老驼埋鼻立，　　海中良马得驹还。

却登坡垄最高处，　　星斗满天殊可攀。

---

[1]　龙门驿：在今河北张家口赤城县。

[2]　枪竿岭，即长安岭，旧名桑干岭，在龙门东南怀来县境，元时设驿。

[3]　独石站，即独石口，为出入长城的咽喉要隘，在今河北省赤城县西北。

北征怀古

前史所书孤竹君，　　姓名牢落久无闻。

山戎本料齐师远，　　石刻徒夸窦氏勋。

天入玉关长带雪，　　地留青冢不离云。

解鞍独立空惆怅，　　昨夜新霜雁叫群。

相家夜宴

璧月未出金风凉，　　群乌哑哑鸣苑墙。

西山高居帝左右，　　北斗正挂天中央。

绣衣执乐三千指，　　朱火笼纱十二行。

坐待更阑宾客散，　　萧斋自炷辟邪香。

新秋

白龙堆北黄嵩秋，　　金水河西红叶流。

月上未上已击鼓，　　人来不来方倚楼。

雁声嗈嗈入云去，　　世事衮衮何时休。

吾乡一望四千里，　　莫识家书沉与浮。

赠西山隐者

花边亭子水边楼，　　宰相归来秉烛游。

茅屋道人深夜坐，　　桂枝明月满山秋。

尽教万马千车远，　　消得三平二满休。

谁不愿持生杀柄，　　独夸疏傅有深谋。

塞外

无事穹庐似屋方，　　卧吹芦叶向斜阳。

黄河不解变春酒，　　白野徒能飘夏霜。

九十九泉[1]入北去，　一年一度雁南翔。

临高引领望城郭，　游子何时还故乡。

送酒泉太守

太守新来报酒泉，　临泉酌酒过三年。

每嗔王导不留客，　莫学何曾空费钱。

腰下黄金横带重，　马头明月向人圆。

诏条简易公须勉，　归日应居课最先。

早行看山

厌向官街踏晓[2]钟，　车如流水马如龙。

日行不止九十里，　山远只疑千万重。

翠点金花攒细石，　苍鳞白甲抱长松。

据鞍独坐看图画，　却忆钱塘南北峰。

贺人及第

甲子龙飞榜，　江南有几人。

一毛生鸑鷟，　千里见麒麟。

述作机中锦，　光明席上珍。

曲江高宴会，　花柳又添春。

端午

到阙三千里，　攀天百万层。

愿储医[3]艾虎，　休佩辟兵缯。

---

[1]　九十九泉：坐落在今天的乌兰察布市辉腾锡勒草原。

[2]　晓：有本作"晚"。

[3]　医：有本作"殴"。

角黍燕人喜，　　龙舟越俗能。
今朝是端午^[1]，　　又饮玉壶冰。

席上作

琵琶贺怀智，　　觱篥薛阳陶。
日暖百鸟语，　　霜清孤鹤高。
将军誓部曲，　　野老训儿曹。
宾客满堂上，　　为君回首劳。

赠江南故人二首

今骑沙苑马，　　昔踏洞庭鱼。
结缆荷边宿，　　移家竹里居。
好风横笛晚，　　新月上帘初。
每忆江南乐，　　功名有不如。

煮茗羹羊酪，　　看山驻马挝。
地椒真小草，　　芭榄有奇花。
汉月宵沉海，　　边风昼起沙。
登高望吴越，　　极目是云霞。

广殿

广殿履声齐，　　华堂烛影微。
月临珠阁迥，　　星傍玉河稀。
花雨飘重席，　　天香散薄衣。
梦游双阙遍，　　却下九门归。

---

[1]　是端午：有本作"端午日"。

上都十五首

听歌新乐府，　　行在小长安。
玉殿当头起，　　琼枝傍眼看。
山从开辟有，　　地著画图难。
万室恩光里，　　千盅酒量宽。

突厥逢唐盛，　　完颜与宋邻。
君王饶战略，　　公主再和亲。
异域车书会，　　中天雨露匀。
皇朝真一统，　　御历正三辰。

王畿千里近，　　御苑四时春。
苜蓿能肥马，　　葡萄不醉人。
袞衣明日月，　　关塞绝风尘。
古有官名谏，　　今无事可陈。

缥渺旌幢下，　　玲珑殿阁开。
雨师驱暑去，　　风伯送凉来。
白苎佳人曲，　　黄金俊士台。
宫中多胜赏，　　海内足奇才。

百尺凌风观，　　三休却月台。
银河天上落，　　玉帐夜深开。
内地荷花绽，　　南方荔子来。
闲烧冰片脑，　　更进水晶杯。

帝前称万岁，　　宫里乐千春。
日色明珠网，　　霞光散锦裀。

自天传笑语，　倾府赐金银。
不是东方朔，　难酬郭舍人。

今代称文士，　谁能赋两都。
内盘行玛瑙，　中宴给醍醐。
夜雪关河断，　春风草木苏。
不才惭彩笔，　何得近青蒲。

双阙上云霄，　层城近斗杓。
夜开金殿锁，　晨赴紫宸朝。
月屋闲浮蚁，　霜空好射雕。
有官兼宰相，　谁复似嫖姚。

霜威方肃杀，　日色正苍凉。
献果金盘赤，　连珠紫幄黄。
坐依重构晚，　乐引一声长。
更出鱼龙戏，　留欢夜未央。

塞外疑无地，　人间别有天。
宫墙依[1]树直，　　御榻爱花偏。
正想炉薰满，　遥知漏点传。
轮台方奉诏，　版筑更求贤。

避暑宜来此，　逢冬可住不？
地高天一握，　河杂水长流。
赤日不知夏，　清霜常似秋。

---

[1]　依：有本作“倚”。

向来冰雪窟， 今作帝王州。

夜斗低垂地， 秋河近着城。
有灰开月晕， 无扇减风声。
角奏梅花早， 杯传竹叶清。
尚衣锦欲折， 高殿雪初晴。

万国初无外， 诸羌更在西。
阁门朝见雪， 亭障晚开鞞。
天子黄龙府， 将军白马氐。
锦袍凉似水， 银瓮醉如泥。

玉帛朝诸国， 公侯宴上京。
泼寒奇技奏， 兜勒古歌呈。
地设山河险， 天开日月明。
愿将千万岁， 时祝两三声。

积雪经春在， 轻霜入夏飞。
凌晨握鞭出， 薄暮打球归。
冠带如今盛， 山川似此稀。
清朝多猎户， 圣主只戎衣。

开平书事十二首

绝域秋风早， 殊方使客还。
河冲秦日塞， 地接汉时关。
万古悲青冢， 兼程过黑山。
从容陪国论， 咫尺近天颜。

射虎南山下，　　看羊北海边。
筑城侵地断，　　居室与天连。
水黑[1]沾衣雨，　　沙黄种黍田。
自从为帝里，　　无复少人烟。

朔漠天威远，　　沙陀种族繁。
歇装临野店，　　呼酒隔山村。
白狄春秋见，　　黄河昼夜奔。
愿为桃与李，　　长得映金门。

地势斜临北，　　河流稳向东。
龙庭行[2]万里，　　虎路绕三峻。
胡女裁皮服，　　奚儿挽[3]角弓。
长吟对落景，　　独坐感飞蓬。

旧俗便弓马，　　新妆称绮罗。
平原芳草歇，　　古戍暮云多。
翠袖调鹦鹉，　　金鞭控骆驼。
上楼看月色，　　无酒奈君何。

马上还乡梦，　　尘中逆旅亭。
娟娟鸥洗翅，　　肃肃雁开翎。
山远犹含雪，　　天低可摘星。
由来滞文字，　　未足报朝廷。

---

[1]　黑：有本作"墨"。

[2]　行：有本作"向"。

[3]　挽：有本作"控"。

北海何人到，　　西天此路通。
寻经舍卫国，　　避暑醴泉宫。
盛夏不挥扇，　　平时常起风。
遥瞻仙仗簇，　　复有彩云笼。

日出紫烟横，　　风吹瑶草生。
长城饮马窟，　　侠客少年行。
花下醉金碗，　　月中弹玉筝。
焉知有葵藿，　　甚美过羊羹。

夜雪沙陀部，　　春风敕勒川。
生涯惟酿黍，　　乐事在弹弦。
不用临城将，　　何须负郭田。
双雕来海外，　　一箭落天边。

野外山横塞，　　天涯水绕羌。
登高一俯仰，　　即事几炎凉。
日晚雕声急，　　冰寒马足伤。
我怀增感慨，　　谁与细平章。

俗重初生月，　　身知最近边。
将军跃马地，　　使者牧羊川。
揽镜添华发，　　寻诗改旧联。
兹游真远大，　　吾志本腾骞。

孤城横落日，　　一望暗销魂。
天大纤云卷，　　风多积草翻。
有田稀种粟，　　无树强名村。

土屋难安寝，　　飞沙夜击门。

漠北怀古十六首

世祖起沙漠，　　临轩销甲兵。
羌中一片地，　　秦后几长城。
象胆随时转，　　驼蹄入夜明。
何须待秋猎，　　不必问春耕。

北门寒露野，　　西域引弓民。
有地长含冻，　　无花可笑春。
紫貂裁帽稳，　　银鼠制袍新。
万瓮葡萄熟，　　闻名已醉人。

迢迢黑水部，　　渺渺白山连。
厚土覆屋上，　　薄盐凝树颠。
弓刀剧风雨，　　粟麦满沙田。
借问飞凫使，　　营州阿那边？

旷野多遗骨，　　前朝数用兵。
烽连都护府，　　栅绕可敦城。
健鹘云间落，　　妖狐塞下鸣。
却因班定远，　　牵动故乡情。

玉塞休嫌远，　　金山未尽边。
野肥多嫩韭，　　沙进足寒泉。
薄酒千盅醉，　　穹庐四向圆。
少留南郡客，　　多赋北征篇。

北向无城郭，　　遥遥接大荒。
旧来闻汉土，　　前去是河隍。
野蒜根含水，　　沙葱叶负霜。
何人鸣觱篥，　　使我泪沾裳。

无树可黄落，　　有台如白登。
三冬掘野鼠，　　万骑上河冰。
土厚不为井，　　民淳犹结绳。
令人思太古，　　极目眇平陵。

吾闻穷发北，　　此地即天涯。
夏有九河冻，　　春无三月花。
清凉非枕簟，　　富贵是云沙。
爱尔损居室[1]，　　长年到处家。

旷望重关外，　　萧条万里余。
未尝营粒食，　　终不好楼居。
谬甚英雄事，　　茫然草昧初。
大人饶畜牧，　　随分有穹庐。

却望星辰近，　　前行岁月赊。
奇鹰头带角，　　快马口衔霞。
洗盏方朝饮，　　登陴复暮笳。
炎凉人易老，　　苦乐鬓俱华。

汉使骑高马，　　唐兵出近关。

---

[1] 室：有本作"屋"。

前临蒲类海，　　却上浚稽山。
帝号垂千古，　　军声盖百蛮。
初无功可纪，　　只有剑须殷。

每厌冰霜苦，　　长寻水草居。
控弦随地猎，　　刳木近河渔。
马酒茶相似，　　驼裘锦不如。
胡儿双眼碧，　　惯读左行书。

北人穷荒野，　　人如旷古时。
天山新有作，　　耶律晚能诗。
地坼河流大，　　峰高月上迟。
自言羊可种，　　不信茧成丝。

远客停骖处，　　平沙落日时。
塞蓬穿土早，　　河柳得春迟。
欲乳羊求母，　　频嘶马顾儿。
朔方多雨雪，　　南望是京师。

下马四茫茫，　　风悲古战场。
朝天无过鸟，　　夏月有繁霜。
草接浮云白，　　沙翻大碛黄。
提封十万里，　　圣化似陶唐。

生长松漠北，　　入居云代间。
五原临渤海，　　万帐绕阴山。
马蹴胡沙健，　　弓随汉月弯。
太平无斩伐，　　身手恨长闲。

八月十五夜玩月

无根车毂是谁推，　　不嫁嫦娥岂用媒。

八月正当三五夜，　　几人曾赏百千回。

旋抽蓂荚初盈数，　　新酿葡萄正泼醅。

避暑归来宫殿冷，　　君王且进紫霞杯。

出城

霜着宫南柳万株，　　隔垣临水见行车。

出城便与尘沙接，　　在野何妨骑从疏。

阮籍咏怀真有意，　　冯驩弹铗岂无庐。

南山种豆今零落，　　不是秋来废荷锄。

晓

圣主临轩日，　　琴弹解愠风。

甲兵方偃武，　　车驾早还宫。

塞土凝烟紫，　　朝芒射地红。

胡床坐来久，　　晓色已曈昽。

时事

欲取宫中乐，　　无过天下安。

吾君不好杀，　　尔辈敢相残。

草木岁月晚，　　关河霜雾 [1] 寒。

阴风吹太白，　　易水忍流丹。

细柳

细柳军营掩，　　长杨猎骑归。

---

[1] 雾：有本作"露"。

观书消白昼，　论道坐黄扉。
谏疏来何少，　匡君事不违。
夜阑瞻斧钺，　秋至减光辉。

乌桓

乌桓第一州，　白雪乱三秋。
不尽边云起，　无情塞水流。
兔铦蒙氏笔，　狐洁桧君裘。
自笑成痴坐，　何期作远游。

万里

万里故乡隔，　扁舟何日还。
黄云蓟北路，　白雪辽西山。
马倦客投店，　鸡鸣人出关。
吾思石桥隐，　绝顶尚容攀。

黑谷二首

石涧鸣秋水，　柴门暗晓烟。
棠梨红可食，　苜蓿翠相连。
马识新耕地，　驼知旧饮泉。
家家厌酥酪，　物物事烹煎。

北去终无极，　南还未有期。
犹嫌江路远，　不与土风宜。
晚翠看卢橘，　春香忆楚葵。
兹山吾可老，　饮水啖棠梨。

当山即事二首

土窟金缯市，　牙门羽木枪。

地炉除粪火，　瓦碗软蒸羊。

小妇担河水，　平沙簇帐房。

一家俱饱暖，　浮薄笑南方。

水草频移徙，　烹庖称有无。

肉多惟饲犬，　人少只防狐。

由毳千缣氎，　清尊一味酥。

豪家足羊马，　不羡水田租。

留城南寄北城光雪窗时方诵《宝积经》二首

不拟燕山过一冬，　弥陀小院略从容。

无才可备君王问，　有酒频劳御府供。

九陌春泥留象迹，　双城暮雪点驼峰。

出游始觉闲人好，　南寺经声北寺钟。

驱车策马事何忙，　不见尘沙蔽日黄。

满纸题诗聊破闷，　空斋隐几自焚香。

琼花岛上春阴薄[1]，　宝积经中午漏长。

却喜无人供给我，　闲居聚落客僧房。

早春

云晴泥滓尚掩车，　闲坐春宵烛影斜。

睡去幔风频撼枕，　觉来窗日已穿纱。

好音过耳枝间鹊，　香气留人叶底花。

---

[1]　元建大都，将北海琼花岛改名万寿山。"琼岛春阴"为燕京八景之一。

一寸丹心御沟水，　　无时不绕帝王家。

都下春兴

陌头杨柳未全遮，　　青草萋萋带玉沙。
才子百篇敷锦绣，　　帝京三月绕烟花。
曹瞒岂信刘玄德，　　管仲深知鲍叔牙。
自古君王不虚应，　　分明合曲奏琵琶。

寄虞伯生学士

蓬莱坊中车马尘，　　不意见此神仙人。
燕王好客重九鼎，　　邹衍谈天惊四邻。
咫尺无心陪剑履，　　寻常有梦脱冠巾。
知公欲著华严论，　　转觉方山是后生。

寒食同日新游春园二首

东方欲曙夜漏残，　　磊磊落落星阑干。
朝日出海光万丈，　　春风解人忧百端。
丹青满天山不动，　　红白照野花如攒。
今来对此不为乐，　　汝生何时怀抱宽。

前年扁舟作寒食，　　今年匹马游帝京。
提壶鸟劝花下饮，　　吹箫人卖担头饧。
浮云本自无南北，　　孤月何妨有晦明。
短笛谁翻折杨柳，　　曲终又作棹歌声。

呈报恩长老芳兰室

只今游女歌春阳，　　初我北来天已霜。
白雪非同折杨柳，　　金盘岂独盛槟榔。

可怜飞兔但求秣，　　何用牵牛不服箱。

东望云涛渺无际，　　正须万斛试龙骧。

送人守南徐

飞花点点麦渐渐，　　水满春江好挂帆。

三日画楼乌鹊喜，　　九天丹诏凤凰衔。

西津渡口观初月，　　北固城头试薄衫。

圣代全无戎马事，　　每将妙语刻幽岩。

余尝梦至一山闻杜鹃且约雪窗南还

出郭寻春未见春，　　东华踏遍软红尘。

不知蝴蝶化为我，　　何处杜鹃来唤人。

笋蕨过时惟恐老，　　樱梅如豆正尝新。

及今无事早归去，　　莫待秋风江上莼。

示大云法师二首

野人直欲见天颜，　　虎豹森森守九关。

将相功名常恨老，　　神仙官府不容闲。

夜归且把金莲烛，　　晨起仍参玉笋班。

边路往来尘没马，　　岂知拄笏看西山。

孤舟他日往乡关，　　亦对天威咫尺颜。

不饮从教驱下殿，　　无村却喜放还山。

高烧画烛风帘动，　　细写乌丝水阁闲。

吻燥更须浇茗碗，　　时来花底听潺潺。

月下闻筝

哀筝忽起月明中，　　近耳曾闻韵可同。

出谷黄莺啭春晓，　　垂帘玉佩动秋风。
教坊试尽新翻曲，　　国手传来旧乐工。
惭愧北人能比拟，　　雪晴鸣雁度寒空。

席上分题得清凉国送王炼师还桐庐

尘入桐江半点无，　　即知平地是仙都。
新秋城郭月千里，　　盛暑楼台冰一壶。
每夜北方收沆瀣，　　何人西域致醍醐。
世间膏火煎熬甚，　　愿学王乔蹑两凫。

天马

天马新从月窟来，　　一龙不数万驽骀。
踏翻赤岸泽何有，　　骑过玉门关自开。
绝地至今夸穆满，　　附舆谁复骋韩哀。
仰瞻骨相非常驭，　　蹑电追风试尔才。

鹦鹉

鹦鹉为禽性颇灵，　　舌端衮衮诵《心经》。
随人说得千般语，　　对客呼来四座听。
丹嘴绿衣真可爱，　　玉笼金锁不须扃。
故巢挂在幽林杪，　　无限乡山入梦青。

孔雀

金翠满身光陆离，　　罗州孔雀信为奇。
天生一种好颜色，　　岁与百花俱盛衰。
乍听管弦浑欲舞，　　初来宫阙尚惊疑。
刺桐花老青山里，　　又是桄榔叶暗时。

戒蓄鹰者二首 [1]

宋时和鲁有观画鹰猎兔之诗曰："虽是丹青物，沉吟亦可伤。君夸鹰眼疾，我悯兔心忙。岂动骚人兴，惟增猎客狂。鲛绡百馀尺，争及制衣裳。"范文正公叹"真仁人之言"。画鹰尚且为戒，而况蓄真鹰日毙禽鸟乎？余于京师见蓄鹰者，作诗二首以戒焉。

禽兽于人不较多，	乱生争奈有身何？
纷纷口累遭鹰隼，	往往饥驱入网罗。
但纵狂心无恻隐，	终令食禄暗消磨。
一闻妙语发深省，	谁似当年人姓 [2] 和。

沙漠人居西北边，	茹毛饮血最堪怜。
不容狡兔藏三窟，	长望驾鹅落九天。
爪下但能分碎体，	喉中徒自出馋涎。
诸君兔与鹰求食，	粟饭葵羹也过年。

酥灯 [3]

京师官寺所设酥灯，非江南诸郡有也。

供佛油中有净华，	鸾膏豹髓不须夸。
金盆贮火围三丈，	翠杓浇酥动数车。
殿上青光悬日月，	空中瑞气喷云霞。
须知一点笼今古，	任是修罗手莫遮。

---

[1] 此标题为整理者新拟。

[2] 姓：有本作"性"。

[3] 此标题为整理者新拟。

石炭 [1]

京城南北，不同人家僧舍多用石炭，其性恶动而喜静，愈振拨愈不发辉，但缓缓待之，则自然炽耳。

石炭初燃勿与争，　　须臾自发焰峥嵘。
玄霜渐渐炉中尽，　　白雪霏霏火里生。
公子银壶烧乳酒，　　野人石鼎煮芹羹。
都门大有饥寒士，　　忍见冲泥跣足行。

赌栗

秋冬之交，京师小儿在在搏拳赌栗。栗颗小而味甚甜，食之宜人。其法先令赌客就其柳筐取栗多少，握拳，令小儿返质其数。客负则随数价钞，小儿负则数栗与客。吾友吕日新独善其事，出辄盈袖而返。余戏之曰：损人益己，岂君子之道哉。

脚弱犹当啖数升，　　琼浆绕齿欲飞腾。
古人竞作藏钩戏，　　吾友偏夸赌栗能。
出遇贩儿多不信，　　归来吟袖重难胜。
因思覆射丁文果，　　一橘虽微信有征。

狮子

狮子呼为百兽王，　　定知笼槛不能伤。
尾毛飒飒生风阵，　　隔目时时走电光。
却是熊罴何粪土，　　从教虎豹有文章。
惊天骇地闲哮吼，　　想在山林爪吻张。

---

[1] 此标题为整理者新拟。

象

背袘罗我额编铃， 远自南郊进北庭。

初卸锦驼犹拥肿， 却嫌宛马太伶仃。

拜常屈膝无违礼， 罪不逃诛肯就刑。

羡尔一身归鼻力， 渴时端欲卷沧溟。

虎

猛虎深藏本自高， 如今敢向柙中逃。

漫夸食肉封侯相， 徒作攀阑振地号。

百步威风人辟易， 千林落叶夜萧骚。

南山有豹君知否， 雾雨蒙蒙正泽毛。

骆驼

初见驼群笑且惊， 陆云可使绝冠缨。

肉封不减秋山瘦， 蹄漏何惭夜月明。

万里流沙谁谓远， 千斤负担复嫌轻。

往来若忆神都好， 杨柳参天辇路平。

园陵并序

汉氏之法，人君在位，三分天下贡赋，一分入山陵。武帝历年长久，比崩，陵中不复容物。霍光暗于大体，奢侈过度。其后更始之败，赤眉贼入长安，破茂林，取物犹不能尽。贼帅樊崇发掘诸陵，取其宝货。凡所发有玉柙，殡者闻如生，故得恣行淫秽。唯文帝霸陵独完。光武目击其事，犹不能改。初作寿陵，将作大匠窦融即上言："园陵广袤无所用。"光武曰："古者帝王之崩，皆陶人瓦器，木车茅马，使后代之人，不知其处。"虽有此语，而所作寿陵，亦二三顷，诚何益于后。至唐宋诸陵，皆不免于发掘，岂不痛哉！国朝之制，最为深密，既崩，人莫知其方，与古帝王何远之有。

即从弓箭上天难，　　争怪园陵占地宽。
惆怅方中人扰扰，　　寂寥地下夜漫漫。
百王尽笑骊山侈，　　万古无如禹穴安。
惟有圣明遗制密，　　不知何处葬衣冠。

寄日新

日月往来殊未停，　　燕山忽复见秋萤。
不忘报主寸心赤，　　犹记辞家双鬓青。
突厥弹弦如急雨，　　鲜卑跨马若流星。
腐儒事业真堪笑，　　穷巷区区守一经。

望西山寄天师宫华山隐

青山近在紫宫傍，　　不阻瀛洲天一方。
人服松脂令脑满，　　麝餐柏叶使脐香。
雨红飘树晚春静，　　空翠滴衣炎夏凉。
南北由来无定处，　　只知戊己是中央。

暮春送胡道人游洛阳

洛阳春色带晴霞，　　陌上香尘起钿车。
叫落子规秦岭月，　　扑残蝴蝶杜陵花。
道人有酒时时醉，　　岩客无方处处家。
雨过终南山更好，　　应骑白鹿绾青蛇。

燕京绝句六十七首

玉带金符楼上钟，　　有材长恨不遭逢。
一年一度桃花浪，　　身是凡鱼未化龙。

春满燕台百万家，　雨余宫柳间宫[1]花。
无人和我江南曲，　独向城门进小车。

高昌王子出京师，　手把春风软柳枝。
赠与临洮远行客，　云沙漠漠见何时。

飞鸾不与凤为俦，　养子黄金屋上头。
山雀野鸡俱入馔，　此禽巢稳独无忧。

白面乌桓黄口须，　看山笑我倒骑驴。
葡萄一饮杯三百，　尚有鸥夷载后车。

波送罗川鸿雁来，　天高露冷夜闻哀。
不知肯过秦川否？　手把空书合又开。

更阑月落禁城钟，　欲往卢师看两龙[2]。
山雪未消溪水合，　到门无语倚青松。

玄冬冰雪正峨峨，　百辆强车上御河。
密的支前浑脱舞，　无人解唱野王歌。

芭榄从来回鹘家，　往时传作画图夸。
汉人始识春风面，　桃树枝头看杏花。

---

[1]　宫：有本作"开"。

[2]　卢师：在北京西山八大处。相传隋末有卢师和尚来此，后有二童子进谒参禅。一年天旱，二童子乘云上天，顷间甘露如注，方知二童子原是龙身。

虽焚老子化胡经，　祭酒王浮未出冥。
圣主当年有深意，　黄金殿上著丹青。

金水河边逢故人，　一杯同赏帝城春。
平生不斫鲂鱼脍，　乞与烟波养素鳞。

初识天闲[1]狮子儿，　尾毛如斗细于丝。
何人为解黄金索，　恨在垂头舔掌时。

漆园山下葬车尘，　冷水潭边拜扫人。
一种白杨千万叶，　空令儿女泪沾巾。

买得牛车稳可乘，　西山雪后转峻嶒。
寒赍脱粟弥陀寺，　惭愧江南粥饭僧。

秋深庆寿栗园开，　本数华严字字裁[2]。
身落东吴四千里，　淡云斜日跨驴来。

天下承平无战尘，　京师丰乐最宜春。
前朝妇女皆高笠，　大袖宽袍更着巾。

筑土为城荻作帘，　有司岁岁换新苫。
数间破屋深村里，　谁信朝来突未黔。

[1] 天闲：皇帝养马的地方。

[2] 庆寿寺：又名兴隆寺，在北京丰台区王佐乡栗园村，据元《敕赐大庆寿寺栗园碑》碑文，
元廷曾按佛典《妙法莲华经》约十万字数，赐予该寺巨量栗树。

669

一鹊飞来柳上鸣，　　南郊雨过北郊晴。
试看荞麦深深意，　　如与君王说太平。

混同江水向东流，　　绿静春深似鸭头。
未送佳人献天子，　　六宫粉黛已先愁。

石渠流水暗溅溅，　　遥引西山白玉泉。
流到御厨供灌洗，　　余波依旧入龙渊。

晓凉宫殿日衔霞，　　金水泠泠浸藕花。
三十六陂犹想见，　　好山重叠暮云遮。

绣帽珠裘白玉麈，　　沙堤数里筑来新。
圣朝屡拜平章事，　　谁是兼修国史人。

轩辕台上雪花飞，　　未用吴船载我归。
归亦不能忘辇毂，　　紫貂初暖薤初肥。

平时关吏守居庸，　　樽俎谈谐可折冲。
天下精兵三百万，　　于今未免耗司农。

京师不止万骅骝，　　北望黄云白草秋。
粪土诸王称长者，　　何曾异代觅伊周。

柳树榆林便是家，　　沙瓶石炭颇宜茶。
出门自对西山立，　　闲看儿童引小车。

昔者昭王未筑台，　　应无乐毅剧辛来。

英名万古垂霄壤， 不惜千金养俊才。

千步廊西一草庐， 故人别后与谁居。
鼎湖不得随弓剑， 羞作黄河点额鱼。

壁上犹悬白玉箫， 宫中已散紫宸朝。
盈盈泪眼知何似， 雨湿龙池柳万条。

始入彤庭又[1]卷班， 何心挂笏看西山。
鹭鸶遥对鸬鹚语， 我与渔翁一样闲。

晚骑驴子踏斜阳， 却望邯郸四渺茫。
正是推求无定处， 燕南赵北是中央。

光禄寺前秋日晴， 紫云楼下夜灯明。
杯空酒尽须归去， 莫唱阳关第四声。

大瓮香醪未入唇， 小池积水渐生鳞。
都门昨夜东风转， 无一枝头不是春。

谁凿西湖绕瓮山[2]， 白云点缀绿萝间。
坐看水色浮天影， 几个渔舟自往还。

西山水落瓮山浮， 无数人烟簇上头。
好种荷花三十顷， 中间更着采莲舟。

---

[1] 又：有本作"已"。

[2] 瓮山：即今北京万寿山，传说因有一位老人在山上掘出一装满宝物的石瓮而得名。

前日来看普庆花，　　今朝零落委泥沙。
如何富贵为天子，　　不欲重生司马家。

鼋[1]鼎羊羔醉不知，　　古今成败是吾师。
几回曝日茅檐下，　　惆怅鸡虫无了时。

得宠难持失易抛，　　人为鼠子己为猫。
绿绨不尽当年恨，　　今日空歌鹊有巢。

银箭铜壶未报更，　　不知谁算武元衡。
十年宰相成何事，　　只合山中过此生。

僧自山中驾鹿来，　　鹿游城市转惊猜。
何人去脱黄金辔，　　恣饮寒泉卧绿苔。

我得扁舟不解操，　　况能尽日跨拳毛。
野人本意藏岩谷，　　歌舞丛中自合逃。

圣朝殷鉴在亡金，　　明主须知列圣心。
闻道宫中无事日，　　细看扬子九州箴。

狐裘自古叹蒙茸，　　汉有五侯同日封。
惟恐君王爱颜色，　　满朝贤俊不相容。

六部西头万宝坊，　　歌儿舞女识君王。
四郊屡报丰年瑞，　　不种梧桐待凤凰。

---

[1]　鼋：有本作"灶"。

八题四足赋燕台，　琼岛春阴不易开。
小雨催花三四点，　东风正用此时来。

萨思迦聘法中王，　多把真珠垒帐房。
磨衲出从先后手，　至今犹带玉炉香。

辇寺东西讲佛经，　千人围绕万人听。
不知瑞应从何起，　夜夜流光贯紫廷。

龙居河畔草青青，　雨过还闻剑血腥。
千古董狐真直笔，　仲尼何事作麟经。

高车驷马漫纷纷，　好向青山卧白云。
谈笑下齐城七十，　后来犹忌望诸君。

小人藜苋便充肠，　丞相何须一万羊。
宾客余餐到僮仆，　不知金紫是愁囊。

云旗不动鼓无声，　四海人人乐太平。
郡国宴然忘习战，　君臣多是笑论兵。

朔方女子旧仪鸾，　如鼓细腰裁作冠。
前后赐金供给尽，　卖珠沽酒强为欢。

清凉近在雁门关，　昨日尚书设供还。
玛瑙函中水精石，　株株五彩动天颜。

凌云古木带鸣禽，　一人盘山路转深。

光景俱亡是何物？　　悄然非月亦非心。

大元不是杀文公[1]，　　直遣人臣到死忠。
三百年来宋方灭，　　指南集里看英雄[2]。

河西坠子御前呈，　　旧曲歌还四海清。
舞罢却将珠翠卷，　　近来年少喜新声。

吾闻衰晋有刘侯，　　幕下卢谌可唱酬。
文史著名如日月，　　更无人说段幽州。

开怀纳谏要明君，　　似镜当头美恶分。
细把春秋答天子，　　古今惟有一刘蕡。

当年王濬取金陵，　　竟与元戎不两能。
岂是伯颜功业小，　　无端玉上点青蝇。

致君尧舜是良图，　　天地中间大丈夫。
王恺石崇何足道，　　只夸如意击珊瑚。

时为直语训儿童，　　周诰殷盘尽可通。
浑作履狶肥瘠喻，　　考亭须到鲁斋公。

闲居弥勒且同龛，　　酒价钱缗两不谙。
笋蕨正肥何处好，　　春风春雨忆江南。

---

[1]　文公：宋文天祥。

[2]　《指南集》：文天祥著有《指南录》和《指南后录》。

九陌春泥污宝车，　　万株杨柳拂金沙。

陈抟自爱山中住，　　不识君王正殿衙。

插天榆柳是谁栽[1]，　　丞相园池早晚开。

二月尽头羊酒贱，　　百花深处犊车来。

半和白粉半和朱，　　点尽梅花九九图。

北客未知香与影，　　从教开口笑林逋。

触拨春风满路香，　　雕鞍绣幢为花忙。

朱朱白白开无数，　　未有姚家一朵黄。

今上年年上上都，　　上都风景古来无。

夜摩宫殿知多少，　　不出明光[2]一颗珠。

汴州咏史五首

汴州节度取京师，　　本是黄巢帐下儿。

跃马用兵三十载，　　如何独许敬翔知。

三矢功成遗恨消，　　庄宗无奈此心骄。

嗣源已作生民主，　　犹自焚香对沈寥。

父事契丹孙寇仇，　　何人始为石家谋。

横磨大剑十余万，　　至乱不知谁扼喉。

---

[1] 栽：有本作"裁"。

[2] 明光：有本作"光明"。

耶律德光为帝妃，　　契丹无复领中华。
刘公不赴朝廷难，　　自取山河作汉家。

巧结诸蕃将帅心，　　还兵灭逆自相寻。
当时喜变陈桥驿[1]，　　寡妇孤儿泣至今。

避暑二绝

安得冰山绕我身，　　不禁流汗透衣巾。
上京六月霜铺瓦，　　大有冲寒挟纩人。

沉李浮瓜绮席开，　　最高百尺是凉台。
此身已在云烟上，　　谁谓清风不下来。

九日

粉面蒸糕插彩旗，　　栗黄松子更相宜。
汴州风物犹淳厚，　　不似南人好百为。

君子交行赠吕日新

日新与余相知最早，先后来京师，作君子交行赠之。

君不见车轮碾地不碾尘，尘暗却遮车上人。又不见马口吸泉不吸月，
月明岂解心中渴。所以君子交，毋为小人绝。

将军行

城头积雪满一丈，日出天晴马蹄响。将军面如赪玉盘，烂醉哪知北风猛。

---

[1] 陈桥驿：在今河南省封丘县的东南部。宋太祖赵匡胤在此发动兵变。

健鹘森森刀剑翎，似闻云际驾鹅^[1]声。今朝得肉便可饱，唤妇为公开大瓶。

海东青行

海东青，高丽献之天子庭。万人却立不敢睨，玉爪金眸铁作翎。心在寒空鞲在手，一生自猎知无偶。孤飞直出大鹏前，猛志岂落驾鹅后。是日霜风何栗冽，长杨树羽看腾鹜。奔云突雾入紫霄，狡兔妖蟆洒丹血。束身归来如木鸡，众鹘欲并功难齐。尔辈无材空^[2]碌碌^[3]，不应但费官厨肉。

河冰行

北方之冰厚六尺，平如镜面顽如石。千车万马交往回，一望琼瑶亘天白。凿去须臾还复然，其中何地藏蜿蜒。日轮东来炙手热，此独未减谁能镌。我在京师凡两岁，畏寒懒谒公侯第。炕床火暖茶铫鸣，终日垂头拥毡罽。冻破铁砚非所^[4]忧，只今已断黄河流。尽胶海水在旦夕，商贾直令无一舟。阙下人人仰官漕，红鳞玉粒须时到。簪缨本是膏粱家，斗斛□□^[5]雀鼠耗。春风□来河冰开，□船打鼓声如雷。白粮进入琼林库，□□仍旧为尘埃。

徒步行赠晋冰壑并序

冰壑，象山人，见云岩，有悟入处。出世最早，常以"一个葫芦怀两家"之语示众。初住苏之灵岩，又住秀之能仁，明之育王。大德间，奉诏旨任常德路僧录。往来京师五十馀年，年八十。以予同里，遥至馆舍谈桑梓之乐，为赋此行。

海上有山青入云，我疑秀气钟于君。君今虽老颜尚少，一洗百千驽马群。西蕃诸师厌粱肉，御府往往倾金银。奏书天子不得见，念君往来徒步勤。

---

[1] 驾鹅，即鸿雁。

[2] 空：有本作"诚"。

[3] 碌碌：有本作"落落"。

[4] 所：有本作"有"。

[5] 本诗缺字诸本同。

人生结交在意气，功名适与云龙会。虚堂八十往径山，今日朝廷重耆艾。

春日花下听弹琵琶效醉翁体

仆本南海人，暂为北京客。朝游金张园，暮宿许史宅。二月春风吹百花，朱朱粉粉相钩加。银鞍绣勒少年子，对花下马弹琵琶。大弦掩抑花始开，花重坠枝枝更斜。小弦变作花烂熳，雨点骤打烟浓遮。鹧鸪从何来，远在天之涯。钩辀格磔忽惊起，不知飞在谁人家。又闻黄鹂声睍睆，如断复续续复断。布指似嫌宫调缓，别写群雁鸣霜暖。蒹葭浦深风萧骚，一只两只飞渐高。天长地远望不见，使我回首心烦劳。我谓少年弹且止，钱塘去国三千里。每到春来花最多，鹧鸪能舞黄鹂歌。去年随雁同沙漠，听此琵琶殊不乐。少年笑我君太痴，人生行乐须其时。此中正自有佳处，但畏闲愁缠绕之。

群乌

宫中多柳树，乌鸟以为家。每出旦未融，及归日已斜。人言此鸟灵，凡鸟非等差。小嘴极慈孝，反哺真可夸。所止必贵富，去之由凶邪。一生八九子，子乳岁又加。养育十余岁，散漫无边涯。况当蓬莱宫，谁敢求疵瑕。弹射不得近，难将罗网遮。吾君欲巡幸，岂惮千里赊。飞集上京树，辄先华盖车。仲秋巡幸回，已至声哑哑。凤凰在丹山，五色如云霞，虽值盛明世，不巢天子衙。乌因孝且慈，墨翅蒙光华。孰谓无盐丑，德尊名更嘉。

咏笋

都下无竹，独南古寺有碧条一丛，今春忽作数笋，小如筋，甚可爱也。

燕山一寸笋，见者惜如玉。吾乡富此物，往往连厓谷。三月四月来，千根万根簇。及其初破土，晨起课僮仆。荷锸人深林，斩藤为巨束。归来和箨煮，火猛香穿屋。微着水精盐，恶生宁过熟。同时炊玉粒，共饱我侪腹。野外既属餍，方向城中儥。大者养成竿，其余施禽鹿。吴人欺汉人，乃遣烹篑竹。篑竹不可烹，吴人真轫辘。

本无上人隐逸斋

隐者隐其心，逸者逸其心。初不厌城市，亦不著山林。缚屋但容膝，何必华堂深。粟饭可以炊，涧水可以斟。编槿种蔬菜，缉麻为衣衾。既欢尘务疏，更免车马临。宾至且清谈，兴来聊一吟。图书东壁上，枕簟北窗阴。阁阁绕池蛙，款款投树禽。好山当我前，好风开我襟。苟能同此乐，谁独非知音。

牧羊儿

牧羊儿，南州之乐君不知。正当郭外春浓时，桃花半亚杨柳枝。明朝寒食踏青去，绮罗弦管相追随。画楼上插烟树杪，下有清泠金鲫池。薄暮归来且命席，玉奴卷袖吹参差。芙蓉初开夏夜短，水榭琴瑟摇凉飔。赤日行天展翠簟，绿荫满地鸣黄鹂。浮瓜沉李召宾客，四座投壶兼奕棋。秋来月色更堪赏，坐看玉柱眠风漪。香稻新舂雪色米，大盘高贮红消梨。温柑福荔那忍说，未及咀嚼馋涎垂。初冬气候稍严冷，已具暖阁张罗帷。万瓮千坛簇美酒，烹龙炮凤无不宜。尔今寂寞在荒野，竟与何人同宴嬉？

牧羊儿捧手前致词：此地岂不乐，用谈南州为？三江五湖鱼鳖居，虽有宫室焉足奇。富者日益侈，贫者多流移。上下不相恤，丰年有患饥。秋粮未足夏税扰，鞭笞流血盈街墀。我宁处沙漠，远放西北陲。水草为田畴，毡屋忘尊卑。食羊之肉蒙其皮，古俗淳朴无侵欺。牧羊三十余万头，能出几许供有司。差科既不急，幸与敲扑辞。人生苟如此，可养寿命登期颐。

北邙行

请君停一觞，听我歌北邙。北邙在何许，乃在洛之阳。洛阳城中千万家，无有一家免乱亡。天地开辟来，死者生之常。远如上古诸皇帝，卒弃四海归山冈。富贵浮云亦易灭，筋骸化土诚堪伤。汉陵发掘竟何事，后世更留珠玉装。而况将相坟，不为荆杞荒？野火烧林断碑碣，牧童见草呼牛羊。当其得志时，真欲凌云翔。天子不敢忤，群臣非雁行。娇儿聪明尚贵主，爱女秀丽专椒房。昨日铸印大如斗，今日临轩封作王。风雷起掌握，瓦砾含辉光。权势有时尽，乱衰无处禳。娇儿爱女替不得，点点血泪沾衣裳。白马素车出门去，未知魂魄游何乡。土枭飞来树袅袅，石兽对立烟苍苍。万岁千秋共一尽，高台大宅空相望。

出京别吕日新

通州四十五里近，	夜半下车携手行。
明日开帆向吴越，	回头但见斗杓横。

勉日新早还二首

薄有田园胡不归？	春衣未了又冬衣。
江南定是书难寄，	万里云天一雁飞。

黄沙翠竹远如天，	怛望孤云落照边。
睡觉不知琴瑟冷，	春风多在琵琶弦。

离通州未远呈华山隐

水天空阔挂帆初，	高枕谁惊午梦余。
风挟苇声群起鹭，	雨翻荷叶乱跳鱼。
新丰客醉杯中酒，	夏口人寻瓮里书。
三十万年真一瞬，	是非成败果何如？

河间之东小船有卖芦笋者

看竹栽芦管，	将钱买笋芽。
煮嫌羹味薄，	归厌水程赊。
凤阙无千里，	牛衣有几家？
放鱼心未满，	长要粟盈车。

梁山泊

天畔青青芦叶齐，　　晚来戛戛水禽啼。

一钩惨淡衔山月，　　五色弯环跨海霓。

新摘莲花堪酿酒，　　旧闻荇菜可为齑。

北人大抵无高韵，　　零落梭船傍柳堤。

宋江分赃台

宋徽宗时，大盗三十六人同日拜官，见《李若水诗集》，在梁山泊中。

三十六人同拜官，　　岂无正士立朝端？

空教兀术胆如斗，　　赤手扶持大可汗。

过东昌[1]

东昌城南有隐君子魏野塘者，能范土作博山炉，轻巧有制度，南北人多取之。与光雪窗至其家，魏喜甚，特薄其价。余酬一绝。

魏野塘家陶博山，　　幽窗可对白云闲。

取齐七十余城土，　　明日扁舟挂席还。

泊新州二首

南来七十闸，　　今夜泊新州。

野旷风云过，　　天高河汉流。

使星飞入浙，　　城角起高楼。

李白真才子，　　曾经此地游。

太白酒楼前，　　多人亦醉眠。

---

[1]　东昌：在今山东聊城。

黄河去几许？　碧落本相连。

秋近草多露，　夜凉星满天。

如何恋宫阙，　更拟学神仙。

晓过吕梁洪 [1]

晓过吕梁洪，新水灌河，两涯之间，舣舟无数。呈华山隐、光雪窗。

戏马台西山郁葱，　行人愁水又愁风。

初升海甸三竿日，　稳过徐州百步洪。

富贵由来论力命，　神仙不必较穷通。

灵槎去与银河接，　莫犯牵牛织女宫。

再过坯下 [2] 怀子房

袞衣有阙尔能缝，　天遣勋劳刻鼎钟。

太子身今为国本，　君王手自择留封。

桥边老父存黄石，　物外仙人号赤松。

今夜孤舟载明月，　不妨高卧想仪容。

大热，泊扬州

南船不奈火云蒸，　小住须凉看广陵。

珠簟有纹摇细浪，　翠瓜无滓嚼寒冰。

平山堂下风初到，　后土祠前月欲升。

听彻梅花三弄角，　只今身是太原僧。

---

[1] 吕梁洪，位于徐州城东南，为京杭大运河咽喉要道。

[2] 坯下：在今江苏省徐州市睢宁县，漢朝张良遇到黄石公的地方。

渡江呈雪窗二首

不用龙犀照水红，　天涯幸有一尊同。

挂帆泽国云霞外，　横笛江都锦绣中。

虹见青霄常有雨，　鲉明白浪旧多风。

临流且洗看山眼，　任是琼英莫恼公。

生发未干心已空，　不知谁是住山翁。

江南江北万余里，　帆去帆来多少风。

两岸自飞沙鸟白，　半江纯浸夕阳红。

高歌但觉鬼神助，　即事须由篇翰工。

赠山隐二首 [1]

出京附山隐舟中，无他书，但一部《华严》而已，以诗美之，二首。

桦皮冠上少纱巾，　扬子江心月满轮。

一部华严十万偈，　三山桃实几千春。

朱砂炼得终难老，　青鸟传来却未真。

高座间挥铁如意，　身疑弘景是前身。

上元甲子见何曾，　今夜人人苦郁蒸。

银瓮酒干无宿蚁，　玉盘瓜烂有栖蝇。

携来梵策愁如扫，　买得吴船稳可乘。

乌鹊绕枝河汉转，　夜凉天地一壶冰。

山隐授业无锡州洞虚观因北归觞客遂留数日

相与乘舟来日边，　碧鸡使者白螺仙。

---

[1]　此标题为整理者新拟。

重寻锡谷真山水， 　更宴茅家小洞天。

冰满玉壶无六月， 　鹤归华表又千年。

请君早起西湖舵， 　人物方今正渺然。

惠山泉 [1]

玉音正似珮春撞， 　何许流来满石矼。

天下名泉虽有数， 　江南斗水本无双。

因僧浴象 [2] 心俱净， 　共客分茶睡已降。

俗驾往还那识此？ 　自今幽梦绕山窗。

游虎丘 [3] 三首

忽从平地着青螺， 　三面开窗好景多。

风落野花犹妩媚， 　月明山鬼自吟哦。

真娘墓在连冈树， 　短簿祠空叠砌莎。

踏碎苍苔嗔不得， 　小吴轩下正笙歌。

妆点姑苏是虎丘， 　绮罗弦管阅春秋。

百蟠小径藏山坞， 　三叠疏钟起寺楼。

俊鹘夜栖砖塔顶， 　慈乌晨绕剑池头。

何须更觅吴王冢， 　草绿花红段段愁。

楼台无数小山擎， 　曲曲朱阑画不成。

高枕一轩风雨过， 　古池千丈辘轳声。

彩云易灭兴亡恨， 　流水长牵去住情。

---

[1] 惠山：在今无锡市。

[2] 浴象：有本作"俗像"。

[3] 虎丘及以下天平山、灵岩、洞庭、吴江等均在江苏苏州市。

今夜生公讲堂月，　飞来只是旧时明。

天平山

山头石笋何亭亭，　日炙风吹苔藓青。
古路东西下浚谷，　浮云日夜行高冥。
临风叶落似飞鸟，　隔屋寒泉如建瓴。
千载犹思大小范，　惜无人续远公铭。

灵岩二首

当年大士荷锄来，　满地荆榛手所开。
娃馆不妨为梵宇，　屧廊犹自近琴台。
山从太古分时见，　鸟到平芜尽处回。
岂是少年夸足力，　诸天招我上崔嵬。

斜日射湖飞鸟还，　倚楼人在锦屏间。
草迷西子采香径，　花落吴王消夏湾。
佛界清凉须水月，　僧家富贵在云山。
一丘一壑可投老，　城郭无时车马闲。

过开元[1]访断江禅师

田地无尘松桧香，　白头禅叟坐高堂。
山童为客擎茶碗，　世事令人看屋梁。
霞彩未消先变绿，　月轮欲上半涂黄。
阁中有二如来像，　近亦曾闻夜放光。

---

[1]　苏州开元寺，初名通玄寺，三国东吴赤乌年间孙权为乳母陈氏所建。唐开元二十六年（738年）诏令更名开元。

游洞庭三首

剩拼一月驻苏州，　　鸣橹洞庭湖上游。

玉塔高低摇兔影，　　珠囊大小折鸡头。

菱歌自逐凉风起，　　莼菜初如嫩荇抽。

长笑此身同野鹤，　　蓼滩荷浦亦堪留。

不见茫茫水接天，　　谁将碧玉[1]碾为田。

高秋永夜出明月，　　细浪微风开画船。

筑室但当居缥缈，　　休官何必载婵娟。

如今眼底无皮陆，　　一字吟成值几钱？

曾访渔村橘里不？　　此行可以画图收。

林梢欲下无穷叶，　　水面平吞不尽秋。

落日铺金三万顷，　　清风挂席一扁舟。

晚来更觅诗怀好，　　天似玻璃月似钩。

湖上追忆香山居士

苏州刺史尽横金，　　磊落无人似醉吟。

为郡三年沧海上，　　画船十只太湖心。

春归紫翠莺花坞，　　秋著丹青橘柚林。

山水不随潮水变，　　直从开辟到如今。

吴江所出鸡头绝佳

鸡头近出洞庭湖，　　刺叶重重着翠铺。

借问道人能饭否，　　不知童子解炊无？

天街剩费三年客，　　水府新供万斛珠。

---

[1]　玉：有本作"上"或"落"。

我有方塘才及亩，　　直堪种此不时须。

垂虹待月

秋光湛湛玉无瑕，　　不许云痕一线遮。

天宇倒垂青盖影，　　龙宫初喷白莲花。

且停内府新浇烛，　　须点头纲旧赐茶。

帆过东南更清美，　　尽将烟浪涤尘沙。

隋河[1]

隋河八百里，　　京口到钱塘。

地转冠带国，　　江通鱼稻乡。

寒泉无愧茗，　　沃野更宜桑。

颇爱吴音软，　　临流驻客航。

越来溪

不因兵革破强齐，　　那得山川属会稽。

往事已随东去水，　　行人犹过越来溪。

秋高岸柳不堪折，　　日晚沙禽相对啼。

自古兴亡非一姓，　　如今只有草萋萋。

断江禅师饷余以古铜瓶因以赠光雪窗为别

延州白纻尚难忘，　　叔夜遗杯亦可将。

双口比如金澡罐，　　一瓶来自绿阴堂。

簪花看结经春子，　　贮水贪留入夏凉。

拂拭尘埃持赠汝，　　斋馀盥手下禅床。

---

[1] 隋河：又名江南河，为京杭运河的南段，隋炀帝大业年间所开。

归东湖却寄吕日新

先一夕，列炬绕福臻寺[1]无虑百千，远近居人闻见。明日予舟始归，众以为吉祥。

风送吴帆日夜飞， 不堪回首望京畿。
相传佛寺千灯绕， 自带天香两袖归。
搔背正须烦鸟爪， 点头何必问朱衣。
宛平使者年年出， 莫恨东南音信稀。

送华真人归宗阳宫

日晒荔枝红蜜姜， 水亭烧烛候归航。
天开图画江山好， 月满神仙宫殿凉。
方趁两凫来叶县， 忽惊群雁过钱塘。
丰年物物如泥土， 转觉民间有盖藏。

又寄京师诸友

欲上高台望北京， 鸟飞不尽暮云平。
赤墀正想千官拜， 琼岛遥闻万岁声。
交趾酒香驯象醉， 流沙风热老驼鸣。
梦魂夜夜随天仗， 直入蓬莱殿里行。

登华顶山[2]

华顶高哉不易登， 溪流曲曲树层层。
嵯峨陡起地如缩， 廓落难攀天欲崩。

---

[1] 福臻寺：南宋绍兴六年建，元时属海盐州，今属平湖市。楚石北游归来后，曾任福臻寺住持。

[2] 华顶山：亦称拜经台，浙东名山天台山主峰。

岚气湿衣晴亦雨，　　井花[1]激齿夏还冰。

老僧住久生涯在，　　一个蒲团八尺藤。

题盘车图

昔年曾上黄金台，台前九扇天门开。俯看人马浩如海，楼观赤白何崔嵬。东南正见过街塔，其下十丈扬尘埃。西方之国三十六，献琛使者从此回。我眠客馆枕驰道，夜半车铎声如雷。得非功名换袍笏，无乃财贿收琼瑰。借问驱使者，艰难可图写。千盘万折云上头，暮雨朝泥城脚下。束薪如桂米如珠，用尽黄金何处买。居前乌犍后蹇驴，去意甚速行何徐。路长鞭短空费力，十步回头九崎岖。牛之力，人之心。此生衣食在耕牧，何必商贾行嵚崟。清闲直抵双白璧，奔走安用千黄金。古称百计不如闲，爱君此图张壁间。寻常无事一隐几，尘中心向天边还。

崇祯庚辰春日蕙水陈时校正

---

[1]　花：有本作"泉"。

逸 文

说明

楚石常以文字做佛事，法语偈颂流布各地丛林，散见于各种佛教文献之中。此外，因日本、高丽等国学僧也争相奔走于座下，并带回许多楚石的墨迹，现今在日本寺庙和博物馆里仍保存有数十幅。本次点校整理，尽可能全面地搜寻明本的散佚作品，但仍会有遗漏，有待将来进一步补充完善。

寄虎丘居中上人

七十二峰横碧波，峥嵘不似虎丘多。

单提塞外将军令，谁敢当头犯太阿。

至正丁酉冬督役城虎丘留连月余赋诗八首录呈居中禅师

因雨妨工过小吴轩偶成

白发趋公役，驱驰上虎丘。

空惟追旧赏，无复纪清游。

红叶自秋色，青山惨莫愁。

凭轩凝伫久，谁与话绸缪。

绝句

捧檄趋功城虎丘，因高据险互相缪。

湛卢一跃寒潭底，夜半光芒射斗牛。

四迭新城绕涧隈，剑池池上碧崔巍。

於菟夜吼山灵振，仙鬼哀吟风雨来。

平林惨淡日沉西，百万城春落杵齐。

努力相歌歌未彻，回头却羡鸟归栖。

公余腰脚渐痿疲，短簿祠前步屧迟。

手掬寒泉荐清酌，坐令千古重怀思。

老我驱驰名利惕，独怜毛发半苍苍。

愁颜不解令人喜，空愧吟身六尺长。

过远上人房

终日经营不少休，偶因退食憩禅幽。

东林许我盟莲社，底用攒眉为酒愁。

怀逢上人

逢公只在剑池边，几度相期煮涧泉。

愧我连宵清梦远，定知何日谢尘缘。

（以上载于明周永年撰《吴都法乘》卷二十一）

题径山

五峰之势欲东垂，当寺一峰如覆杯。

高极上通闻笑语，断崖终日见楼台。

下方凤舞千山去，绝顶龙分两道来。

却忆坡仙三百载，壁间诗句逸风雷。

（《径山志》卷六）

娑罗轩记

抱道怀德者宜居山，山居有助于道德。若夫杂花生树，敷其慧也；众绿垂荫，适其定也；繁霜熟果，圆其行也；积雪连岭，资其证也。云之英英，泉之冷冷；百鸟昼啼，孤猿夜鸣。满眼非色，满耳非声，此山居四时无穷之乐也。

何独人间为然？彼忉利、夜摩，化生人天，尚入山林，隐居学道。虽有琼楼玉宇，弃之弗居；嘉殽美味，斥之弗食；丰容妙质，厌之勿御。时时行乞，转化诸天。衣取蔽形，食才接气而已。岂非以身为大患，生死不停；欲究竟涅槃，必离愦闹者乎？

至元至正八年，岁次戊子，妙明真觉禅师无见和尚，隐于天台华顶峰，智者禅师之故地，大寂国师又中兴焉。日居月诸，鞠为茂草。及和尚戾至，檀施填门，未逾数年，追复旧观，咸谓非大寂再来不能也。

按天台华顶，上应三台华盖。其山秀出，八重如一。高一万八千丈，周环八百里。最高顶则"望海尖"，草木熏郁，殆非人世。孙绰所赋"陟降信宿，迄乎仙都"。寺曰"善兴"，善兴善类也。方丈轩"娑罗"，娑罗峰直其前。梵语"娑罗"，唐言"高出"，盖此峰特起于众峰之外而得是名，因以名轩。和尚每居其中，开导学者。顺缘归寂，补处得人，千里远来，托余为记。

尝试论之。释迦降瑞于中天，达磨标奇于东国。悟而无得者性，传而无尽者心也。高出三界，号为独尊。汝师平生仰慕，佛祖可记也。且东南山水之胜，娑罗峰为冠；天台之胜，华顶为冠；华顶之胜，善兴为冠；善兴之胜，娑罗轩为冠。得名"高出"，不亦宜乎！汝师言行纯洁，道德兼备，邈在霄汉，下视尘凡，"高出"之名，尤非忝也。既为其嗣，而居此轩，思所以名，忘所以筌，则不期高，自然超出矣！夫如是为师者真不负于弟子，为弟子者亦不愧于先师，交相成而互相益也，虽老，天地可涯也哉？

余闻方广、石桥相去不远，五百圣者时相往来。或游乎此轩，为道问讯：今方何时，乃安坐耶？当生人间，扶持末运可也。

龙集己丑至正九年，四明沙门梵琦撰并书。

（《天台山方外志》卷第二十）

南堂[1] 住灵岩、嘉兴诸疏

车之用在轮，轮不滞则周行天下；鉴之功照物，物无遗而炳现目前。

---

[1] 了庵清欲，元代僧人。台州临海人，俗姓朱。字了庵，号南堂。十六岁从虎岩净伏出家，试经得度。后往苏州开元寺参访古林清茂，契悟而嗣其法。元统元年迁至嘉兴本觉寺，居十年，时人尊为东南大法幢，士大夫问道者甚众，并蒙帝赐金襕衣及"慈云普济禅师"之号。后退隐于南堂。至正二十三年八月示寂，世寿七十六。

两忌取舍之心，天人列请；一泯异同之论，泉石增光。

某衣得其传，辩如所证。

碌碌盆盎古罍洗，啾啾乌群孤凤皇。偈千言不少衰，金百炼无重矿。

住山久矣，传舍视之。

灵岳降灵，宜踞灵岩之顶；法身说法，普闻法界之中。

仰瞻南斗愈明，旁挹太湖非小。

青山步障，赠君二百里之白云；紫玉茶锅，分我三万顷之明月。

开《南堂和尚语录》板

天目再传而得休居翁，如狮子踞地，百兽震骇。开福一出而迁灵岩主，若洞庭粘天，万派混流。故驾驭昂藏之人必慕了庵，杀活擒纵；凡钻仰坚高之士愿刊语录，代别拈提。明明照古照今，的的契佛契祖。此日不绣诸梓，他时虑失其真。昔汾阳现入《传灯》，劝动西河道俗；况海内移多君子，乐转南堂法轮。会啮镞机，展挥金手。

（以上载于《了庵清欲禅师语录》卷九，收于《卍续藏》第 71 册，经号 1414）

题《竺仙和尚语录》

达磨西来，不立文字，直指人心，见性成佛。直下无性可见，无佛可成，坐断古今，壁立千刃，方堪为少室儿孙。才有所重，便成窠臼。要如金翅擘海，直取龙吞，香象渡河，截流而过，岂不俊哉！竺仙禅师远涉鲸波三万余里，唱凤台无说之说，度日本无生之生。屡董名蓝，为彼国王臣之所归敬，所谓良玉必生昆阜，大材皆出邓林也。徒弟寿首座于师示灭之后，以笔端三昧编而刻之，先布大唐，却留日本，用心可谓勤矣。余甚嘉尚，题于卷末云。

至正二十五年秋九月甲子，四明比丘梵琦。

（《竺仙和尚语录》，收于《大正藏》第 80 卷，经号 2554）

《梦窗国师语录》跋

"我宗无语句，亦无法与人"，佛国道：漏逗不少。梦窗国师梦中惊觉，起来便见三世诸佛无梦说梦，六代祖师无梦说梦，天下老和尚无梦说梦。还知梦窗落处么？一国之师，三朝所敬，南禅初步，净智后迁，圆觉垂临，天龙再住。直得炎天飞白雪，陆地产红莲。树头惊起双双鱼，石上迸出长长笋。如斯机用，岂可测量。设夫疏山石头，也须退身三步始得。

至正二十六年八月，前嘉兴天宁楚石道人梵琦谨跋。

（《梦窗国师语录》，收于《大正藏》第80卷，经号2555）

赠日本无文元选禅师偈

一切现成无缺少，个中谁了谁不了？文殊特地选圆通，不觉全身入荒草。集云峰下四藤杖，重如山岳轻鸿毛。未知那个识痛痒，直得地动天花飘。放过小释迦，收下大禅佛。阿师跨海长鲸，侍者摩霄俊鹘。目连骛子何足云，东土西天敢轻忽！

（《无文禅师语录·无文元选禅师行状》，收于《大正藏》第80卷，经号2559）

与日本愚中和尚偈

信得及时明得破，无边海藏尽掀翻。

休翁古佛呵呵笑，镇海明珠只一丸。

（《佛德大通禅师愚中和尚语录·序》，收于《大正藏》第81卷，经号2563）

送徒弟巘书记参学

一叶落，天下秋，八月九月风嗖嗖。捏聚毫端宝王刹，岂分东浙与西州。道人眉毛横眼上，口吐明珠光万丈。切忌沉埋故纸堆，少年岁月同流浪。此去参承善知识，羚羊挂角没踪迹。没踪迹初莫藏身，九九都来八十一。

徒弟巘书记妙龄勤于参学，言之东浙参大方宗师，增所未高，浚所未深，勉旃。至正二十五年乙巳秋，楚石道人梵琦。

右诗一首，与高皇帝所赐高丽钵，并存吾邑天宁寺天泉房，每从如石己公请礼，虽非专谈净土，然剖破藩篱，掀翻窠臼，直拈本有，斥绝外求，其于往生，同归一致，无疑也。且师墨迹世不多传，而语录未收，故敢附此。又师所常披白氍一领，存水竹西房今晚岩德公处，与钵及书，寺称三宝，宜并识云。万历三十三年乙卯秋，海盐广磐刘祖锡和南识。

血书《法华经》赞

众生本来是佛，寄灯明、智胜之权称；佛本是众生，分释迦、弥勒之假号。尘点劫何前何后，妙莲花不古不今。羊车、鹿车、牛车，且喻三乘；初善、中善、后善，曾无异说。一七轴义天朗耀，三千界刹海澄圆。闻者身心快然，悟者面目现在。嘉禾城北宝净兰若比丘如宝焚香展纸，刺血濡毫，受持流传供养，如日轮周行于天下，此经宝常住于世间，示含识之真源，入如来之觉地者也。

至正二十六年人日，嘉禾天宁前住山比丘梵琦拜赞。

偶宿虎溪集庆山房诗

原野多悲风，世路何苍莽。萧萧歧路间，落日凄寒晃。我来虎溪头，湝湝溪流爽。庐山道久湮，斯号何由昉。云系月坡师，来自峨眉上。据兹集庆庵，聚石为徒讲。朴握了声闻，咿呢解欣赏。神兔何所来，不作怾然状。群兽无怖惊，驯服犹豢养。说法具喃喃，听法悉朗朗。顿令食血魔，猛悟轮回想。长啸裂皮毛，跳出筋斗网。虎即瘗溪西，师亦怅然往。爰今越□□[1]，空坛愈凄怳。坛前有古亭，虎啸由兹榜。我闻不自胜，□□高山仰。怳犹见大巫，神魄俱凋丧。愧初慕真修，遍历名山访。东游高丽邦，西见昆仑壤。如是遇量人，绝轨无遗响。何虞跬武间，反失沩山棒。神圣开洪基，埽灭妖膻党。四郊尚疮痍，愿转法轮广。人心与畜心垃，并受光

---

[1] 此处缺二字，下同。

明藏。扩我济度心，作礼而合掌。

　　乙卯秋，禀莲池大师面命，刻《西斋净土诗》竟，送板云栖，流通久矣。兹者复从资圣寺月心照田处，得睹《血书法华经赞》；虎啸亭珠衲照乘处，得睹《偶宿虎溪集庆山房诗》。二俱觉海之遗珍，照人之慧炬也。楚师久住吾邑，而法书垂世，不啻晨星。当吾目而忍其流通之未广乎？亟为写刻，以附《西斋》之后。若其《和韵天台三圣诗》，今春劝诸上善重刻单行，亦了大师一则公案。更有《北游诗三百》，触境洞然，莫非妙道。昔曾专梓，近亦鲜传，姑俟之同志云。

　　天启五年乙丑夏五月七日，广磬再和南识。

（以上载于《西斋净土诗·附录》）

金陵天界觉源慧昙禅师顶相赞

　　祖梅洲，父蒲室。大床座，妙槌拂。发挥震旦二三，腾焕竺乾四七。依万乘之清光，近九天之红日。携铲子，断魔外之根株；握金锤，碎衲僧之窠窟。公卿罗拜于法筵，龙象相忘于道术。是所谓冠天下禅林、现寰中之古佛者也。

（《古尊宿语录》卷二十一）

因陀罗绘《禅机图》赞六首[1]

《布袋图》赞

　　花街闹市恣经过，唤作慈尊又是魔。

---

[1]　元因陀罗所绘《禅机图短简》分为六个部分，分别是《布袋图》（日本根津美术馆收藏）、《丹霞烧佛图》（石桥美术馆收藏）、《李渤参智常图》（畠山纪念馆收藏）、《智常禅师图》（静嘉堂文库美术馆收藏）、《寒山拾得图》（东京国立博物馆收藏）和《闽王参雪峰图》（正木美术馆收藏），每个图均有楚石题赞。

背上忽然揩只眼，几乎惊杀蒋摩诃[1]。

《丹霞烧佛图》赞

古寺天寒度一宵，不禁风冷雪飘飘，

既无舍利何奇特，且取堂中木佛烧。

《李渤参智常[2]图》赞

椰子中藏万卷书，当时太守莫分疏[3]。

山僧手里榔栗棒，便是佛来难救渠。

《智常禅师图》赞

堪笑归宗张水部，都无佛法与神通，

若论向上宗门事，尽在山光水色中。

《寒山拾得图》赞

寒山拾得两头陀，或赋新诗或唱歌。

试问丰干何处去，无言无语笑呵呵。

《闽王参雪峰图》赞

闽王却把雪峰瞒，鬼面神头有若干；

柑桔未来交椅到，至今人作图画看。

（以上载于《水墨美术大系》第四卷《梁楷、因陀罗》，日本讲谈社1975年出版）

心花室铭

---

[1] 蒋摩诃，本名蒋宗霸，受布袋指点，念诵《摩诃般若波罗蜜多经》为日课，故名摩诃居士。

[2] 唐庐山归宗寺智常禅师，得法于马祖道一禅师。

[3] 据《景德传灯录》卷七记载，江州刺史李渤问智常禅师曰："教中所言须弥纳芥子，渤即不疑。芥子纳须弥，莫是妄谭否？"师曰："人传使君读万卷书籍，还是否？"李曰："然。"师曰："摩顶至踵，如椰子大，万卷书向何处著？"李俛首而已。

十地满时，有花高大，其量百万，三千世界。若比心花，未为奇特。含裹虚空，匝无内外。心花一开，物物皆春，非红非紫，非金非银，名相具非，即妄而真。促之方寸，延之刹尘。有能悟解，乃曰通人。自昔佛祖，观根说法，初明心地，种子萌达。法雨沾濡，心花艳发。直趣菩提，道果斯结。心本无生，假喻于花。花有开谢，心无正邪。纤毫未尽，千差万别。不染一尘，契此理耶？

右心花室铭为中竺吾藏主撰并书。至正丙午秋九月旦，楚石道人梵琦。

与日本椿庭寿藏主送别偈

日出西方夜落东，正当腊月飘春风。

如今此话向谁举，十个五双皆梦中。

只恐冤家不相遇，遇着何须重解注。

三千里外摘杨花，却唤痴儿拈柳絮。

棒头太窄舌头干，德山临济俱颠顶。

椿庭藏主但一默，五千余卷诚无端。

曲彔木床参大老，未启口时先被扫。

玄玄玄处更须诃、了了了时无可了。

扶桑国里旧禅榻，苍苔满地无人踏。

倚槛高唱归去来，古镜重磨光透匣。

寒山之狂拾得颠，须弥山顶撑铁船。

诸方说禅浩浩地，何似饭饱横刀眠。

山僧蘸笔聊相送，莫把封皮作信传。

日本椿庭寿藏主，高明博达，胸中不着一毫人我，直取无上菩提者，它日孤峰顶上盘结草庵，诃佛骂祖去在，非浪许也。尝记余主嘉禾天宁时，道聚半载，感其高谊不可忘。今归故里，无可为赠，因用了庵和尚高韵以祖之，且作再会张本云。至正廿三年三月闰月二十二曰，楚石道人梵琦。

与日本石屏介藏主送别语

尽十方世界是一个普门，入得入不得，当甚破沙盆。东海西来孤绝处，有缘蹉过无心遇。行住坐卧皆现成，半满偏圆休指注。来者从他来，去者从他去。寒烧烂红叶，饥飧大紫芋，又谁问他佛与祖，贫与富，朝与暮！度想众生无可度，青萝直寒松树。

石屏介藏主，东土有道之士，万里西游，参承知识，所得既妙，可以为人。松江乌泥涯上，有普门兰若，乃信公忏首之所置也，榜为禅居，延诸英衲，命石屏主之。于其行，笔此饯焉。至正十三年冬，前本觉梵琦。

（以上载于日本田山方南编《禅林墨迹》）

偈语·讹传讹

薰莸杂处固难辨，鼻孔辽天如之何。独芳岂肯生分别，与众同居自超绝。早晚优昙吐异香，天龙管取自忻悦。

至正十八年清明日，嘉兴报恩住山梵琦。

偈语

野无猛兽，林无暴夫，鹿多老死，皮亦就枯。西向吴越，可三万里，舶交海中，人得互市。中国有圣，遣使入朝，深慕佛法，至不待招。自唐及宋，皇元一统，缁衣屡集，往返无壅。大道戾止，惠我鹿皮，敷我禅榻，安坐思惟。沙门释子，脱去尘俗，乞食自活，鹿不养鹿。坐观自在，鹿皮覆肩，示居山林，称白衣仙。饥则飧松，渴则饮涧，成道在身，身复何逮？

丙午年春，楚石叟梵琦撰。

偈送日东石屏介藏主之江西

是处名山到因脚，十个无双踏不着。
若言到处得逢渠，大似无绳而自缚。
介禅拄杖活如龙，一日飘然来自东。
别余又往江西去，行止不与他人同。

声前坐断千差路，铁壁银山没回互。

虽云此事本无迷，须向其中求妙悟。

大唐国里老婆禅，密意分明在汝边。

不是心兮不是禅，扶桑人种陕西田。

至正七年二月下瀚，嘉兴本觉住山梵琦。

饯别偈

中峰久侍阿师前，又欲归乘日本船。

初祖何曾来震旦，神光亦不往西乾。

偈赠中天竺志侍者锦还日本故乡云。楚石道人梵琦。

诗五篇

用无我山中韵前五首

寒暑天边雁，阴晴屋上鸠。

随缘终不实，转处实能幽。

山院思风穴，柴床憶赵州。

何言僧莽卤，一唤解回头。

深山饶白石，古路绝红尘。

谷鸟千般语，林花一样春。

谁知庵外事，但寄梦中身。

的的无玄旨，明明不死神。

岁有新和旧，心无疾与迟。

处教存一念，何止落三祇。

野蝶迎秋化，山蝉向晚嘶。

漂流生死海，只为承多知。

人人有大觉，法法尽圆通。

放去毛吞海，拈来杖化龙。

幻形含玉石，真性混麻蓬。

总是闲言语，茶芎火正红。

逢人即不出，合掌太僧生。

狗子无佛性，波菱好煮羹。

云屯天必雨，日出晓还晴。

兀兀林间坐，从它岁序更。

《布袋图》赞

五十六万亿岁，只如打个喷嚏。眼中自有瞳仁，鼻孔从来下垂。斜插藤枝坐布袋，现前即是龙华会。

楚石道人题。

与禅友偈二首

忽承佳偈见襄，使人汗颜。借韵奉答，愧不佳耳。

扶桑发足遍参时，不顾身经海道危。

步武忽然登祖域，名声从此播坤维。

休分后辈并先辈，要把无为作有为。

黄檗当年太饶舌，大唐国里本无师。

个个圆成心地印，不须垂问作何颜。

门开大施初无壅，口吐明珠莫怪悭。

檇李乡谈容易打，扶桑日影惯曾攀。

荒凉海寺三来往，放我松窗笔砚闲。

龙集乙巳十月既望谨书。

普应国师之记

沈王，高句丽贤君也，乃能舍身学佛，圆顶参禅，近崇世祖皇帝护法之盛心，远得雪山童子求偈之真意，大悲大愿，亘古亘今。当时是也，南方有大善知识，曰普应国师，踞狮子岩，作狮子吼，风动四海，雷震五天。王遂驰驿以来，登山而谒。山灵为之鼓舞，海水为之荡波。善知识者曾不下床，颔首而已。王大叹服，礼以为师。王始号海印居士，至是复有请焉，因以真际授之。王喜，作亭山中以纪其志。此偈所以书也。其后两偈皆普应真迹。竺侍者幸而得之，承实知而言之，后之人其传而宝之。

至正九年岁在己丑，正月下瀚，本觉梵琦。

（以上载于日本田山方南编《续禅林墨迹》）

偈送源藏主之双径礼虚堂和尚塔

深深海底一句子，高高山顶踏不着。

大丈夫儿莫自瞒，凡情圣解具拈却。

君不见，天泽老，玉振金声诸祖道。

九重城里动龙颜，未免全身入荒草。

曹川有志超古人，跋涉万里忘艰辛。

塔前三扫举头顷，突出扶桑红日轮。

癸巳秋前本觉梵琦。

题《寒山图》

火有尖新句，芭蕉叶上当。

分身千百亿，只是一文殊。

（以上见日本关西美术竞卖株式会社 2015 年春季拍卖会）

赞梅石人物图

海棠睡起绿云偏，坐对梅花思悄然。

一段闲情无着处，漫将新句付鸾笺。

（见沐春堂拍卖股份有限公司 2013 首届春季古董艺术拍卖会）

白玉兰赞

枝翻月中影，香散晚风前，

疑入远公社，满庭开白莲。

（见株式会社东京中央拍卖第五回珍藏拍卖会 2014 年 5 月）

附：楚石梵琦传记资料

一、楚石和尚行状 [1]

〔明〕至仁法师撰

二、佛日普照慧辩禅师塔铭（有序）[2]

〔明〕宋濂撰

三、西斋和尚传 [3]

〔明〕姚广孝撰

西斋和尚者，四明人，讳梵琦，字楚石，小字昙曜，俗姓朱。母张氏，梦日堕于怀而生。和尚在襁褓中，有神僧抚之曰："此儿佛日也。昏暗众生将蒙其光而见佛矣。"故呼之为"昙曜"。九岁渡浙水，抵秀之海盐。天宁讷翁谟师授其经业。寻依晋翁洵师于湖之崇恩。洵师，和尚从族祖也。始得薙染为沙门。十六受满分戒。一日阅《楞严经》，至"缘见因明，暗成无见"处有省。于是读内外书，了无碍滞。后见径山元叟端禅师，咨决大事。叟不少假辞色，使其自证。会元英宗诏粉金书藏典，和尚亦与其选，乘驿抵燕都。夜闻崇天门楼鼓鸣，忽彻见径山为人处。即南还，再参径山。叟见之曰："且喜子大事已了。"俾以第二座说法，众闻惊汗。

---

[1] 见本书 344 页，《楚石禅师语录》卷二十。

[2] 见本书 346 页，《楚石禅师语录》卷二十。

[3] 载于《西斋净土诗·附录》及姚广孝《逃虚类稿》卷四，原碑在海盐天宁寺塔院。

和尚自幼知有西方弥陀教法，清晨十念，求生净土，未尝一日少懈。及住海盐天宁，筑室西偏，专志于净业，因号"西斋"焉。室中置一小床，日趺坐，默观自心三际空空不可得，次观东方过十万亿佛刹微尘数世界海空空不可得，南西北方、四维上下不可说不可说佛刹微尘数世界海空空不可得。即于此处，有大莲花忽然出现，其花茎叶充满法界。有一如来，相好端严，趺坐其上，眉间白毫放出光明。其光所照，楼台、池沼、行树、阑楯，众宝间错。水鸟、天乐，皆衍苦、空、无我之法。见观世音、大势至在其左右，清净海众前后围绕，皆得不退转地。从定而起，返观观者空空不可得，不可得亦不可得。此和尚之观佛三昧。

和尚归诚三宝，麈恳笃切。凡见佛必赞，见塔必礼，衣必献而后服，食必供而后餐。拜跪行道，称念思惟，无寒暑昼夜之间。年愈高，行愈苦。然而名动海内。洪武初，三被诏旨，说法于京，皇情大悦。未几遂殁于天界寺。示寂之日，沐浴更衣，书偈曰："真性圆明，本无生灭。木马夜鸣，西方日出。"书毕，谓其属梦堂噩公曰："师兄，我去矣。"公曰："子去何之？"曰："西方。"公曰："西方有佛，东方无佛耶？"和尚厉声一喝，泊然而化。世寿七十五，僧腊六十三。

和尚平昔于净业一门，自行之外，而复化他。于是撰《三十二相颂》、《八十种好颂》、《四十八愿偈》、《十六观赞》、《怀净土》七言长句一百十首、标名者一百八首，又《析善导和尚劝念佛偈》八首、《化生赞》及《劝念佛篇》，《娑婆苦》、《西方乐》渔家傲三十二首，又《百韵净土诗》一首。其他宗门机缘语句有录[1]。住山行道、事业勋烈，备载于翰林宋公濂《塔铭》。上首弟子景瓛，说法于苏之万寿。

赞曰：宗门中在昔修西方净土者，唯永明寿为最。永明而降，圆照本、天衣怀、黄龙新、慈受深、真歇了、长芦赜之辈皆修之，其明验如青天白日也。西斋和尚童丱时便知念佛，至老行之愈力，复立言以转化四众。故于死生之际，游戏去来。非真得佛祖心髓者，其孰能如此！余怪近时宗门

---

[1] 录：《西斋净土诗·附录》作"缘"，讹误。现依《逃虚类稿》卷四。

中人多逞空慧，视念佛为小道而不言及，况修之者哉。悲夫！

大明永乐四年岁在丙戌，二月六日，资善大夫、太子少师、吴郡姚广孝识。

四、补续高僧传·楚石琦禅师传

［明］明河撰

梵琦，楚石其字也，小字昙耀，明州象山人，姓朱氏，父杲，母张氏。张梦日坠怀而生。师方在襁褓中，有神僧摩其顶曰："此佛日也，他时能照烛昏衢乎！"人因名之为"昙耀"云。年七岁，灵性颖发，读书即了大义。或问所嗜何言，即应声曰："君子喻于义。"至于属句仿书，皆度越余子，远近号为奇童。九岁弃俗入永祚，受经于讷翁谟师。寻依晋翁询师于湖之崇恩。询师，师之从族祖也。赵魏公见师，器之，为鬻僧牒。得剃染，为沙门。继往杭之昭庆受具足戒，年已十有六矣。询师迁住道场，师为侍者。居亡何，命司藏室。阅《首楞严经》，至缘见因明，暗成无见处，恍然有省。历览群书，不假师授，文句自通。然胶于名相，未能释去缠缚。闻元叟端公倡道双径，师往问云："'言发非声，色前不物'，其意何如？"元叟就以师语诘之。师方拟议欲答，元叟叱之使出。自是群疑塞胸，如填钜石。会英宗诏粉黄金为泥，书大藏经。有司以师善书，选上燕都。一夕，闻西城楼鼓动，汗如雨下，拊几笑曰："径山鼻孔，今日入吾手矣。"因成一偈，有"拾得红炉一点雪，却是黄河六月冰"之句。翩然南旋，再入双径。元叟见师气貌充然，谓曰："西来密意，喜子得之矣。"遽处以第一座，且言妙喜大法，尽在于师。有来参叩者，多令师辨决之。元泰定中，行宣政院稔师之名，命出世海盐之福臻，遂升主永祚。永祚，师受经之地。为创大宝阁，范铜铸贤劫千佛，而毗卢遮那及文殊师利、普贤、千手眼观音诸像，并置其中。复造塔婆七级，崇二百四十余尺。功垂就，势偏将压。师祷之，夜乃大风雨。居氓闻鬼神相语曰："天宁塔偏，亟往救之。"迟明，塔正如初。迁杭之报国，转嘉兴之本觉，更构万佛阁九楹间，宏伟壮丽，俨如天宫下移人世。帝师嘉其行业，赐以"佛日普照慧辩禅师"之号。"佛日"，颇符昔日神僧之言，识者异焉。会报恩、光孝虚席，金谓报恩一郡巨刹，非师莫能居之。师勉徇众请而往。寻退隐永祚，筑西斋，为终焉之计。至正癸卯，州大夫强师主其寺事。时塔毁于兵，师重成之，景瓛为铸宝壶冠于颠，感天花异香之祥。师举景瓛为代，复归老于西斋。入我明，洪武元年，诏江南大浮屠十余人，于蒋山禅寺作大法会。师实预其列，升座说法，以耸人天龙鬼之听。上大悦。二年春，复如之。锡宴文楼下，亲承顾问。暨还，出内府白金以赐。三年之秋，上以神鬼情状幽微难测，意遗经当有明文，妙柬僧中通三藏之说者问焉。师以梦堂噩公、行中仁公对，同馆于大天界寺。上命仪曹劳之。既而援据经论成书，将入朝敷奏。师忽示微疾。越四日，趣左右具浴更衣，索笔书偈曰："真性圆明，本无生灭。木马夜鸣，西方日出。"书毕，谓梦堂曰："师兄，我将去矣。"梦堂曰："子去何之？"师曰："西方尔。"梦堂曰："西方有佛，东方无佛耶？"师厉声一喝，泊然而化。时禁火葬，礼部以闻，上特命从其教。荼毗之余，齿牙、舌根、数珠咸不坏，设利粘缀，遗骨累累然如珠。弟子奉骨及诸不坏者归海盐，建塔于天宁永祚禅寺，葬焉。世寿七十五，僧腊六十三。其说法机用，则见于六会语。其游戏翰墨，则见于和天台三圣及永明寿、陶潜、林逋诸作。别有净土诗、慈氏上生偈、北游、凤山、西斋三集，通合若干卷，并传于世。

　　师为人形躯短小而神观精朗，举明正法，滂沛演迤，有不知其所穷。凡所莅之处，黑白向慕，如水归壑。一弹指间，涌殿飞楼，上插云际，未尝见师有作。君子谓师纵横自如，应物无迹。山川出云，雷蟠电掣。神功收敛，寂寞无声。由是内而燕齐秦楚，外而日本、高丽，咨决心要，奔走座下，得师片言，装潢袭藏，不翅拱璧。师可谓无愧妙喜诸孙者矣。